Gottfried Forck

Die Königsherrschaft Jesu Christi bei Luther

Gottfried Forck

Die Königsherrschaft Jesu Christi bei Luther

Mit einem Beitrag von Bernhard Lohse

Evangelische Verlagsanstalt Berlin

CIP-Kurztitelaufnahme:

Forck, Gottfried: Die Königsherrschaft Jesu Christi bei Luther / Gottfried Forck. Mit e. Beitr. von Bernhard Lohse. – 2., erw. Aufl. – Berlin: Evangelische Verlagsanstalt, 1988. – 167 S.

ISBN 3-374-00011-8

2., erweiterte Auflage 1988

Lizenz 420. 205-213-88. LSV 6010. H 1536
Umschlaggestaltung: Werner Sroka
Printed in the German Democratic Republic
Herstellung: Eichsfelddruck Heiligenstadt V 8-2
01280

1974 wurde der damalige Generalsuperintendent von Cottbus, Dr. Gottfried Forck, zu einem der beiden Lizenzträger und Gesellschafter der Evangelischen Verlagsanstalt Berlin berufen. Er war dem Verlag längst verbunden durch seine Mitarbeit als Autor, vor allem in „Die Zeichen der Zeit", den „Evangelischen Predigtmeditationen" und im Kalender „Sonne und Schild", als Herausgeber von Gemeindebriefen über die Taufe (1970) und, gemeinsam mit Jürgen Henkys, einer gewichtigen Festgabe für seinen Vorgänger im Bischofsamt, Albrecht Schönherr (1972), eine Zeitlang auch als Stellvertreter des Chefredakteurs im Redaktionskreis von „Die Zeichen der Zeit". Die mehr als achtzig Mitarbeiter des Verlages in Berlin und Leipzig wissen die menschliche Nähe und das offene Ohr für dienstliche, aber auch private Anliegen zu schätzen. Selbst unter der Belastung durch das Bischofsamt ist diese Verbindung zwischen Gesellschafter und Mitarbeitern nicht verlorengegangen.

Der Autor Gottfried Forck konzentrierte sich im wesentlichen auf drei Schwerpunkte, auf Berichte über Bundessynoden (1959 bis 1977 in „Die Zeichen der Zeit"), auf die Taufproblematik in Lehre und Praxis (zuletzt „Im Blickpunkt: Taufe", 1985) und auf die Bedeutung der Herrschaft Christi für die außerkirchlichen Bereiche in der Sicht Luthers. Nicht zufällig referierte er auf dem Sechsten Internationalen Kongreß für Lutherforschung in Erfurt vom 14.–20. August 1983 im Seminar „Luther und die Fürsten" über „Luthers Auffassung vom fürstlichen Amt nach der Bergpredigt und Psalm 2 und 82". Wenn er zu dem Ergebnis gelangte, daß nach Luthers Einsicht Christus als Vorbild für den Christen im Amt und die Orientierung an der Liebe für das obrigkeitliche Denken und Handeln zu gelten habe, so konnte er letztlich auf die Resultate seiner Untersuchung über „Die Königsherrschaft Jesu Christi bei Luther" zurückgreifen, die er 1956 in Heidelberg als Dissertation verteidigt hatte und die 1959 als Band XII der „Theologischen Arbeiten" im Druck vorlag. Mit dem in der traditionellen Lutherforschung ungewöhnlichen Thema nahm Gottfried Forck gleichsam ein Ergebnis praxisrelevanter kirchlicher Lehrgespräche über zentrale Fragen der Christologie und der theologischen Ethik vorweg. Der Hamburger Kirchenhistoriker und Lutherforscher Bernhard Lohse skizziert in seinem Beitrag Stellung und Bedeutung der seit langem vergriffenen frühen Untersuchung von Gottfried Forck, mit deren unverändertem Nachdruck die Evangelische Verlagsanstalt ihrem Gesellschafter und Autor für eine Verbundenheit von drei Jahrzehnten zur Vollendung des 65. Lebensjahres am 6. Oktober 1988 danken möchte.

Evangelische Verlagsanstalt Berlin

Vorwort

Über die Absicht und den Aufbau der folgenden Arbeit geben die Ausführungen zum Eingang Auskunft. An dieser Stelle kann ich mich auf einige Hinweise beschränken.

Die vorliegende Untersuchung wurde im Herbst 1955 in ihrer ersten Gestalt abgeschlossen und im Frühjahr 1956 von der Theologischen Fakultät der Universität Heidelberg als Dissertation angenommen. Inzwischen ist das Gespräch über manche der in dieser Arbeit behandelten Fragen weitergegangen. So hat vor allem Johannes Heckels Buch „Lex charitatis. Eine juristische Untersuchung über das Recht in der Theologie Martin Luthers" (München 1953) eine Fülle von literarischen Stellungnahmen hervorgerufen. Schon 1955 ist Gunnar Hillerdal in seiner Arbeit „Gehorsam gegen Gott und Menschen. Luthers Lehre von der Obrigkeit und die moderne Evangelische Staatsethik" (Göttingen) kritisch auf dieses Buch eingegangen. Diese erste Kritik hat dann noch im selben Jahre Johannes Heckel in einer Abhandlung unter dem Titel „Luthers Lehre von den zwei Regimenten. Fragen und Antworten zu der Schrift von Gunnar Hillerdal" (Zeitschrift für ev. Kirchenrecht, Bd. 4, 1955, 253–265) aufgenommen. Ebenfalls nach 1955 erschienen die Aufsätze von Ernst Wolf „Der christliche Glaube und das Recht. Zu J. Heckel, Lex charitatis" (Zeitschrift für ev. Kirchenrecht, Bd. 4, 1955, 225–253) und von Ragnar Bring „Der Glaube und das Recht nach Luther" (Gedenkschrift für D. Werner Elert, Beiträge zur historischen und systematischen Theologie, Berlin, 140–162). Auch Ernst Kinders Beitrag in der Gedenkschrift für D. Werner Elert „Gottesreich und Weltreich bei Augustin und bei Luther. Erwägungen zu einer Vergleichung der ‚Zwei-Reiche'-Lehre Augustins und Luthers" (a.a.O., 24–42) nimmt verschiedentlich, und zwar positiv, auf Heckels gründliche Untersuchung Bezug. Als eine wichtige Ergänzung zu der von J. Heckel aufgegriffenen Frage kann auch die Sammlung von Referaten dienen, die unter der Gesamtüberschrift „Macht und Recht. Beiträge zur lutherischen Staatslehre der Gegenwart" von Hans Dombois und Erwin Wilkens herausgegeben worden ist (Berlin 1956). Besonders aber hat sich Paul Althaus in der ThLZ 1956 (Sp. 129ff.) und vor allem im Luther-Jahrbuch 1957 (40–68) unter dem Titel „Luthers Lehre von den beiden Reichen im Feuer der Kritik" mit J. Heckel auseinandergesetzt und dessen Darstellung der Lehre Luthers zum Teil „augustinisch verzeichnet" (a.a.O., 42, Anm. 3) genannt. Trotz vieler guter Beobachtungen und Hinweise im einzelnen überzeugen freilich diese beiden Artikel in ihrer wesentlichen Kritik an Heckel nicht. Sie ist denn auch von J. Heckel in seiner Schrift „Im Irrgarten der Zwei-Reiche-Lehre" (ThE H. 55, München 1957) an Luthers Aussagen überprüft und in ihrem besonderen Anliegen, daß nämlich der Christ nach Luther Bürger zweier Reiche sei, durch genaue Analyse und klare Lutherworte widerlegt worden (vgl. a.a.O., 28ff.).

Neben diesen Veröffentlichungen sind noch zu nennen die Aufsätze von Edmund Schlink über „Gerechtigkeit und Gnade" (Kerygma und Dogma, Berlin 2/1957, 256 bis 288) und von Gustav Wingren „Welt und Kirche unter Christus, dem Herrn" (Kerygma und Dogma, Göttingen 3/1957, 55–60), ferner die Vorträge von Werner Schmauch

„Reich Gottes und menschliche Existenz nach der Bergpredigt" und von Ernst Wolf „Die Königsherrschaft Christi und der Staat" (beide in „Königsherrschaft Christi. Der Christ im Staat" ThE, H. 64, München 1958). Sie sind zwar nicht wie die weiter oben erwähnten Beiträge ausschließlich auf die Lutherforschung bezogen, geben aber wichtige Ergänzungen zum Thema meiner Arbeit im Blick auf die gegenwärtigen Fragestellungen.

Gern hätte ich die genannten Schriften und Aufsätze je an ihrem Ort in die vorliegende Untersuchung eingearbeitet. Aber leider war mir das ohne eine starke Vernachlässigung der mir aufgetragenen Gemeindearbeit nicht möglich. So mußte ich darauf verzichten. Dieser Verzicht ist aber insofern gerechtfertigt, als durch die genannte Literatur das Ergebnis dieser Arbeit nur bestätigt wird. Das gilt auch für die inzwischen erschienenen Spezialuntersuchungen der Lutherforschung über andere Themen: so für Franz Lau „Die prophetische Apokalyptik Thomas Müntzers und Luthers Absage an die Bauernrevolution" (Gedenkschrift für D. Werner Elert, 163–170), Hellmut Bandt „Luthers Lehre vom verborgenen Gott" (Berlin 1958, 212 Seiten) und die Aufsätze des Luther-Jahrbuches 1958 von Franz Hesse „Reges eos virga ferrea, ut vas figuli confringes eos. Zu Luthers Auslegung des Zweiten Psalms" (a.a.O., 23–41) und Klaus Tuchel, „Luthers Auffassung vom geistlichen Amt" (a.a.O., 61–98).

Bei der Überarbeitung für die Drucklegung habe ich mich aus den obengenannten Gründen darauf beschränkt, nach Möglichkeit eine bessere Lesbarkeit des Buches zu erreichen. In diesem Zusammenhang sind auch die Zitate in den Anmerkungen auf Wunsch des Verlages erheblich vermindert worden.

Ehrerbietigen Dank schulde ich Herrn Professor D. Dr. Edmund Schlink DD, der mir das Thema dieser Arbeit gestellt und mir bei ihrer Entstehung aus der Ferne durch sachliche und methodische Hinweise geholfen hat. Sodann habe ich besonders Herrn Professor D. Heinrich Vogel zu danken für den freundlichen Nachdruck, mit dem er mich während meiner Tätigkeit als Studentenpfarrer zur Weiterführung meiner Arbeit angehalten hat, und für seinen Rat in allen damit zusammenhängenden Fragen.

Berlin, im Advent 1958 Gottfried Forck

Inhalt

Eingang

Das Thema dieser Arbeit stellt Luthers Theologie unter eine der Luther-Forschung ungewohnte Frage. Scheint sie doch auf den ersten Blick mehr als Luther selbst der in dieser Hinsicht von Calvin angeregten lutherischen Orthodoxie mit ihrer Einteilung des Werkes Christi in das prophetische, priesterliche und königliche Amt zu entsprechen. Mit Recht haben sich aber die Untersuchungen, die das Verständnis eines zum Zentrum gehörenden Glaubensartikels bei Luther zum Gegenstand haben – und einen Abschnitt aus der Lehre vom Werk Christi wird man ja zum Zentrum rechnen müssen –, meist schon in der Thematik der Arbeit von Luthers eigener Fragestellung leiten lassen. Dadurch waren sie von vornherein mit dem von Luther übernommenen Thema – gleichsam also durch Luther selbst – in ihrer Untersuchung auf das richtige Gleis gesetzt, das auf die Mitte der Lutherschen Theologie, die „iustificatio impii", zuführte. Denn nach Luther sind ja in dem Lehrstück von der Rechtfertigung alle anderen Artikel des Glaubens begriffen.[1]

Nun sind aber in den letzten Jahrzehnten im Zusammenhang mit der Neubesinnung auf die Verantwortung der Kirche und des einzelnen Christen in der Welt und für die Welt eine ganze Reihe von Arbeiten vorgelegt worden, die sich darum bemühen, Luthers Auffassung von der sozialen Verantwortung der Kirche und des Christen klarzulegen. Diese Arbeiten beschäftigen sich nur zu einem kleinen Teil mit dem ganzen Bereich der Lutherschen Sozialethik, vor allem aber mit Luthers politischem Denken und Handeln. So gibt es z. B. Untersuchungen über: „Kirche, Gemeinde und Obrigkeit nach Luther", „Luthers Staatsauffassung", „Glaube und Politik im Handeln Luthers", „Kirche, Staat und Recht nach Luther" und viele andere ähnlich lautende Themen.[2] Daneben ist aber auch das Verhältnis von Glaube und Wirtschaft bei Luther untersucht worden.[3]

Alle diese Untersuchungen nehmen natürlich auch mehr oder weniger ausführlich Bezug auf Luthers Lehre von den zwei Reichen. Diese Lehre ist aber in den einzelnen Abhandlungen in Anwendung auf die konkrete Situation der Umwelt und das jeweils behandelte Thema teilweise so verkürzt wiedergegeben worden,[4] daß eine eingehende Untersuchung der Zwei-Reiche-Lehre selbst dringend erforderlich wurde. Besonders die Auswertung von Luthers Zwei-Reiche-Lehre in der Zeit des Nationalsozialismus nötigte dazu.[5] So erschien 1938 in München Harald Diems Arbeit „Luthers Lehre von den zwei Reichen".[6] Und seitdem ist das Gespräch über Luthers Zwei-Reiche-Lehre nicht verstummt. – Von den nachfolgenden Arbeiten über dieses Thema seien hier noch erwähnt: Gustav Törnvall „Geistliches und weltliches Regiment bei Luther", München 1947, Hermann Diem „Luthers Predigt in den zwei Reichen", München 1947, und schließlich: Franz Lau „Luthers Lehre von den beiden Reichen", Berlin 1952.

Daß Luthers Lehre von den zwei Reichen bis in die Gegenwart hinein immer wieder aufs neue Gegenstand der Luther-Forschung gewesen ist, zeigt schon zur Genüge, daß diese Lehre noch keineswegs als hinreichend geklärt gelten kann. Erst kürzlich (Tübingen 1954) hat Helmut Gollwitzer in seiner Schrift „Die christliche Gemeinde in der politischen Welt" Luthers Lehre von den zwei Reichen wieder anders beurteilt als Lau in seiner zuletzt genannten Abhandlung.[7] Lau hat nun aber in dieser Abhandlung selbst einen wichtigen Hinweis gegeben, wie die verschiedenartige Darstellung von Luthers Zwei-Reiche-Lehre zu erklären sei. Er schreibt: „Daß der Gesichtspunkt der ‚Unterstellung unter die Herrschaft Christi' das maßgebende Kriterium zu sein hat, meinen nicht nur die Brüder Diem, sondern ist anscheinend auf der ganzen Front Axiom. Die Frage zu stellen, ob Luther vielleicht einen völlig anderen Begriff von der Herrschaft Christi hat als der nachgerade selbstverständlich gewordene Verkündigungstheokratismus unserer Tage, kommt heute wohl kaum einem in den Sinn." Und in der Anmerkung fügt er hinzu: „Die Frage nach dem Verständnis der Herrschaft Christi bedarf noch einer gründlichen Erörterung und Beantwortung."[8]

Die Wichtigkeit einer solchen Erörterung wird noch dadurch unterstrichen, daß Heinz-Dietrich Wendland kürzlich (Kassel 1953) in seinem Aufsatz „Die Weltherrschaft Christi und die zwei Reiche" vom Neuen Testament her die These vertreten hat, „durch die neutestamentlichen Aussagen über die Herrschaft Christi" werde eine Neuformung der Zwei-Reiche-Lehre gefordert.[9] Die Frage nach der Königsherrschaft Jesu Christi bei Luther ergibt sich also aus Luthers eigener Thematik und ist auch vom Neuen Testament her einfach erforderlich. Mit ihr wird gewissermaßen noch hinter die Zwei-Reiche-Lehre zurückgefragt auf die Mitte der Lutherischen Theologie hin, denn ebenso, wie Luther die iustificatio impii als Mitte seiner Theologie bezeichnet hat, hat er bekanntlich andernorts von dem „Artikel von Christo" gesagt: „jnn diesem henget und stehet es alles und zeucht die andern alle mit sich, und ist alles umb diesen zu thun, das, wer jnn den andern irret, hat gewislich auch diesen nicht recht, Und ob er gleich die andern hellt und diesen nicht hat, ist es doch alles vergeblich."[10] Daß er damit nicht zwei verschiedene Mittelpunkte gemeint hat, sondern nur einen, weil wir ja allein durch Christus gerechtfertigt werden und also in dem Artikel von Christus die Rechtfertigungslehre als Herzstück der Christologie mit enthalten ist, braucht nicht besonders gesagt zu werden. Die Frage nach der Herrschaft Christi ist also auch von Luthers christologischem Ansatz her durchaus legitim und eigentlich zur Überprüfung des bisherigen Verständnisses der Zwei-Reiche-Lehre längst fällig gewesen. Es wird nun in Eruierung und Durchleuchtung des Tatbestandes zu erweisen sein, ob und inwieweit nach Luther gerade dieses Herzstück seiner Christologie: die Rechtfertigung des Gottlosen, bestimmend ist für alle Bereiche der Herrschaft Christi und die daraus erwachsende soziale Verantwortung der Kirche und des einzelnen Christen. Denn darüber, daß auch nach Luther gemäß Matth. 28,18 Jesus Christus alle Gewalt gegeben ist im Himmel und auf Erden, herrscht ja in der ganzen Luther-Forschung kein Zweifel. Wohl aber ist man sich uneinig darüber, in welcher Zuordnung diese allmähliche Herrschaft Christi zu seinem einmal geschehenen und in der Verkündigung des Evangeliums sich weiterhin vollziehenden Erlösungswerk steht. Und umgekehrt steht ebenso in Frage, wie sich die zum Zwecke unserer Erlösung geführte Herrschaft Christi durch das Evangelium auf das Leben und die Verkündigung der Kirche und des Christen in der von Christus ebenfalls, aber anders regierten Welt auswirkt.[11]

Diese Untersuchung hat freilich wie fast alle Luther-Arbeiten ihre Schwierigkeit darin, daß Luthers Aussagen zum Thema an keinem Ort systematisch zusammengefaßt, sondern über sein ganzes Werk verteilt sind und jeweils nur in dem Zusammenhang, in dem sie stehen, richtig verstanden werden können. Es muß also immer der Kontext einer Äußerung Luthers über die Königsherrschaft Jesu Christi bei ihrer Bewertung mit berücksichtigt werden. Dies gilt um so mehr, als Luthers Schriften, Vorlesungen und Predigten sich beinahe ausschließlich an bestimmte Empfänger in einer konkreten Situation und Glaubenshaltung wenden und allein auf sie und ihre Lage und

Einstellung ausgerichtet sind. Mit anderen Worten: Der dialogische Aktualcharakter aller Aussagen Luthers will beachtet sein.

Gerade deshalb kann in dieser Arbeit auch auf die Äußerungen Luthers nicht verzichtet werden, die uns in seinen Predigten überliefert sind, weil sie im besonderen zeigen müssen, wie Luther der *Gemeinde* die Königsherrschaft *Christi verkündigt* hat. Denn nur so wird der eventuelle Unterschied des Lutherischen Begriffes der Herrschaft Christi von dem „Verkündigungstheokratismus unserer Tage"[12] in vollem Maße deutlich werden. Allerdings konnten von den nachgeschriebenen und veröffentlichten Predigten nur die herangezogen werden, zu denen Luther sich selbst bekannt hat oder die sich auf die Nachschrift eines als zuverlässig bekannten Schülers zurückführen lassen.

Methodisch gehen wir nun am besten so vor, daß wir die Untersuchung der Aussagen Luthers voranstellen, deren Inhalt die Voraussetzung bildet für das Verständnis aller folgenden Äußerungen Luthers über die Königsherrschaft Jesu Christi. Wir beginnen daher zweckentsprechend mit Luthers Lehre von der Person Christi in ihrer Bedeutung für sein königliches Amt (Kap. 1), um von dort über die Herrschaft Christi im Stande seiner Erniedrigung und den Einsatz seiner Herrschaft innerhalb des Erlösungswerkes (Kap. 2) und die Erhöhung Christi und sein Kommen als Richter der Welt (Kap. 3) vorzustoßen zu Luthers Aussagen über die Mitherrschaft Christi in dem allgemeinen, aber verborgenen Weltregiment Gottes (Kap. 4) und über seine besondere Herrschaft durch das Evangelium (Kap. 5).

Diese Einteilung soll dazu dienen, alle Aussagen Luthers zu einem der in den Kapiteln angegebenen Teilprobleme voll zu berücksichtigen, ohne dadurch den Gang der Arbeit aufzuhalten oder ihre Geschlossenheit zu gefährden. Dabei scheint mir die Überprüfung der Worte Luthers über Christi allgemeines Weltregiment vor denen über seine besondere Herrschaft durch das Evangelium sachlich ratsam. Sofern nämlich die besondere Herrschaft Christi durch das Evangelium nach Luther die Voraussetzung für dessen allgemeines Weltregiment bildet, wird durch das Kapitel über die Erhöhung Christi und sein Kommen zum Gericht dies bereits genügend klargestellt. Umgekehrt aber gehört das allgemeine Weltregiment Christi zum Inhalt der Verkündigung und damit in den Bereich seiner geistlichen Herrschaft. Endlich muß in dem Kapitel über das allgemeine Weltregiment Christi auch darüber gehandelt werden, wie die Welt aussieht, über die Christus zum Herrn eingesetzt ist, und worin sich etwa seine Herrschaft von der des „verborgenen Gottes" unterscheidet, die er zur Erhaltung der Welt führt. Beides aber: die Lage der Welt und die Art der Herrschaft Christi über sie, ermöglichen erst das rechte Verständnis der Aussagen Luthers über die Auswirkungen der Herrschaft Christi auf das Leben und die Verkündigung der Kirche und des Christen in der Welt. Zugleich rückt durch diese Einteilung der inhaltlich wichtigste Teil an den Schluß und kann dort – sozusagen mit freiem Rücken – in der gebotenen Ausführlichkeit behandelt werden. Im übrigen muß die Darstellung selbst die Zweckmäßigkeit einer solchen Reihenfolge erweisen.

1. Kapitel

Die Lehre von der Person Christi in ihrer Bedeutung für sein königliches Amt

Schon Theodosius Harnack[1] hat auf „das innige und schlechterdings untrennbare Verhältnis" aufmerksam gemacht, „in welchem" für Luther „die Person und das Amt Christi zueinander stehen". Und in der Tat ist das Verhältnis von Amt und Person Christi so eng, daß man von dem einen nicht reden kann, ohne zugleich von dem anderen, wenn nicht immer explicite so doch in jedem Falle implicite, mitzusprechen.

In der Lehre von der Person Christi geht es ja um die Klärung der Frage: Wer ist Christus? Und das heißt dann in unserem Zusammenhang: Wer ist der König? oder: Wer hat die Herrschaft? Wenn sonst schon diese Frage für die Art einer Herrschaft von großer Bedeutung ist, so ist sie in unserem Falle geradezu entscheidend. Die Königsherrschaft, die Jesus Christus ausübt, ist so durch und durch bestimmt von seiner Person, daß sie schlechterdings mit keiner anderen Herrschaft im Himmel und auf Erden verglichen werden kann. Der Begriff „Königsherrschaft" ist durch seine Näherbestimmung als Königsherrschaft Christi so völlig verändert, daß er eine völlig neue Art der Herrschaft bezeichnet.

Wir befinden uns also in diesem Abschnitt nicht mehr im Vorfeld des eigentlichen Themas der Arbeit, sondern stehen mit der Frage nach der Lehre Luthers über die Person Christi schon mitten in der Behandlung des Themas selbst. Das hier Festgestellte wird grundlegend sein für alle folgenden Abschnitte.

Freilich würde es den Rahmen dieser Arbeit sprengen, wollten wir hier die Lehre Luthers von der Person Christi ausführlich darstellen.[2] Wir werden uns daher darauf beschränken, nur die für sein königliches Amt wichtigen Aussagen herauszuheben.

Seine Anschauung von der Person Christi entnimmt Luther nicht den Lehrentscheidungen der altkirchlichen Konzilien, sondern der Heiligen Schrift selbst. Mit den Erstgenannten weiß er sich zwar im wesentlichen in Übereinstimmung und benutzt auch ihre Formulierungen, aber er findet, daß die Schrift noch viel klarer von der Gottheit, der Person und den zwei Naturen Christi spreche, als das die Konzilien jemals getan hätten.[3]

Ein besonderes Zeugnis über die Person Christi sieht Luther in den alttestamentlichen Verheißungen, sonderlich dann, wenn sie im Neuen Testament als in Christus erfüllt angeführt werden. Dabei ist es für unseren Zusammenhang bemerkenswert, daß die alttestamentlichen Weissagungen auf Christus ja zumeist im strengen Sinne messianische Weissagungen sind, also direkt auf den kommenden *König* hinweisen. So sagt er z. B. in der Kirchenpostille von 1522 zu der in Matth. 2,6 zitierten Micha-Stelle (Micha 5,1): „also tzwingt Micheas, das diszer herr musz gottis geporner naturlicher szon, und der eynige ware gott mit yhm seyn fur allen creaturn ewiglich. Widderumb, szo er ausz Bethlehem zeytlich kommen soll, musz er warer naturlicher mensch seyn, ..."[4]

Es geht also bei der Königsherrschaft Jesu Christi um die Herrschaft dessen, der wahrhaftiger Gott und auch wahrhaftiger Mensch ist. Daß Christus wahrhaftiger Gott ist, besagt, daß wir in Christus Gott selbst vor uns haben.[5] Er ist der ewige Sohn Gottes, der nach dieser seiner „ersten Geburt . . ., nicht zeitlich, sondern von Ewigkeit her, vom Vater empfangen", hat „die ewige Gewalt oder Gottheit, Und der Vater hat sie jm gegeben gantz und völlig, wie er sie selbs hat von Ewigkeit. Nicht hat er sie jm also gegeben, das er sich derselbigen beraubet oder entledigt habe, sondern die selbige Gewalt und kein andere, die er von Ewigkeit gantz und völlig gehabt und in Ewigkeit behelt, hat er dem Son gegeben, Denn es sind nicht zwo Gottheit, Sondern beider Personen ist eine einige Gottheit, Und bleibt recht geredt, Isa. 52 (Jes. 42,8) ‚Ich wil meine Ehre keinem andern geben, noch mein Lob den Götzen', Denn der Son ist kein ander Gott noch Götze, Sondern mit dem Vater ein einiger rechter Ewiger Gott."[6] Daß an ebenderselben Gottheit auch der Heilige Geist teilhat, wird dann wenig später noch ergänzend hinzugefügt.

Christus hat also, und das ist für die folgenden Ausführungen von großer Bedeutung, als der ewige Sohn dieselbe Macht und Gewalt wie der Vater und der Heilige Geist. Wohl zu merken: Es handelt sich um *ebendieselbe* Macht, die Vater, Sohn und Geist innehaben, und nicht etwa um drei gleich große Gewalten, die auf die drei Personen der Gottheit verteilt zu denken wären, so daß sie – um so töricht zu reden – ihre Gewalt auch gegeneinander oder unabhängig voneinander gebrauchen könnten. Nein, so wahr eben alle drei Personen der Gottheit nur „Ein Gott, Ein Herr, Eine Göttliche Maiestet, Natur und wesen"[7] sind, so wahr haben alle drei Personen der Gottheit nur die eine göttliche Macht und ist ihr Wirken ein einheitliches.[7a]

Bevor wir nun klären, was es für die Königsherrschaft Christi besagt, daß er auch wahrhaftiger Mensch ist, müssen wir zunächst danach fragen, zu welchem Zwecke er denn Mensch geworden ist. Die Beantwortung dieser Frage ist auch für unsern Zusammenhang keineswegs belanglos, sondern wie in der Mathematik das Vorzeichen vor der Klammer bestimmt sie den positiven oder negativen Wert der Einzelaussagen. Luther antwortet mit der ganzen Christenheit: Gottes ewiger Sohn ist Mensch geworden zu unserer Erlösung: „Wir Christen wissen (Gott lob und danck in Ewigkeit), das Messia ist Gottes Einiger ewiger Son, den er gesand hat in die Welt, unser sunde auff sich zu nemen, fur uns zu sterben und den Tod fur uns zu uberwinden . . . Daher singen und rhümen wir mit allen freuden, Das Gottes Son, der rechte Einige Gott, mit dem Vater und Heiligen geist, sey fur uns Mensch, Ein knecht, Ein sunder, Ein wurm worden, . . ."[8] Die Menschwerdung des ewigen Sohnes, unseres Herrn und Königs, hat also, das muß als ein sein ganzes Menschsein bestimmendes Element festgehalten werden, eine eminent heilsgeschichtliche Bedeutung. Christus ist gerade darum Mensch geworden, um unsere Sünde auf sich zu nehmen. Seine Inkarnation ist nicht nur Menschwerdung, sondern wirkliche Fleischwerdung. Das ist schon aus dem oben angeführten Zitat deutlich und wird von Luther in Auslegung von Joh. 1,14 kräftig unterstrichen: „Der Euangelist hette wol können sagen: Das WORT ward Mensch, er sagt aber nach der Schrifft brauch: es ward fleisch, anzuzeigen die schwacheit und sterbligkeit, denn Christus hat Menschliche natur angenommen, die sterblich und dem schrecklichen zorn und gericht Gottes von wegen der sünde des Menschlichen geschlechts unterworffen ist, welchen zorn dieses schwach und sterblich fleisch in Christo gefület und gelidden hat . . . wie denn Sanct Paulus zun Galatern am fünfften Capitel auch spricht: ‚Christus ward ein fluch für uns, auff das er uns vom fluch erlosete.'"[9]

Wie nun diese Menschwerdung zu glauben ist, in der Jesus Christus zugleich wahrhaftiger Gott und auch wahrhaftiger Mensch ist, beschreibt Luther mit Berufung auf das Zeugnis der Schrift und in Übereinstimmung mit den Lehrentscheidungen der Alten Kirche: „Zum andern gleub ich / vnd weis / das die schrifft vns leret / Das die mittel person ynn Gott / nemlich der Son / allein ist warhafftiger mensch worden / von dem heiligen geist on mans zuthun empfangen / vnd von der reynen heiligen iungfraw

Maria / als von rechter natürlichen mutter / geborn ... Auch das Gott der son / nicht allein den leib / on seele ... sondern auch die seele / das ist / eine gantze völlige menschheit angenommen / ... ynn aller weise vnd gestalt / ein rechter mensch / wie ich selbs byn vnd alle andere / on das er on sunde / allein von der Jungfrawen durch den heiligen geist komen ist / Vnd das solcher mensch sey wahrhafftig Gott / als eine ewige vnzurtrennliche person aus Gott vnd Mensch worden ..."[10]

Gottes Sohn ist also wirklich ganz Mensch geworden, so wie wir Menschen sind, und ist doch zugleich immer noch wahrhaftiger Gott. Die beiden Naturen in Christus dürfen nicht miteinander vermischt werden, aber ebensowenig darf die eine aus Gott und Mensch gewordene Person zertrennt werden.[11] Alles, was nun Jesus Christus für uns wirkt oder leidet, wirkt oder leidet er als die eine unteilbare Person des Gott-Menschen, freilich „eins nach dieser natur / das ander nach ihener natur".[12] Beide Naturen sind in ihrer Wesenseigentümlichkeit bewahrt, ja gerade durch diese je besondere Wesenseigentümlichkeit jeder der beiden in ihm vereinigten Naturen wirkt der eine Gott-Mensch sein eines Werk zu unserer Erlösung.

Er konnte sein Erlösungswerk nur ausführen, weil einerseits zwischen der annehmenden Gottheit und der angenommenen menschlichen Natur eine unlösliche Gemeinschaft besteht und weil andererseits in dieser Gemeinschaft jede der beiden Naturen in ihrem Wesen und in ihren Eigenschaften voll bewahrt ist. So zertritt Jesus Christus als wirklicher Mensch, d. h.: nach seiner menschlichen Natur und durch sie, der alten Schlange, dem Teufel, den Kopf – damit erfüllt er die alttestamentliche Weissagung (Gen. 3,15), die von ihm als dem „Weibessamen" spricht –, aber zugleich ist in diesem Werk die Macht seiner göttlichen Natur mit tätig und verleiht dem Handeln seiner menschlichen Natur die Kraft.[13] Ähnliches läßt sich sagen im Blick auf den Kreuzestod Christi: Nur die menschliche Natur ist leidensfähig und sterblich, also leidet und stirbt Christus am Kreuz nach seiner Menschheit, aber um der persönlichen Einigkeit willen widerfährt auch der Gottheit Christi alles, was seiner Menschheit widerfährt.[14] Sie hat also an dem Kreuzestod Anteil. Es kann darum gesagt werden, Gott habe gelitten, sei gekreuzigt und gestorben.[15] Und das gerade, daß Gott für uns gestorben ist, gibt dem Erlösungswerk Christi sein unschätzbares Gewicht.[16] Nur weil es der Tod des Gottessohnes ist, ist es zugleich auch des Todes Tod.[17]

Soweit befindet sich Luther mit den Lehrentscheidungen der Alten Kirche in Übereinstimmung. Darüber hinaus aber lehrt er, daß die menschliche Natur des Gott-Menschen nicht erst in der Erhöhung Christi zur Rechten Gottes des Vaters mit göttlicher Macht und Herrlichkeit ausgestattet worden sei – dies ist die Lehre der Alten Kirche –, sondern schon im ersten Augenblick der Inkarnation. Nach einigen Äußerungen Luthers könnte es freilich so scheinen, als lehre auch er, daß die menschliche Natur Christi erst bei der Erhöhung Christi zur Rechten Gottes mit göttlicher Majestät ausgerüstet worden sei. So heißt es z. B. bei ihm an einer Stelle: „Das wil auch Christus, so offt er ym Euangelion bekennet, das yhm alles sey ubergeben vom vater und alles unter seine fusse gethan, Psal. VIII. Das ist: er ist zur rechten Gotts, welchs ist nicht anders denn das er auch als ein mensch uber alle ding ist, alle ding unter sich hat und drüber regirt ... Denn nach der Gottheit ist yhm nichts ubergeben noch unter die fusse gethan, so ers zuvor alles gemacht und erhellt. Sitzen aber zur rechten ist so viel als regiern und macht haben uber alles."[18] Es ist aber zu beachten, daß Luther diese Erhöhung Christi nach seiner Menschheit zur Rechten Gottes nicht versteht als den Akt der Erhöhung Christi nach seiner Auferstehung und Himmelfahrt, sondern eben schon als die im Akte der Vereinigung mit dem ewigen Sohn an der menschlichen Natur geschehene Erhöhung. Die Erhöhung Christi nach der Auferstehung ist demgegenüber nur eine „Verklärung", das Offenbarmachen eines schon vorher Vorhandenen. So sagt Luther: „... von dem Augenblick an, da Gottheit und Menschheit ist vereiniget und

2*

in einer Person, da ist und heißt der Mensch Marien Son, Almechtiger Ewiger Gott, der Ewige gewalt hat und alles geschaffen hat und erhelt, Per communicationem idiomatum. Darumb, das er mit der Gottheit eine Person, und auch rechter Gott ist, Davon redet er Matth. 21.(11,27): ‚Alles ist mir vom Vater gegeben', Matth. ultimo (28,18): ‚Mir ist alle gewalt gegeben in Himel und Erden'. Welchem Mir? Mir Jhesu von Nazareth, Marien Son und Menschen geborn. Von Ewigkeit habe ich sie vom Vater, ehe ich Mensch ward, Aber da ich Mensch ward, hab ich sie zeitlich empfangen nach der Menschheit, und heimlich gehalten bis auff mein Aufferstehen und Auffart, da es hat sollen offenbart und verkleret werden, ..."[19]

Somit ist die Menschwerdung Christi an sich nicht so sehr eine Erniedrigung des ewigen Sohnes, sondern vielmehr eine Erhöhung der in der Geburt aus der Jungfrau angenommenen menschlichen Natur. Freilich spricht Luther gelegentlich von der Menschwerdung auch als von einer „Exinanitio", aber soweit ich sehe, meint er damit immer eine Exinanitio secundum *formam* Dei. Als meines Erachtens extremes Beispiel für die Anwendung des Begriffes Exinanitio für die Menschwerdung Christi, das ich aber auch in dem obigen Sinne verstehen würde, ist Luthers Auslegung zu Röm. 1,3 und 4 zu vergleichen: „Et in hoc notatur, quod se exinanivit et infirmus factus, Et qui ante omnia fuit et omnia fecit, ipse nunc cepit et factus est. Sed non solum Euangelium de humilitate filii Dei loquitur, qua seipsum exinaniuit, immo etiam de gloria et potestate, quam post humilitatem a Deo accepit in humanitate, ita scil., ut sicut filius Dei per humilitatem et exinanitionem sui factus est filius Dauid in carnis infirmitate, Ita econtra filius Dauid infirmus secundum carnem nunc rursus constitutus est et declaratus filius Dei in omni postestate et gloria, Vt sicut se secundum formam Dei Exinanivit / vsque in carnis inanitatem / nascendo in mundum, ita secundum formam serui se impleuit vsque in plenitudinem diuinitatis ascendo in celum. Et Nota propriissimam locutionem Apostoli. Non ait: qui factus est filius Dei in virtute, sicut ait: ‚qui factus est secundum carnem.' Nam ab initio conceptionis Christi propter vnionem vtriusque nature verum fuit dicere: Iste Deus est filius Dauid Et iste homo est filius Dei Prima ideo vera, quia exinanita est diuinitas et in carnem abscondita. Secunda ideo, Quia impleta est humanitas et in diuinitatem traducta. Sed licet hoc ita esset, Vt non sit factus filius Dei, licet sit factus filius hominis et tamen idem semper fuit filius et est filius. Dei etiam tunc ... Acceperat iam potestatem super omnia et erat filius Dei, Sed nondum exercebat eam, nondum habebatur talis filius Dei. Hoc enim factum est per spiritum sanctificationis. Quia spiritus nondum erat datus, quia Jhesus nondum erat glorificatus ... Spiritus enim sanctus per Apostolos eum definiuit et declarauit esse filium Dei nunc in potestate super omnia et omnia ei ess subiecta ..."[20]

Das Wesentliche dieser Aussage scheint mir zu sein:

1. Die Gottheit Christi ist im Fleisch verborgen.
2. humanitas in diuinitatem traducta est, und zwar: ab initio conceptionis.
3. Er hat schon Macht über alles empfangen, nur sie noch nicht ausgeübt.
4. Christi Verherrlichung besteht in der *Kundmachung* seiner Gottheit und Macht.

Damit befindet sich dieses Zeugnis nicht im Widerspruch zu dem Gesagten. Die menschliche Natur wird also nach Luther schon durch die Vereinigung mit der göttlichen Natur des Sohnes zu einer Person in den göttlichen Stand erhoben. Worin sieht Luther dann aber die Erniedrigung Jesu Christi, die doch die Schrift so klar bezeugt? Er sieht sie in der Entäußerung, in dem Verzicht, sich wie Gott zu „gebärden"[21] oder – mit den Worten des oben im Text gegebenen Zitates – in dem Heimlich-Halten seiner Macht bis zu seiner Auferstehung und Himmelfahrt. Was das für die Herrschaft Christi im Stande seiner Erniedrigung bedeutet, werden wir im nächsten Abschnitt zu besprechen haben. Für jetzt halten wir fest: Jesus Christus ist nach Luthers Lehre vom ersten Augenblick der Inkarnation an auch nach seiner menschlichen Natur der König über alle Könige und der Herr über alle Herren.[22] Aber er ist es nach seinem Willen bis zur Auferstehung auf eine heimliche und verborgene Weise. So sagt Luther von Christus im Stande seiner Erniedrigung, er sei der höchste König und der niedrigste Knecht, der wahre Gott und verachtetste Mensch in einer und derselben Person,[23] und an anderem Ort: „... er ist eyn könig der ehren uber alle könige, ia Gottis son selber, noch macht er sich gleich den ergisten sundern, dienet yhn, das er auch fur sie stirbt."[24]

Daß nun Jesus Christus auch nach seiner Menschheit Herr und König ist über alles, heißt nicht, daß die menschliche Natur Christi neben seiner göttlichen Natur eine besondere Macht hätte. Nein, es ist ein und dieselbe Macht, die der ewige Sohn von Ewigkeit her hat und die er nun in der Menschwerdung seiner angenommenen menschlichen Natur mitteilt. Die Gewalt, die er vom Vater von Ewigkeit her hat, ebendie – und keine andere – hat er, da er Mensch ward, zeitlich empfangen nach der Menschheit. So sagt es Luther ausdrücklich in dem obigen Zitat. Es ist also nur die Art verschieden, wie jede der beiden Naturen des Gott-Menschen diese *eine* Macht hat, nämlich entweder als eine wesentliche, ihr von Anfang an zukommende Eigenschaft oder als eine ihr eigentlich nicht zukommende, sondern ihr nur auf Grund der personalen Vereinigung mit dem ewigen Sohn mitgeteilte Eigenschaft.

Wenn wir nun das über die Einheitlichkeit des Wirkens vom Vater, Sohn und Heiligen Geist oben Ausgeführte auf das zuletzt Gesagte anwenden, ist zu folgern: Jesus Christus hat auch nach seiner Menschheit teil an der ewigen, ungeteilten Macht des dreieinigen Gottes und seinem einheitlichen Wirken.[25] Was Jesus Christus qua Mensch tut, ist „per communicationem idiomatum" nicht nur das Werk des ewigen Sohnes, sondern ebenso auch das Werk Gottes des Vaters und Gottes des Heiligen Geistes. Und umgekehrt: Was Gott der Vater und Gott der Heilige Geist tun, tut gleicherweise auch der Sohn nach seiner Gottheit und nach seiner Menschheit.

Von daher ist es zu verstehen, wenn Luther im selben Zusammenhang einmal von der Herrschaft Gottes des Vaters und ein andermal von der Herrschaft Jesu Christi oder der des Heiligen Geistes spricht. Es ist das nie im Sinne der Ausschließlichkeit gemeint, sondern immer im Sinne des Mitwirkens der andern Personen der Gottheit. In der jeweils genannten einen Person – und also auch durch die angenommene menschliche Natur des ewigen Sohnes – handelt und herrscht der eine unteilbare Gott.

Zusammenfassend können wir sagen:

Daß Jesus Christus als der zum Zwecke unserer Erlösung menschgewordene Gottessohn auch nach seiner menschlichen Natur vom ersten Augenblick der Inkarnation an der Herr über alle Gewalten ist und daß in ihm und durch ihn der dreieinige Gott selbst über uns herrscht und an uns handelt, das ist nach Luther die Bedeutung der Aussage, daß Jesus Christus der König ist, und damit – im Sinne unserer Fragestellung – die Bedeutung der Lehre Luthers von der Person Christi für seine Aussagen über Christi königliches Amt.

Wir haben in diesem Kapitel jetzt nur noch davon zu reden, welch tröstlichen Charakter für Luther die Tatsache hat, daß Jesus Christus der Herr ist und daß er es in der eben beschriebenen Weise ist. Das nämlich ist der Trost: Der Herr aller Herren ist unser Bruder geworden; er ist das in dem Vollsinn des Wortes, der überhaupt jemals in diesem Namen liegen kann: einmal im Sinne des völligen Gleichwerdens mit uns und der brüderlichen Hingabe und des Einstehens für uns – darin ist sein wahres Menschsein betont –, zum anderen – und damit ist nun sein wahres Gottsein betont – im Sinne der Erhebung unserer armen, elenden, durch Sünde verderbten und dem ewigen Tode verfallenen Menschheit zur Gemeinschaft mit sich. Er ist unser Bruder geworden, auf daß wir seine Brüder würden. Wie er sich uns gleichgemacht hat, so will er auch uns sich gleichmachen, d. h.: er will uns in den Stand erheben, in dem er selbst als Gottes Sohn von Ewigkeit her ist und in den er auch die angenommene menschliche Natur in der Inkarnation erhoben hat: in die Freiheit der Kinder Gottes und in die himmlische Herrlichkeit.[26] Das findet auch seinen Ausdruck in Luthers bekannter Bezeichnung des Werkes Christi als eines fröhlichen Wechsels.[27] Denn dieser Wechsel ist ja der Zweck seiner Menschwerdung, und in ihm geht es darum, daß Christus unsere Sünde, unsern Fluch und unsern Tod auf sich genommen hat, um uns dafür seine Gerechtigkeit, seinen Segen und sein Leben zu schenken.[28]

Diese tröstliche und wahrhaft evangelische Botschaft liegt in nuce vor, wenn gesagt wird, daß Christus sein königliches Amt als wahrhaftiger Gott und auch wahrhaftiger Mensch verwaltet, und ist somit die Grundlage für das rechte Verständnis der heilsgeschichtlichen Bedeutung der Königsherrschaft Jesu Christi.

2. Kapitel

Die Herrschaft Christi im Stande seiner Erniedrigung und der Einsatz seiner Herrschaft innerhalb des Erlösungswerkes

Wenn Jesus Christus auch nach seiner menschlichen Natur vom ersten Augenblick der Inkarnation an der Herr und König ist über alle Gewalten, dann ist also auch von einer Königsherrschaft Jesu Christi im Stande seiner Erniedrigung zu reden. Allerdings wird sie von vornherein bestimmt sein durch das, was wir oben über Luthers Verständnis der Erniedrigung feststellen mußten. Erniedrigung Christi, so sahen wir, besteht nach Luther in dem Verzicht, sich wie ein Gott zu „gebärden", bzw. in dem „Heimlich-Halten" seiner Herrschaft. Es wird in diesem Abschnitt unsere erste Aufgabe sein, zu klären, wie wir das zu verstehen haben.

Setzen wir ein bei Luthers Auslegung von Phil. 2,5–12 in der Fastenpostille von 1525. Luther führt zu dem Begriff „Knechtsgestalt" aus: „Erstlich, Das Christus habe sich selbs geeussert odder entledigt, das ist, er hat sich gestellet, als legt er die gottheit von sich und wollte derselbigen nicht brauchen noch sich unterwinden. Nicht, das er die Gottheyt hette odder kündte sie ablegen und weg thun, Sondern das er die gestalt Göttlicher maiestet hat abgelegt und nicht Gott gebaret, wie er doch wahrhaftig war. Wie wol er auch die Göttliche gestalt nicht also ablegt, das man sie nicht fulete odder sehe, denn so were keyn Göttlich gestalt da blieben, sondern er nam sich der selben nicht an und branget nicht damit widder uns, sondern dienete viel mehr uns damit. Denn er tät wunderwerg auch ym leyden und am creutz, da er dem schecher als eyn Gott das Paradis gab und ym garten die scharen mit eym wort zu rucke sties ... Er nam knechts gestalt an und bleyb doch Gott und ynn Gotts gestalt. Das ist: Er war Gott und alle Göttliche werck und wort, die er furet, thet er uns zu gut und dienet uns damit als eyn knecht und lies yhm nicht dafur dienen als eyn herr, ... und sucht auch widder ehre noch gut drynnen, sondern unser nutz und heyl, ..."[1]

Aus diesem Zitat wird m. E. eindeutig klar, daß Luther von einer Knechtsgestalt Christi spricht, die nicht nur die äußerlich geringen Werke kennzeichnet, sondern auch seine Wundertaten und seine vollmächtige Predigt, weil Christus auch mit ihnen uns dient als ein Knecht. Immerhin könnte nach dieser Aussage der Einsatz seiner göttlichen Macht in Wort und Tat noch als ein nur gelegentlicher verstanden werden.

Nehmen wir nun aber hinzu, was Luther am Schluß derselben Predigt sagt. Es heißt dort: „Gott will, das eyner des andern knecht sey mit leyb, gut, ehre, geyst und seele, wie seyn son uns getan hat."[2] Dieser Satz ruft doch ohne Zweifel dazu auf, daß wir alle unsere Kräfte zum Dienst am Nächsten einsetzen sollen, wie Christus alle Kräfte für uns eingesetzt hat. Hat er aber alle seine Kräfte für uns eingesetzt, so doch auch seine göttliche Macht, an der Christus ja seit der Inkarnation auch nach seiner Menschheit voll teilhat. Der Einsatz seiner göttlichen Macht kann also nicht als ein nur gelegentlicher verstanden werden, in dem Sinne, daß Christus nur dann und wann seine Herrschgewalt in unsern Dienst gestellt hätte, sondern ist so zu verstehen, daß die Herrschgewalt Christi als die Macht des Herrn, der sich ganz mit allen seinen Kräften zu unserm Knecht gemacht hat, auch in allen seinen Worten und Taten und ebenso in seinem Leiden und Sterben mit zur Stelle ist, freilich immer als eine nur auf unser Heil ausgerichtete und entsprechend eingesetzte. Damit ist die angenommene Knechtsgestalt gekennzeichnet als Ausdruck seiner zu unserm „nutz und heyl" eingesetzten Herrschgewalt. So sagt Luther[3]: „Also hat Christus auch than. Alles was hoch ynn yhm war, das hatt er nicht weg geworffen noch geleugnet, Sondern er achtets nicht und brüstet sich nicht widder uns. Es macht sich aber unserm elend eben, verachtet uns nicht und dienet uns mit seynem hohen wesen." Ganz im Sinne Luthers gibt Heinrich Vogel[3a] das Verhältnis von Gebrauch und Nichtgebrauch der göttlichen Vollmacht durch Christus im Stande seiner Erniedrigung wieder. Er sagt: „Der Nichtgebrauch ist durch gar nichts anderes bestimmt als durch das Für-uns-sein des Christus Jesus. *Als der Für-uns-seiende* ist er so ohnmächtig, so nichtwissend, so gebunden, so angenagelt, todverfallen und verdammt. Eben aber als der Für-uns-seiende macht er Gebrauch von der ihm eignenden göttlichen Vollmacht, vergibt Sünden und erweckt vom Tode! *Der Nichtgebrauch* für sich selbst *und der Gebrauch* für uns sind zwei Seiten *ein und desselben* Geheimnisses. Und wenn sie in dieser Kontrapunktik verstanden werden, ist jener mißliche Beigeschmack einer ‚partialen' Dialektik wirklich beseitigt, schon im Grundansatz ausgeschlossen."

Der Verzicht, sich wie ein Gott zu gebärden, bestand also darin, daß Christus unter uns nicht wie ein Gott und Herr aufgetreten ist, der sich dienen läßt, sondern umgekehrt auch seine göttliche Macht in unsern Dienst gestellt hat. Und in der Verborgenheit der Herrschaft Christi vor seiner Auferstehung und Himmelfahrt geht es nicht darum, daß Christus seine königliche Gewalt unabhängig von seinem Werk hier auf Erden irgendwie und irgendwo geübt hätte, nur heimlich, sondern darum, daß er sich *in* der angenommenen Knechtsgestalt – nicht durch die oder hinter der Knechtsgestalt – verborgen hatte. Gerade als der Knecht ist er der Herr; seine Herrschaft begegnet uns nur in der Knechtsgestalt. Das gilt auch von dem Regiment Christi, das er zusammen mit dem Vater und dem Heiligen Geist zur Erhaltung der Welt übt, weil wir uns nach Luther allein an das zu halten haben, aber auch gewißlich daran halten können, was Christus uns von dieser seiner Herrschaft offenbart hat, so wahr wir *alles*, „was Gott ist und thut und jm sinn hat", „treffen und ergreiffen", wenn wir es nirgend suchen, „denn da ers selbs hin gesteckt und gelegt hat".[4] Christus hat sich aber in seiner Erniedrigung als der allmächtige Schöpfer und Erhalter aller Kreaturen offenbart nur in den Wundern. Sie aber stehen ganz im Zeichen seiner angenommenen Knechtsgestalt, und zwar in des Wortes doppelter Bedeutung: einmal – und davon sprachen wir ja schon –, weil Christus uns damit dient, und sodann auch, weil sie teilhaben an der für die Augen der Welt undurchdringlichen Verborgenheit der göttlichen Herrlichkeit Christi.

An dieser Stelle bedarf es einer Klärung, ob das Gesagte vor den Aussagen Luthers in ihrer Gesamtheit bestehen kann. 1. Kennt Luther nicht doch eine Herrschaft Christi im Stande der Erniedrigung, die er auch nach seiner Menschheit als der Erhalter aller Dinge zusammen mit dem Vater und dem Heiligen Geist vom ersten Augenblick der Inkarnation an ausübt, und ist diese Erhaltung aller Dinge nicht eine vom Erlösungswerk unabhängige Herrschaft? 2. Spricht nicht auch Luther von den Wundern Christi als von sichtbaren Erweisen seiner göttlichen Macht, und ist damit die Verborgenheit seiner Herrschaft nicht an verschiedenen Stellen durchbrochen, so daß seine Herrschaft hier auf Erden eben nicht nur in der Knechtsgestalt begegnet?

ad 1. Bei Luther finden sich zwei entgegengesetzte Aussagen. Nach der einen ist Christus zusammen mit dem Vater und dem Heiligen Geist der allmächtige Schöpfer und Erhalter aller Kreaturen, nach der anderen ist er zum Zwecke unserer Erlösung ganz unser Knecht geworden.

Daß Christus vom ersten Augenblick der Inkarnation an auch nach seiner menschlichen Natur teilhat an der *einen* Herrschaft Gottes, ergibt sich aus der Lehre Luthers von der Person Christi. Christus hat diese Herrschaft auch für die Zeit seiner Erniedrigung nicht abgelegt, sondern allezeit geübt. Das wird von Luther ausdrücklich gesagt in Auslegung von

Joh. 5,17, also eines Wortes des noch erniedrigten Herrn, das hier als Beispiel für viele andere Stellen angeführt sei. Luther sagt: „So spricht nu der Herr Christus: ‚wie der Vater bisher wircket, so wircke ich auch', das ist: der Vater ist ein solcher Schöpffer, der, nach dem er angefangen hat alle ding zu schaffen, noch fur und fur wircket, sein Geschöpff regieret und erhelt, also auch ich. ... Gott Vater Gott Son mit dem heiligen Geist lassen von jren Wercken nicht ab, wie Handwercksleute, Schuster und Schneider von jrer arbeit ablassen, wenn sie Schue oder Kleider gemacht haben, sie hören nicht auff an dem (das sie geschaffen haben) zu wircken bis an das ende, und ehe ein ding sein ende hat, und schaffen sie anders an seine stat, das also jr geschöpff fur und fur weret."[5]

Dem steht nun gegenüber die andere Aussage, die wieder durch ein Beispiel für viele belegt sei. Luther sagt: Christus hat *„aller ding* ein knechts gestalt an sich genomen und nicht gestelt wie ein herr und gott, wie er dann sagt ‚Ich bin nicht kommen, das ich mir dienen lasz, sonnder das ich diene', als er solt sagen ‚ich will *nur knecht* sein, was mer?"[6] (Kursivdruck von mir.)

Die Spannung dieser beiden Aussagen kann nun auf keine Weise verstandesmäßig ausgeglichen werden; sie lassen sich einfach nicht zusammenreimen. Luther wird nicht müde, das immer wieder ausdrücklich zu betonen. So z. B. in der Erklärung zu Jes. 53,1 mehrere Male ganz kurz hintereinander.[7]

Wenn nun Luther doch eine Art Erklärung gibt im Sinne der Zwei-Naturen-Lehre,[8] so erklärt er damit eigentlich nichts im Sinne einer vernunftmäßig nachzuvollziehenden Erklärung, sondern umreißt noch einmal mit anderen Worten die Aussage der Schrift, die wir eben nicht mit dem Verstand fassen können, aber glauben und bekennen sollen.[9]

Wir werden uns daran erinnern, daß nach Luther gerade das Zugleich dieser beiden Aussagen der Schrift das unaufgebbare Fundament des Erlösungswerkes Christi ist. Wäre Christus nicht wahrer Gott und Schöpfer und Erhalter aller Kreaturen, dann hätte er Sünde, Tod und Teufel nicht besiegen können.[10] Wäre er nicht wahrhaftiger Mensch, dann hätte er nicht leiden und sterben und also die Erlösung nicht ausrichten können.[11] Daß dieses Zugleich aber nun in gar keiner Weise auf die beiden Naturen Christi aufgeteilt werden kann, sondern um der persönlichen Einigung willen von der einen unteilbaren Person des Erlösers gilt, der Gott und Mensch ist, erhellt neben anderen Belegen[12] auch aus den Aussagen, die Luther über die Überwindung des Teufels macht. Der Teufel ist ja gerade besiegt worden, weil unter der armen, elenden Menschheit Christi seine Gottheit verborgen war.[13]

Ohne nun die aufgewiesene Spannung zwischen Christi allmächtiger Herrschaft zur Erhaltung der Welt und seinem völligen Knechtsein aufzulösen, wird man doch über sein allmächtiges Regiment zweierlei sagen können: a) Christus als der Schöpfer und Erhalter aller Dinge hat sich selbst dazu bestimmt, zu leiden und zu sterben zu unserer Erlösung. Ohne seinen Willen hätte man ihn weder gefangennehmen noch töten können.[14] Bezüglich des Einsatzes seiner Person für uns steht also sein allmächtiges Regiment zur Erhaltung der Welt ganz im Dienste seines Erlösungswerkes. b) Überall da, wo sich Christus hier auf dieser Erde als allmächtiger Schöpfer und Erhalter durch Wunder erwiesen hat, zeigt er seine Herrschaft als eine auf unser Heil ausgerichtete Herrschaft.[15] Daraus geht hervor, daß Luther die Wunder Christi nicht als nur einzigartigen Machterweis versteht, sondern auch und vor allem als Zeichen dafür, wie Christi Erhaltungsregiment allezeit auf unsern Nutzen und unser Heil ausgerichtet ist. Ja, die Wunder Christi sind sogar alle in strengem Sinne auf sein Erlösungswerk bezogen, denn durch sie wirkt Christus den „milchglauben", d. h.: den Glauben an ihn als den allmächtigen Schöpfer, der unsern Leib erhalten kann und erhalten will, als die Voraussetzung des Glaubens an ihn als unsern Erlöser.[16]

Wenngleich wir also nach Luther in unauflöslicher Spannung auch für den Stand der Erniedrigung Christi festzuhalten haben, daß Christus der allmächtige Schöpfer und Erhalter aller Kreaturen ist und bleibt und sich doch zugleich ganz mit allem seinem Wesen in unsern Dienst gestellt hat, so dürfen wir doch ebenso nach Luther aus seiner Hingabe in den Tod und aus seinen Wundern schließen, daß das Regiment, das er mit dem Vater und dem Heiligen Geist zur Erhaltung der Welt übt, in allem auf sein Erlösungswerk ausgerichtet ist.

ad 2. Wir haben oben davon gesprochen und auch einen Beleg dafür angeführt, daß Luther die Wunder Christi schon deshalb mit unter seine Knechtsgestalt rechnet, weil Christus uns mit seinem göttlichen Werk und Wort dient als ein Knecht. Nun hat aber bei Luther der Begriff „Knechtsgestalt" auch den andern, uns geläufigeren Sinn des Unansehnlichen, Verachteten. Wir haben hier nun zu prüfen, ob die Wunder Christi auch unter seine so verstandene Knechtsgestalt einzureihen sind.

Es kann keinem Zweifel unterliegen, daß Luther die Wunder Christi als Erweise seiner göttlichen Macht versteht. Man kann fast jede Auslegung eines Wunders Christi durch Luther dafür als Beleg anführen.[17] Aber diese Erweise sind ihm keine Durchbrechung der Knechtsgestalt Christi, denn sie werden nur von den Gottseligen erkannt. So sagt Luther in seiner Auslegung von Joh. 1,14: „Weytter spricht er (sc. der Evangelist): Und wyr haben seyne ehre gesehen, das ist: seyne gottheyt ynn seynen wundertzeichen und leren."[18] Und er fügt wenig später hinzu: „... die Juden sahen auch seyne herlickeyth und hieltens doch nit fur herlickeyt alsz des eingepornen szon gottis, ... Die unglewbigen, wilchen yhr augen sehen auff die welltlichen herlickeyt, haben disze gottliche herlickeytt nitt geachtet."[19] Die Juden haben also auch die Herrlichkeit Christi in seinen Wundern gesehen, aber nicht als die Herrlichkeit des Gottessohnes; sie hatten den Messias in weltlicher Herrlichkeit erwartet und verschließen ihre Augen vor seiner göttlichen Herrlichkeit. Es ist nur ein kleines Häuflein, „dem die augen aufgetan sind", das die Herrlichkeit Christi und die Kraft seines Wortes sieht.[20] Die Welt aber sieht die Herrlichkeit Christi in seinen Wundern nicht, „denn die welt ist on das nicht werd, das sie nur ein füncklein Göttlicher krafft sehen soll, Sonder sie soll blind sein und lestern, schenden und schmehen, Wie wir sehen, das sie dem Herrn Christo hie thut."[21]

So haben also auch die Wunder teil an der Knechtsgestalt Christi. Das ändert freilich an der Realität ihrer Herrlichkeit nichts. So kann Luther der Nichtigkeit weltlichen Gepränges die wahre Pracht des Königs Christus gegenüberstellen.[22] Aber diese Herrlichkeit ist eben den Augen der Welt verborgen.

Es ist wichtig, daß wir das festhalten: Innerhalb der Herrschaft Christi im Stande seiner Entäußerung gibt es keinen einzigen Bereich, der nicht unter das Vorzeichen der Knechtsgestalt gestellt wäre; und wiederum gibt es keine einzige Form der Knechtsgestalt Christi, in der nicht auch seine Macht verborgen wäre. Die göttlichen Werke und Worte, die Christus führt, haben ebenso teil an der Knechtsgestalt seiner göttlichen Macht, wie umgekehrt die Werke, in denen sich Christus insbesondere zu unserm Knecht gemacht hat, nämlich sein Leiden und Sterben, noch Ausdruck sind seiner in der Knechtsgestalt verborgenen Herrschaft, denn durch seinen Tod überwand ja Christus Sünde, Tod und Teufel.[23]

Watson weist in seinem Buch „Um Gottes Gottheit"[24] zugleich darauf hin, daß bei Luther ebenso auch die Auferstehung Christi als sein Sieg über die Verderbensmächte bezeichnet werden kann. Das ist richtig. Ich muß mich allerdings gegen seine Formulierung wehren, daß für Luther „diese beiden Ereignisse (sc. Kreuz und Auferstehung) untrennbar eins" sind. (Ähnlich übrigens auch Gogarten in seinem Buch „Die Verkündigung Jesu Christi", Heidelberg 1948.[25]) Man sollte doch wohl besser von einer untrennbaren Zusammengehörigkeit dieser beiden Ereignisse sprechen. Denn der Tod Christi wird von Luther als Sieg über die Verderbensmächte bezeichnet, weil schon im Tode Christi klar ist, daß sein Gottesfleisch den Leib des Todes, der ihn verschlungen hat, in tausend Stücke zerreißen wird. Der Tod Christi ist also Sieg insofern, als in ihm der Endkampf Christi mit den Verderbensmächten beginnt, über dessen für Christus siegreichen Ausgang kein Zweifel sein kann. Mit andern Worten: Weil sich im Tode Christi die Verderbensmächte in den Kampf mit dem einlassen, der als Gottes Sohn unausweichlich den Sieg davontragen wird, darum sind sie schon im Tode Christi die Besiegten. Aber damit sind Tod und Auferstehung Christi noch nicht zu einem Ereignis geworden. Es gilt vielmehr neben dem oben Gesagten festzuhalten, daß sich Christus im Tode wirklich unter die Gewalt der Verderbensmächte gefangen gegeben hat: Sein Tod ist wirklicher Tod,[26] und daß er sich erst in seiner Auferstehung als der Sieger über Sünde, Tod und Teufel erwiesen hat.

Es ist also ein und dieselbe Herrschweise Christi, die in seinem Leiden und Sterben und in seinen zu unserm Heil vollbrachten Wundern sich äußert, nämlich die Herrschweise dessen, der zu unserer Erlösung seine ganze Kraft eingesetzt hat.

Als zu unserer Erlösung eingesetzte Herrschaft kann nun Christi Herrschweise im Stande seiner Erniedrigung als Vorstufe seiner geistlichen Herrschaft über uns angesehen werden. Christus ist zwar schon für sich selbst von seiner Mutter Leib an der Herr über alles, also auch über uns, aber erst durch den Einsatz seiner Kräfte uns zu Nutz und Heil wird er *unser* Herr in dem Sinne, daß wir sein Eigentum werden und er sich uns mit allem seinem Wesen und Gut zu eigen gibt.[27]

Daß die Erlösung darauf abzielt, daß Christus „mein Herr" sei und ich sein Eigentum, wird deutlich gesagt in der Erklärung zum 2. Artikel des Kleinen Katechismus. Daß Christus sich mit allen seinen Gütern durch die Erlösung uns zu eigen gibt, wird z. B. bezeugt in einer Predigt aus dem Jahre 1523: „Nu was hat denn Christus? Er hat das, das er ist ein herr uber todt, teuffel, hell und alle creaturen, ist almechtig, gewaltig, weys, gerecht, frum und ist aller tugend vol. Seht die gutter werden uns alzumal. War durch? ... durch den glawben, wenn du glawbest, das Christus seyn leyb und leben fur dich dar gesetzt habe, do mit wirstu auch eyn herr uber todt, teuffel, hell und alle creaturen, mechtig, frum und selig, nicht durch deyn lugen gerechtigkeyt, sonder Christi, der fur dich steht."[28]

Insofern kann das ganze Erlösungswerk Christi von Luther auch beschrieben werden als das Werk Christi, durch das er unser Herr geworden ist. Und zwar findet sich diese Aussage durchaus nicht irgendwo am Rande, sondern an ganz besonders zentraler Stelle, nämlich im Großen Katechismus, in der Erklärung zum 2. Artikel. Dort heißt es: „Wenn man nu fragt / was gleubstu ym andern artickel von Ihesu Christo? Antwort / auffs kürtzte. Ich gleube das Ihesus Christus warhafftiger Gottes son / sey mein Herr worden / Was ist nu das / Ein Herr werden? Das ists / das er mich erlöset hat / von sunde / vom Teuffel / vom Tode und allem vnglück. Denn zuvor habe ich keinen herrn noch König gehabt / sondern vnter des Teuffels gewalt gefangen / zu dem tod verdampt / ynn der sunde vnd blindheit verstrickt gewesen."[29]

Zu der Erlösung, durch die Christus unser Herr wird, gehört auch, wie Luther an verschiedenen Stellen ausdrücklich betont, die Befreiung vom Gesetz, von dessen Gewalt uns Christus befreit durch seine vollkommene Gesetzeserfüllung und durch sein stellvertretendes Leiden des Gesetzesfluches für unsere Sünden. Wir sind zwar gewöhnt, dieses unschuldige Leiden Christi einseitig nur als Versöhnung Gottes zu verstehen und darum nur dem hohenpriesterlichen Amt Christi zuzuschreiben,[30] Luther aber rechnet die Ausschaltung des Gesetzes und seiner anklagenden Kraft nicht nur zu dem priesterlichen Amt Christi, sondern auch zu seinem königlichen Amt, denn er reiht das Gesetz Gottes ein in die Verderbensmächte, über die Christus durch sein Sterben und Auferstehen den Sieg davongetragen hat. In diesem Zusammenhang spricht Luther vom Gesetz Gottes gelegentlich wie von einem personhaften Gewalthaber, der durch den unschuldigen Tod Christi ebenso getäuscht wird wie Tod und Teufel. So wie durch die Tötung des Gottessohnes der Tod sich selbst getötet und der Teufel sich selbst erwürgt hat, so hat sich auch das Gesetz durch sein Verdammungsurteil über Christus selbst verdammt.[31]

Luthers Einfügung des Gesetzes unter die Verderbensmächte ist bei Watson in seinem Abschnitt 15a: Das Werk des Erlösers. Erlösung und Versöhnung,[32] ausführlich dargestellt und belegt.[33] Watson geht allerdings zu weit, wenn er sagt: „Weit entfernt davon, daß es (sc. das Versöhnungswerk) sich auf Gott richtet, um dessen Urteil über die Menschen zu ändern, richtet es sich vielmehr auf die Menschen, um sie in ein neues Verhältnis zu Gott zu bringen."[34] Auch ist die Darstellung des Werkes Christi als Sieg über die Verderbensmächte nicht – wie Watson meint – „die für ihn (Luther) charakteristische Meinung";[35] das Charakteristische für Luther ist m. E. gerade, daß er das Werk Christi als *Versöhnung und Erlösung* bezeichnet und dabei der Versöhnung insofern die Priorität zuschreibt, als in ihr die Erlösung von den Verderbensmächten beschlossen ist.[36] Ähnlich wie Watson beschreibt auch Gogarten[37] das Erlösungswerk Christi.

Die Einreihung der Beseitigung des Gesetzes in das königliche Amt Christi ist deshalb wichtig, weil sie uns auf die unlösliche Verflochtenheit des königlichen und priesterlichen Amtes Christi bei Luther hinweist. Was Christus tut, tut er als Priester und König. Das heißt: Die Versöhnung Gottes ist mißverstanden, wenn sie nicht zugleich aus dem Erbarmen Gottes erklärt wird, der dadurch die Menschen erlösen will von den Verderbensmächten. Und umgekehrt ist die Überwindung der Verderbensmächte durch Christus mißverstanden, wenn nicht erkannt wird, daß Christus sie gerade durch unsere Versöhnung mit dem Vater herbeiführt.

Aber kehren wir nach diesem kleinen Exkurs zu dem unterbrochenen Gedankengang zurück: Christus ist also unser Herr in dem oben angeführten Sinne erst nach unserer Befreiung von der Gewalt des Teufels, des Todes, des Gesetzes und der Sünde;

während des Erlösungswerkes übt er seine Herrschaft über uns noch nicht eigentlich aus, sondern hat seine Gewalt ganz daran gewagt und gewandt, uns zu gewinnen und zu seiner Herrschaft zu bringen.[38] Das kann im Blick auf die Versöhnung mit Gott auch so gesagt werden: „... das er (sc. Christus) konig ist ubir alle ding uns tzu gutt, were nit muglich, er hett uns denn tzuvor gott versunet und unszer gewissen vorsichert, auff das er mit ruge unnd frieden ynn uns regirn unnd wircken kund als ynn seynem eygenn reych, drumb must er auch priester seyn fur uns. Solt er aber priester seyn unnd uns nach priesterlichen ampt mit gott vorsunen, must er gottis gerechtickeyt fur uns gnugthun; da war aber keyn ander gnugthun, er must sichs selbs dargeben, sterben unnd alszo sund mit dem todt ynn sich selber ubirwinden; alszo ist er durch sterben zum priesterthum, durch priesterthum tzum konigreych kommen ..."[39] Es ist zu beachten, daß in dem angeführten Zitat nicht davon gesprochen wird, daß Christus durch sein Priestertum König geworden sei, sondern nur davon, daß er durch sein Priestertum zum „Königreich kommen" sei. Durch die Versöhnung ist er König geworden „uns tzu gutt" und kann jetzt in uns regieren „als ynn seynem eygenn reych". Diese Zusatzbestimmungen seiner Königsherrschaft haben den Akzent.[40] Daher kann es nicht überraschen, wenn Luther an verschiedenen Stellen sagt, Christus habe sein Reich angefangen nach seiner Himmelfahrt,[41] denn zum Reich Christi, im Sinne seiner für uns erworbenen Herrschaft über Sünde, Gesetz, Tod und Teufel, können wir erst gehören nach Vollzug des Erlösungswerkes und durch die Verkündigung des Evangeliums, in dem uns das Erlösungswerk Christi als für uns getan zugesprochen wird.

Sofern nun aber das Evangelium als Verheißung den kommenden Vollzug des Erlösungswerkes durch Christus verkündigt hat und geglaubt worden ist, kann Luther an anderer Stelle auch von dem Königreich Christi als von einem Reich sprechen, das „von anbegynn der wellt geweszen" ist, „denn alle heyligen sind vom todt und sünden durch yhn (sc. Christus) und seynem glauwben erloszet, ...".[42]

Ist in dem angeführten Zitat besonders von der alttestamentlichen Gemeinde die Rede, so gilt das Gesagte natürlich erst recht von den Menschen, die an Jesus glaubten in seinen Erdentagen. Denn in ihm ist ja der verheißene Messias Israels bereits da, der das Erlösungswerk in seiner Inkarnation schon begonnen hat, es seit seiner Amtseinsetzung durch die Stimme Gottes des Vaters in der Taufe durch Johannes[43] täglich in Wort und Tat übt und es durch sein Leiden, Sterben und Auferstehn vollenden wird. Nun hat aber Jesus in seinen Erdentagen wesentlich nur in Israel gewirkt und auch das Evangelium durch seine Jünger nur „den verlorenen Schafen von Israel" kundmachen lassen. Deshalb kann Luther in Auslegung von Ps. 2,8 sagen, Christus sei schon auf Erden zum König über Zion eingesetzt, habe aber seine Herrschaft über die Heiden, die ihm auf sein Heischen hin verheißen war, erst im Himmel empfangen.[44]

Da nun das Evangelium von Luther wiederholt als das Zepter des Reiches Christi bezeichnet wird,[45] weist es in die gleiche Richtung wie die beiden vorhergehenden Stellen, wenn Luther an anderem Ort davon redet, daß das Evangelium von Anfang der Welt bis zu ihrem Ende gepredigt werde, denn darin ist die zeitliche Unbegrenztheit der geistlichen Herrschaft Christi behauptet; es ist aber bemerkenswert, daß Luther im Folgenden dann doch zwischen einem beschränkten und einem unbeschränkten Wirkungsbereich des Evangeliums unterscheidet: „Quia deus sinit suum praedicare verbum post ascensionem coram omnibus populis, ante non ita, accepit sibi unum schnur, illis est praedicatum verbum usque ad tempora Mariae, fuit ergo semper Euangelium, non ita tamen aperte ut postea."[46]

Indem wir die angeführten Aussagen Luthers zusammenfassen, können wir feststellen: Es ist dasselbe Evangelium, durch das Christus über das alttestamentliche Gottesvolk herrscht, über die an ihn Glaubenden in seinen Erdentagen und über die Gläubigen aus allen Völkern nach seiner Auferstehung und Himmelfahrt. Der Unterschied zwischen Christi geistlicher Herrschaft im Alten Bund, während seiner Erdenzeit und im Neuen Bund besteht lediglich in der Konkretisierung des Evangeliums von der Verheißung an Adam und Eva (Gen. 3,15) über die Verheißung an Abraham, David und Johannes den Täufer bis zur Erfüllung der Verheißung in Jesus Christus[47] und in der Ausweitung der Evangeliumsverkündigung von der Beschränkung auf Israel zu der grenzenlosen Geltung für alle Völker.

Christus herrscht also schon hier auf Erden im Volke Israel durch das Evangelium. Aber diese seine Herrschaft hat teil an der Knechtsgestalt, d. h. das Evangelium geschieht ganz uns zu Nutz und Heil und ist äußerlich nicht als das Zepter des Gottessohnes erkennbar. Die Wahrheit seines Anspruches und Zuspruches erschließt sich nur dem Glauben, dem Unglauben ist sie verborgen, denn das Evangelium ist ja die Botschaft davon, daß er, dieser arme, elende Mensch Jesus von Nazareth, der dem Volke verheißene Messias und Gottessohn ist, der uns zugut so arm und elend wurde. Das widerspricht der Vernunft und kann mit den Augen nicht erkannt werden. So sagt Luther: „... das alles, was den glawben betrifft, der vernunfft und natur voracht, unnd gantz uneben ist. Als dasz diszer sollt seyn der konig von Hierusalem, der szo arm und gering daher feret, das er nur auff eynem frembden gedingten Esell reyttet, wie mocht das natur und vornunfft erkennen? Wie reymet sich das eynreytten tzu eynem großen konig? aber der glawb ist der artt, das er nit richtet noch folget darnach er sihet und fulet, szondern darnach er horet. Am Wort hanget er alleyn, und gar nichts am gesicht odder geperde. Darumb haben auch alhie Christum nit auffgenommen fur eynem konig, on alleyn die dem wort des propheten gefolget."[48] Entsprechend bemerkt er zu Matth. 2,1–12: „O wie wüst und wild sihet es noch alles zu eynis kunigs gepurt; wenn eyn junger hund geporn were, solts doch ein wenig schreyen. Hie soll eyn könig geporn seyn, und ist alles szo gar still, ..."[49] Aber der Glaube der Magier hängt am Wort (Micha 5), darum beten sie das arme Kind an.[50] An anderer Stelle – in Auslegung zu der Stimme Gottes vom Himmel in der Taufe Jesu: „Das ist mein lieber Sohn, an dem ich Wohlgefallen habe." – sagt Luther: „Da ist nichts zu sehen, denn ein armer, elender, nacketer mensch, das kein geringer ansehen sein möchte, so gar on allen schein einiger herrligkeit und gewalt, Und soll doch er allein heiszen und gegleubt werden Ein herr aller herrn, Keiser aller Keiser, ja aller Engel dazu, der beyde, wellt, Teuffel, sund, tod und alle ding gewaltiglich jnn seinen henden hat, Wer künd solchs an diesem armen menschen ersehen oder wer dürfft es von jm sagen oder gleuben, wenns nicht Gott selbs von himel offenbarte und sagte: Das ist er."[51]

Nach diesen drei Zeugnissen, die sich noch beliebig vermehren ließen, ist die Wahrheit der Königsherrschaft Christi im Stande seiner Erniedrigung nur erkennbar (im Sinne der geistlichen Erkenntnis) durch das Evangelium als in Christus erfüllte Verheißung bzw. als unmittelbar von Gott her kundgemachtes Wort. Der äußere Tatbestand als solcher scheint dem im Wort gemachten Königsanspruch ganz und gar zu widersprechen. So hängt der Glaube allein am Wort. Das zuletzt angeführte Zitat weist übrigens über den Zusammenhang der Herrschaft Christi im Stande seiner Erniedrigung besonders deutlich hinaus. Kurz zuvor wird nämlich im Blick auf den gerade getauften Jesus die Stimme Gottes vom Himmel ausgeführt: „Naturlich ist er zwar zuvor Gott und herr aller creaturen das er nichts bedarf umb seinen willen solchs reden und rhümen, aber es heisst hiemit uns offenbaret, verkleret und furgemalet, das wir auch wissen, wo fur er zu halten sei, und uns gepredigt, dass wir jn also ansehen, das auff dieser person (die hie jnn der menschheit gezeigt wird) ligt ... alles, was man nennen mag, das nicht Gott selbst ist, Darüber ist dieser mensch gesetzt und dazu gepredigt, das wir gleuben sollen, das wir solchen herrn an ihm haben und darauff getaufft sind, das er wil unser herr sein, uns regieren, schutzen und helfen, das wir jnn jm alles haben."[52] Wie sich diese Auslegung unmittelbar an Luthers gegenwärtige Gemeinde wendet, so gilt auch der sich daran anschließende, oben wiedergegebene Satz nicht nur den Augenzeugen der Taufe Jesu, sondern allen. Das Evangelium macht also heute noch kund, daß der „arme, elende, nackte Mensch" „sogar on allen Schein einiger herrligkeit und gewalt" der Herr aller Herren ist. Insofern nimmt die Herrschaft Christi im Stande seiner Erniedrigung auch in ihrer Knechtsgestalt keine Sonderstellung ein innerhalb Christi geistlicher Herrschaft. Denn auch die von Christus im Stande seiner Erhöhung geübte Herrschaft durch das Evangelium ist den Augen der Welt noch verborgen, so wahr das Evangelium auch nach Christi Auffahrt gen Himmel immer noch von dem armen, elenden und verachteten Jesus von Nazareth zu verkündigen hat, daß er Gottes Sohn ist, der für unsere Sünden gestorben und für unsere Gerechtigkeit auferstanden ist.[53] Mag dann dabei von der Herrlichkeit und unbeschränkten Gewalt des Auferstandenen mit die Rede sein, die Vernunft sieht nur die elende Gestalt Christi und hält sich nur an das, was vor Augen ist bzw. als möglich gelten kann. Der Glaube allerdings erkennt gerade in dieser elenden Gestalt Christi seine Herrlichkeit, denn Christus ist ja aus Liebe zu uns so elend und arm geworden.[54] Deshalb gilt für Christi geistliche Herrschaft in beiden Ständen: „Christus Reich und macht ist unter dem Creutz verborgen, . . ."[55]

Wegen dieser Gleichartigkeit der geistlichen Herrschaft Christi im Stande seiner Erniedrigung und im Stande seiner Erhöhung können die Aussagen der Schrift über Christi Herrschaft während seiner Erdenzeit geradezu als Paradigma für die Art der geistlichen Herrschaft auch des erhöhten Herrn angeführt werden. So leitet Luther aus der geringen Geburt des als Fürsten und Herrn verheißenen Messias nicht nur die Beschaffenheit des irdischen Herrseins Christi ab, sondern deutet sie auf die Art seiner geistlichen Herrschaft überhaupt. Christi Armut und Elend sind ihm Anzeichen dafür, daß Christus darin reich und mächtig ist, worin die Welt arm und ohnmächtig ist: „Das ist nun, Das er gerecht ist, da die welt vol sünde ist. Das er ist ewig, da die welt sterblich ist. Er ist des Teuffels Herr, Da die welt sich den teuffel musz regiern und treiben lassen. Er ist fromm, da die welt bösz ist. Er hat einen genedigen Gott, da die welt unter Gottes zorn ist. Er ist ein Herr des ewigen Lebens, da die welt in die Höll hinundter gehöret."[56]

Ebenso wird aus der Tatsache, daß sich Christus besonders um die Blinden, Lahmen, Stummen und Gebrechlichen gekümmert hat, gefolgert die Art seines Regimentes als eine Herrschaft, die der Beihilfe der Untertanen nicht bedarf und ausschließlich auf den Nutzen der Untergebenen ausgerichtet ist.[57] Weitere Beispiele könnten nun noch fast in beliebiger Anzahl angeführt werden. Aus ihnen allen geht hervor, daß nach Luther Christus in seinem Erdendasein die Gestalt seiner geistlichen Herrschaft durch sein Wesen und Wirken genau vorgezeichnet hat.[58] Das gilt übrigens auch für die Zuordnung von Christi allgemeinem Weltregiment zu seiner besonderen Herrschaft durch das Evangelium. So sagt Luther zu Luk. 5,1ff.: „Ist ein kinderevangelium, lernet den milchglauben, quod non relinquit piscatores arme, sed fult ihn den bauch. Indicatur, quod ubi Christus sit et quo veniat, ist genugk an leib und sehl . . . Ubi regnum dei fuerit praedicatum, tum ‚omnia adjicientur vobis' . . . Da sol man anheben, ut pueros alphabetum, milchglauben, quamvis deus vult habere den grosszen glauben, ut regnum Gottis quaeramus et liberemur a peccatis etc."[59]

Luther hat freilich kein Interesse an der gesonderten Ausführung über Christi Weltregiment im Stande seiner Erniedrigung, aber daß Christus wirklich über alles herrscht und alle Gewalt hat, ist für Luther selbstverständliche Voraussetzung für Christi geistliches Regiment. Dabei ist nicht die Gewalt Christi über alles im Himmel und auf Erden das Erstaunliche, zu der dann als ein geringfügigerer Unterteil auch die geistliche Herrschaft Christi gehörte, sondern umgekehrt ist die geistliche Herrschaft Christi innerhalb seines allgemeinen Weltregimentes das Allererstaunlichste und Unfaßliche.

An die Erhaltung durch Christus zu glauben, dazu bedarf es nur des Kinderglaubens, aber an die Realität seiner Erlösung zu glauben, dazu bedarf es des „großen Glaubens".

Fassen wir zusammen: Nach Luther besteht die Herrschaft Christi im Stande seiner Erniedrigung einmal darin, daß Christus seine ganze Herrschgewalt dazu eingesetzt hat, uns unter seine geistliche Herrschaft zu bringen, d. h. uns aus der Gewalt von Sünde, Tod und Teufel zu erlösen. Insofern ist seine Herrschaft verborgen in der zu unserer Erlösung angenommenen Knechtsgestalt und ist auch selbst nur Vorstufe seiner geistlichen Herrschaft über uns. Zum andern besteht die Herrschaft Christi im Stande seiner Erniedrigung darin, daß Christus seine geistliche Herrschaft schon ausübt durch das Evangelium, das den Vollzug des schon im Gange befindlichen Erlösungswerkes verheißt. Insofern können die Aussagen der Schrift über Christi Herrschaft in seinen Erdentagen Vorbild werden für Christi geistliche Herrschaft überhaupt, und gilt die Verborgenheit seines geistlichen Regimentes im Stande seiner Erniedrigung auch von seiner geistlichen Herrschaft nach der Himmelfahrt.

Nach dieser Zusammenfassung haben wir uns noch einmal der Bedeutung des Todes Christi für die Ausübung seines königlichen Amtes im Stande seiner Erniedrigung zuzuwenden. Sofern Christus im Tode die Verderbensmächte überwunden hat, wie wir oben schon verschiedentlich ausführten, ist seine königliche Macht im Tode, und d. h.: nicht nur in der Sterbestunde, sondern in der ganzen Zeit zwischen Tod und Auferstehung ganz besonders wirksam. So legt Luther die Höllenfahrt Christi nach dem Apostolikum in die Zeit, in der Christus im Grabe lag, und versteht sie als Zerreißung der Hölle und Zerstörung des Teufelsreiches.[60] Nach diesem Verständnis ist es eine Machttat des Gottessohnes, zu der sonst niemand in der Welt – auch nicht die ganze Welt mit allen ihren Kräften zusammengenommen – fähig gewesen wäre.[61] Aber an anderer Stelle, an der er ebenfalls Christi Aufenthalt in der Hölle als Überwindung der Qualen der Hölle bezeichnet, sieht er die Überwindung der Hölle gerade darin, daß Christus, so wie er mit höchsten Schmerzen gestorben ist, auch noch nach seinem Tode in der Hölle Schmerzen ausgestanden hat.[62] Und zwar denkt Luther diese Schmerzen als eine letzte grauenvolle Steigerung, denn er bestimmt die Hölle als den Schrecken und das Empfinden des Todes.[63] Der Sieg über die Hölle wurde also erfochten durch das Erleiden der bittersten Qual. Danach gehört Christi Höllenfahrt mit zur Erniedrigung Christi, ja man wird sie sogar als die tiefste Erniedrigung bezeichnen können.[64]

Meines Erachtens müssen beide Aussagen Luthers nicht nur vollgültig nebeneinander stehenbleiben, sondern auch einander ergänzen, da sie in der Ergänzung durchaus seinen Aussagen entsprechen, die wir sonst über die Besiegung von Hölle, Tod und Teufel bei ihm lesen. Luther stellt diesen Sieg so dar: Christus gab sich in die Gefangenschaft der Hölle, indem die Hölle aber den unschuldigen und gerechten Gottessohn gefangenhielt, beraubt sie sich des Rechtes, hinfort noch die an Christus Gläubigen gefangenzuhalten.[65] So ist in der Gefangenschaft Christi schon sein Sieg mit gesetzt, weil die Hölle ihren Raub, den Gottessohn, nicht behalten kann. Christus begibt sich in die Gefangenschaft gerade, um dadurch die Hölle uns zu Nutz und Heil zu zerreißen. Darum ist seine Gefangenschaft Mittel zur Erringung des Sieges und gehört als solche mit zum königlichen Amt Christi. Weil nun aber sein Sieg wirklich Sieg über die *Sünde*, den *Tod*, den *Teufel* und die *Hölle* sein sollte, in ihrer ganzen furchtbaren Gewalt, mit der sie uns schuldige Menschen gefangenhalten, darum hat er sich wirklich ganz in ihre Gefangenschaft begeben und damit aufs äußerste erniedrigt.[66]

Mit der gegebenen Darstellung will Luther freilich nicht erklären, wie die Besiegung der Verderbensmächte und insbesondere die Höllenfahrt Christi mit dem Verstand zu fassen sei, sondern will uns nur auf den Nutzen und die Kraft des Sieges Christi aufmerksam machen. Alle sinnenfällige Beschreibung ist ihm nur Gleichnis, das diesem

Zweck dienen soll.[67] Luther weist wiederholt darauf hin, daß wir nicht ausspekulieren können, wie es zugegangen ist, sondern es in Wort und Glauben bleiben lassen müssen.[68]

So wird man z. B. nach Luther einfach glauben müssen, daß Christus in den „drei Tagen" zwischen seinem Kreuzestod und seiner Auferstehung wirklich zur Hölle gefahren und doch gleichzeitig auch leiblich im Grabe gewesen ist.[69]

In den aus Luthers Torgauer Predigt angezogenen Zitaten und Belegen habe ich die Ergebnisse E. Vogelsangs „Luthers Torgauer Predigt von Jesu Christo vom Jahre 1532"[70] weitgehend berücksichtigt. Es ist sicher richtig, wenn Vogelsang feststellt[71]: „In keinem Falle kann aus ihr (sc. der Torgauer Predigt) ... der Beweis geführt werden, Luther habe seine Höllenfahrtslehre in späteren Jahren grundlegend geändert, ja habe sogar die Deutung seiner Frühzeit damit vollständig verworfen." Auch scheint mir die durch Parallelstellen belegte Warnung davor berechtigt, in der Luther-Auslegung „die ganze Frage der Höllenfahrt auf Jesu Leiden vor dem Tode nur (Gethsemane und Kreuz) zu beschränken".[72] Über Vogelsang hinaus wird man allerdings auch für Luthers Verständnis der Höllenfahrt Christi „jenseits der Grenzen dieses Lebens"[73] den von Vogelsang expressis verbis nur für das Ringen in Gethsemane angeführten Sieg Christi durch Leiden[74] behaupten können[75] und wird darin gerade die Einheit der echten Luther-Aussagen in der Torgauer Predigt und seiner andersartigen Darstellungen der Höllenfahrt Christi sehen müssen.

Wenden wir uns nun einer zweiten Bedeutung des Todes Christi für sein königliches Amt zu: Wir hatten davon gesprochen, daß Christus schon in seiner Erdenzeit seine geistliche Herrschaft ausgeübt habe durch das Evangelium. Diese seine leiblich begonnene Herrschaft findet durch seinen Tod ihr Ende und wird in ewiger und geistlicher Weise erst nach der Auferstehung Christi hier auf Erden wieder aufgenommen. Das ergibt sich aus den Stellen, in denen Luther in Auslegung der alttestamentlichen Verheißung davon spricht, daß Christus durch Tod und Auferstehung sein leibliches Leben wandeln mußte, um ewiglich und geistig zu regieren.[76] Wenn nun aber auch Christus seine geistliche Herrschaft im Tode nicht geübt hat, so wirkt doch das Evangelium, das Zepter seiner Herrschaft, weiter auch in der Zeit seines Todes. Insofern schreibt Luther dem Tode Christi eine dreifache Wirkung zu, die ganz im Einklang steht mit seiner Herrschaft, die er hernach als der erhöhte Herr geübt hat: 1. Die bisher sichtbar um Christus versammelte Jüngerschar zerstreut sich, weil sie sich am Kreuz ärgert und an die Messianität Christi um seines schmählichen Todes willen nicht mehr glauben kann.[77] 2. Bisher ungläubige Menschen, der mitgekreuzigte Schächer und der Hauptmann unter dem Kreuz, und bisher Glaubensschwache, Josef von Arimathia und Nikodemus, werden gerade durch das Leiden und Sterben Christi mit Glauben an ihn als den Gottessohn erfüllt und zum Bekenntnis vor allen Feinden Christi ermutigt.[78] 3. Die Feinde Christi, die durch seinen Tod Ruhe zu finden hofften, werden durch den Tod Christi erst recht in Unruhe gebracht und müssen noch tiefer in Sünde fallen.[79]

Luther sieht in dieser dreifachen Wirkung des Todes Christi ein Exempel, wie es immerdar in der Kirche bleiben wird: „Etliche und die sterckesten werden schwach sein und im ergernusz sich nicht konnen halten. Widerumb werden die schwechsten sich herfür thun unnd mit frölichem bekentnusz sich hören lassen, auff das es nymermer mangele an leuten, die Christum erkennen und bekennen."[80] Und er sieht in der Wirkung des Todes Christi ein Exempel auch dafür, wie es den Feinden des Wortes allezeit gehen soll.[81]

Damit ist die Linie, in der Luther die geistliche Herrschaft Christi im Stande seiner Erniedrigung als ein Paradigma seiner geistlichen Herrschaft überhaupt kennzeichnet, bis in die tiefste, hier auf Erden sichtbar werdende Erniedrigung Christi, seinen Tod am Kreuz, ausgezogen.

Schließlich haben wir noch davon zu reden, welche Bedeutung der Tod Christi für sein allgemeines Weltregiment hat, das er zusammen mit dem Vater und dem Heiligen

Geist vom ersten Augenblick der Inkarnation an auch nach seiner Menschheit zur Erhaltung der Welt übt. Soweit ich sehe, macht Luther keine Aussagen darüber, wie Christus dieses Regiment in der Zeit seines Todes geführt hat. Wir dürfen darin die Demut des Glaubens erkennen, der sich an Christus hält, wie und wo er sich im Wort zeigt.[82] Und die Schrift bezeugt uns eben für die „drei Tage" zwischen Tod und Auferstehung Christi nur, daß er gestorben, begraben und zur Hölle gefahren ist.

3. Kapitel

Die Erhöhung Christi und sein Kommen als Richter der Welt

Man hat Luther gelegentlich den Vorwurf gemacht, durch seine Lehre, daß Christus vom ersten Augenblick der Inkarnation an kraft der communicatio idiomatum auch nach seiner Menschheit der Herr sei über alle Dinge, werde die Bedeutung der Erhöhung Christi nach seiner Erniedrigung abgeschwächt.[1] Aber es muß darauf hingewiesen werden, daß Luther in der Erhöhung Christi durch seine Auferstehung und Himmelfahrt einerseits zwar nur die Verklärung dessen sieht, was er von seiner Inkarnation an auch nach seiner menschlichen Natur schon war, „denn er ist durch seine verklerung nicht ein ander person worden",[2] andererseits aber die Erhöhung Christi als wirkliche Erhöhung bezeichnet, weil sich Christus wirklich unter die Gewalt der Sünde, des Gesetzes, des Todes und des Teufels erniedrigte.[3]

Im Blick darauf, daß es die *Person des Gott-Menschen* ist, die sich um unseretwillen so erniedrigte, und darum mit Notwendigkeit über die Verderbensmächte siegen mußte, spricht Luther von der Erhöhung Christi als von einer Verklärung. In der Auferstehung *erweist* sich, daß Christus nicht im Tode bleiben konnte.[4] Dem entspricht es, daß Luther, wie wir sahen, schon den Tod Christi als den Sieg über alle Gewalten bezeichnen kann.[5] Der Tod Christi ist Sieg, weil auf ihn die Auferstehung sicher folgen mußte.[6]

Im Blick darauf aber, daß sich der Gott-Mensch *wirklich erniedrigt* hat, ist auch die Auferstehung und Himmelfahrt bei Luther als wirkliche Erhöhung dargestellt. In der Auferstehung ersteht der zu ewigem Leben, der *wirklich tot* war.[7] Insofern ist erst in der Auferstehung der Sieg errungen, wenn auch vorher schon klar war, daß Hölle, Tod und Teufel den Gott-Menschen nicht gefangenhalten konnten.

Dieses doppelte Verständnis der Erhöhung: nur als Verklärung und als wirkliche Erhöhung, schließt sich nicht gegenseitig aus, sondern ist nur ein erneuter Ausdruck dafür, daß sich wirklich der Herr aller Herren für uns unter die Gewalt der Verderbensmächte erniedrigte, um uns von ihrer Gewalt zu befreien.

Wie nun die Erniedrigung Christi ganz dadurch bestimmt ist, daß sie für uns geschah, so ist auch die Erhöhung Christi nach Luther ganz auf unseren Nutzen ausgerichtet. Freilich gilt die Erhöhung Christi nicht in demselben Sinne wie seine Erniedrigung nur unserem Heil, denn in eins damit ist sie zugleich die Verherrlichung Christi, die als solche schon der Lohn seiner Erniedrigung ist.[8] Aber die Art und Auswirkung seiner Erhöhung steht nicht minder im Dienste unserer Erlösung als seine Erniedrigung. Darum hat nach Luther allein das Verständnis der Erhöhung Christi „krafft" und „safft", indem sie als ein Geschehen uns zugut erfaßt wird.[9]

Für Luther beginnt die Erhöhung Christi mit der Auferstehung. Durch sie hat Christus „das leben widderbracht und den himel auffgeschlossen und also offentlich seinen sieg und triumph an tod, Teufel, helle beweiset ...".[10] Die Erhöhung findet dann ihren Fortgang in der Himmelfahrt, durch die Christus gemäß der Verheißung von Ps. 68,19 das Gefängnis gefangengenommen hat, in dem uns Hölle, Tod und Teufel um unserer Sünde willen gefangenhalten. Und die Bedeutung der Himmelfahrt besteht darin, daß der, der Sünde, Tod und Teufel für uns besiegt hat, nun im Himmel sitzt, und d. h.: mit seiner Allmacht allgegenwärtig ist und uns darum aus der Gefangenschaft der Verderbensmächte helfen kann.[11] Die Himmelfahrt und auch schon die Auferstehung haben also für die Herrschaft Christi Bedeutung von ihrem Ziel her: der „sessio ad dextram dei". Für die Auferstehung ist das z. B. klar ausgesprochen in einer Predigt aus dem Jahre 1523.[12] Dort ist durch das Wort „Auferstehung" beides bezeichnet, nämlich Auferstehung und Himmelfahrt: ein Zeichen dafür, wie eng für Luther diese beiden Akte zusammengehören. In dem ersten Akte, der Auferstehung, ist der zweite schon mit gesetzt. Die Auferstehung Christi ist schon ein von seiner Himmelfahrt bestimmtes Ereignis.[13] Das gilt auch für die m. E. schärfste Unterscheidung zwischen Auferstehung und Himmelfahrt, die sich in den von Veit Dietrich aufgezeichneten Tischreden Luthers findet: „Cum quaeretur ex eo de discrimine resurrectionis et ascensionis et sessionis ad dextram, respondit: Christus per resurrectionem fit dominus, per ascensionem accipit dominium et administrationem. Differunt enim haec duo. Mein Hans ist auch dominus meorum bonorum, ich laß yhn gleich wol noch nit regirn. Ascendere ad coelos et sedere ad dextram est idem, nempe administrare regnum."[14] Wie immer man aber diese Unterscheidung verstehen will, jedenfalls führen beide Akte hin zu der „sessio ad dextram Dei", die, wie Luther nicht müde wird, zu betonen und aus der Schrift zu beweisen, nicht einen räumlichen Ort im Himmel meint, sondern Gottes allgegenwärtiges Regiment bezeichnet.[15]

Eine besonders prägnante Definition findet die Bezeichnung „rechte Hand Gottes" in Luthers Schrift „Daß diese Wort Christi: ‚Das ist mein Leib usw.' noch feststehen" von 1527. Dort heißt es: „Die schrifft aber leret uns, das Gotts rechte hand nicht sey ein sonderlicher ort, da ein leib solle odder müge sein, als auff eym gülden stuel, Sondern sey die almechtige gewalt Gotts, welche zugleich nirgent sein kan und doch an allen orten sein mus ... Denn wo sie yrgent an etlichem ort were, müste sie daselbs begreifflich und beschlossen sein, ... also das es die weil an keinem andern ort sein kan. Die Göttliche gewalt aber mag und kan nicht also beschlossen und abgemessen sein, Denn sie ist unbegreifflich und unmeslich, außer und uber alles, das da ist und sein kan. Widderumb mus sie an allen orten wesentlich gegenwertig sein, auch ynn dem geringesten bawmblat. Ursach ist die: Denn Gott ists, der alle ding schafft, wirckt und enthellt durch seine allmechtige gewalt und rechte hand, wie unser glaube bekennet. ... Sol ers aber schaffen und erhalten, so mus er daselbst sein und seine creatur so wol ym aller ynnwendigsten als ym aller auswendigsten machen und erhalten."[16]

Es geht also in der Erhöhung Christi zur Rechten des Vaters um die Übertragung der ganzen Herrschaft Gottes an Christus und genauer gesagt: an seine menschliche Natur, die zwar schon seit der Inkarnation kraft der persönlichen Vereinigung mit der Gottheit des ewigen Sohnes in den göttlichen Stand erhoben worden war, sich aber entäußerte und nun wieder in ihren hohen Stand eingesetzt wird.[17] Und diese Herrschaft, die der dreieinige Gott auch der Menschheit Christi mitteilt, ist nicht schon als allmächtige Allwirksamkeit hinreichend gekennzeichnet, sondern erst als „Alleinwirksamkeit".

Den Ausdruck „Alleinwirksamkeit" entnehme ich Holl[18] und Lilje.[19] Beide reden allerdings von der Alleinwirksamkeit Gottes. Die oben für Luthers Verständnis des rechten Armes Gottes angeführten Belege erlauben es aber, diesen Begriff auf den erhöhten Christus auch nach seiner Menschheit zu übertragen. So sagt Luther von dem zum Himmel aufgefahrenen Christus: „... ist nichts so groß ym hymel und erden, darüber er nit gewalt hab, das es thun muß was er wil, und mer nit".[20] Wobei dann freilich nicht von einer Alleinwirksamkeit nur der menschlichen Natur Christi zu reden ist in dem Sinne, als wäre der dreieinige Gott indessen untätig, sondern genaugenommen: von der Alleinwirksamkeit des dreieinigen Gottes, die er durch die Menschheit Christi ausübt. Ebensowenig soll durch diesen Begriff das durchaus reale Wirken der Kreaturen geleugnet werden, aber er kann uns darauf aufmerksam machen, daß nach Luther durch alles und in allem Wirken der Kreaturen Gott bzw. Christus am Werke ist. Das wird durch die weiter unten auszuführende Bezeichnung der Kreaturen als Larven Gottes noch deutlicher werden. – Auch Deutelmoser verwendet in Auslegung von Luthers Lehre den Begriff „Alleinwirksamkeit" Gottes und bringt dafür eine Fülle von Belegen.[21] Falsch sind aber seine Folgerungen und insbesondere sein Schluß, Luther überwinde durch diese Lehre „das Christentum aus dessen eigener Voraussetzung".[22] Deutelmoser kann die Behauptung nur stützen, indem er eine unzulängliche Darstellung der Lehre der Heiligen Schrift gibt, in der er alle Aussagen, mit denen Luther seine Ausführungen belegt, geflissentlich übergeht. So beweist er an keiner einzigen Stelle, daß Luther eine von den vielen Schriftstellen, auf die er sich z. B. in „De servo arbitrio" beruft, wirklich falsch ausgelegt hat. Als Beleg für seine These, Luther habe „gewaltsam seine Lehre in den Wortlaut der Schrift hinein" gedeutet,[23] führt er vielmehr nur aus dem Zusammenhang gerissene Lutherworte an. Man vergleiche nur die Belege, die Deutelmoser auf S. 56 seines Buches zitiert; sie haben samt und sonders im Lutherschen Kontext einen anderen Sinn. So will Luther z. B. durch das von Deutelmoser als Beleg für die Willkür der Lutherschen Schriftauslegung an erster Stelle zitierte Wort aus dem „Sendbrief vom Dolmetschen" (1530: „Martinus Luther wils also haben",[24] nur seine Verachtung für das Papsttum kundtun,[25] nicht aber seine Übersetzung von Röm. 3 begründen, denn eine wirkliche Begründung seiner Übersetzung gibt er unmittelbar darauf seinen Anhängern,[26] indem er gerade *aus der Schrift* beweist: „wer S. Paulū lesen vñ verstehen sol / der mus wol so sagen / vñ kan nit anders. Seine Wort sind zu starck / vñ leidē kein / ja gar kein werck. Ists kein werck / so mus der glaube allein sein."[27] Ein weiterer Fehler in der Beweisführung Deutelmosers ist es, daß er aus Luthers Aussagen Folgerungen zieht, die sich zwar ohne Luthers ausdrückliche Warnung als vernünftige Konsequenz ergeben könnten, die aber Luther absichtlich nicht gezogen hat. So meint Deutelmoser aus Luthers Lehre in „De servo arbitrio", daß Gott auch das Böse durch Böse ausrichte, schließen zu können, nach Luther wirke Gott „das Böse selber im Menschen".[28] Eben diese Konsequenz hat Luther aber gerade abgelehnt in dem auch von Deutelmoser zitierten, aber von ihm nicht ernst genommenen Wort: „Nicht daß die Schuld Gottes sei, sondern an uns ist der Fehl, die wir von Art böse sind."[29] Deutelmoser will die Aussagen Luthers über Gottes Allmacht in ein logisches System pressen und läßt darum alle sich gegen eine solche Einordnung sperrenden Aussagen Luthers unberücksichtigt. Er übersieht dabei, daß Luther immer wieder erklärt hat, daß die Vernunft letztlich die Werke Gottes nicht fassen könne.[30] Auch der zur Frage stehenden Erörterung in „De servo arbitrio" schickt Luther eine solche Erklärung voraus.[31] Schließlich wenn Deutelmoser sagt, Luther habe zwar unbewußt, aber doch tatsächlich die Lehre von der Sünde und Erlösung als vordergründig aufgehoben,[32] und mit Berufung auf protestantische Theologen behauptet, Luthers Lehre von Gottes Alleinwirksamkeit sei „nicht christozentrisch",[33] kann meine ganze Arbeit als ein Gegenbeweis gegen diese These verstanden werden, denn sie soll u. a. den Nachweis erbringen, daß nach Luther Christus von Ewigkeit her zusammen mit dem Vater und dem Heiligen Geist das allein-wirksame Regiment Gottes ausübt, welches seit der Erhöhung auch Christi angenommener Menschheit übertragen ist, und daß dieses Regiment zwar unbegreiflich, aber doch von Anfang an – und genauer gesagt: seit dem Sündenfall – in allem auf unsere Erlösung ausgerichtet ist.[34]

Der Ausdruck „Alleinwirksamkeit" ist auch deshalb für das Christus auch nach seiner menschlichen Natur übertragene Regiment der allein angemessene, weil sich seine Herrschaft auf den ganzen Bereich der *Schöpfung und Erlösung* erstreckt und also *über beide Reiche* geht: *das weltliche und das geistliche.* Alles, was geschieht im Himmel und auf Erden, ist hinfort die Wirkung der Herrschaft, die der dreieinige Gott durch die Menschheit Christi über uns und an uns ausübt.

So sagt Luther – um damit die erste Aussage zu belegen –: „denn das ist auch nit tzu leugnen, das durch yhn auch das naturlich leben besteht, das auch die unglewbigen von yhm haben, alß Paulus sagt Act. 17 ... (Es folgt V. 28) ... Ja das naturlich leben ist eyn stuck vom ewigen leben und eyn anfang, aber es nympt durch den todt seyn end, darumb, das es nit erkennet und ehret den, von dem es herkompt, ... Widderumb die da glewben und erkennen den, von dem sie leben, sterben nymmermehr, szondern das naturlich leben wirt gestreckt ynß ewige leben, das es den todt nymmermehr schmeckt, wie er sagt Joh. 8 ... (es folgt V. 25) ... Joh. 11 (V. 25) ... Diß und dergleychen wirt wol verstanden szo man christum recht erkennet, wie er den todt ertodtet und das leben widderbracht hatt." Dieses Zitat habe ich absichtlich so ausführlich gegeben, weil aus ihm deutlich wird, daß Christus auch der Herr des natürlichen Lebens ist und daß an der Anerkenntnis seiner Herrschaft im regnum potentiae – um hier den entsprechenden Begriff der orthodoxen Dogmatiker aufzunehmen –

sich unsere Beteiligung an der von Christus gewirkten Erlösung entscheidet. Freilich ist die Anerkenntnis dieser Herrschaft nur möglich auf Grund der Verkündigung des Evangeliums, das Christus als den Herrn verkündigt. So entscheidet sich also unsere Seligkeit oder Verdammnis im Glauben oder Unglauben an das Wort. Es muß gerade dieses Zeugnis von der Herrschaft Christi über das natürliche Leben zugleich ein Beleg dafür sein, daß innerhalb seiner Herrschaft sein geistliches Regiment durch das Evangelium besondere Bedeutung hat, weil wir allein durch das Wort das Leben gewinnen können, von dem wir im natürlichen Leben nur ein Stück und einen Anfang haben.[35]

Daß aber der dreieinige Gott seine Herrschaft durch die Menschheit Christi ausübt, gilt für den geistlichen und weltlichen Bereich, hat freilich für Christi geistliche Herrschaft besondere Bedeutung. So heißt es an einer Stelle im Galaterkommentar 1519: „Regnum gratiae est regnum fidei, in quo Christus ut homo regnat, constitutus a deo patre super omnia iuxta Psal. VIII. In quo a deo accipit dona in homines, ut Psal. LXVII dicit, et hoc usque ad iudicium novissimum. Tunc enim, ut 1. Corin. XV Apostolus docet, tradet regnum deo et patri, et erit deus omnia in omnibus, cum evacuaverit omnem principatum et potestatem. Hoc est regnum gloriae, in quo deus ipse per se, non amplius per humanitatem regnabit in fidem, non quod aliud et aliud sit regnum, sed aliter et aliter, nunc in fide et enygmate per humanitatem Christi, tunc in specie et revelatione divinae naturae."[36] In dem angeführten Zitat ist vor allem von Christi geistlicher Herrschaft die Rede, findet sich aber doch ein Hinweis auf seine ganze Herrschaft: „regnum fidei, in quo Christus ut homo regnat, constitutus a deo patre super omnia ..."[37] Es geht im Glauben eben gerade um die Anerkenntnis dessen, daß Gott den für uns gekreuzigten Menschen zum Herrn über alles gemacht hat. Daß der dreieinige Gott dabei nicht untätig ist, darauf ist oben schon hingewiesen worden,[33] die Menschheit Christi ist nur so besonders herausgestellt, weil wir Gott nur erkennen können, wie er sich uns offenbart hat. Er hat sich aber in dem Menschen Jesus Christus offenbart und will auch nur in ihm erkannt und als Herr anerkannt sein.

Die Erhöhung Christi zur Rechten Gottes ist also die höchstmögliche, und doch findet sie erst am Jüngsten Tage in der sichtbaren Wiederkehr Christi zum Gericht ihre Vollendung.[39] Einmal: in der Sichtbarkeit seiner Wiederkehr, denn Christus wird dann erst vor aller Augen als Gott, Herr und König offenbar werden[40] und die, die an ihn geglaubt haben, „offenberlich setzen jnn das Reich, das er angerichtet hat und jtzt teglich treibet, das wir jn sehen werden on deckel und tunckel wort auffs aller klerest".[41] Und zum anderen, weil er erst am Jüngsten Tage seine Feinde endgültig verdammen und zerstören wird, zu denen insbesondere auch die Verderbensmächte gehören.[42]

Wohl hat Christus schon durch sein unschuldiges Sterben und durch die Auferstehung und Himmelfahrt das Gefängnis „gefangengenommen", aber solange die Erde steht, läßt er es noch unser Gefängnis sein, aus dem wir nur durch den Glauben an ihn frei werden können.[43] Insofern bleibt der Satan bis zum Jüngsten Tage nach wie vor der Fürst dieser Welt,[44] nämlich der Herr jenes Gefängnisses, in dem wir von Natur alle gefangen sind und ohne die Hilfe Christi gefangen bleiben müßten.[45] Luther kann diesen Tatbestand anderswo auch so ausdrücken, Christus habe zwar der alten Schlange, dem Teufel, schon den Kopf zertreten, aber bis zum Jüngsten Tage lasse er den Leib der Schlange noch lebendig.[46] Alles, was im folgenden noch über den Kampf des Reiches Christi gegen das Reich des Satans zu sagen ist, steht unter diesem Vorzeichen.

Trotz dieses scheinbaren Dualismus hält Luther aber an der Alleinwirksamkeit Christi fest. Das erhellt aus den Stellen, in denen er den Teufel als die Zuchtrute Gottes bezeichnet[47] oder davon spricht, daß Christus den Teufel gegen uns erwecke, damit wir nicht auf unsere Kraft, sondern auf die Kraft Gottes vertrauten[48] und nicht faul würden.[49] Im gleichen Zusammenhang steht es, wenn Luther sagt, daß Christus Not und Unglück über uns hereinbrechen lasse, damit wir bei ihm Hilfe suchen sollten.[50] Die Herrschaft Christi in der Zeit zwischen seiner Himmelfahrt und zwischen seiner Wiederkehr ist damit schon als eine noch verborgene gekennzeichnet. Von der Verborgenheit der Herrschaft Christi muß aber noch in anderer Hinsicht gesprochen werden: Luther sagt, daß Gott in diesem Leben nicht von Angesicht zu Angesicht mit uns handele, sondern verhüllt und unter einer Larve.[51] Was nun hier ganz allgemein vom Wirken Gottes gesagt wird, gilt ebenso für das Wirken des zur Rechten Gottes erhöhten Christus, so wahr es eben dieselbe Herrschaft ist, die Vater, Sohn und Heiliger Geist auch der vom Sohn angenommenen Menschheit mitgeteilt haben.[52] Und wenn Luther alle Kreaturen als Larven Gottes bezeichnet,[53] so ist damit zwar auch Christi Herrschaft durch den Teufel umrissen,[54] ganz besonders aber seine Herrschaft durch Menschen gemeint. So werden die Menschen aller Stände Larven Gottes genannt[55] und vor allem die, durch die er sein geistliches und weltliches Regiment ausübt.[56] Daraus ergibt sich für die Verborgenheit der Herrschaft Christi in beiden Reichen zunächst eine gewisse äußere Gleichförmigkeit: In beiden Reichen übt Christus seine Herrschaft durch Menschen. Aber dem Wesen nach ist die Verborgenheit in beiden Reichen doch eine sehr verschiedenartige.

Verborgenheit der Herrschaft Christi im Reiche der Welt heißt erstens, daß Christus hier die Ausübung der Herrschaft noch der Obrigkeit übertragen hat. Durch sie erhält er in der vom Teufel beherrschten Welt Ordnung aufrecht,[57] aber weder die Obrigkeiten noch die Untertanen wissen um seine Herrschaft, wenn sie sich nicht durch das Evangelium darüber belehren lassen. So sagt Luther von der Herrschaft Gottes, er habe der Obrigkeit die Gewalt, Gut, Ehre, Land und Leute befohlen, werde aber von ihnen nicht für Gott gehalten. Und wenig später bemerkt er, daß man Gott nur erlangen, haben oder kennen könne in und durch sein Wort. Auf unsere Fragestellung angewandt heißt das, daß man Gott als den Herrn nur kennt und anerkennt, wenn man Christus als den Herrn kennt und anerkennt.[58] Für unsern Zusammenhang besonders prägnant ist eine Stelle aus Luthers Brief an Cordatus: „Christus vivit et regnat quantumvis ignotus impiis, nobis tamen notus et certus rex regum et dominus dominatium."[59]

Verborgenheit der Herrschaft Christi bedeutet zweitens, daß Christus auch durch die zerstörenden Mächte in der Welt, ja selbst durch seine Feinde und Widersacher seine Herrschaft ausrichtet.[60] Während also durch die eine Art der Herrschaft dem Teufel gewehrt wird, findet sein Wirken in der anderen Art der Herrschaft Christi gewissermaßen seine Verlängerung im menschlichen Bereich, aber doch so, daß es Christus dienen muß.

Verborgenheit der Herrschaft Christi im geistlichen Reich heißt erstens, daß Christus in ihm durch das von Menschen verkündigte Evangelium selbst herrscht, das ihn in klaren Worten als unseren Herrn bezeugt,[61] daß aber dieses Wort in seinem Anspruch unausweisbar ist, ja sogar alle Verstandesgründe gegen sich hat.[62] Und Verborgenheit der Herrschaft Christi bedeutet zweitens, daß Christus durch die scheinbar äußerste Schwachheit seine Herrschaft in der Welt ausbreitet.[63] Nach dem äußeren Schein sieht es also immer wieder so aus, als wenn nicht Christus, sondern der Teufel die größere Gewalt innehätte.[64] Er widersteht dem Evangelium, indem er den menschlichen Verstand gefangenhält, so daß dieser nicht zum Glauben an das Evangelium durchdringen kann,[65] und er läßt durch die so unter seiner Gefangenschaft Festgehaltenen die an Christus Gläubigen verfolgen und töten, und das beides scheinbar mit dem größten Erfolg.[66]

Für den gesamten Bereich der Herrschaft Christi auf Erden gilt also: Christus wirkt schon in allem und durch alles, aber wir können seine Herrschaft nicht sehen oder fühlen, ja sehen und fühlen oft gerade das Gegenteil, wenn er durch seine Feinde in der Welt und auch an uns handelt.[67]

Auf die Frage, warum denn Christus nicht alsbald nach seiner Auferstehung seine Feinde unter seine Füße geschlagen und sein Reich sichtbar aufgerichtet habe, antwortet Luther: „Das ist unser trost und uns zu gut geschehen, das er nicht so bald hat unter die feinde geschlagen vor tausent jaren, sondern gesparet, bis wir auch erzu kemen, Denn sie sind noch nicht alle geborn, die zu seinem Reich gehören, Er mus aber regiren, das er die kinder Gottes zusammenbringe, wie die schrift anderswo sagt. Darumb mus er sein Reich zuvor gantz volkomen machen, nicht ehe seine feinde vertilgen, denn bis er sie alle hineinbringe, die hinein gehoren, Darnach wird ers zugleich auff heben und auff ein mal drein schlahen ..."[68]

Die Herrschaft Christi ist also „uns zu gut" noch so verborgen, damit er alle, die zu seinem Reiche gehören, auch in dasselbe hineinbringe. Damit bekommt seine geistliche Herrschaft innerhalb seines allmächtigen Regimentes ein ganz besonderes Gewicht. Sie ist der eigentliche Zweck der Verborgenheit seiner Herrschaft,[69] und die Ausweitung, die sie durch die Erhöhung Christi erfährt, ist darum von besonderer Bedeutung. Wie wir bereits oben erwähnten, war Christus bis zu seiner Auffahrt nur König über Israel und erhielt erst nach ihr auch die Heiden, und d. h.: alle Völker, zum Erbe. Diese Erbschaft tritt er an durch die Gabe des Heiligen Geistes und die Aussendung der Apostel.[70] Durch sie gelangt das Evangelium zu allen Menschen,[71] und zwar in den von Christus eingesetzten Sakramenten und vor allem im mündlichen Wort der Predigt, in denen und durch die allein der Heilige Geist wirksam ist.[72] Dabei ist es das eigentliche Werk und Amt des Heiligen Geistes, „das ehr Christum offenbare und verklere, predige und gebe Zeugkniss von ihme",[73] oder, wie Luther an anderer Stelle sagt, „das er durchs Euangelion offenbaret, wie gros und herrlich ding Gott durch den Christum uns gethan, nemlich von sund, tod und teuffels gewalt erlöset, jn sein gnade und schutz genomen ...".[74] Und die Wirkung des Heiligen Geistes besteht darin, daß er „die warheit (nämlich der Predigt) jm hertzen bestetigt und derselben gewis machet".[75] Sofern nun die Prediger wirklich das Evangelium verkündigen, predigen sie also das durch den Heiligen Geist wirksame Wort, aber die Glauben weckende Wirkung in den Herzen der Hörer bleibt immer „eyn heymlich werck Christi".[76] Die Prediger sollen und können nicht mehr sein als „unsers herren Christi mund ... und seyn rustzeug, dadurch er leyblich das Wort prediget".[77]

Es ist deshalb wirklich Christus allein, der durch den Heiligen Geist die Kinder Gottes zusammenbringt. Was nun aber nach der einen Seite Ausdruck der alleinwirksamen geistlichen Herrschaft Christi ist, das findet auf der anderen Seite seinen Ausdruck in dem Ärgernis, das die Ungläubigen am Evangelium nehmen. Dem Evangelium, das den für uns Gekreuzigten zu verkünden hat als den Herrn, ist nämlich nicht sein anstößiger Charakter genommen. Und der Umstand, daß die an das Evangelium Glaubenden der verachteten Menschheit Christi gleichgeschaltet werden, muß das Evangelium nur noch ärgerlicher machen.[78] Dennoch entscheidet sich an der Haltung zum Evangelium durch Glauben oder Unglauben die Aufnahme in das Reich Christi,[79] zu dem er uns durch sein Erlösungswerk im Stande seiner Erniedrigung den Zugang verschafft hat, und das er einst am Jüngsten Tage sichtbar an den Tag bringen wird.

Weil die Herrschaft Christi in der Zeit von seiner Himmelfahrt bis zu seiner Wiederkehr ganz von der gewirkten Erlösung bestimmt und auf die Vollendung der Erlösung ausgerichtet ist, bezeichnet Luther oft die ganze Herrschaft Christi in der Gegenwart als *Herrschaft durch das Wort.*[80] Dem entspricht es, daß nur das geistliche Reich Reich Christi oder Reich Gottes genannt wird, ja daß Luther sagen kann: „das weltliche regiment gehöret ynn Christus ampt gar nicht".[81] Dadurch soll nicht seine allmächtige Herrschaft, mit der er alles in der Welt erhält und lenkt, geleugnet werden, sondern wird nur betont, daß Christi eigentliches Amt unsere Erlösung ist und seine Herrschaft durch das Wort für uns die entscheidende.[82]

Und entscheidend ist sie, weil sie gewissermaßen die Entscheidung des Jüngsten Gerichtes vorwegnimmt in unserer Entscheidung zum Glauben an das Wort oder zum Unglauben. Wenn wir dem Worte nicht glauben, werden wir durch die sichtbare Erscheinung Christi in unserm Unglauben behaftet und durch das Gericht verdammt.[83]

Glauben wir aber dem Worte, dann wird unser Glaube durch die sichtbare Erscheinung Christi bestätigt.[84]

Es ist nämlich eigentümlich für Luthers Lehre vom Jüngsten Gericht, daß er es lediglich als eine Feststellung darüber versteht, ob wir geglaubt haben oder nicht. Dementsprechend haben nach Luther alle Werke nur deshalb Bedeutung im Gericht, weil sie als Früchte des Glaubens Zeugnis darüber ablegen, ob unser Glaube echt war oder nur erheuchelt. So sagt Luther: „... ob uns Gott wol nach den wercken richtet, so bleybt dennoch das war, das die werck alleyn früchte sind des glawbens, bey wilchen man sihet, wo glawb odder unglawb ist ..."[85] Das Gericht selbst wird von ihm im allgemeinen nur als ein Offenbarwerden unseres Wesens vor allen Kreaturen beschrieben, das in dem Augenblick des Offenbarwerdens auch schon das Urteil empfängt.[86] Selbst Matth. 25,31–42, also eine ausführliche Darstellung des Jüngsten Gerichtes, legt Luther in diesem Sinne aus. Er sagt: Christus „... machet eine lange entschüldigung beide dere, so sie gethan, und nicht gethan haben (die Werke der Nächstenliebe nämlich) etc. Welches doch alles wird in einem augenblick geschehen. Denn da werden aller Menschen hertzen für allen Creaturn offen stehen, Und wie es hie gepredigt wird, so wird es dort so bald alles ausgericht sein".[87] In die gleiche Richtung weist es, wenn Luther in derselben Predigt sagt, schon in diesem Leben werde der Unterschied gemacht zwischen Schafen und Böcken[88] – wenngleich freilich die Sonderung vor aller Augen auf Grund der Verborgenheit jedes menschlichen Herzens vor den Blicken anderer Menschen erst an jenem Tage geschehen kann[89] – oder, wer um Christi willen hier barmherzig und gütig sei, den habe Christus „allbereit eraus gezogen und geordnet unter die, so zu seiner Rechten stehen sollen".[90]

Luther versteht also das Jüngste Gericht als eine Sichtbarmachung unserer Entscheidung und ihres Ernstes, die wir in diesem Leben gegenüber seinem Worte gefällt haben. Als Beleg dafür kann auch angeführt werden Luthers Auslegung von Ps. 9,8 und 9 in den Op. in Ps. In ihr wird Christi Amt als ein zweifaches bezeichnet, nämlich: ‚richten und rechtfertigen, töten und lebendig machen, verdammen und selig machen',[91] und gesagt, daß das Gericht sich nur auf dieses Leben beziehen könne, weil nach diesem Leben keine Sünde mehr sei.[92] Wenig später zieht Luther deutlich eine Verbindungslinie zum Letzten Gericht des Jüngsten Tages.[93] Und dann heißt es vom Gericht in der Gegenwart und dem am Ende der Tage[94]: Unum est enim et idem iudicium dei in omnes. Qui enim iudicari nolunt suaviter, nec in aequitate a peccatis purgari ut salventur in iustitia spiritus, sibiipsi ex iudicio bonitatis faciunt iudicium severitatis, manente nihilominus iustitia et aequitate in vasis misericordiae. Peccatum enim aequitate iudicii dei damnari oportet, sive ab impiis separetur, sive in aeternum eis adhaereat." Das fast unmittelbar folgende Zitat Apg. 17 macht dann klar, daß der gelinde gerichtet wird, der den Glauben ergreift, der ihm vorgehalten wird.[95] Es wird daraus deutlich, daß das Jüngste Gericht in unserer Entscheidung zum Glauben oder Unglauben schon vorweggenommen ist. Wenn Luther an anderer Stelle davon spricht, daß Christus, solange die Erde stehe, „servator" und „salvator" und vor dem Jüngsten Gericht gerade nicht Richter sei,[96] so kommt darin zum Ausdruck, daß Christus hier auf Erden jedermann sein lindes Gericht anbietet, denn die Reinigung von den Sünden ist sowohl das Werk des Salvators als des Richters. Das ändert aber nichts daran, daß mit der endgültigen Ablehnung seines gütigen Gerichtes die Ungläubigen es als ein strenges Gericht über sich erfahren werden. Die Nichtannahme der durch Christum am Kreuz erworbenen Vergebung ist die Sünde wider den Heiligen Geist, die nicht vergeben wird.[97] Von daher kann es nicht überraschen, daß Luther gelegentlich von dem Jüngsten Tage so redet, als führe er unmittelbar, ohne vorhergehendes Gericht die Verdammung der Feinde des Evangeliums herbei[98] und leite unmittelbar die Glaubenden aus dem Reich des Glaubens in das Reich der Klarheit über.[99]

Noch in einer anderen Beziehung hat die geistliche Herrschaft Christi durch das Wort innerhalb seiner allgemeinen Herrschaft zur Erhaltung der Welt eine besondere Bedeutung. Es ist nämlich die Herrschaft, die über das Gericht hinaus bleiben wird, freilich nicht als Herrschaft durch das Wort, wohl aber als Herrschaft, in der die Glaubenden das haben werden, was das Wort zusagt.[100] Von der Herrschaft, die Christus durch die Herrschaften, Obrigkeiten und Gewalten ausüben läßt, gilt das nicht. Dieses weltliche Reich wird Christus am Ende der Tage aufheben, denn es war nur um des zeitlichen Lebens und um der Bösen willen geordnet.[101] Es bleibt also allein das geistliche Reich Christi, und zwar in einem aus dem Glauben ins Schauen hinübergeführten Zustand oder, wie Luther an anderer Stelle sagt, als regnum gloriae.[102]

Das regnum gloriae ist damit eindeutig als ein erst im Eschaton von Christus herbeigeführter Zustand seines geistlichen Reiches gekennzeichnet. Es ist gleichbedeutend mit dem Zustand, der sein wird, wenn Christus das Reich seinem Vater überantwortet hat, auf daß Gott sei alles in allem. Luther versteht dieses Wort aus dem 15. Kap. des 1. Kor.-Briefes nicht als die Aufhebung der Herrschaft Christi, sondern als ein Offenbarwerden seiner bisher unsern Augen verborgenen Gottheit.[103] Darum sieht er in dem Wort von 1. Kor. 15 keinen Widerspruch zu der anderen Aussage der Schrift, nach der das Reich Christi ewig sein soll. Und wenn er davon spricht, daß im regnum gloriae Gott nicht mehr durch die Menschheit Christi herrschen werde, sondern durch sich selbst, so werden wir das so verstehen müssen, daß wir im Reiche der Herrlichkeit Christus sehen werden als wahrhaftigen Gott, und d. h. mit dem Vater und dem Heiligen Geist in einer göttlichen Majestät.[104] Es geht also in dieser Aussage nach Luther darum, daß wir erst im regnum gloriae Christus im Stande seiner Erhöhung sehen und zur vollkommenen Gotteserkenntnis gelangen werden. Sofern nun aber die Engel schon jetzt Christus in seiner ganzen Herrlichkeit vor Augen haben und schon jetzt Gott in seinem Wesen schauen,[105] ist das regnum gloriae nicht nur eschatologische Zukunft, sondern auch eschatologische Gegenwart. Was die Engel jetzt schon sehen, werden wir zwar erst nach der Auferstehung sehen,[106] haben aber jetzt schon im Glauben an demselben Reiche anteil.[107] Die Sonne des neuen Tages leuchtet schon, nur „nicht jnn die leiblichen augen, sondern jns hertz".[108] Und der neue Himmel breitet sich schon über uns, wenn er auch noch eine Zeitlang durch finstere Wolken wie Sünde, Tod und Teufel verdeckt ist.[109]

Es ist bereits alles schon da, wie es das Wort Gottes zusagt, es braucht nur noch für uns in das sichtbare Wesen gewandelt zu werden. Die Verwandlung aber wird kommen, *weil* es das Wort Gottes zusagt. Die im Worte verheißene eschatologische Zukunft ist Luther so gewiß, daß es ihm im Großen und im Kleinen Katechismus in der Erklärung zur 2. Bitte des „Vater Unsers" zuerst und vor allem um die Gabe des Glauben wirkenden Wortes geht, durch den wir allein den Zugang zu Christi Reich gewinnen, und zwar eben zu dem Reich, das „istzt angefangen / ewiglich bleiben" wird.[110]

Aus diesem Abschnitt ist für unsern Zusammenhang wesentlich: Nach Luther steht die Art und Auswirkung der Erhöhung Christi im Dienste unserer Erlösung. Wir sahen das bestätigt in der besonderen Bedeutung, die Luther dem geistlichen Regiment zumißt: 1. Die noch anhaltende Verborgenheit der ganzen Herrschaft Christi wird damit erklärt, daß Christus noch nicht alle, die in sein Reich gehören, versammelt habe. 2. Allein durch seine geistliche Herrschaft durch das Evangelium macht sich Christus kund als der Herr und offenbart sich zugleich als unser Erlöser. 3. Die Haltung zum Evangelium durch Glauben oder Unglauben entscheidet über unsere Annahme oder Verwerfung im Gericht. 4. Nur das geistliche Reich Christi wird ewig bleiben; Christus wird es am Jüngsten Tage aus einem Reich des Glaubens in ein Reich des Schauens verwandeln.

Die Herrschaft Christi in der Gegenwart ist damit durchgängig bestimmt von der im Stande der Erniedrigung gewirkten Erlösung und ausgerichtet auf die Vollendung der Erlösung in sichtbarer Herrlichkeit bei seiner Wiederkehr. Wenn aber Christus in seiner Erhöhung zur Rechten Gottes auch zum Herrn über die Schöpfung eingesetzt ist, so ist aus dem Gesagten deutlich, daß diese seine allein wirksame Herrschaft zur Erhaltung der Welt auf das strikteste bezogen ist auf die Erlösung, denn die wirksame Zueignung der Erlösung durch das Evangelium ist der Grund dafür, daß die Welt noch erhalten wird, und die Vollendung der Erlösung in sichtbarer Herrlichkeit der Grund für ihre einstige Aufhebung. Die Welt wird also noch erhalten um der Erlösung willen.[111]

4. Kapitel

Die Mitherrschaft Christi in dem allgemeinen, aber verborgenen Regiment Gottes über die Welt als Grundlage seiner besonderen Herrschaft durch das Evangelium

Ein kurzes Wort muß zu Beginn gesagt werden über die Überschrift dieses Kapitels. Wenn wir von der Mitherrschaft Christi im allgemeinen Weltregiment sprechen, so trägt diese Bezeichnung dem Umstand Rechnung, daß Luther als Herrn des Weltregimentes meist allgemein Gott oder speziell Gott den Vater[1] nennt, und gelegentlich so redet, als sei Christus nur der Herr seines geistlichen Reiches.[2] Damit ist der volle Besitz der einen ungeteilten Herrschaft Gottes auch durch den Mensch gewordenen ewigen Sohn nicht eingeschränkt. So sagt Luther in seiner Kirchenpostille: „wyr mussen glewben, das Christus nit alleyn ist nach der gotheytt ubir alle ding, szondern auch nach der menscheyt, alßo das Christo dem menschen alle creatur unterthan und unterworffen sind."[3] Und in einer Predigt von 1523 heißt es von Christus: „qui sedet ad dexteram patris i. e. equalis est patri eandem potestatem."[3a] Vater, Sohn und Geist wirken nach Luthers ausdrücklichem Zeugnis untrennbar zusammen,[4] ja alles, was geschieht im Himmel und auf Erden, geschieht um Jesu Christi willen.[5] Dennoch dürfen wir den diesbezüglichen Aussagen Luthers entnehmen, daß das allgemeine Weltregiment nicht in ebendemselben Sinne wie die geistliche Herrschaft Christi bestimmt ist durch unsere Erlösung, die Luther bekanntlich bezeichnenderweise in den meisten seiner Aussagen über das Werk Christi inhaltlich als dessen besonderes Werk darstellt.[6] Freilich ist auch das allgemeine Weltregiment Christi ganz auf die Erlösung bezogen. Das ergibt sich einmal aus der des öfteren wiederkehrenden Behauptung, daß die Welt erhalten werde um der Gottesfürchtigen willen,[7] und sodann auch aus den Bemerkungen, in denen die allmächtige Herrschaft Christi über alle Kreaturen als der besondere Trost seiner Christen bezeichnet wird, weil ihnen nichts anderes geschehen kann, als was er will.[8]

Im folgenden wollen wir nur den Bereich der Welt untersuchen, über den Christus bei seiner Erhöhung zur Rechten Gottes zum Herrn eingesetzt ist. Dabei können wir uns darauf beschränken, den Begriff Welt mit dem der Menschheit gleichzusetzen, weil nach Luther die ganze Welt in ihrem Zustand abhängig ist von dem Stand der Menschen, sei es nun der Stand der Unschuld im Paradies,[9] nach dem Fall[10] oder am Jüngsten Tage.[11]

Die Welt ist aber in ihrer Struktur durch zweierlei bestimmt: 1. dadurch, daß sie Gottes Schöpfung ist, und 2. dadurch, daß sie unter der Herrschaft des Satans steht; wobei diese beiden Aussagen zunächst im Sinne des zeitlichen Nacheinander verstanden werden müssen, sodann aber auch bezüglich des Zustandes in der Gegenwart im Sinne der gleichzeitigen Geltung. Die Darstellung der Welt als Schöpfung und die Schilderung der Welt unter der Herrschaft des Satans in je gesonderter Form hat insofern sogar einen besonderen Wert für den Zusammenhang dieser Arbeit, weil nach Luther das im geistlichen Regiment Christi verkündigte Evangelium zugleich die Erlösung von der Herrschaft des Teufels bezeugt und durch den Zuspruch der Erlösung eine recreatio bewirkt, und von daher dann zu fragen sein wird, worin Schöpfung und Neuschöpfung sich gleichen bzw. worin sie sich unterscheiden.

1. Voraussetzungen

a) Die Welt als Gottes Schöpfung[12]

Die wichtigste Aussage über die Natur des Menschen in statu naturae incorruptae sieht Luther ohne Zweifel in dem Schriftwort Gen. 1,26, daß der Mensch zum Bilde Gottes geschaffen sei, denn alle Beschreibungen des menschlichen Wesens im Urstande haben hier ihre Wurzel. Dabei ist nicht in erster Linie die Herrschaft des Menschen über die Kreaturen das Gottesebenbildliche, obwohl auch in ihr sich die Gottesebenbildlichkeit widerspiegelt,[13] sondern vielmehr einerseits: die völlige Freiheit von Furcht, Gefahr und Tod, in der Gott lebt,[14] und andererseits: die Reinheit des Willens und die Gesundheit des Verstandes, so daß der Mensch will, glaubt und versteht, was Gott will und sagt, und aus solcher reinen Gotteserkenntnis dann folgend die Erkenntnis aller anderen Kreaturen hat.[15] Schließlich sieht Luther in der Erschaffung des Menschen zu Gottes Ebenbild einen Hinweis darauf, daß der Mensch zu einem anderen besseren Leben als dem leiblichen bestimmt ist.[16] Also schon in der Gottesebenbildlichkeit des Menschen findet Luther ein Zeugnis dafür, daß Ziel und Zweck der Erschaffung und – so dürfen wir hinzufügen – auch der Erhaltung ein anderes besseres Leben ist.

Eine der Gottesebenbildlichkeit entsprechende Schilderung wird gegeben über die justitia originalis. Sie ist nicht eine Gabe, sondern gehört zur Natur des Menschen: Adam hat von Natur Gott geliebt, ihm geglaubt und ihn erkannt.[17] Er war gerecht, wahrhaftig, aufrichtig, nicht nur äußerlich, sondern vor allem innerlich im Herzen, ist Gott mit Lust gehorsam gewesen und hat ohne Unterrichtung durch einen anderen die Werke Gottes verstanden[18] und von ganzem Herzen und aus den reinsten Affekten geliebt.[19] Fragt man nun nach dem Ursprung der Gerechtigkeit, so nennt Luther den Glauben,[20] und der wiederum gehört zu der Gottesebenbildlichkeit des Menschen, die Glauben an Gottes Güte und Leben aus seiner Gnade bedeutet.[21] Mit anderen Worten: Was den Urstand vor allem kennzeichnet, ist die Erkenntnis der Güte Gottes und das absolute Vertrauen zu seiner Gnade. Aus ihnen ergibt sich das Verhalten des Menschen im einzelnen von selbst.[22] Die Richtigkeit dieser Feststellung wird bestätigt durch die Behauptung Luthers, der vornehmliche Zweck der Erschaffung des Menschen sei die Gotteserkenntnis und der Gottesdienst.[23] Eine entsprechende Wertung erfährt auch das Gebot Gottes, nicht von dem Baum der Erkenntnis des Guten und Bösen zu essen (Gen. 2,16 und 17). Luther sieht darin einen deutlichen Hinweis auf Gottes Güte.[24] Gott hat damit einen Gottesdienst aufgerichtet, der ohne Selbstkasteiung geleistet werden kann und nach Gottes Willen nur in Lob, Dank, Freude und Gehorsam besteht.[25] Freilich ist das Gebot zugleich Ursache zum Beweis des Gehorsams und zum äußerlichen Gottesdienst,[26] aber hätten Adam und Eva dieses Gebot gehalten, dann wäre es ihnen und ihren Nachkommen zur Quelle aller Weisheit geworden.[27] Der Tenor dieser Aussagen ließe sich nun noch durch mancherlei Einzelaussagen verstärken – wir werden auch im Zusammenhang mit den Ordnungen des Urstandes noch kurz darauf zurückkommen müssen –; hier mag zunächst die gegebene Darstellung genügen.

Aus ihr wird deutlich, daß es nach Luther im Urstand um die Erfüllung des Gebotes der Gottesliebe ging, und zwar sowohl um eine gar nicht extra geforderte, sondern dank der anerschaffenen Willensübereinstimmung mit Gott selbstverständlich geleistete Erfüllung als auch um eine durch das Gebot Gottes, von dem Baum der Erkenntnis nicht zu essen, ausdrücklich geforderte und dann nicht geleistete Erfüllung. Gemessen an der wirklichen und geforderten Geltung des Gebotes der Gottesliebe innerhalb der Lutherischen Darstellung des Urstandes hat das Gebot der Nächstenliebe darin scheinbar nur eine untergeordnete Bedeutung. Es wird in der Schilderung des Urstandes in Luthers Genesiskommentar z. B. nur einmal ausdrücklich erwähnt[28] und sonst inhaltlich als Auswirkung der völligen Willensübereinstimmung zwischen Gott und Adam gekennzeichnet.[29] Dabei haben die allerreinsten, heiligsten und Gott gefälligsten Affekte der Liebe Adams zu Eva[30] zugleich auch ihren Grund in der Erkenntnis Adams, daß Gott die causa efficiens des Weibes und des Ehestandes ist,[31] sind also zugleich Ausdruck der Liebe zu Gott, nämlich Anerkennung seiner Werke und seiner Satzung[32] und Ausdruck der in Adam kräftigen gottgewollten Liebe zum Nächsten. Die Erfüllung des Gebotes der Nächstenliebe ist also nach Luthers Darstellung gewissermaßen von der Erfüllung des Gebotes der Gottesliebe umschlossen. Sie steht und fällt mit dieser. So kann Luther den Sündenfall Evas als einen Verstoß gegen beide Tafeln bezeichnen,[33] obwohl es doch strenggenommen zunächst nur ein Verstoß gegen die erste Tafel ist. Es geschieht das aus dem Wissen, daß aus dem Verstoß gegen die erste Tafel die Sünden in der anderen Tafel folgen.[34] Umgekehrt wird man nun aber für die Bedeutung des Gebotes der Nächstenliebe im Urstande geltend machen können, daß überall dort, wo von der Erfüllung des Gebotes der Gottesliebe die Rede ist, die Nächstenliebe sich von selbst versteht, weil sie aus der Liebe zu Gott folgt.[35] Dem entspricht – um das schon vorwegzunehmen – in Luthers Darstellung des geistlichen Regimentes Christi die starke Betonung des Glaubens vor der Liebe und die Behauptung, daß man ohne Glauben keine guten Werke tun könne.[36]

Interessant ist in diesem Zusammenhang auch die Reihenfolge der Ordnungen des Urstandes. Nach Luther hat nämlich Gott als erste Ordnung die Kirche eingesetzt.[37] Es muß freilich darauf hingewiesen werden, daß der in diesem Zusammenhang verwandte Ecclesia-Begriff sehr stark räumlichen Charakter hat. Es ist die „Ecclesia sine muris et sine pompa aliqua, in loco spaciosissimo et amoenissimo."[38] In ihr hätte sich Adam mit seinen Nachkommen am Sabbat versammeln sollen. Luther stellt sie sich als eine Art Wäldchen vor aus Bäumen der Erkenntnis des Guten und Bösen.[39] Dieser Kirchenbegriff fällt aber insofern nicht ganz aus dem Rahmen der sonst gebrauchten Lutherischen Definitionen, als im Urstand die räumlich versammelte Gemeinde ja auch immer wahre „communio sanctorum" gewesen wäre, nämlich die Gemeinschaft derer, die das Wort Gottes annehmen,[40] und das Kirche schaffende Wort ja durch das von Gott gegebene Gebot und die dieses Gebot auslegende Predigt Adams zur Stelle sein würde.[41] Die Einsetzung der Kirche sieht Luther in der Mitteilung des Gebotes, nicht von dem Baum der Erkenntnis des Guten und Bösen zu essen. Es kommt der Kirche damit eine zeitliche und sachliche Priorität zu: zeitlich insofern, als Eva noch nicht geschaffen war,[42] und sachlich deshalb, weil darin deutlich wird, daß der Mensch zu einem ewigen und geistlichen Leben geschaffen ist.[43] Diese eigentümliche zeitliche Vorordnung der Einsetzung der Kirche auch vor den Ehestand weist erneut darauf hin, daß nach Luther das leibliche Leben nicht in sich Ziel und Zweck hat, sondern auf das ewige, geistliche Leben ausgerichtet ist.

Die zweite, von Gott eingesetzte Ordnung im Urstand ist der Ehestand. Gott begründet ihn durch die Erschaffung Evas zur Gehilfin Adams.[44] Für den Ehestand vor dem Fall ist es nun bezeichnend, daß er noch nicht durch die sündliche Begehrlichkeit zwischen Mann und Frau vergiftet ist.[45] Auch ist in ihm die Frau dem Manne als Gehilfin seines Regimentes beigeordnet[46] und in keinem Stücke geringer als der Mann.[47]

Während nun die erste Ordnung unmittelbar über sich hinausweist auf das ewig geistliche Leben, gehört die zweite Ordnung zunächst ganz zum leiblichen Leben des Menschen. Aber auch sie ist in den Dienst gestellt jenes zukünftigen geistlichen Lebens. Sie hat nämlich durch Kinderzeugen die Zahl der Heiligen vollzumachen, die an dem ewigen Leben teilhaben sollen,[48] wird aber selbst in jenem geistlichen Leben aufgehoben sein.[49] Aus dieser Zweckbestimmung der Ehe wird nun über das im Zusammenhang mit der Gottesebenbildlichkeit und der Einsetzung der Kirche bereits Gesagte hinaus deutlich, daß nach Luthers Verständnis schon im Urstand auch die Dauer des leiblichen Lebens ganz von den Erfordernissen des künftigen geistlichen Lebens abgehangen hätte.

Kirche und Hausstand sind nach Luther die einzigen Ordnungen des Urstandes, denn ein weltliches Regiment, das mit Zwang den Bösen wehrt, brauchte man vor dem Falle noch nicht.[50] Es ist vielmehr erst ein „remedium necessarium naturae corruptae".

b) Die Welt unter der Herrschaft des Teufels

Nach Luther sind nicht nur alle Menschen Kreaturen Gottes,[51] sondern auch alle unter der Herrschaft des Satans.[52] Der zur Rechten Gottes Erhöhte übernimmt also eine Welt, die nicht nur dadurch bestimmt ist, daß Gott sie geschaffen hat, sondern auch dadurch, daß der Teufel sie verderbt hat. Das Ausmaß dieser Verderbnis wird deutlich am Sündenfall und seinen Folgen.

Luther beschreibt den Sündenfall in Auslegung von Gen. 3 als ein hinterlistiges Werk des Satans. Dieser weckt durch seine Frage (Gen. 3,1) in Eva den ersten Zweifel an Gottes Wort,[53] streut so sein Gift in ihr Herz[54] und erreicht es damit, daß sie sich von Gott ab- und ihm zuwendet,[55] Gottes Wort weit von sich wirft und ganz und gar des Teufels Schülerin wird.[56] Also hatte der Teufel in dem Augenblick schon gewonnen, wie Luther verschiedentlich nachdrücklich betont, als es ihm gelang, Eva vom Wort und vom Glauben zu trennen.[57] Die tatsächliche Übertretung des göttlichen Gebotes, von dem Baum der Erkenntnis nicht zu essen, ist demgegenüber nur eine Folge der schon vollzogenen Abwendung von Gott[58] und hat darum geringere Bedeutung.[59] Sie zeigt die in alle Sinne sich einschleichende Wirkung des natürlichen Giftes des Teufels,[60] das schon darin wirksam wurde, daß die menschliche Vernunft sich ein Urteil über Gottes Gebot anmaßte[61] und nun Eva dazu treibt, nach der Frucht zu greifen, um dadurch klüger zu werden, als es ihr von Gott geboten ist.[62] Adam und Eva haben in dieser Sünde versucht, noch vollgültiger, als sie es waren, Gottes Bild zu werden, und haben sich damit besonders an der Person Christi vergriffen, der allein das wahrhaftige Bild Gottes ist.[63] Darin liegt nach Luther der Grund, warum gerade der Sohn allein und unterschiedlich zur Erlösung des menschlichen Geschlechtes Mensch werden mußte.[64]

Dieser Sündenfall, der in seiner Wurzel Unglaube und Abwendung von Gott ist,[65] hat die große Strafe verursacht, mit der Gott das ganze menschliche Geschlecht geschlagen hat.[66] Die Strafe aber besteht in dem Verlust der Gottesebenbildlichkeit[67] oder – wie Luther an anderer Stelle sagt – in einer so völligen Verdunklung und Schwächung dieses Bildes, daß wir es uns nicht einmal mehr mit Gedanken vorstellen können.[68] Der Mensch nach dem Fall ist nur noch ein Leichnam des ersten Menschen,[69] denn durch die Sünde hat er seine Glückseligkeit verloren.[70] So bezeichnet Luther die Erbsünde als Einbuße oder Mangel der justitia originalis[71] und will sie dadurch als einen Fall der ganzen Natur bestimmen[72]: Der Verstand ist verdunkelt, daß wir Gott und seinen Willen nicht mehr erkennen können und auch seine Werke nicht mehr verstehen. Der Wille ist verrückt und verfälscht, daß wir der Güte und Barmherzigkeit Gottes nicht mehr trauen und Gott nicht mehr fürchten, sondern sicher sind, Gottes Wort und Willen fahrenlassen und dem Begehren des Fleisches folgen. Und schließlich ist auch unser Gewissen nicht mehr ruhig und zufrieden, sondern verzagt und sucht im Gedanken an Gottes Gericht nach allerlei verbotenen Mitteln, sich aus der Verlorenheit zu helfen.[73] Am Ende dieses Weges des Unglaubens und Ungehorsams gegen Gott steht dann der Tod als Strafe der Sünde.[74] Ist somit der vornehmste Schade der Erbsünde der dauernde Verstoß gegen die erste Tafel, so folgt doch aus ihm die Übertretung auch der zweiten.[75] Wir sprachen schon davon, daß Luther in dem Sündenfall Evas einen Verstoß gegen die beiden Tafeln des Gesetzes sieht.[76] Noch deutlicher wird der Zusammenhang beider Tafeln freilich an dem Brudermord Kains. Er ist Luther ein Beispiel, was für eine grausame Tyrannei der Teufel in der menschlichen Natur anrichtet, die er durch die Sünde zuvor geschändet und beschwert hat,[77] und ein Beispiel auch dafür, daß unsere Natur, wenn sie ohne den Heiligen Geist gelassen wird, vom bösen Geist geführt und getrieben wird, daß also unsere Natur nach dem Fall keinen freien Willen mehr hat und darum dem Teufel nicht standhalten kann.[78] Wir sind ohne Gottes Hilfe in des Teufels Stricken gefangen zu seinem Willen.[79]

Das heißt freilich nicht, daß wir Gottes natürliches Gesetz, das er allen Menschen in das Herz geschrieben hat und das im Kern mit den Zehn Geboten des Mose übereinstimmt,[80] nicht mehr wüßten. Wohl aber heißt es, daß „der Teüffel starck weret, das der mensch (das Gesetz) widder füle, erkenne noch volbringe", und daß infolgedessen der Mensch „on das werck und liecht des heiligen geistes" keines der Gebote zu erfüllen vermag.[81]

Aber der durch die Erbsünde verursachte Fall der ganzen menschlichen Natur ist damit noch nicht völlig hinreichend gekennzeichnet. Er erstreckt sich auch auf die Naturerkenntnis des Menschen,[82] die Luther an anderem Ort als die Fähigkeit bezeichnet, die causa efficiens und finalis der Kreaturen zu erkennen,[83] und zieht auch die dem Menschen in der Schöpfung übertragene Herrschaft über die anderen Kreaturen in Mitleidenschaft.[84] Vor dem Fall hätte man unsere ersten Eltern rühmen können als große und treffliche Philosophen,[85] nach dem Fall weiß der Mensch von der causa efficiens und finalis der Dinge nicht viel mehr als das Vieh,[86] und er hat von seiner Herrschaft über alle Kreaturen kaum mehr behalten als den bloßen Namen und Titel.[87] Die Natur ist durch die Erbsünde, also auch abgesehen von ihrer schlimmsten Verderbnis, der Gefangenschaft unter der Gewalt des Teufels und der Todverfallenheit,[88] auf vielerlei Weise verderbt.[89] Schließlich sind auch Jammer, Angst und Not im Beruf und Amt des Weibes[90] und Mühe, Arbeit und Gefahr in den Ämtern des Mannes[91] die Strafe des Sündenfalles.

Nun aber hat Gott in seiner Barmherzigkeit durch die Verheißung des Weibessamens (Gen. 3,15), der den Kopf der Schlange zertreten sollte, schon Adam und Eva zu der Hoffnung ermuntert, daß alles, was sie durch die Sünde verloren hatten, wiedergebracht werden sollte.[92] Luther sieht bereits in dieser Verheißung und auch schon in den zwar strengen, aber väterlichen Worten Gottes im Gericht über die ersten Menschen die tätige Mittlerschaft Christi, der sich zwischen Gott und den Menschen gestellt hat.[93] Durch die Verheißung wird Adam und Eva bereits die Vergebung der Sünden und die Erlösung vom Tode und aus der Hölle angezeigt,[94] die Christus vollbringen sollte.[95] Und in der Hoffnung dieser Verheißung werden sie am Jüngsten Tage auferstehen zum ewigen Leben,[96] in dem dann Leib und Seele wiedererstattet sein werden, edler und schöner als im Paradies, weil es das geistliche Leben ist, in das auch Adam erst nach seiner Bewährung versetzt worden wäre.[97]

Damit bleibt also Zweck und Ziel des leiblichen Lebens auch nach dem Fall das ewige geistliche Leben. Dem zeitlichen Leben ist freilich auch durch die Verheißung sein durch die Sünde vergifteter Charakter nicht genommen; es bleibt ein Gang zum Tode[98] unter Unglück und Widerwärtigkeit,[99] und auch die Verderbnis der menschlichen Natur bleibt, und zwar sowohl als Unvermögen, aus eigener Kraft Gott zu erkennen[100] und seinem Willen gehorsam zu sein,[101] als auch als bedeutende Schwächung, die Natur zu erkennen und zu regieren.[102] Die der Verheißung Gottes Glaubenden unterscheiden sich von den andern nur darin, daß sie an der Hoffnung der Vergebung der Sünden festhalten und so dem bösen Dichten des Herzens[103] und auch dem Teufel mit seinem „unzelichen listigen eyngeben" widerstehen können durch den Heiligen Geist.[104] Damit wird aber nur die erstgenannte Verderbnis der Natur wiederaufgehoben[105] – und auch diese nur anfangsweise, denn darauf, daß wir Gott vollkommen lieben und unsern Nächsten wie uns selbst, warten wir in diesem Leben vergeblich.[106]

Die Folgen des Sündenfalles erstrecken sich natürlich auch auf die beiden Ordnungen des Urstandes. Kirche und Ehe bleiben zwar Gottes Ordnungen und Einsetzungen,[107] aber das Leben in ihnen ist durch die Gebrechen und Strafen der Erbsünde[108] verseucht. So hat nach Luther schon Kain im Trotz gegen seine Vertreibung und Verfluchung und in der Hoffnung auf das Wachstum seines Geschlechtes[109] und den leiblichen Segen, den ihm Gott gelassen hatte,[110] eine der rechtschaffenen Kirche feindliche Kirche gegründet,[111] die eine Kirche der Kinder des Satans und des Fleisches war.[112] Von ihr ist die wahre Kirche der Kinder Gottes, die die Verheißung des zukünftigen Lebens gehabt haben, verfolgt und unterdrückt worden.[113] Folge des Sündenfalles ist also Kreuz und Verfolgung der echten Kirche durch die falsche.[114] Dabei ist die falsche Kirche – im Gegensatz zu der in diesem Leben armen und verfolgten echten Kirche – gekennzeichnet als eine, die in diesem Leben Glück, Wohlfahrt, Reichtum und Gewalt hat.[115] Aber es bleibt doch wiederum Gottes Gnade, daß er Kreuz und Verfolgung über die wahre Kirche sendet, denn es geschieht, auf daß sie die ewigen Güter und den rechten Segen desto gewisser behalten möge.[116] Auch hier wieder wird die Bezogenheit des göttlichen Weltregimentes auf das ewige Reich deutlich. Das scheinbar Widersinnige im Weltenlauf bekommt von der jenseitigen Bestimmung des Menschen her seinen Sinn.

Auch der Ehestand ist verderbt. So kann Luther sagen, kaum der tausendste Teil der ersten Ordnung und Einsetzung der Ehe sei auf uns geblieben.[117] Und er sieht die Verderbnis insbesondere in der Unsinnigkeit der Brunst, die auch die eheliche Gemeinschaft vergiftet,[118] und der damit zusammenhängenden ehelichen Untreue,[119] ferner in der Verachtung der Ehe um der damit verbundenen Lasten willen[120] und dann auch in der vom Teufel eingegebenen Lehre, daß der eheliche Stand ein unkeuscher Stand sei, den man meiden müsse,[121] und schließlich in der Nachlässigkeit besonders der geistlichen Erziehung der Kinder.[122] Bei den Kindern zeigt sich die Verderbnis dieser Ordnung in ihrer Undankbarkeit gegen die Eltern. Luther schreibt in seinem Großen Katechismus darüber: „Aber da regirt abermal der Teuffel ynn der welt / das die kinder der eltern vergessen / wie wir alle Gottes vergessen / vnd niemand dencket / wie vns Gott also nehret / hutet vnd schützet / vnd souiel guts gibt / an Leib und seele / ... Eben also thuen wir den eltern auch / vnd ist kein kind das solchs erkenne vnd bedencke / der heilige geist gebe es denn."[123] Aber gerade um dieser im Vater- und Mutteramt noch wirksamen Güte und Fürsorge willen ist es Luther auch nach dem Fall noch „eine zarte feine lustige öbirckeit"[124] voll, „lauter liebe",[125] in der „abgemalet" ist „das Göttlich und vetterlich hertz gegen uns."[126] Auch ist dem Ehestand die Ehre geblieben seminarium zu sein, nicht nur des Staates, sondern auch der Kirche und des Reiches Christi bis an das Ende der Welt.[127] Und den Eltern bleibt der Auftrag, die Kinder nicht nur leiblich zu versorgen, sondern auch an der Seele, „das sie recht Gott erkennen lernen durch sein Wort".[128] In Ausübung dieses doppelten Auftrages stehen die Eltern an Gottes Statt[129] und, weil sie Leib und Seele zu versorgen haben, ist ihre Macht die größte auf Erden.[130] Daß nun die Ehe seminarium des Reiches Christi ist, beweist aufs neue die strikte Ausrichtung der Erhaltung der Welt auch nach dem Fall auf das ewige Leben hin. Dabei dürfen wir uns an die schon erwähnte Aussage Luthers erinnern, daß Christus seine Feinde noch nicht unter seine Füße getreten habe, weil „noch nicht alle geborn" sind, „die zu seinem Reich gehören, ...".[131] Es ist also nicht nur der Zweck der Erhaltungsordnung, sondern auch der Zeitpunkt ihrer Aufhebung von den Belangen des Reiches Christi bestimmt.

Fassen wir diesen Abschnitt zusammen: Der Mensch ist durch den Sündenfall unter die Herrschaft des Satans geraten, und seine Sünde hat darüber hinaus den Fall der ganzen menschlichen Natur verursacht. In der Gabe der Verheißung von dem kommenden Erlöser sowie in der Botschaft von dem gekommenen und wiederkommenden Erlöser[132] gibt aber Gott damals und heute den Menschen die Möglichkeit, schon hier in dieser Zeit im Glauben an die Vergebung der Sünden ihrer eigenen Bosheit und der Verführung des Teufels zu widerstehen. Nur sind es wenige, die von dieser Möglichkeit Gebrauch machen, denn „den meisten hauffen" „hat der teuffel" „gesammelt unnd under seinem regiment".[133] Wir werden sehen, daß das Weltregiment Gottes, das seit seiner Erhöhung Christus voll mit ausübt, auf diesen Zustand der Welt bezogen ist.

2. *Die Erhaltung der Welt um des Evangeliums willen auf das Jüngste Gericht hin*

a) Die dem Menschen übergebene Herrschaft[134]

aa) Die Aufrechterhaltung menschlicher Ordnung durch die dem Menschen auch nach dem Fall belassene und an der lex naturae orientierte Vernunft

Sosehr auch die menschliche Natur durch den Sündenfall verdorben, unter die Herrschaft des Satans geraten und dadurch zur Erkenntnis Gottes und zur Erfüllung seines Willens unfähig geworden ist,[135] so hat Gott doch der Vernunft eine gewisse Fähigkeit gelassen, die Dinge des zeitlichen Lebens zu ordnen und zu regieren.[136] Luther sagt: „Die vernunfft und die erfarung leren, wie man Weib und Kind regire, Kühe aus und ein treiben solle, und was sonst die leibliche narung betrifft. Dieses ist alles der Vernunfft gab und geschenck, ir von Gott mitgeteilet und verliehen, davon darff man nicht die heilige Schrifft umb Rat fragen, Sondern Gott hat auch unter alle Heiden solche gabe in die rappus geworffen."[137]

Die Vernunft hat darüber hinaus auch ein gewisses Rechtsempfinden, das sich an dem ins Herz geschriebenen Gesetz Gottes orientiert. Das natürliche Gesetz gebietet nämlich, sich gegen Gott und den Nächsten so zu verhalten, wie ein jeder wünschte, daß man sich ihm gegenüber verhielte, wenn er an Gottes und seines Nächsten Statt wäre.[138] Und wenn nun auch der Mensch durch die Erbsünde nicht mehr in der Lage ist, dieses Gebot wirklich zu erfüllen, sondern in allen Dingen das Seine sucht,[139] so kann doch diese Selbstsucht des menschlichen Herzens so fein sein, daß der Mensch sie nicht zu erkennen vermag.[140]

Wie sehr der natürliche Mensch nach Luther tatsächlich meint, er erfülle die ihm ins Herz gegebene lex naturae, wird für das Gebot der Gottesliebe besonders deutlich in Luthers Erklärung zum 1. Gebot im Großen Katechismus. Dort heißt es: „... es ist nye kein volck so rauchlos gewesen / das nicht einen Gottes dienst auffgerichtet vnd gehalten habe."[141] Für das Gebot der Nächstenliebe ist hier vor allem Luthers Auslegung von 2. Mose 20 zu vergleichen. Luther setzt sich in ihr wiederholt mit dem Einwand des natürlichen Menschen auseinander, er erfülle die Gebote. So bemerkt Luther z. B. zum 4. Gebot: „Ja, sprichtstu, ich wil die Zehen gepot wol halten, ich wil niemand das seine nemen, wil nicht tödten, wil niemand bey seim Weibe schlaffen, niemand betriegen, wil auch nicht liegen etc."[142] Und er entkräftet dann diesen Einwand, indem er fortfährt: „Ey lieber, wir reden hie nicht von eusserlichen thun odder lassen, sondern das du thuest, was die Gepot Gottes erfordern oder lessit was sie verpieten, von gantzem reinen hertzen."[143] Und um dieser vom Gebot eigentlich geforderten Erfüllung willen, haben die Zehn Gebote für Luther die Bedeutung eines Spiegels,[144] in dem wir erkennen, daß wir alle Schälke und Buben sind vor Gott.[145]

Es geht also in der dem natürlichen Menschen möglichen Erfüllung der lex naturae nur um ein „äußerliches Tun und Lassen". Und das wiederum ist bestimmt und beschränkt – so sagt es Luther unmißverständlich – durch den Eigennutz des Menschen. Für das Gebot der Gottesliebe kann das heißen, daß sich jedermann den zum Gotte macht, nach dem ihm das Herz steht;[146] und für das Gebot der Nächstenliebe bedeutet es, daß der Mensch wohl seine Eltern ehrt, aber nur solange es ihm wohlgefällt und frommt,[147] und wohl dem Nächsten nichts tut, aber nur solange er seiner genießen kann.[148] Dabei ist natürlich nicht immer an eine augenfällige Pervertierung der lex naturae durch die Selbstsucht des Menschen zu denken. Vielmehr kann diese Pervertierung in unendlich feiner Form auftreten. So sind z. B. noch Sokrates in seiner Wahrheitslehre, Themistokles in seinem Einsatz für das Vaterland und Marcus Attilius Regulus in seiner von Augustin hochgepriesenen Tugend Zeugen dieser Pervertierung.[149] Luther verdeutlicht das vor allem an Regulus: Wenn man auf den äußeren Schein sieht, dann hat er wohl ein herrliches, löbliches und schönes Werk ausgerichtet, fragt man aber nach der Ursache seiner Taten, so findet sich Ehrgeiz und Ruhmbegierde, damit aber raubt er Gott die Ehre und schreibt sie sich zu, auch wenn die Vernunft nicht merkt, daß der Ruhm Gott gestohlen und geraubt ist.[150] Daß nach Luther der Mensch in der scheinbaren Erfüllung der lex naturae in Wirklichkeit nur das Seine sucht, findet auch seinen Ausdruck darin, daß Luther den scheinbaren Gehorsam gegen das Gebot gelegentlich als ein Handeln aus Furcht vor Strafe entlarvt. So sagt er im Zuge derselben Auslegung, in der er kurz zuvor den Eigennutz als das Motiv der scheinbaren Gesetzeserfüllung bloßstellte: „Also sihestu, das uns Gott alle für Diebe helt; sind wirs all eusserlich nicht, so feylets doch am hertzen nicht ... das wyr aber nicht all heraus faren mit der that und stelen, das weret juncker henger mit dem strick, der ist ein feyner man, macht viel frommer kinder, denn viel mehr stelen nicht aus furcht des galgens denn aus liebe und frömkeit."[151]

Damit ist schon die Ordnung genannt, der Gott die Gewalt zur Hinrichtung gegeben hat, und von deren Einsetzung und Aufgabe gleich noch des näheren zu reden sein wird. Zunächst haben wir festzustellen, daß der Gehorsam gegen die Obrigkeit, und zwar auch gegen eine tyrannische, nach Luther im Naturrecht beschlossen ist. Einmal sieht Luther den Gehorsam gegen die Obrigkeit mitgefordert im 4. Gebot,[152] das er ausdrücklich als ein in die Natur gefaßtes und von der Vernunft verlangtes Gebot bezeichnet.[153] Und zum andern ist ihm die Unterordnung unter die Obrigkeit gefordert durch das göttliche Recht, das in dem Wort Deuteronomium 32,35 ausgesprochen ist: „Die Rache ist mein, ich will vergelten, spricht der Herr", und das inhaltlich mit dem „natürliche vnd aller wellt recht" übereinstimmt, „das niemands solle noch müge seyn eygen richter seyn noch sich selbs rechen".[154] Dieses zuletzt genannte weltliche Recht entspringt nun unmittelbar der vernünftigen Überlegung, daß, wenn „eyn iglicher widder den andern richter werden" würde, „keyne gewallt noch oberkeyt / ordnung noch recht / bleyben ynn der wellt / sondern eytel mord und bluturgiesen".[155] Es ist also nicht zum geringsten Teile das Bedürfnis nach eigener Sicherheit, das den Menschen dazu treibt, eine Obrigkeit als Richter über sich und seine Mitmenschen anzuerkennen. Dem entspricht die oft wiederkehrende Bestimmung des Amtes der Obrigkeit als der Aufgabe, Ordnung und Frieden zu schaffen, die Unschuldigen zu schützen und dem Unrecht zu wehren.[156]

Sosehr nun aber auch die dem Menschen von Gott in das Herz gegebene lex naturae im menschlichen Leben ohne die Hilfe des Heiligen Geistes von der Selbstliebe des Menschen entstellt ist, so unterliegt es doch nach Luther keinem Zweifel, daß sie einerseits wirklich die Grundlage des menschlichen Rechtsempfindens ist[157] und daß sie andererseits wirklich mit dem durch Mose schriftlich überlieferten Gebot der Nächstenliebe, das dann von Christus ausdrücklich aufgenommen wurde, übereinstimmt. Die genannten Gesetze sind nicht „tam officio quam falso sensu intelligentium" zu unterscheiden.[158] Und, so dürfen wir fortfahren, indem wir die Ergebnisse der Untersuchung dieses Abschnittes zusammenfassen, auch noch das durch den Eigennutz pervertierte Gesetzesverständnis des gefallenen Menschen wird von Gott dazu benutzt, in der Welt ein gewisses Maß von Ordnung dadurch aufrechtzuerhalten, daß der Mensch schon um seiner selbst willen auf Ruhe, Sicherheit und Frieden bedacht ist, oder doch jedenfalls vernünftigerweise sein sollte.

bb) Die Einsetzung weltlicher Obrigkeit zur Aufrechterhaltung menschlicher Ordnung durch Recht und Schwertgewalt

Luther gibt für die Einsetzung weltlicher Obrigkeit verschiedene Zeitpunkte an. So sagt er etwa in Auslegung von 2. Mose 18,19–22, Gott habe das weltliche Regiment schon Gen. 1,28 „gemacht und bestellet", „da gesagt ward ‚Wachset und mehret euch und füllet die Erde und herrschet uber Thier, Fische und Vogel' etc. bringet die Erde unter euch. Da hat Gott zum Weltlichen Regiment macht und allen vorrat gegeben, als balde als er nur den Menschen geschaffen hatte. Dazu darf ich keines Geistes (gemeint: der Heilige Geist), das ich ein Pferd anders regieren mus denn eine Sau oder Kuhe. Item das ich ein Bierfas anders mache denn ein Weinfas, das leret die vernunfft und erfarung, Sölches ist unsern fünff sinnen unterworffen, das mans durch die vernunfft beschicken kan, das Weltlich Regiment ist in den stücken gefasset, die da unter uns sind."[159]

Dem steht gegenüber die schon erwähnte Behauptung Luthers: „Politia autem ante peccatum nulla fuit neque enim ea opus fuit. Est enim Politia remedium necessarium naturae corruptae",[160] und die Auslegung von Gen. 9,6 als des Wortes, durch das Gott der Obrigkeit das Schwert in die Hand gegeben habe.[161]

Daneben finden sich z. B. in den Predigten über das 1. Buch Mose (1523/24) Äußerungen, daß Kain zuerst das Schwert eingesetzt und begonnen habe, und zwar wegen seines schlechten Gewissens; er habe sich davor gefürchtet, daß man ihm den Hals abhiebe und darum zu seiner Sicherheit eine Stadt erbaut.[162] Und in derselben Predigtreihe wird dann zu Gen. 9,6 gesagt: Hier sei von Gott das Schwert*recht* eingerichtet, während anscheinend schon unter Adam das Schwert ohne das Schwertrecht gebraucht worden sei. Sonst hätte Kain ja nicht sagen können, „jeder, der mich findet, wird mich totschlagen". Das Schwertrecht aber habe Gott angeordnet, weil – wenn er auch den Mord nicht innerlich verhindern könne – er ihn doch äußerlich verhindern wolle, damit die Mordtat nicht Schule mache und die Verbrecher ungestraft blieben.[163] Und kurz darauf (zu Gen. 10,8) gibt Luther als Grund für die Bestätigung der Schwertgewalt durch Gott an – denn um Bestätigung und nicht um Einsetzung der Schwertgewalt handelt es sich in diesem Zusammenhang[164] –: „Ubi potestas patris contemnitur, confirmavit deus, quanquam ipse non instituit, ius gladii. Vides necessitatem gladii ..."[165]

Schließlich sei noch zitiert, um der Verschiedenheit der Lutherschen Aussagen wirklich voll gerecht werden zu können, die Stelle aus seiner Schrift „Von weltlicher Obrigkeit ..." von 1523; dort heißt es: „Auch ist des selbē schwerds recht vō Anfang d'welt gewest / Den da Kain seynen bruder Habel erschlug / furcht er sich so fast / man würde ihn wider tödtē / dz auch Gott eyn besonders verpott drauff legt / vnd das schwerd umb seynen willen auffhub / vnnd niemandt sollt yhn tödten. Wilche furcht er nicht gehabt hett / wo er nicht gesehen vnnd gehört hett von Adam / das man die mörder sollte tödten / Datzu hats Gott mit außgedruckten wortte nach der sindflutt widderumb eyngesetzt vnd bestettiget / da er spricht Gen. 9: wer menschen blutt vergeusst / des blut soll durch menschen widder vergossen werden / ..."[166] Es stehen also nebeneinander die Aussagen:

1. Gott habe schon Gen. 1,28 „Macht und allen Vorrat" gegeben zum weltlichen Regiment,

2. das weltliche Regiment gäbe es erst nach dem Fall. Es habe erst Gen. 9,6 die Schwertgewalt verliehen bekommen,

3. die Schwertgewalt sei schon durch Kain eingerichtet, auch Adam habe sie schon gehabt, und Gott habe sie als eine durch die Verachtung der väterlichen Macht verursachte Notwendigkeit bestätigt,

4. das Recht des Schwertes sei von Anfang der Welt gewesen.

Es kann nun nicht darum gehen, eine genaue Übereinstimmung zwischen den so verschiedenen Aussagen herzustellen, wohl aber gilt es zu klären, ob sich aus den angeführten Belegen, die m. E. alle sich widersprechenden Aussagen Luthers in dieser Frage wiedergeben, eine Einsicht darüber gewinnen läßt, wie Luther die Obrigkeit als Schwertgewalt verstanden hat: als Schöpfungsordnung oder als Notordnung um der Sünde willen oder etwa als beides und wie dann. Auf die Aktualität dieser Frage hat kürzlich erst wieder Franz Lau in seiner Untersuchung „Luthers Lehre von den beiden Reichen" durch seine Stellungnahme zum Thema hingewiesen, wenn er dort sagt: Das weltliche Regiment „ist Ordnung um der Sünde willen und als solches natürlich nicht ur-, sondern sündenständlich, nicht supra-, sondern infralapsarisch. Aber genauso, wie nach einem urständlichen Moment in der Heilsordnung ernsthaft gefragt werden konnte, darf nach ihm in der weltlichen Ordnung gefragt werden. Luther nimmt zu oft Bezug auf Gen. 1,28 (Herrschaft im Paradies), als daß es erlaubt sein könnte, die Frage von vornherein abzuweisen. Mit anderen Worten: Ob es ganz wohlgetan war, den Ausdruck Schöpfungsordnung einfach in Verruf zu bringen, wie es in der Theologie der letzten Jahrzehnte geschehen ist, mag doch bescheiden gefragt werden."[167]

Für die Schwertgewalt als Schöpfungsordnung spricht am meisten das zuletzt gegebene Zitat. Wenn Luther sagt, des Schwertes Recht sei von Anfang der Welt gewesen, so scheint er damit unmittelbar auf die Schöpfung zu verweisen. Es ist aber zu beachten, daß Luther gelegentlich die Bestimmung „Von Anfang der Welt" auch dann gebraucht, wenn er ganz unmißverständlich einen frühen Zeitpunkt nach dem Sündenfall als den Beginn dieser Zeitbestimmung meint. So sagt er etwa, die Kirche sei von Anfang der Welt mit Kreuz und Verfolgung geplagt worden,[168] und meint damit die durch Kain begonnene und durch seine Nachkommen fortgesetzte Verfolgung der wahren Kirche. Beachtet man ferner die Zeilen des zur Frage stehenden Zitates, so wird in ihnen die Geltung des Schwertrechtes nur für die Zeit nach dem Sündenfall behauptet, denn die Begründung dafür, daß das Schwertrecht von Anfang der Welt gewesen sei, ist ja doch gerade die, daß Kain sich nach der Ermordung Abels vor der Hinrichtung gefürchtet habe. Aus den angeführten Gründen kann diese Stelle nicht als überführender Beweis dafür gelten, daß Luther die Schwertgewalt als Schöpfungsordnung verstanden hat.

Der zweite Beleg, der im Sinne der Obrigkeit als Schöpfungsordnung verstanden werden könnte, ist das zuerst angeführte Zitat aus Luthers Auslegung von 2. Mose 18, 19–22. In ihm heißt es ja, Gott habe schon Gen. 1,28 das weltliche Regiment „gemacht und bestellt". Und das wird dann näher dahingehend bestimmt: „Da hat Gott zum Weltlichen Regiment macht und allen vorrat gegeben, als balde als er nur den Menschen geschaffen hatte." In dieser Aussage geht es m. E. darum, daß Gott schon in der Erschaffung den Menschen durch die Gabe der Vernunft – vgl. die letzten Zeilen des Zitates – mit allen zum weltlichen Regiment erforderlichen Kräften ausgestattet hat. An der Frage, wann die Obrigkeit als Schwertgewalt eingeführt worden ist, ist Luther in diesem Zusammenhang gar nicht interessiert; er will hier herausstellen, daß man zum weltlichen Regiment nicht den Heiligen Geist oder die Weisung der Schrift brauche, sondern daß die Vernunft dazu ausreiche.[169] Immerhin ist aus dieser Stelle ersichtlich, daß nach Luthers Verständnis der Mensch von seiner Erschaffung an die Herrschaft über alle anderen Kreaturen hat und durch die Gabe der Vernunft dazu befähigt ist, das weltliche Regiment zu führen. Insofern ist die weltliche Obrigkeit als Möglichkeit menschlicher Ordnung durch die Gabe der Vernunft schon in der Schöpfungsordnung gesetzt.

Im Einklang damit läßt sich auch das an dritter Stelle gebrachte Zitat verstehen. Wenn nämlich gesagt wird, schon Kain habe die Schwertgewalt eingeführt, so hat er das eben tun können auf Grund der ja auch ihm gelassenen Vernunft, wenn auch der Akt der Einsetzung der Schwertgewalt ein Zeichen seiner Glaubenslosigkeit und Verdammnis ist.[170] Daß auch Adam vor Gottes ausdrücklicher Setzung die Schwertgewalt gebraucht hat, ist dagegen ein Akt der Notwehr zur Erhaltung des ihm übertragenen Hausregimentes, der nachträglich von Gott bestätigt und gebilligt wird, denn es heißt ja ausdrücklich: „Ubi potestas patris contemnitur, confirmavit deus, quanquam ipse non instituit, ius gladii . . ."

Vergleichen wir nun damit die zweite Aussage Luthers, so kann sie durchaus – jedenfalls in ihrer Behauptung, das weltliche Regiment gäbe es erst nach dem Sündenfall – als mit der ersten und dritten Aussage übereinstimmend verstanden werden. Denn darüber, daß der Mensch mit der Gabe der Vernunft alle Kräfte zum weltlichen Regiment empfangen hat, läßt Luther auch in seiner großen Vorlesung über das 1. Buch Mose, dem dieses Zitat entnommen ist, keinen Zweifel.[171] Daß es aber eine weltliche Obrigkeit als Schwertgewalt erst nach dem Sündenfall gegeben hat, sagt auch die an dritter Stelle genannte Aussage.

Wenn dann aber erst Gen. 9,6 als die Einsetzung der Schwertgewalt bezeichnet wird, so scheint mir das ein Zeichen dafür zu sein, daß diese Stelle für Luther – mag auch in seiner Auslegung ein gewisses Schwanken in der Bewertung dieser Stelle für den Beginn des Gebrauches der Schwertgewalt festzustellen sein – die entscheidende ist, weil erst hier Gott mit „außgedruckten wortte" die Obrigkeit als Schwertgewalt einsetzt oder bestätigt (vgl. das 4. Zitat).

Aus den dargelegten Gründen meine ich, zwischen den ersten drei Aussagen Luthers eine Übereinstimmung dahingehend feststellen zu können, daß nach Luther die Befähigung zum weltlichen Regiment zwar schon in der Schöpfung dem Menschen mitgeteilt wurde (1. Aussage), daß aber die Obrigkeit als Schwertgewalt erst eine nach dem Fall eingesetzte Notordnung um der Sünde willen ist (2. und 3. Aussage). Und da nun die 4. Aussage aus der Schrift „Von weltlicher Obrigkeit" im gleichen Jahre gemacht wurde wie die an 3. Stelle angeführte Aussage aus den Predigten über das 1. Buch Mose, so glaube ich mich um so mehr berechtigt, ihre Zeitbestimmung „Von Anfang der Welt" in dem oben angegebenen Sinne verstehen zu dürfen, nämlich als eine cum grano salis formulierte Bestimmung, die genauer gefaßt lauten müßte: seit dem Sündenfall. Damit würde dann auch dieses Zitat dem aus den drei ersten Aussagen gewonnenen Verständnis nicht mehr widersprechen.

Die Richtigkeit unserer Auslegung wird bestätigt einerseits dadurch, daß Luther die weltliche Obrigkeit ableitet „aus der eltern oberkeit"[172] – damit ist die Schöpfung Gottes als Quellort auch der weltlichen Obrigkeit bezeichnet, denn die Ehe ist ja Schöpfungsordnung – und andererseits dadurch, daß Luther die wesentliche Aufgabe der Obrigkeit darin sieht, die Frommen zu schützen und die Bösen zu strafen – das aber ist ganz offensichtlich eine erst durch den Fall notwendig gewordene Aufgabe, denn im Urstand wären um der Sündlosigkeit der Menschen willen weder Schutz noch Strafe nötig gewesen.

Die weltliche Obrigkeit ist also nicht selbst Schöpfungsordnung, wohl aber ist sie aus einer Schöpfungsordnung, „der eltern oberkeit", geflossen und der Mensch hat die zu ihrer Verwaltung notwendige Vernunft schon in der Schöpfung mitgeteilt bekommen.

Sie ist aber Notordnung um der Sünde willen, insofern sie ihre besondere Aufgabe des Schutzes der Frommen und der Bestrafung der Bösen durch die Schwertgewalt erst nach dem Sündenfall übernommen hat und als Schwertgewalt auch erst dann mit ausdrücklichen Worten von Gott eingesetzt ist.

Daß Luther nun die weltliche Obrigkeit mehr als Notordnung um der Sünde willen verstanden hat, wird auch daraus deutlich, wie er das Verhältnis des geistlichen Regimentes Christi zur weltlichen Obrigkeit gekennzeichnet hat. So hat er in einer Predigt über den ersten Petrusbrief (1523) gesagt: „... wenn wyr alle Christen weren und dem Evangelio folgeten, were es gar nicht nott odder nütz, das weltlich schwerd und gewallt zu füren. Denn wenn keyn ubelthetter weren, so kund auch keyn straff seyn. Weyl aber das nicht seyn kan, das wyr alle frum sind, so hatt Christus die bösen der ubirkeyt befohlen, also zu regiren, wie sie müssen regirt seyn. Aber die frummen behelt er fur sich und regiret sie selbs mit dem blossen wortt."[173]

In der Frage nach dem Termin der Einsetzung weltlicher Obrigkeit sind nun schon einige weitere Angaben über das Wesen der Obrigkeit gemacht worden, die hier noch deutlicher hervorgehoben und ergänzt werden müssen.

Das wichtigste Merkmal weltlicher Obrigkeit ist zweifellos, daß sie von Gott eingesetzt ist als Schwertgewalt zur Aufrechterhaltung äußerer Ordnung unter den Menschen. Ihre göttliche Einsetzung begründet ihre Autorität, und ihr Auftrag bestimmt die Weiten und die Grenzen ihrer Machtbefugnis. So begründet Luther, wie schon oben erwähnt, verschiedentlich das Amt weltlicher Obrigkeit mit dem Schriftwort: „die Rache ist mein, ich will vergelten, spricht der Herr",[174] und weist dadurch darauf hin, daß die weltliche Obrigkeit in Ausübung ihres Auftrages an Gottes Statt steht,[175] und zwar auch dann noch, wenn die Inhaber dieses Amtes um ihre göttliche Einsetzung nicht wissen, ja sogar Verfolger des Evangeliums sind[176] oder als „böse buben" ihr Amt mißbrauchen.[177] Dem entspricht es, wenn Luther sagt, daß man auch noch einer Obrigkeit Gehorsam schuldig sei, die illegal an die Macht gekommen ist, und dann fortfährt: „Respicienda est tantum potestas quae bona est, nam a deo instituta, ..."[178] Um der göttlichen Einsetzung ihres Amtes willen nennt Luther die obrigkeitlichen Personen in Anlehnung an Ps. 82,6 sogar Götter.[179] Er fügt allerdings sofort hinzu: „Wenn ichs nicht hiesse und befohlen hette, so were freilich ewr keiner nicht Gott. Mein ist alle solche gewalt, öberkeit, gut, ehre, land und leute, und alles war dazu gehört."[180] An anderem Ort sieht Luther in der Bezeichnung „Götter" für die Obrigkeit einen Hinweis darauf, daß dieses schwere Amt nur mit göttlicher Kraft geführt werden kann.[181]

Daß nun die weltliche Obrigkeit in Ausübung ihres Amtes an Gottes Statt steht, das hat sie mit dem Elternamt, aus dem sie geflossen ist, gemein. Daß sie aber den besonderen Auftrag hat, mit Schwertgewalt zu herrschen, unterscheidet sie von diesem. „Denn der Fürsten und Herrn Obirkeit ist nicht eine liepliche Obirkeit, sondern erschreckliche, Denn sie sind unsers Herrgotts Stockmeister, richter und hencker, mit den er die bösen buben strafft."[182] Also gerade in Ausübung ihrer Strafgewalt steht die Obrigkeit an Gottes Statt.[183] Um der Bösen willen ist das Schwert ihr in die Hand gedrückt,[184] damit sie jene durch Gewalt zwingen kann,[185] jedenfalls äußerlich ein stilles, ruhiges und ehrbares Wesen zu bewahren.[186] Denn da nach Luther, „alle wellt böse / vn unter tausent kaum eyn recht Christ ist, würde eyns das ander fressen / das niemant kund weyb vn kind zihen, sich neeren vn Gotte diene / damit die welt wüste würde",[187] wenn es keine Obrigkeit gäbe. Auch zur Kriegsführung ist die Obrigkeit von Gott eingesetzt, denn der Krieg dient nach Luther dazu, „unrecht und böses" zu strafen und „fride vnd gehorsam" wiederherzustellen,[188] hat also keine andere Aufgabe als auch das innenpolitische Strafamt. Von dem Ausgang des Krieges gilt: „wilcher furst den Krieg gewinnet / durch dē hat got die andern geschlagē."[189]

Gemäß ihrer Einsetzung Gen. 9,6 hat aber nun die Obrigkeit nicht nur Gewalt über Leben und Tod, sondern auch über die geringeren Dinge, nämlich: alle Sünden, die in der andern Tafel verboten sind, zu strafen.[190] Über dieses Strafamt hinaus ist ihr auch die Wohlfahrt von Land und Leuten übertragen.[191] Aber weiter als über diese äußerlichen Dinge, die äußere Ehrbarkeit[192] und die äußere Wohlfahrt,[193] erstreckt sich das weltliche Regiment nicht. Es hat „widder recht noch macht[194] in Sachen der ersten Tafel zur gebieten,[195] denn dieses Regiment hat sich Gott allein vorbehalten.[196]

Sosehr nun auch das weltliche Regiment auf die Wahrung äußerer Zucht unter den Menschen sich beschränken muß und damit weder Sünde wirklich aufhebt noch wirkliche Gerechtigkeit bringt – Luther nennt deshalb das weltliche Regiment „fabula vel comoedia"[197] –, so steht es doch im Dienste der Verkündigung des Evangeliums gerade in der Erfüllung dieses seines beschränkten Auftrages, „denn es mus zuvor fried auf Erden sein, sonst kan man nicht predigen, man habe denn raum und Zeit dazu, das es stille und guter friede sey."[198] Damit soll freilich nicht gesagt sein, daß die Verkündigung des Evangeliums nur im äußerlichen Frieden möglich wäre. Gottes Reich kann auch ohne Schwert bestehen.[199] Aber es ist Gottes Werk, daß er unter einer Obrigkeit „gnade, friede und raum" dazu gibt, „das man sein Wort predigen möge".[200] In diesem mittelbaren Sinn ist das weltliche Regiment der besonderen Herrschaft Christi durch das Evangelium zugeordnet. Dabei braucht sich das weltliche Regiment keineswegs dieser Zuordnung bewußt zu sein,[201] ja die Art der Zuordnung seiner Herrschaft kann sogar neben dem Raum, den es dem Evangelium durch ein stilles und ruhiges Regiment läßt, darin bestehen, daß es die Christen verfolgt.[202] Es entspricht das der Lutherschen Lehre, daß zum weltlichen Regiment die Vernunft ausreiche[203] und daß im allgemeinen gerade die weisesten und darum befähigsten Herrscher die größten Feinde des Evangeliums seien.[204] Der Dienst, den weltliche Obrigkeit dem Evangelium leistet, liegt also ganz in der Erfüllung der ihr eigenen Aufgabe aus den Kräften der Vernunft und nicht etwa in einem nach „dem Euangelio" gestalteten Regiment.[205] Denn da ja „der böszen" „ymer viel mehr" sind „denn der frummen", bedarf man zu ihrer Regierung des weltlichen Rechtes und Schwertes, um sie zur Ordnung zu zwingen.[206] Insbesondere das Schwert, das dem Recht zur Geltung verhilft, ist so nötig „als essens vnd trinckens / ja als des lebens selbst".[207]

In der Gabe der Vernunft hat der Mensch alles zur Verwaltung des weltlichen Regimentes Notwendige mitbekommen.[208] Und dementsprechend zieht Luther einen klugen, aber bösen Herrscher einem guten, aber unverständigen vor.[209] Die Vernunft ist nämlich der Brunnen des positiven weltlichen Rechtes; aus ihm ist alles geschriebene Recht geflossen.[210] Und sie bleibt auch nach der Aufstellung eines positiven Rechtes Meister allen Rechtes.[211] Sie hat das Maß zu geben, „wenn vnnd wo das recht der strenge nach zu brauchen odder zu lindern sey".[212] So hat Luther zwar von der Obrigkeit Strenge verlangt,[213] aber gesagt, die Fürsten und Räte sollten „das ende der sachen bedencken" und auch sonst zuweilen „ein clein übel lassen gehen", weil es „von nöten" sei „clüglich zu handeln" und sich „nach gottes schwertt" zu richten, denn der Spruch sei „gar war": „Wer nit wol durch die finger kan sehen, der kan nit wol regirn".[214] Luther sagt das in derselben Predigt, in der er später zur Strenge mahnt,[215] will also hier nicht weichlicher Nachgiebigkeit im weltlichen Regiment das Wort reden, sondern nur kluger Mäßigung. So heißt es an anderer Stelle: „Denn so sagen auch die Heiden, das ist die tegliche erfarunge: Summum Jus, Strenge recht, ist das grössest unrecht, gleich wie widderumb mag gesagt werden von der gnade: Eitel gnade ist die grössest ungnade ... Masse ist jnn allen dingen gut."[216] Was Luther hier für die Regierung im innerstaatlichen Leben sagt, das hat er an anderer Stelle ausdrücklich auch für das Verhältnis der Staaten untereinander wiederholt.[217] Es gilt dort dasselbe Sprichwort und dieselbe Mahnung, den Ausgang der Sache zu bedenken, die Luther in die Worte kleidet, ein Fürst solle zusehen, „das er nicht eyn leffel aufheb vnnd zu trett eyn schüssel".[218] Und als Regel gibt er dort dem Herrscher an: „Wo er vnrecht nitt straffen kan on grösser vnrecht / da lasz er seyn recht faren / es sey wie billich es wolle."[219]

Luther bezeichnet die durch die Vernunft „temperierte" Anwendung der Gesetze[220] auch als Epiikia,[221] aequitas[222] und Billigkeit.[223] Die Billigkeit aber ist das Rechtsempfinden des natürlichen Menschen, das seinerseits wieder orientiert ist an der jedem Menschen ins Herz geschriebenen lex naturae, die – wie wir sahen – inhaltlich übereinstimmt mit dem Gebote der Liebe.[224] Dem entspricht es, daß Luther ebenso wie die Vernunft auch die als Kern der zweiten Tafel verstandene Liebe[225] als Maßstab für die strenge oder milde Anwendung des Gesetzes nennen kann.[226]

Es ist also deutlich, daß Luther, wenn er die Vernunft als Meisterin allen Rechtes bezeichnet, damit nicht der Willkür Tür und Tor öffnet, sondern eine an das natürliche Gesetz gebundene Vernunft meint. Die Billigkeit ist nicht ein willkürliches Nachlassen der Gesetze und der Zucht, sondern Auslegerin des Gesetzes für den konkreten Fall im Sinne der lex naturae.[227]

Noch in einem etwas anderen Sinne braucht Luther den Ausdruck Billigkeit, nämlich als die Einfalt im Gericht, die die Person nicht ansieht und sich durch Ehre, Gunst, Freundschaft, Furcht oder was man sonst nennen mag, in ihrem Urteil nicht bestechen läßt. Und von dieser Billigkeit hat er ausdrücklich gesagt, daß sie wohl von den besten Juristen fein gelehrt worden sei, daß sie aber ein Fürst oder Richter nicht anders als im Glauben und durch den Heiligen Geist üben könne.[228]

Wie sehr nach Luther die Obrigkeit an das Recht gebunden ist, geht auch daraus hervor, daß sie erst nach ordentlichem Gericht, in dem der Angeklagte seiner Schuld überführt wurde, hinrichten darf.[229] Als einen Ausnahmefall hat Luther lediglich den Aufruhr behandelt. Ein Aufrührer darf auch ohne ordentliches Gericht niedergeschlagen werden, und zwar von jedermann, aber – und das ist bezeichnend – nur deshalb, weil er durch seinen Aufruhr „schon ynn Gotts vnd Keyserlicher acht ist", und auch nur dann, wenn er durch seinen öffentlichen Aufruhr sich selbst als Aufrührer überführt hat und man ihn „des bezeugē kan".[230] Überhaupt ist nach Luther der Gebrauch der Schwertgewalt nur im Dienste des Gesetzes gerechtfertigt, sonst aber als tyrannisch abzulehnen.[231] Zur Einhaltung des natürlichen Rechtes wird nun die Obrigkeit schon dadurch genötigt, daß jedermann das natürliche Recht ins Herz geschrieben ist. So sagt Luther von einem nach natürlichem Gesetz gesprochenen Urteil, es sei „so feyn, das es yderman billichen muß / vn bey sich selb findet ym hertzen geschrieben / das also recht sey".[232] Die Untertanen vermögen also Unrecht als Tyrannei sehr wohl zu empfinden, ein Regiment aber ohne Treue und Glauben kann nicht bestehen.[233] Es geht einem tyrannischen Regenten nach der Weise: „Wilchen viel fürchten, der mus widderumb viel fürchten, Denn er kan nicht sicher noch frölich sein bey denen, die nicht lust noch liebe zu yhm haben."[234] Freilich will dieses letzte Zitat in seinem Zusammenhang mehr sein als eine auch der Vernunft einleuchtende Warnung davor, tyrannisch zu regieren. Luther weist nämlich in den folgenden Zeilen auf die Verheißung Gottes, der zugesagt hat, daß er das Geschrei der Unterdrückten erhören will und die Tyrannen strafen wird.[235] Und selbstverständlich ist der Hinweis auf Gott als den „vberst richter", vor dem sich die Obrigkeit zu verantworten hat, für ihn das entscheidende Argument in seiner Warnung.[236] Immerhin hat aber auch die vernünftige Überlegung als Warnung davor, im tyrannischen Regiment fortzufahren, bei Luther eine Bedeutung. So entwickelt er an einer Stelle in seiner Schrift „Warnung an seine lieben Deutschen" (1531) die möglichen Folgen weiter andauernder Tyrannei absichtlich unter der Voraussetzung, „als sey kein Gott".[237] Und es ist der Aufruhr, den er der tyrannischen Obrigkeit als drohende Möglichkeit vor Augen stellt, der sie schon vernünftigerweise dazu veranlassen sollte, gerecht – und d. h.: nach natürlichem Recht – zu regieren. Allerdings ist der Aufruhr von Luther im Ernst nie als eine nur vernünftigerweise zu begründende Folgeerscheinung auf tyrannisches Regiment verstanden worden, sondern als Gericht über beide: „tyrannen vnd rotten", denn Gott ist beiden feind, „darumb hetzt er sie aneynander / das sie beydes teyls schendlich vmb komen."[238] Indem Gott so handelt, straft er das Unrecht an beiden.[239] Wie es nun Gott ist, der das Unrecht ahndet, so ist es auch Gott, der die Obrigkeit erhält. Wäre sie nicht sein Werk und seine Ordnung, so würden die Untergebenen ihre Oberherren alsbald töten.[240]

Luther meint mit dieser Erhaltung der Obrigkeit durch Gott mehr als nur die Gabe der Vernunft, die – wie wir sahen – den Menschen schon aus Eigennutz dazu treibt, eine richterliche Instanz über sich anzuerkennen.[241] Er sagt nämlich ausdrücklich, daß die Vernunft zur Erhaltung des weltlichen Regimentes viel zu schwach sei,[242] und denkt also offensichtlich an ein besonderes, der Vernunft nicht faßbares Wirken Gottes zur Erhaltung der Obrigkeit, das letztlich ihren Bestand begründet.

cc) Die „Wunderleute" als besondere Werkzeuge zur Verwirklichung des natürlichen Rechtes innerhalb der weltlichen Ordnung

Wie Luther die Erhaltung der Obrigkeit letztlich in Gottes unfaßlichem Wirken begründet sieht, so gehört es nach ihm auch zu Gottes unerforschlichem Wirken, daß es je und dann einmal einen besonders befähigten Menschen im weltlichen Regiment gibt; das geht schon daraus hervor, daß Luther einen solchen Mann „Wundermann" nennt.[243] Luther unterscheidet solche Männer von anderen, die er „gezogene oder gemachte" Leute nennt, als „geschaffene und von Gott getriebene Fürsten oder herrn"[244] und will damit sagen, daß Gott selbst sie „leret und erweckt, wie er sie haben wil", so daß sie „glück und sieg" auf Erden haben. „Was sie anfahen, das gehet fort, und wenn alle welt da wider streben solt, so mus es hinaus ungehindert. Denn Gott, ders jnen jns hertz gibt, jren sinn und mut treibt, der gibts jnen auch inn die hende, das es geschehen und ausgericht werden mus, Als Samson, David, Joiada und der gleichen. Und nicht allein gibt er zu weilen, solche leute unter seinem volck, sondern auch unter den gottlosen und heiden, und nicht allein jnn Fürstenstenden, sondern auch jnn Bürgern, baurn und handwercksstenden."[245]

In der Schilderung solcher Wundermänner kehrt die Bezeichnung „geschaffener" Meister, Jurist usw. öfter wieder.[246] Luther weist durch diese Bezeichnung darauf hin, daß die Wunderleute mit aller zur Führung ihres Amtes notwendigen Klugheit von Gott reichlich ausgerüstet sind, so daß sie der Belehrung durch andere oder aus Büchern nicht bedürfen. So sagt er von Hannibal: „... Hannibal war nicht geschaffen, das er ein schüler sein solt jnn kriegs hendeln, sondern andere sollten von jm lernen und seine schüler sein, als der von Gott selb geschaffen war ein meister jnn dieser kunst zu sein und nicht durch ander menschen erzogen oder gemacht."[247]

Unter der Hand eines solchen Menschen geht dann alles besser „oder ja so gut, als jnn keinem buch stehet, der das Recht entweder endert oder also meistert, das es im lande alles grunet und blüet mit fride, zucht, schutz, straffe, das es ein gesund regiment heissen mag".[248] Die Befähigung, ein solches Regiment zu führen, hat nach Luther aber nur der, der das natürliche Recht und die natürliche Vernunft im Kopfe hat.[249] Daraus erhellt, wie sehr Luther „die gesunden Helden"[250] oder „Wunderleute" an das natürliche Recht bindet. Es geht in ihrem Regiment gerade um eine bessere Verwirklichung des natürlichen Rechtes. Wenn nun Luther an anderer Stelle gesagt hat, daß jedem das natürliche Recht ins Herz geschrieben sei,[251] so will er diese Aussage hier keineswegs ungültig machen. So schreibt er: „... Wie wol alle Heiden gleich Heiden sind und alle gleich menschen und vernunfftig gewesen, Haben doch etliche müssen auch Wunderleute unter jnen sein, die es fur und uber andere auffs beste gemacht haben, welchen es die andern nicht haben mugen gleich thun, sondern so viel sie vermocht, nach thun und den bösen Peltz flicken, so gut sie vermocht haben."[252] Indem Luther hier alle als vernünftig bezeichnet, läßt er ihnen allen das Vermögen, Recht oder Unrecht zu unterscheiden, denn sie haben ja damit alle den „rechtsbrunne" noch in sich. Der Unterschied ist nur, daß einige wenige neues Recht setzen können – ihr „rechtsbrunne" quillt noch –, die andern aber nur gegebenes Recht als gerecht oder ungerecht, nützlich oder schädlich erkennen können – ihr Brunnen ist versiegt, aber das natürliche Recht als Maßstab allen positiven Rechtes steckt noch in ihnen, sonst könnten sie nicht den Wunderleuten nacheifern und sich ihre Entscheidungen zum Vorbild nehmen. Es ist also eines, daß ich im Herzen ein gesprochenes Urteil als mit dem natürlichen Recht im Einklang nachempfinden kann, und ein anderes, daß mir das natürliche Recht so im Kopfe steckt, daß ich danach überliefertes Recht ändern und meistern kann zum besten aller. Das letztere können nach Luther nur wenige, wenn sich auch viele einbilden, es zu können.[253] Luther spricht in diesem Zusammenhang von den Affen der Wunderleute Gottes, die in Wahrheit Wunderleute des Teufels sind,[254] von dem sie geritten und geführt werden,[255] und sagt von einem solchen Manne, er sei von Gott gewißlich zur Plage der Welt geschickt.[256]

Weil nun die echten Wunderleute so selten sind und die nur eingebildeten die Welt so sehr plagen, hat Luther trotz seiner Abneigung gegen das „Flickwerk" eines am Gesetz hängenden Regimentes[257] sogar empfohlen, lieber „jnn stettigem regiern / das gemein buchrecht" zu „halten", als dem gefährlichen Exempel der von Natur klugen und weisen Männer zu folgen.[258]

Wie selten ein echter Wundermann ist, geht auch daraus hervor, daß nach Luther Klugheit und Weisheit noch keinen „gesunden Helden" Gottes machen. So waren auch Cicero, Demosthenes und Brutus „aus der massen hoch weise und verstendige leute ..., das sie möchten heissen Liecht jnn natürlichem recht und vernunfft", und haben das Regiment doch nicht hinausführen können.[259] „Denn was hilfft grosse, hohe weisheit und trefflich hertzlich guter mut oder meinung, wens nicht die gedancken sind, die Gott treibt und Glück dazu gibt?"[260]

Also, daß ihn Gott treibt und Glück dazu gibt, unterscheidet den Wundermann von einem andern klugen Regenten. Freilich wissen die Heiden nicht um die Ursache dieses Unterschiedes; sie haben sie sich vielmehr allgemein nur als Glück oder – die Klügsten unter ihnen – nur als „aus einem sonderlichen, heimlichen einblasen oder eingeben der Götter" verursacht erklären können.[261] Diese Erkenntnis der Heiden, daß der Erfolg im Regiment nicht vom Menschen, sondern vom Glück oder von den Göttern abhängt, führt nun aber nach Luther die heidnischen Regenten offenbar nicht dazu, nicht sich, sondern der göttlichen Macht ihre Erfolge zuzuschreiben, denn es ist gerade die Anmaßung und Selbstherrlichkeit der Wunderleute, in denen Luther die Veranlassung dazu sieht, daß sie nur „selten ein gut ende nemen, wie alle Historien zeugen".[262] Das ändert aber nichts an der Güte ihres Regimentes, solange Gott noch nicht von ihnen um ihrer Vermessenheit und Undankbarkeit willen die Hand abgezogen hat.[263] So sagt Luther gerade von den Heiden: „Aber im regiment sind sie gleich wol (nämlich: trotz mit unterlaufener Sünde oder Laster) feine Helden blieben. Was feilet Alexandro magno Und seinem Vater Philippo? Item Augusto, Trajano und jren gleichen, wenn man sol Fürstliche exempel haben zum weltlichen regimente."[264] An anderer Stelle nennt Luther noch deutlicher offensichtliche Verfolger des Evangeliums sehr kluge Herrscher, die von der ganzen Welt gelobt werden um ihrer guten Regierung willen.[265]

Man kann also auch hier bei der Herrschaft Gottes durch die Wunderleute nicht von einer unmittelbaren Zuordnung ihres Regimentes zur Herrschaft Christi durch das Evangelium sprechen, wohl aber wird man auch hier, und gerade hier, von einer mittelbaren Zuordnung reden können. Wenn nämlich schon das gewöhnliche weltliche Regiment durch die Aufrechterhaltung menschlicher Ordnung die Voraussetzung zur Predigt des Evangeliums schaffen muß, so wird das gesunde Regiment eines Wundermannes diesen Dienst ganz besonders gut ausrichten. Und auch in anderem Sinn müssen gerade auch die heidnischen Wunderleute dem Evangelium dienen, nämlich als Verfolger, weil – wie wir schon sahen[266] – das Evangelium nicht ohne Kreuz und Blut sein kann, und sie besonders als Herrscher, die der Weisheit folgen, „Gottes Feinde werden und sein wort verfolgen" „müssen", „wie der ander Psalm sagt".[267]

b) Die von Gott selbst oder durch überirdische Mächte geübte Herrschaft

Konnte es nach der bisherigen Darstellung in diesem Kapitel gelegentlich so scheinen, als habe Gott das weltliche Regiment durch die Gabe der Vernunft und die Einsetzung der Obrigkeit den Menschen so übergeben, daß er selbst nur noch aus besonderem Anlaß – etwa zur Bestrafung des Unrechtes an Tyrannen und Aufrührern oder zur Sendung eines Wundermannes – in ihr Amt eingriffe, sich sonst aber davon fernhielte, so muß nun die schon im 3. Kapitel gemachte Aussage mit allem Nachdruck wiederholt werden, daß nach Luther Gott keinen Augenblick das weltliche Regiment aus der Hand gegeben hat. Wohl scheint es so, als führe menschliche Klugheit und der Zufall alles allein in der Welt – und besonders die Heiden meinen das[268] –, aber in Wirklichkeit ist es die Kraft Gottes, die unter dem menschlichen Werk verborgen alles schafft, erhält und regiert.[269] Gott könnte zwar auch ohne das Werk der Kreatur wirken – und tut es auch dann und wann zum besten der Christen[270] –, aber, weil er nicht will, daß jemand müßig ist, hat er den Kreaturen Glieder gegeben, daß sie mitwirken können.[271]

Wie sehr nach Luther Gott in allem und durch alles wirksam ist, wird auch daran deutlich, daß Luther sagt, alles, was diese Welt hat, werde regiert durch den Dienst der heiligen Engel.[272] Und zwar regieren sie als Diener Gottes die ganze Welt um derer willen, die die ewige Seligkeit ererben sollen.[273] Insbesondere werden durch ihre große Gewalt die von Gott in der Welt eingesetzten Stände, zu deren Erhaltung – wie wir sahen – die menschliche Vernunft nicht ausreicht, erhalten wider die bösen Buben.[274] Und *diese* Erhaltung – nicht die Aufrechterhaltung menschlicher Ordnung durch die Vernunft – ist die eigentlich wesentliche in der unter die Herrschaft Satans geratenen Welt, so daß Luther, ohne auch nur mit einem Wort auf die erhaltende Kraft der Vernunft einzugehen, sagen kann, wenn Gott nicht durch die Engel dem Wüten des Satans wehrte, könnten wir keinen Augenblick leben.[275] Nach Luther ist „ein Keyser, König und Fürst" „viel zu schwach unnd zu gering zu seinem Ampt, wo ein jeder nit einen Engel uber jhn hat, so jhm hilfft".[276] Und wo etwas im Amt der weltlichen Obrigkeit „fortgehet unnd etwas gutes geschicht, das geschicht durch einen guten Engel und umb der frommen Christen willen".[277]

Luther führt also die Erhaltung der Welt im ganzen und jede dazu nützliche Tat im einzelnen auf die schützende und helfende Wirksamheit der heiligen Engel zurück und damit letztlich auf Gott, der sie zum Dienst geordnet hat.[278] Da es aber nun das Amt der guten Engel ist, dem Satan zu wehren, so scheint es so, als gäbe es doch noch eine Macht in der Welt, die, wenn auch nicht gleich mächtig wie Gott, so doch neben ihm und gegen ihn auch mächtig ist, und nun gerade zur Zerstörung. Auch ist es nach Luther keineswegs so, daß diese Macht des Teufels immer eine durch die heiligen Engel in Schach gehaltene Macht ist, die nicht wirksam werden könnte. Vielmehr spricht Luther davon, daß die bösen Engel überall regierten: an den Höfen des Papstes, des Kaisers, der Könige, der Fürsten und auch in den Häusern der Untertanen.[279] Und wie denn neben den heiligen Gleisnern und den Reichen auch die großen Herren „des teuffels lecker bißle"[280] sind, so hat Luther auch den Einfluß des Teufels auf die weltliche Obrigkeit besonders hervorgehoben.[281]

Es finden sich nun Aussagen bei Luther, in denen er die Macht des Satans als eine

Strafe Gottes bezeichnet, die wirksam wird dadurch, daß Gott den Dienst und Schutz seiner guten Engel wegnimmt und dem Teufel so Raum und Gewalt läßt über uns.[282] Das könnte man aber noch so verstehen, als ermöglichte Gott nur durch das Abziehen seiner Hand und die Wegnahme des Schutzes der Engel das Wüten des Satans zum Zwecke unserer Bestrafung, sei aber nicht eigentlich in dem Wüten des Teufels selbst wirksam. Schon damit wäre die Oberhoheit Gottes auch über den Satan durchaus festgehalten. Luther geht aber noch weiter und sagt von Gottes strafender Wirksamkeit mit Berufung auf Römer 9,17, „das Gott sich rhüme (und man sol im lassen diesen rhum), das er uns kranckheit und alles unglück und anfechtung zuschicke, wiewol es der Teufel und böse leute thun, dennoch so rhümet er sich, das er iren mut und ir hertz in seiner hand habe und gebrauche des Sathans und der Gottlosen leute darzu, die seinen zu drucken und zu plagen, sie müssen seine Ruten sein, damit er seine Kinder steupe".[283] Luther behauptet also die Wirksamkeit Gottes – nicht nur sein dahingebendes Zulassen – auch in dem Wüten des Satans.[284] Beides nebeneinander und ineinander hat volle Gültigkeit; so schreibt Luther in seiner Schrift „Ermahnung zum Frieden auf die 12 Artikel der Bauernschaft in Schwaben" (1525) angesichts des drohenden Aufruhrs: „O der teuffel hats trefflich böse ym Synn / So ist Gott hoch erzürnet vnd drewet vns den selben los zu lassen / vnd seyn mütlin ynn vnserm blut vnd seelen zukülen /."[285] Es legt sich von daher der Vergleich eines scharfen Kettenhundes nahe, den ich freilich bei Luther so nicht gefunden habe, und der auch nur ein wenig Luthers Meinung in dieser Sache beleuchten kann, ohne sie damit vernünftig erklären zu wollen, denn das ist nach Luther unmöglich.[286] So wie ein scharfer Hund, der gerade um seiner wütenden Schärfe willen von einem Menschen angeschafft wurde, um notfalls Diebe oder Mörder unschädlich zu machen, für gewöhnlich an der Kette liegt, aber, wenn er losgelassen ist, gerade in seinem wütenden Beißen den Willen seines Herrn erfüllt und zugleich doch noch auf die Stimme seines Herrn hört, so wird der Teufel, der von Gott uns zur Strafe und Rute geordnet ist,[287] gerade um seiner wütenden Bosheit willen für gewöhnlich von Gott festgehalten, aber wenn er zu unserer Züchtigung losgelassen ist, richtet er gerade in seinem zerstörenden Werk Gottes Willen aus und kann doch zugleich nicht mehr ausrichten, als Gott das will.[288] Der Vergleich hinkt freilich schon insofern, als der Teufel ja auch Gottes Feind ist, also gerade nicht Gottes Willen ausführen will.[289] Das ändert aber nichts daran, daß er ihn doch ausführen muß, denn „das ist ... allwege die gottliche meysterschafft, das er seynen willen durch seyne feynd auffs aller best vollnbringt".[290]

Nicht nur die Engel, sondern auch die Teufel müssen also den Willen Gottes erfüllen und sind Werkzeuge seiner Herrschaft. Was nun von ihnen gilt, gilt natürlich auch von dem unter ihrem Einfluß stehenden Menschen. Das wurde ja schon aus den angeführten Zitaten deutlich.[291] Somit geschieht alles in der Welt nach Gottes Willen.[292]

Luther unterscheidet nun im Magnifikat (1520 und 1521) zwei verschiedene Herrschweisen Gottes in der Welt: eine öffentliche, sichtbare, die „got durch mittel der creaturn" (gemeint sind die auf Erden sichtbaren Kreaturen) wirkt, und eine „heimlich(e), vnter einem vngleichen ansehen solcher gewalt" verborgene Herrschaft, die er durch seinen Arm „on mittel der creaturn wirckt".[293] Die erste läßt sich leicht beschreiben. In ihr geht es nach der Weise: Gott „macht vñ zubricht ... ein creatur durch die andern / wer do ligt der ligt, wer do steht der steht /".[294] Luther beschreibt also damit den uns sichtbaren Teil der Herrschaft Gottes, „daher das sprichwort kumpt / Got hilfft dē sterckisten".[295] Aus dieser sichtbaren Herrschaft läßt sich im Glauben an die Alleinwirksamkeit Gottes allenfalls ersehen, daß Gott durch Gerechte und Ungerechte zu strafen pflegt.[296] So hat Gott Sichem und Hemor gerecht bestraft durch die Söhne Jacobs[297] und David durch Simei.[298] Aber zumeist ist dieses sichtbare Regiment Gottes gerade die Anfechtung der Heiligen Gottes, weil es den Anschein hat, als sei Gott blind und ließe gerade die Bösen gute Tage haben.[299] Aber diese scheinbare Blindheit Gottes im Regiment weist nun schon auf die andere heimliche Seite seiner Herrschaft. Wenn Gott selbst wirkt durch seinen Arm, geht es nämlich so zu: „da ists zustoret ehe man meynet / widderumb erbawet ehe man meynet / vnd niemand sihet. solchs werck thut er nur zwischen dē beyden teylen der welt / den frumen vnnd boßen / da lessit er die frumen krafftlos werden vnd unterdruckt / das yderman meynet / es sey mit yhn auß / es hab ein end / vnd eben in dē selbē ist er am sterckisten da / szo gar vorporgen vñ heymlich / das die auch selb nit fulen / die da leyden das drucken / sondern glawbens / da ist voll gottis sterck unnd gantz arm. Denn wo menschen krafft ausgaht / da geht gottis krafft ein / szo der glaub da ist / vnd warttet des ... – Widderumb das ander teyl lessit got / groß vñ mechtig sich erheben. Er zeugt seine krafft erauß vnd lessit sie nur von eygener krafft sich auff blaßenn. wen wo menschen krafft eingeht / da geht gottis krafft auß. Wen nw die blaße voll ist / vñ ydermann meynet sie liegē oben / habe gewunnen / vnd sie selb nu auch sicher sind / vnd habenß anß ende bracht / zso sticht got ein loch in die blaßen / szo ist gar auß. Die narren wissen nit / das eben in dem sie auffgehen vnd starck werden / das sie vō got geeussert sind / vnd gottis Arm nit bey yhn ist. Drumb weret yhr ding seine zeyt / darnach vorschwind es / wie ein wasser blaßen / wirt als were es nie geweßenn."[300]

Sosehr nun diese Herrschaft Gottes durch seinen Arm immer wieder den Anschein erweckt, als seien die Feinde seines Volkes die Sieger, sein Volk aber besiegt,[301] so weiß doch Luther auch von der Erfahrbarkeit dieser Herrschaft Gottes zu reden.[302] So haben vor allem die Juden und Römer,[303] aber auch die anderen Heiden[304] an ihrem Untergang dieses heimliche Regiment Gottes, das er in besonderer Weise um des Evangeliums willen führt,[305] erfahren müssen. Daß Gott selbst Jerusalem, die allerfeinste Stadt, und die Juden, „sein eigen volck und der heiligen veter erben", nicht verschont hat, ist Luther ein Beweis dafür, daß Gott „andern Königen, landen und leuten unter den Heiden, so diesen HErrn (Christus) auch nicht leiden wollen", ebensowenig verschonen wird.[306]

Neben diesen so ausgesprochenermaßen auf Christus und seine Gemeinde bezogenen Aussagen über die heimliche Herrschaft Gottes in der Welt stehen andere, die dieses Regiment mehr unter dem Gesichtspunkt darstellen, daß Gott dadurch den Hochmut und das Unrecht der Tyrannen zunichte macht.[307] Diese Aussagen wollen aber durchaus in Übereinstimmung mit den anderen verstanden werden. Das geht aus dem Zusammenhang hervor, in dem sie stehen. So beschreibt Luther im Magnifikat die Hochmütigen, die Gott durch sein Regiment zerstört, als solche, „die yhn selbs damit (mit dem weltlichen Regiment nämlich) dienen / wolgefallen drob habenn / got nit furchten / vnnd die frumen vnd das gotlich recht damit verfolgen /",[308] und zitiert kurz hinterher den 2. Psalm.[309]

Bei diesem in der Geschichte wirksamen Strafgericht Gottes über die Tyrannen werden aber nicht „vornunfft / weyßheit / vnd recht" vernichtet, denn diese müssen bleiben, soll die Welt bestehen,[310] sondern nur die hochmütigen Tyrannen, die „der schonen gaben gottis mißbrauchen widder got".[311]

Die ganze Geschichte mit dem Heranwachsen und Untergehen der Staaten ist Luther ein Zeugnis für dieses innerweltliche Strafgericht: „Alßo sehen wir in allen historien vnnd erfahrung / wie er ein reich auffwirfft / ... das ander vortilget. Wie ehr Assyrien / Babylon / Persen / Kriechen / Rom / than hat / die doch meyneten sie wurdē ewig sitzen in yhrem stuel."[312] So straft also Gott den Hochmut und Unglauben in der Welt, aber ohne die von ihm eingesetzten Ordnungen zunichte zu machen. Obrigkeit, Regiment und Gewalt bleiben, solange die Welt steht,[313] und die Zerstörung aller Ordnung und Obrigkeit ist für Luther entsprechend ein „vorlaufft des Jüngsten tags".[314] Auch die Herrscher, die ihr Amt mißbrauchen, müssen, solange sie Gott im Amte läßt, ihm mit diesem Amt dienen. Luther verdeutlicht das an dem König von Babylon, der, obgleich ein gottloser Götzendiener, doch von Gott in den Propheten „Knecht" genannt wird.[315]

Nun ist freilich das Gericht Gottes über die gottlosen Tyrannen nicht nur ein in dieser Weltzeit vor sich gehendes Gericht, sondern vielmehr wird sich das Gericht Gottes über seine Feinde in vollem Maße erst am Jüngsten Tage erweisen, wenn Christus mit einem Schlage dem Treiben der Feinde Gottes ein Ende machen wird.[316] Aber das Gericht Gottes in der Zeit ist für die Gläubigen „trost und gewisse hoffnung" ihrer „erlösunge".[317] Wenn auch „alles, was in der welt hoch oder Oberkeyt ist, fichtet wider gottes wort",[318] so steht doch fest: „Die gotlosen müssen endtlich verworffen werden und jr werck verterben, denn sie bleyben nit bestehen im gerichte."[319]

Nun haben wir bisher immer nur von der Herrschaft Gottes und nicht speziell von der Herrschaft Christi gesprochen. Es war aber insofern immer auch von der Herrschaft Christi die Rede, als ja Christus in seiner Erhöhung auch nach seiner Menschheit die eine Herrschaft übertragen wurde, die der dreieinige Gott von Ewigkeit her hat und derer er sich in der Übertragung der Herrschaft an die Menschheit des Sohnes nicht entäußerte. Der Vater, der Mensch gewordene Sohn und der Heilige Geist üben also ein und dieselbe Herrschaft über die Welt aus. Und Luther legt den größten Wert darauf, daß die Einheit des dreieinigen Gottes nicht zerrissen wird.[320] „Denn die drey unterschiedliche Personen sind ein Einiger Gott, Schepffer und Vater aller Welt, Und ein igliche Person ist der selbige völlige einige Gott, Schepffer und Vater aller Welt."[321] Und daß er das auch auf den Mensch gewordenen Christus angewandt wissen will, machen die unmittelbar folgenden Zeilen deutlich, in denen davon die Rede ist, daß man Jesus Christus als Herrn, Gott, Schöpfer und Vater anrufen könne, ohne damit den Vater oder den Heiligen Geist zu erzürnen.[322] Um dieser untrennbaren Einheit des dreieinigen Gottes willen gilt das, was allgemein über die Herrschaft Gottes gesagt wird, auch speziell für die Herrschaft Christi. So sagt Luther zu Ps. 2,8: „Non enim Hierusalem et illum populum tantum tibi dabo sed faciam te dominum mundi, du solt so viel zu regieren haben als ich ... Per spiritum sanctum igitur hic declaratur eius regnum: In possessione habes totum mundum. Ob sie nu nit alle gehorsam seyn, leit nicht macht an, tamen habet eos in manu sua."[323] Daß wir damit keiner Konsequenzmacherei verfallen, erhellt nun auch daraus, daß sich zu den allermeisten in diesem Abschnitt allgemein über das Weltregiment Gottes gemachten Aussagen entsprechende Äußerungen Luthers finden, die entweder ebendieselbe Herrschweise Christus zuschreiben oder doch wenigstens die Behauptung unmöglich machen, Christus übe eine der beschriebenen Herrschweisen Gottes nicht mit aus. Wir wollen im folgenden die wichtigsten dieser Äußerungen erwähnen, die zugleich eine Bestätigung dafür sein können, daß die Welt erhalten wird um des Evangeliums willen und auf das Jüngste Gericht hin.

Wir stellten fest, daß Luther die Erhaltung der Welt im ganzen und im einzelnen auf die Wirksamkeit der heiligen Engel zurückführt und damit letztlich auf Gott, der sie zum Dienst geordnet hat. Nun wird eine genau entsprechende Äußerung zu dieser Herrschweise Gottes über die Herrschaft Christi nicht gemacht, wohl aber ergibt sich aus dem Zusammenklang verschiedener Äußerungen Luthers, daß Christus dieses Regiment mit ausübt. So bemerkt Luther in Auslegung von Kol. 1,15ff.: „Und ist fur war ein gewaltiger klarer spruch, das Christus ein Ewiger gott, Schepffer Himels und Erden sey, Und noch heutiges Tages, und jmer fort alles durch jn bestehe, erhalten oder gemacht werde, auch alles, was hoch ist im Himel und Erden, Engel und Geister, sichtbar und unsichtbar."[324] Und Luther ergänzt das wenig später: „Alle ding sind durchs Wort, oder durch Christum geschaffen und gemacht ist nun alles durch jn gemacht, und on jn ist nichts gemacht, wie der text aller vier, Mose, David, Johannis, und Pauli, da stehen, So mus, unter dem, das sie ALLES heißen, begriffen und nicht ausgeschlossen sein die ausfurt aus Egypten, und was mehr in dem Volck Israel geschehen ist, Ja alles, was allenthalben von anfang der Creaturn geschehen ist, noch jmer geschicht und hinfort geschehen wird."[325] Diese Aussage wird freilich von Christus nach seiner Gottheit gemacht, „Denn", sagt Luther, „er ist nicht Mensch gewest, vor allen Creaturen, sondern sind hewr. 1.5.43. jar, das er Mensch worden ist."[326] Aber darüber ist nun kein Zweifel, daß nach Luther seit der Inkarnation Gottheit und Menschheit Christi eine untrennbare Einheit in einer Person sind.[327] Es hieße darum die Person Christi zertrennen, wollte man seine angenommene Menschheit von dem oben für seine Gottheit auch nach der Inkarnation bezeugten Werk der Erhaltung ausschließen, durch das alles, was „noch jmer geschieht und hinfort geschehen wird", gewirkt wird. Selbst dort, wo Luther das Werk der beiden Naturen in Christus unterscheidet, hält er doch die Herrschaft Christi als *ein* Werk beider Naturen fest. So sagt er: „Denn wyr mussen glewben, das Christus nit alleyn ist nach der gotheytt ubir alle ding, szondernn auch nach der menscheyt, alszo das Christo dem menschen alle creatur unterthan und unterworffen sind. Er schafft alle ding alsz eyn Gott, aber alsz eyn mensch schafft er nichts, und sind yhm doch alle unterthan, wie David ps. 8 sagt: Alle ding hastu yhm unter die fusz worffen etc. – Alszo ist Christus unszer gott unnd unszer herr; alsz eyn Gott schafft er unsz, als eynen herrn dienen wyr yhm, und er hirscht ubir unsz."[328] Wenn nun Luther von Christus sagt: „Auff dieser person (die hie jnn der menscheit gezeigt wird) ligt himel und erden, Engel und menschen, gerechtigkeit, leben, sunde, tod, helle und alles, was man nennen mag, das nicht Gott selbs ist. Darüber ist dieser mensch gesetzt und dazu gepredigt, das wir gleuben sollen das wir solchen herrn an jm haben und darauff getaufft sind, das er wil unser herr sein, uns regieren, schutzen und helffen, das wir jnn jm alles haben und uns nichts schaden und uberweltigen soll",[329] dann ist darin doch klar die Herrschaft Christi auch über die Engel bezeugt und zugleich gesagt, daß er diese Herrschaft zum Schutze und zur Hilfe seiner Gläubigen ausübt. Darüber hinaus wurde in der oben geschilderten Herrschweise Gottes nur noch direkter gesagt, daß Gott dieses Regiment durch die Engel ausführt. Wenn aber Luther die Herrschaft Christi über die Engel unmißverständlich behauptet und zugleich sagt, daß alles, was geschieht, durch Christus geschehe, wie will man dann die Mitherrschaft Christi in dieser Art des göttlichen Weltregimentes leugnen?

Eine Entsprechung für die Herrschaft Gottes durch den Teufel läßt sich nun sehr viel leichter finden. Luther sagt: „Christus est huius modi dominus, ut omnia sibi serviant et inimici, ut diabolus, mors, peccatum et inviti. Diabolus in hoc servit ipsi, quod persequitur Christianos suos. Christiani alias essent pigri. Item ita impii serviunt."[330] Und daß der Teufel nichts ohne den Willen Christi tun kann, wird auch ausdrücklich bezeugt.[331] Ja, Luther kann sogar sagen: „Quin ideo Christus hunc ignem in terras mittit et Behemoth illum terribilem, ipse non crudelis, suscitat, ut erudiat nos, non esse nostrae infirmitatis opus, quod instituimus, sed virtutes divinae, ne gloriemur aut praesumamus adversus gratiam dei, . . ."[332] Und der Zusammenhang dieser Stelle macht deutlich, daß Luther unter Behemoth den Teufel und seine Diener versteht.[333] Also alles, was Luther über die Herrschaft Gottes durch den Teufel aussagt, schreibt er auch der Herrschaft Christi zu: der Teufel muß gerade in seinem zerstörenden Werk Christus dienen, er kann ohne Christi Willen nichts tun, und Christus selbst erweckt ihn zur Erziehung seiner Heiligen. Einen Unterschied zwischen den Aussagen Luthers über die Herrschaft Gottes und die Herrschaft Christi in diesem Punkte kann man höchstens insofern feststellen, als die Aussagen Luthers über die Herrschaft Christi noch klarer auf seine besondere Herrschaft durch das Evangelium bezogen sind. Diese Bezogenheit läßt sich aber – freilich nicht so direkt – auch für alle Aussagen über die Herrschaft Gottes durch den Teufel nachweisen.[334] Außerdem müssen auch die Aussagen Luthers über die Herrschaft Gottes durch den Satan, die scheinbar gar keinen Hinweis auf das Evangelium enthalten, unter der Gesamtüberschrift verstanden werden, daß alles, was geschieht im Himmel und auf Erden, um der Auserwählten willen geschieht.

Daß Christus auch die sichtbare Herrschaft ausübt, die „Got durch mittel der creaturn" wirkt, sagt Luther in m. E. unmißverständlicher Deutlichkeit z. B. in einer Predigt aus dem Jahre 1523, in der das Besondere gerade das ist, daß Luther als Herren ebendesselben Regimentes abwechselnd Christus und Gott nennt. Das Zitat lautet: „Es seind viel leüt die da glauben, das Christus ein herr sey, sie glauben aber nit, das er ein herr aller ding sey, als des gelts; er vertraut im nit, das er yn erneren werd, scharret und kratzet, und wenn yn etwas anstoßt in armut, so laufft er hieher und dorther. Item er glaubt nit, das er ein herr sey der feyndt; wenn er beleidigt wirt oder feyndt hat, so lauffens zu dem gewalt, der sie verhüte. Solche menschen glauben nit; denn glaubten sie, so sprechen sie, ‚wen wolt ich förchten? Gott ist mein vatter und herr, es wirt mir freylich nichts geschehen on den willen gottes'. Die kynder zu Babilonien im glüenden ofen hetten ein rechten glauben, sie sagten ‚Gefalt es gott, so mag er uns wol erlösen, Gefalts im aber nit, so solltu wissen, das wir deine seül nit wöllen anbetten, wöllen betten, was Gott will' etc. Das wir glauben sollen, das Bapst, Bischoffe unnd Fürsten in der handt gottes sindt, gehört arbeit zu; dann wo wir glauben, so förchten wir keinen. Wenn ich sie förcht, so glaub ich gewißlich nit, das Christus ir herr sey. Dann ob mich schon meine feindt tödten, ists gewiß, er wils also haben."[335] Auch wird man hier schon ein freilich noch in anderem Zusammenhang zu besprechendes Wort Luthers heranziehen können, in dem er sagt: „Die fürsten sein auch hencker und Stockblöcher Christi, die im sein volck straffen und richten müssen."[336] In den folgenden Zeilen ist dann davon die Rede, daß Christus den Fürsten ihren Gehorsam „gnugsam verlonen" werde, so wie Gott einst Nebukadnezar für die Zerstörung der Stadt Tyrus mit Ägypten belohnt habe. Ganz offenbar ist nach dem Zusammenhang an eine innerweltliche Belohnung gedacht. Auch das weist auf die Herrschaft Christi „durch mittel der creaturen".

Zu der Herrschaft nun, die Gott durch „sein eygen gewalt" „on mittel der creaturn" wirkt, lassen sich sehr viele entsprechende Aussagen anführen, in denen Luther diese Herrschaft Christus zuschreibt. Eine bis in den Ausdruck hinein der oben gegebenen Definition des heimlichen Wirkens Gottes ähnliche Beschreibung der Herrschaft Christi findet sich in Luthers „Heerpredigt wider den Türken" von 1529 bis 1530. Es heißt dort: „ . . . Christus mus Merterer haben, Darümb hat er allezeit die seinen lassen leiblich unterligen und schwach sein, Widderumb seine feinde obligen und mechtig sein, Auff das er die seinen fege und reinige, darnach seine feinde, wenn sie wol angelauffen und auffs höhest komen sind, heymsuche mit dem hellischen feure ewiglich. Solch urteil und weise wissen die blinden unsinnigen leute nicht Und meinen, weil sich Christus so schwach stellet, Es sey kein volck auff erden angenemer denn sie, aber gar weidlich lauffen sie an und wird sich das spiel plötzlich wenden, ehe sie meinen . . ."[337]

In diesem Satze werden allerdings zwei Aussagen gemacht, die über die von Gottes heimlicher Herrschaft im Magnifikat gegebene Definition hinausführen. Es ist das einmal die Aussage, daß sich Christus so schwach stellet, und zum andern die Bemerkung, Christus werde seine Feinde, wenn sie „auffs höhest komen sind, heymsuche(n) mit dem *hellischen feure ewiglich*". Für die erste Aussage ließe sich nun durchaus eine entsprechende Äußerung über die Herrschaft Gottes finden,[338] aber daran ist kein Zweifel, daß Luther von der Schwachheit Christi auf Erden noch in einem anderen Sinne redet als von der Schwachheit Gottes. Die Schwachheit Gottes ist nur die scheinbare Schwachheit seines Regimentes, die Schwachheit Christi aber ist zugleich auch ein

Mitschwachsein und Mitleiden mit den Seinen auf Erden. So schreibt Luther wenige Seiten nach dem zur Frage stehenden Zitat: „Christus wil schwach sein und leiden auff erden mit den seinen, auff das er die gewaltigen zu narren und zu schanden mache und brauche yhres wüetens dazu, das sie yhm (wie wol unwissend) den hymel voll Merterer und heiligen machen, da mit sein reich deste ehe vol werde und er zu gericht kome und den tyrannen yhren lohn gebe ehe sie sichs versehen."[339] Wir werden dieses Mitleiden und Mitschwachsein Christi im Sinne der Gemeinschaft des Hauptes mit den Gliedern seines Leibes verstehen müssen, das darum nur vom filius dei incarnatus ausgesagt werden kann. Es ist demzufolge von Christus auch nach seiner Erhöhung zur Rechten Gottes nach Luther beides auszusagen, daß er mit dem Vater herrscht und zugleich mit den Seinen leidet, ja, daß er mitleidet, indem er mitherrscht. Dieses Mitleiden will aber in keinem Falle als ein Mangel an seiner Herrschaft verstanden werden, sondern nur als Bezeugung der Gemeinschaft Christi mit den Seinen, denn es ist ja von Christus gesagt, daß dieses Leiden zugleich die Feinde gerade in ihrem Wüten und Siegen zuschanden macht. Nun könnte man aber noch von der zweiten Bemerkung, die nur von einer ewigen Bestrafung der Feinde Christi redet, den Einwand erheben, daß in den für Christi Herrschaft angeführten Zitaten von einer Mitwirkung Christi an den innerweltlichen Strafgerichten Gottes doch eben nicht die Rede sei, und daraus schließen, daß Christus von dieser Herrschaft Gottes ausgeschlossen sei, zumal in den ganzen Türken-Schriften tatsächlich nur von dem ewigen Gericht Christi über seine Feinde die Rede ist. Dieser Schluß aber bestätigt sich nicht. Wohl werden wir durch die starke Betonung der bis zum Jüngsten Gericht unter Leiden verborgenen Herrschaft Christi darauf hingewiesen, daß Sinn und Zweck seiner ganzen Herrschaft sein ewiges Reich ist, denn nach den angeführten Zitaten kommt das Gericht dann, wenn sein Reich voll ist, wird also die Welt nur auf diesen Tag hin und um des noch nicht vollzähligen Reiches Christi willen erhalten, aber dennoch weiß Luther auch von einem innerweltlichen Strafgericht Christi zu reden. So sagt er in seiner Auslegung zum 25. Verse des 15. Kapitels des 1. Kor.-Briefes: „Also sehen wir, wie er (Christus) von anfang der Christenheit bisher jnn der welt rumort, land und leut unter das Euangelium geworffen und alle, die sich dawidder gesetzt haben, gestürtzt und umb gekert hat, hie einen König aus gehaben, dort einen Tyrannen veriagt, Wie er auch itzt bey unserm gedencken gewaltiglich bereit offt an solchen beweiset hat und noch mehr thun wird, Denn darumb fehet er hie an, sie also heim zu suchen, das er sie dort endlich gar weg reume . . ."[340] Im folgenden wird dann der Untergang Judas, Roms und Griechenlands,[341] aber auch die beginnende Zerstörung Österreichs und Ungarns durch die Türken[342] auf das tyrannische und christusfeindliche Regiment in diesen Staaten zurückgeführt. Aus dem Zitat ist deutlich, daß Luther das innerweltliche Strafgericht so wie Gott allgemein auch Christus speziell zuschreibt, aber zugleich wird auch klar, daß dieses innerweltliche Strafgericht bezogen ist auf das Gericht am Jüngsten Tage. Christus fängt hier mit seiner Heimsuchung an, daß er sie dort endlich ganz und gar wegräume. Im Einklang mit den oben über die Herrschaft Gottes gemachten Aussagen werden wir das so verstehen dürfen, daß Luther in dem innerweltlichen Strafgericht des dreieinigen Gottes, an dem Christus voll Anteil hat, für die Christen einen „trost und gewisse hoffnung" der kommenden Erlösung sieht,[343] für die Feinde Gottes aber eine Mahnung, daß sie auch endlich zerstört werden, wenn sie Christus nicht als ihren Herrn anerkennen.[344]

Am Schluß dieses Vergleiches sei das Wort Luthers zitiert, aus dessen mangelnder Berücksichtigung sich meiner Ansicht nach viele Fehlaussagen über die Herrschaft Christi erklären lassen. Es steht in Luthers Schrift „Vom Papsttum zu Rom . . ." (1520) und lautet: „Christus ist wol einn her aller dinge / der frumen vnd der boßen / der engel vnnd der teuffel / der iunpfrauen vnd der hurn / aber er ist nit ein heubt / dan allein der frumen / gleubigē Christen / in dem geist vorsamlet / dan ein heubt muß eingeleibet sein seinem corper / wie ich auß sanct Paul Eph. IIII beweret hab / vñ musten die glidmaß auß dem heubt hangẽ / yhr werck vnd leben von yhm haben / darumb mag Christus nit sein ein heuebt yrgent einer boßen gemein / ob die selben yhm wol vnterworffen ist / als einem hern. Gleich wie sein reich die Christenheit / ist nit ein leiplich gemein odder reich / doch ist yhm alles unterworffen / was geistlich / leyplich / hellisch vnd hymelisch ist."[345] Man wird nach diesem Wort nicht bestreiten können, daß Luther die Herrschaft Christi über die ganze Schöpfung gelehrt hat, man wird sich aber ebenso durch dieses Wort warnen lassen müssen, die beiden Herrschweisen Christi zu vermischen, die Luther hier so klar voneinander trennt. In diesem Sinne hat Lau recht, wenn er sagt: „Wenn dem Auferstandenen alle Gewalt im Himmel und auf Erden gegeben ist, was auch Luther nach Matth. 28,18 klar ist, so bleibt trotzdem die Frage offen, ob Christus mit Hilfe seines weisenden Wortes in menschlichen Herrschaften schon seine Herrschaft aufrichten will."[346]

Wir haben die Aussagen Luthers über die Herrschaft Gottes und die Herrschaft Christi miteinander verglichen und fanden in allen wesentlichen Punkten eine solche Übereinstimmung, die den in der Überschrift dieses Kapitels gebrauchten Ausdruck „Mitherrschaft Christi in dem allgemeinen, aber verborgenen Regiment Gottes über die Welt" rechtfertigt. Jetzt haben wir in diesem Kapitel nur noch das herauszustreichen, was immer wieder schon erwähnt ist, nämlich inwiefern diese Mitherrschaft Christi im allgemeinen Weltregiment Gottes die Grundlage seiner besonderen Herrschaft durch das Evangelium ist. An Stelle langer Ausführungen mag hier ein besonders prägnantes Zitat stehen. Luther sagt: „Ja sprichtstu, das ist ein geringe Reich (nämlich: Christi geistliches Reich), so wenig Christen haben unter den Heiden. Lieber, es ist nicht ein geringe Reich, auch nicht eine kleine gewalt, Erstlich, das Christus umb der selbigen wenigen willen mus also mechtig daselbs sein, das er Teuffel, Welt, Tod, Leben und alles ynn seiner hand habe, wo das nicht were, so lies yhm der Teufel sein Euangelion und Tauffe nicht eine stunde, ja nicht ein augenblick bleiben, Und die welt liesse yhm nicht einen Christen eine stunde leben. ... Zum andern, das er seine Christen auch mit der selbigen gewalt schutzt und erhelt ... Darumb yhe weniger Christen und yhe mehr unchristen und Teufel an einem ort sind, yhe geweltiger und mechtiger da selbs Christus herrschet, Hat er wenig daselbst zu regieren, so hat er deste mehr zu wehren und zu schutzen."[347]

Das allmächtige Weltregiment Christi ist also insofern die Voraussetzung seiner besonderen Herrschaft durch das Evangelium, als das Evangelium schon längst von den gottfeindlichen Mächten dieser Welt zum Verstummen gebracht worden wäre und man die Christen alle umgebracht hätte, wenn Christus nicht „Teuffel, Welt, Tod, Leben und alles ynn seiner hand" hätte.[348]

5. Kapitel

Das geistliche Regiment Christi oder die besondere, sich im Akt der Verkündigung selbst bezeugende Herrschaft Christi durch das Evangelium

1. *Die unbegrenzte Macht und Reichweite des geistlichen Regiments Christi*

In den vorangehenden Kapiteln haben wir festgestellt, daß nach Luther Christus an dem allmächtigen Weltregiment Gottes vollen Anteil hat und daß dieses sein mit dem Vater und dem Heiligen Geist geübtes Weltregiment in allem auf eine besondere Herrschaft durch das Evangelium ausgerichtet ist. Schon durch diese Zuordnung ist das Verständnis von vornherein ausgeschlossen, als handele es sich in dem geistlichen Regiment Christi um eine weniger mächtige Herrschaft. Aber auch die Aussagen, die Luther über das geistliche Regiment Christi direkt macht, schließen ein solches Verständnis aus. Freilich ist die geistliche Herrschaft Christi, die Luther durchgängig als Herrschaft durch das Evangelium[1] bezeichnet, äußerlich nicht als allmächtige Herrschaft erkennbar. So sagt Luther von dem neuen Tage, der durch das Evangelium heraufgeführt wird: „... nach dem eusserlichen ansehen ist kein finsterer tag und scheinet (wie man spricht) als ein kot jnn der latern, ..."[2] Das ändert aber nichts an der Realität der Allmacht dieses Regimentes. Wenn Luther z. B. die geistliche Herrschaft Christi von jedem leiblichen Regiment unterscheidet, so ist in dieser Unterscheidung mitzuhören, daß Christus gerade in seinem geistlichen Regiment seine göttliche Allmacht erweist, denn er übt darin die Herrschaft über die Seelen, und das kann nur Gott.[3]

Nun scheint aber gerade an der Herrschaft Christi über die Seelen deutlich zu werden, daß die Macht Christi begrenzt ist, denn – wie wir schon im vorigen Kapitel feststellten – läßt sich nach Luther doch nur der kleinere Teil der Menschen durch das Evangelium führen.[4] Aber das ist nicht ein Mangel an der Kraft des göttlichen Wortes, sondern hat in der Abzweckung des Evangeliums seinen Grund. Das Evangelium ist nämlich „ein freündtliches guts geschrey" „von Christo, der allen leütten hilff unnd rath anbeut unnd fordert nichts mer, sunder allain freündtlich locket".[5] Christus will sich durch das Evangelium ein freiwilliges Volk versammeln; darum zwingt er niemand unter seine Herrschaft.[6] Es müßte dementsprechend die Ausbreitung der geistlichen Herrschaft Christi von der Annahme oder Ablehnung des Evangeliums durch den Menschen abhängen. Diesen Schluß zieht Luther aber nicht. Er betont vielmehr, „das Christus und sein Euangelion nicht mügen gehindert werden, so wenig als man der Sonnen lauff verhindern mag",[7] und nennt in Auslegung von Psalm 2 das Evangelium ein eisernes Zepter, dem niemand widerstehen kann,[8] denn es ist Christus selbst, der durch den Heiligen Geist in dem Menschen Glauben wirkt.[9] Nur von daher ist es verständlich, wenn Luther dem Worte Gottes die Gewalt zuschreibt, nicht nur Freunde, sondern auch Feinde und Widerstehende zu bekehren;[10] und gerade darin erweist sich die Kraft des Wortes, daß es aus Gottlosen Fromme machen kann.[11] Luther bezeichnet die vom Worte ausgehende Wirkung als die völlige Aufhebung des alten Lebens, auf daß wir mit Christus im neuen Leben wandeln.[12] Sie ist ihm eine recreatio, die nicht geringer ist als die creatio ex nihilo.[13] Das geistliche Regiment Christi hat also eine größere Macht und erringt einen besseren Sieg als jede leibliche Herrschaft. „Dan wen mir gleich ein fürst liesz zehen kopff herab hawen, so kontt er mir dennoch mein mutt nit nemen und etwas guts aus mir machen",[14] aber eben das tut Christus durch das Schwert des Wortes.[15]

Ferner gehört es zur Kraft der geistlichen Herrschaft Christi, daß das Evangelium die Ungläubigen blendet und schändet, so daß sie es „auffs höhist lestern und schenden, das also seine werck ym aller volkomenesten schwanck gehen, und nicht geringe, sondern seltzame, erschreckliche werck auszrichten ynn der menschen hertzen, ..."[16] Also auch an den Ungläubigen erweist das Evangelium seine Macht, wenn freilich die Ungläubigen die Kraft des Wortes erst am Jüngsten Tag erkennen werden.[17]

Der unbegrenzten Macht der geistlichen Herrschaft Christi entspricht nun ihre unbegrenzte zeitliche und räumliche Reichweite. Von der zeitlichen Reichweite des Evangeliums haben wir in den vorangehenden Kapiteln schon gesprochen. So war im 2. Kapitel davon die Rede, daß nach Luther das Evangelium von Anfang der Welt bis zu ihrem Ende gepredigt wird, und wir sahen das bestätigt im 4. Kapitel in der Aussage Luthers, daß schon Adam und Eva im Glauben an die verheißene Erlösung, die Christus vollbringen sollte, selig sein werden. Auch war schon erwähnt (im 3. Kapitel), daß nach Luther allein die geistliche Herrschaft Christi über das Gericht hinaus bleiben wird, freilich nicht als Herrschaft durch das Wort, wohl aber als Herrschaft, in der die Glaubenden das haben werden, was das Wort zusagt. Zunächst ergibt sich aus der Zusammenfassung dieser Aussagen, daß Christus seine geistliche Herrschaft seit Anfang der Welt – oder genauer: seit dem Sündenfall –[18] übt und sie in alle Ewigkeit üben wird. Damit ist – auch davon sprachen wir schon – für das geistliche Regiment Christi eine längere Dauer behauptet als für sein allgemeines Weltregiment, das er zur Erhaltung der Welt führt, denn dieses wird Christus mit den dazugehörigen Ständen bei seiner Wiederkehr aufheben. Wir haben hier nur noch die Aussagen zu überprüfen, die Luther über die geistliche Herrschaft des praeexistenten Christus macht, und festzustellen, welche Bedeutung in dieser Herrschaft die Erlösertat Christi am Kreuz hat.

Luther sagt in Auslegung von Gen. 3,15 „Ibi Adam egreditur ex inferno et stat in hac fide, sic sentiens ‚haec deus locutus est, qui mentiri non potest'. In hac fide et sententia mortus est, et omnis posteritas per expectationem illius seminis salvati sunt omnes quotquot salvati sunt etc."[19] Durch die letzte Aussage: „per expectationem illius seminis salvati sunt" wird deutlich die Erlösertat Christi als ein für Adam zukünftiges Geschehen festgehalten, aber in dem ersten Satz wird schon die Wirksamkeit der gerade erst gegebenen Verheißung bezeugt: „Adam egreditur ex inferno." Wenig später sagt Luther in Auslegung derselben Stelle: „... inter Adam et nos nihil interest. In verbo obtinuit vitam sicut et nos, non vidit aliud semen sicut neque nos, sed ipse credidit futurum, nos venisse. Semper ergo fuerunt Christiani ab initio mundi. Iustificati igitur iam sunt Adam et Eva per Christum."[20] Es besteht also kein anderer Unterschied zwischen Adam und unserem Christenstand als der, daß Adam an den filius dei incarnandus[21] geglaubt hat, wir aber an den filius dei incarnatus glauben. Es ist das – wie schon im 2. Kapitel erwähnt – zwar ein Unterschied in der Klarheit des Evangeliums, aber die Auswirkungen der Herrschaft Christi durch das Evangelium sind damals und heute nach Luther dieselben. Bezüglich der geistlichen Güter ist das schon aus den beiden angeführten Zitaten deutlich: Adam ist aus der Hölle befreit, hat das Leben, ist gerechtfertigt so wie wir, es hat aber auch für die Taten der Gläubigen seine Gültigkeit, so sagt Luther ausdrücklich: „... quidquid gessum est virtutum vel rerum per pios ante Christum, in fide promissionis eius gestum est. – Sicut quidquid gestum est per sanctos post Christum, in fide impletae promissionis gestum est."[22] Der Inhalt der Verheißung, die Erlösung durch Christus, wird also offenbar durch die Verheißung von dem kommenden Erlöser schon ebenso zugeeignet wie durch die Botschaft von dem gekommenen. Ganz deutlich wird das ausgesprochen in Luthers Schrift „Wider die himmlischen Propheten ..." (1525). Dort heißt es: „Von der vergebunge der sünden handeln wyr auff zwo weyse. Eyn mal, wie sie erlangt und erworben ist, Das ander mal, wie sie ausgeteylt und uns geschenckt wird. Erworben hat sie Christus am creutze, das ist war, Aber er hat sie nicht ausgeteylt odder gegeben am creutze, ... Die erwerbunge ist eyn mal geschehen am creutze, Aber die austeylunge ist offt geschehen vorhyn und hernach von der wellt anfang bis ans ende, Denn weyl er beschlossen hatte, sie eyn mal zuerwerben, gallts bey yhm gleich viel, er teylet sie aus zuvor odder hernach durch seyn wort, wie das leichtlich mit schrifften zu beweysen ist, ..."[23]

Christus teilt also die am Kreuz erworbene Vergebung „vorhyn und hernach von der wellt anfang bis ans ende" aus durch sein Wort, und d. h. für unseren Zusammenhang, er hat seine geistliche Herrschaft, die ja gerade in der wirksamen Zueignung des Evangeliums besteht, auch schon vor seiner Fleischwerdung geübt. So schließt Luther aus 1. Kor. 10,4: „Ist Christus zur selbigen zeit gewest, der mit den Kindern Israel gezogen ist, und von dem sie geistlich getruncken, und geistlich getaufft sind, das ist mit uns einerley glauben an den zukunfftigen Christum, der uns nu erschienen ist, gehabt, so mus Christus rechter ewiger Gott sein, ..."[24]

Der Glaube der Israeliten, von dem hier die Rede ist, gilt dem zukünftigen Christus, also dem, der zum Zwecke unserer Erlösung einmal Mensch werden sollte, aber der einst Mensch werdende wird zugleich als der bezeugt, der als ewiger rechter Gott schon damals gegenwärtig war. Und um der Identität willen der Personen des ewigen Sohnes Gottes und des in das Fleisch gekommenen Christus kann Luther dann mit Berufung auf 1. Kor. 10,4 und 9 das ganze geistlich-leibliche Erlösungswerk Gottes an Israel „Ihesus von Nasareth, Marien der Jungfrawen Son" zuschreiben.[25] Genaugenommen ist natürlich die Menschheit Christi erst seit der Inkarnation an diesem Werk beteiligt,[26] aber wenn Luther sagt: Christus „must ubir das gantz volck regirn, das da vorgangen, kegenwertig und tzukunfftig war",[27] dann gilt das auch im strengen Sinne von der Menschheit Christi, nicht nur weil sie um der persönlichen Einigung willen mit dem ewigen Sohn teil hat an seiner Herrschaft, sondern auch weil Christus gerade durch sein in der angenommenen Menschheit vollbrachtes Sterben und Auferstehen die Erlösung von Sünde, Tod und Teufel vollbracht und so seine geistliche Herrschaft über die Erlösten allererst ermöglicht hat.

Von Anfang der Welt hat also Christus seine Herrschaft durch das Evangelium geübt, zuerst als der noch nicht fleischgewordene ewige Sohn in wirksamer Zueignung der zukünftigen Erlösung und dann als der menschgewordene Gottessohn in wirksamer Zueignung der vollbrachten Erlösung; und diese seine geistliche Herrschaft wird ewig bleiben.

Neben der Aussage, daß das Reich, das Christus durch seine geistliche Herrschaft angefangen hat, ewiglich bleiben soll, steht die andere, daß es soweit reiche, wie die Welt ist.[28] Und diese unbegrenzte räumliche Reichweite der Herrschaft Christi meint Luther im Sinne einer alles besiegenden geistlichen Herrschaft Christi an allen Orten. So schreibt er: Christus „wird an allen enden also regieren und die uberhand haben, das ihm niemand wird widderstand thun mügen".[29] Nun scheint dem wieder entgegenzustehen, daß doch von dieser alles besiegenden geistlichen Herrschaft Christi in der Welt nichts zu merken ist, aber Luther nimmt diesen Einwand auf und entkräftet ihn folgendermaßen: „Wie kan aber das warhafftig sein, das alle Heiden sollen unter einen Christum komen und Gott loben, so doch alle Heiden Christum verfolgen, wie er selbst sagt Matthei 5: ‚Ihr musset von allen menschen gehasset sein umb meines namen willen'? Antwort: Der Psalm sagt nicht, das alle menschen odder alle die, so unter den Heiden sind, yhn loben sollen, sondern ‚alle Heiden', das ist Wo Heiden odder land und Stedte sind, da sol das Euangelion hin komen und ettliche zum glauben yns Reich

Christi bringen, Ob nu nicht alle leute gleuben, so herrschet dennoch Christus allenthalben, wo leute sind, hellt sein Wort, Tauf und Sacrament daselbs wider alle Teuffel und menschen, Denn das Euangelion und die Tauffe müssen durch die gantze wellt komen, wie sie denn auch komen sind und teglich komen." Luther verweist dann auf Mark. 16,15 und Ps. 19 und fährt fort: „Wo nu das Euangelion, Tauffe, Sacrament sind, da ist seine kirche, und sind gewislich lebendige heiligen daselbs, da lobet man yhn, und er herrschet uber sie und soltens gleich eitel iung volck und kinder sein, Aber es sind alte auch darunter, das mus nicht feylen."[30]

Aus diesem Zitat ist zweierlei besonders bemerkenswert:

1. Luther ist nicht der Ansicht, daß Christus seine geistliche Herrschaft schon über die ganze Welt ausgedehnt hat, sondern bezeichnet das geistliche Regiment deutlich als ein sich ausbreitendes: „Wo Heiden odder land und Stedte sind, da sol das Euangelion hin komen", aber daran ist nach Luther ebensowenig zu zweifeln: es *wird* auch durch die ganze Welt kommen: „das Euangelion und die Taufe müssen durch die gantze Welt komen".

2. Das Evangelium wird nur wenige bekehren und viele Verfolger haben, aber doch schafft es sich überall, wo es verkündigt wird, lebendige Heilige. Dabei gründet sich die Behauptung, daß überall, wo das Evangelium verkündigt wird, auch lebendige Heilige sein werden, offensichtlich nicht auf das mit Augen Feststellbare – deshalb bedarf es des besonderen Hinweises auf die, bei denen man die Wirkung des Wortes nicht erwartete: „eitel iung volck und kinder" –, sondern sie hat in der göttlichen Zusage ihren Grund, nach der das Wort Gottes nicht leer zurückkommen soll, sondern ausrichten muß, wozu es gesandt ist.[31] Die Wirkung des Evangeliums wird also in jedem Fall, auch gegen den Augenschein, behauptet. Daß es aber nur „ettliche zum Glauben ym Reich Christi" bringt, will Luther auch in gar keiner Weise als eine den Menschen mögliche Begrenzung der Ausbreitung des Evangeliums verstanden wissen. Vielmehr – das hebt Luther an anderer Stelle deutlich hervor – kommt das Evangelium zum Ziel, gerade auch da, wo man ihm wehrt oder es verfolgt, „Denn das Euangelion ist der art, yhe mehr man yhm weret, yhe mehr es fort geht".[32]

Diese letzten Aussagen weisen darauf hin, daß die unbegrenzte räumliche Reichweite des Evangeliums begründet ist in seiner unbegrenzten Macht. So braucht in diesem Abschnitt zusammenfassend nur nebeneinander festgehalten zu werden: 1. Christus regiert durch sein geistliches Regiment alle Heiligen in Vergangenheit, Gegenwart und Zukunft, und sein Reich wird in alle Ewigkeit bleiben; und 2. Christus übt dieses Regiment in unbegrenzter Macht; darum wird sich sein Evangelium ungehindert über alle Welt ausbreiten und das ausrichten, wozu es gesandt ist.

2. Das Evangelium als das die Herrschaft Christi über alle Welt und die Art dieser Herrschaft kundmachende Wort

Im 1. und 2. Kapitel dieser Arbeit sahen wir, daß nach Luther Jesus Christus sein Erlösungswerk nur vollbringen konnte, weil er zugleich wahrer Gott und wahrer Mensch ist. Dabei hatte für unseren Zusammenhang die wahre Gottheit Christi insofern eine besondere Bedeutung, weil in ihr die Herrschaft Christi über alle Gewalten begründet ist und nur durch sie die Besiegung der Verderbensmächte möglich wurde. Im 3. und 4. Kapitel sprachen wir dann davon, daß Christus auch nach seiner Menschheit zum Herrn über alle Gewalten eingesetzt ist und daß alles, was in der Welt geschieht, die Wirkung der Herrschaft ist, die der dreieinige Gott durch die Menschheit Christi über uns und an uns ausübt. Im Zusammenhang damit – so sahen wir – lehrte Luther in Auslegung der Schrift, daß Christus die Ordnungen nicht aufgehoben habe, die Gott in der Schöpfung und nach dem Fall zur Erhaltung der Welt eingesetzt bzw. bestätigt hat, daß aber die Welt nur *deshalb* erhalten werde, weil noch nicht alle geboren sind, die in das Reich Christi kommen sollen, und daß die Welt nur *so lange* erhalten werde, bis die „Vollzahl" des Reiches Christi erreicht ist und damit das Erlösungswerk an das Ziel gekommen ist. Wenn aber dieses Ziel erreicht sei, werde Christus wiederkommen, zu richten die Lebendigen und die Toten, und werde den wahrhaft dem Evangelium Glaubenden das verheißene Leben geben, alle seine Feinde aber endgültig zunichte machen und die Ungläubigen ewiglich verwerfen.

Weil nun aber diese Fakta nur in der Schrift bezeugt werden, gehört ihre Kundmachung mit zur geistlichen Herrschaft Christi, denn nicht anders als durch das Evangelium kann ein Mensch wissen, „was die schrifft von yhm (sc. Christus) sagt".[33] Und zwar gehört die Verkündigung dieser Fakten insbesondere als Voraussetzung, Erläuterung und Ergänzung mit zum Evangelium hinzu. Als Voraussetzung gehört sie zum Evangelium insofern, als ohne die Bezeugung der Gottessohnschaft Christi sein Erlösungswerk nicht verständlich würde und ohne das Zeugnis von seinem allmächtigen Weltregiment mit dem Vater und dem Heiligen Geist seine gegenwärtige Herrschaft als Schwachheit erscheinen müßte. Als Erläuterung und Ergänzung gehört sie zum Evangelium insofern, als sie die Erlösung als eine angefangene, aber noch nicht vollendete näher bezeichnet, im Zusammenhang damit die fernere Geltung der göttlichen Erhaltungsordnungen Gottes bis zum Jüngsten Tage bezeugt und hinweist auf die Wiederkehr Christi zur Vollendung der Erlösung und zum Gericht über die Ungläubigen.

3. *Das Evangelium als das die Sünde aufdeckende Wort*

Luther lehrt, das Evangelium sei nur denen gesagt, die ihre Sünde erkennen,[34] und meint damit, daß der Mensch nur im Bewußtsein seiner Sünde und Erlösungsbedürftigkeit das Evangelium als tröstliche und befreiende Botschaft aufnehmen wird.[35] Denn wenn das Evangelium verkündet, daß Christus sich in seinem Reich der Schwachen, Kranken und Zerbrochenen annimmt, dann ist das an sich wohl eine tröstliche Predigt,[36] „Es feylet nur daran, das wyr unszer nott und gebrechen nicht fülen, wenn wirs fületen, so wurden wyr bald hintzu lauffen".[37] Die Voraussetzung, die helfende Herrschaft Christi durch das Evangelium an sich zu erfahren, ist also das Gefühl des eigenen Jammers und Elends,[38] d. h. die Erkenntnis der eigenen Sünde und der Unmöglichkeit, sich aus eigener Kraft daraus zu befreien. Diese Erkenntnis wird nach Luther dem Menschen vermittelt: einmal durch das Gesetz Gottes, sodann auch durch das Evangelium. Die Sündenerkenntnis aus dem Gesetz erwähnten wir schon kurz.[39] Luther spricht in diesem Zusammenhang von dem Gesetz Gottes als von einem Spiegel, „darinn wir sehen unser gebrechen unnd boszhait".[40] Das Gesetz soll – so sagt Luther an anderer Stelle – unsere Krankheit aufdecken, damit wir dann das im Evangelium angebotene Heilmittel auch nehmen.[41] So schafft also das Gesetz die Voraussetzung zur Annahme des Evangeliums.

Sofern nun aber Christus selbst auch Gesetz gepredigt hat, kann Luther ebendieselbe Sünden aufdeckende Wirkung auch dem Evangelium zuschreiben. Er sagt – und das ist zugleich ein Hinweis darauf, daß das Gesetz als das unsere Krankheit aufdeckende Wort allein in seiner Bezogenheit auf das Evangelium recht verstanden wird –: „Morbus ostenditur, ut postea possit sanari, non ostendi debet, ut occidatur aegrotus. Sic Christus fecit Mtth. 5. Nisi abundaverit iustitia vestra etc., et praedicat et interpretatur legem sive iram. Haec ostensio peccati sive fiat per legem sive per Evangelium cuius proprium est, filium dei docere et remissionem peccatorum propter Christum idem erit. Nam omnes eodem modo vocamur ad Christum."[42]

Das Evangelium tut also in der ostensio peccati sein uneigentliches Werk und bereitet dadurch sein eigentliches Werk vor.[43] Es tut das aber nicht nur durch die im Evangelium enthaltenen Gebote, sondern gerade auch durch die Botschaft von der Erlösung durch Christus, denn mußte Christus, Gottes Sohn, uns „durch sein eigen blut" „von teufel, tod und sunden erlosen", so kann man daraus ersehen, daß wir ohne diese Befreiung unter den Verderbensmächten gefangen sind und uns aus dieser Gefangenschaft nicht mit eigener Kraft befreien können.[44] Diese Darstellung Luthers weist darauf hin, daß das uneigentliche und eigentliche Werk des Evangeliums keineswegs zwei voneinander getrennte Akte sein müssen. Es ist gewissermaßen nur die Kehrseite des Evangeliums, daß es uns unsere Erlösungsbedürftigkeit anzeigt, indem es die uns von Christus vollbrachte Erlösung verkündigt. In diesem Sinne ist es zu verstehen, wenn Luther in seiner Kirchenpostille schreibt: „Alszo erscheynet die gotliche heylwertige gnade, nit alleyn uns tzu helffen, szondernn leret auch uns erkennen, das wir yhr durffen, dieweyl sie mit yhrem erscheynen antzeygt, das alle unszer weszen ungottlich, gnadloß, vordampt sey."[45]

Bis hierher kann man von einem Werk des Evangeliums reden, das es an Gläubigen und Ungläubigen übt: Es zeigt die Verderbtheit des menschlichen Wesens an, gerade indem es Christus als den einzigen Erlöser predigt. Luther kann das in Auslegung von Psalm 2 auch so darstellen, das Evangelium mache alle menschliche Weisheit, Macht und Gerechtigkeit zunichte und verdamme alle unsere Werke, indem es Christus als den allein Gerechten, Mächtigen und Weisen predigt.[46]

Nun unterscheidet sich aber dieses Sünden aufdeckende Werk des Evangeliums bezüglich der Wirkung, die es bei den Menschen auslöst: Den Ungläubigen ist es ein unleidliches Ärgernis, das sie zur Verfolgung des Evangeliums treibt, die Gläubigen aber treibt es, sich an Christus zu hängen und allein seiner Gnade zu getrösten.

Es ist verständlich, daß die Welt es nicht leiden will, daß all das Ihre nicht gelten soll.[47] Weil aber das Evangelium nicht verkündigt werden kann, ohne zugleich auch die Nichtigkeit des menschlichen Wesens kundzumachen,[48] ist es schon deshalb der Welt ärgerlich und reizt sie, mit aller Macht das Evangelium zu verfolgen, um ihre Gaben vor der ihnen vom Evangelium angetanen Schmach zu retten.[49] In ihrem Toben gegen das Evangelium zeigt nun aber die Welt erst recht an, „das sie des Teuffels eigen, blind, besessen, toll und töricht ist".[50] Sie muß also gerade in ihrem Wüten gegen das Evangelium die Richtigkeit seines Urteils bestätigen.

Eine andere Reaktion bewirkt das Evangelium in den Gläubigen. Sie erkennen das Urteil des Evangeliums über sich an und ergreifen die ihnen angebotene Erlösung, indem sie sich unter das Gnadenregiment Christi stellen. Luther sagt von der Wirkung, die das Evangelium in ihnen auslöst: „Sihe, da fehet denn an deyn heyl, da lessistu fallen deyn werck und vortzagist an dyr selbs, weyl du horist und sihest, das alle deyn ding sund und nichts sey, wie dyr das Evangelium sagt, und hebst an, und nympst auff deynen konig (Christus) hangest an yhm, ruffist seyne gnade an und trostist dich alleyn seyner gutte".[51] Aber die Sündenerkenntnis bereitet uns nicht nur für die Gnadenherrschaft Christi vor, sondern wird in vollem Maße erst durch diese ermöglicht. Das meint Luther, wenn er in Auslegung von Röm. 7,21 sagt: „Nemo enim malum suum agnoscit, nisi sit in bono super malum constitutus, unde Judicare et discernere potest suum malum, Sicut tenebras non nisi per lucem decernimus ... Si ergo non esset in luce spiritus, malum carnis sibi adiacere non videret ..."[52] Dieses Wort weist uns auf die untrennbare Zusammengehörigkeit des Glaubens an Christus und der Sündenerkenntnis. Beide begleiten einander, solange wir in diesem Leben sind; so ist es für Luther geradezu ein Kennzeichen der wahren Heiligen, daß sie ihre Sünde immer vor sich haben.[53]

Die Wirkung des Evangeliums als eines Sünde aufdeckenden Wortes ist also bei den Menschen eine verschiedene: Bei den Ungläubigen schafft es gerade durch die Aufdeckung der Sünde das Ärgernis, um dessentwillen dann das ganze Evangelium als töricht und unerträglich abgetan und verfolgt wird, bei den Gläubigen aber schafft es gerade in seiner Sünden überführenden Kraft das bleibende Verlangen, das ganze Evangelium an sich wirken zu lassen.

4. *Das Evangelium als die Botschaft vom Sieg Christi über Gesetz, Sünde, Tod und Teufel und als Ruf unter Christi ewige Gnadenherrschaft*

a) Das Evangelium als das Glauben fordernde und durch den Heiligen Geist Glauben schaffende Wort

Ist nach Luther das uneigentliche Werk des Evangeliums, daß es unsere Sünden aufdeckt, so ist es dessen eigentliches Werk,[54] daß es den für uns erworbenen Sieg Christi über Gesetz, Sünde, Tod und Teufel verkündigt[55] und alle Menschen unter die Gnadenherrschaft Christi ruft, denn Christus will „yderman locke(n) und reytze(n) zu yhm zu tretten".[56] Und entsprechend hat die Predigt von Christus nach Luther kundzumachen, „das er (sc. Christus) keynen menschen verwerff, wie schwach er sey, sondern yderman gerne auffneme, tröste, stercke und helffe ...".[57] Das Evangelium ist also allen Menschen zu predigen, und es macht selig alle, die daran glauben.[58] Aber – und das ist entscheidend – eben nur die, die dem Wort glauben.[59] Christus fordert im Evangelium unseren Glauben, der nicht nur die „Historien" von Jesus für wahr hält – denn in dem Sinne glauben nach Luther auch die Verdammten, sondern der „festiglich" glaubt, daß Christus sein Erlösungswerk für uns,[60] und d. h. für jeden einzelnen von uns, vollbracht hat.[61] Dieser Glaube schließt außer der schon erwähnten Anerkenntnis der eigenen Erlösungsbedürftigkeit den Willen ein, sein Vertrauen nicht mehr auf das eigene äußerliche „thun und wesen" zu setzen, sondern allein auf die zwar im Wort verheißene, aber sonst heimliche und verborgene Gnade Gottes in Christo.[62] Das Evangelium ist nicht nachprüfbar,[63] es paßt sich unserem Sinn nicht an, sondern fordert vielmehr umgekehrt von uns, daß wir unseren Sinn ihm anpassen und unseren Verstand gefangengeben in den Gehorsam Christi.[64] Und diese Forderung zusammen mit der Verborgenheit der Gnadenherrschaft Gottes in Christo ist es, die das Evangelium nun vollends ärgerlich macht und im Verein mit der Predigt von der Nichtigkeit des menschlichen Tuns und Wesens einen solchen Unwillen bei den Ungläubigen hervorruft, „das sie an stat des Lobes und dancks eitel lestern, fluchen und verfolgen widder das liebe gnaden reich treiben wie die unsinnigen, die widder yhr eigen heil und seligkeit streiten und toben, bis sie zu grund gehen und yhn gelinge, darnach si ringen, wie Psalm 108 (Ps. 109,17) sagt: ‚Er wolt den fluch haben, der wird yhm auch komen. Des segens wolt er nicht, der sol auch fern gnug von yhm bleiben'. Volenti non fit iniuria. Man kan niemand an seinen danck geben."[65]

Es ist wichtig, daß Luther hier und an anderem Ort den Ungläubigen selbst die Schuld an ihrer ewigen Verdammnis zuschreibt, weil sie das ihnen im Evangelium angebotene Heil ablehnen.[66] Sie wollen selbst den Fluch haben, der über sie kommen wird, darum geschieht ihnen kein Unrecht. Aber dennoch steht es nach Luther nicht in der Macht des Menschen, das Evangelium im Glauben anzunehmen, denn der Glaube ist ein Werk Gottes. So heißt es bekanntlich in der Erklärung zum 3. Artikel des 2. Hauptstückes im Kleinen Katechismus: „Ich glaub das jch nicht ausz eygner vernunft noch krafft an jesum Christ meynen herrē glaubē odder zu jm kumen kan sonder der heylig geyst hatt mich durchs Euangelion beruffē mit seynen gaben erleuchtet, jm rechten glaubē geheyliget und erhalten ..."[67] Der Mensch kann sich also selbst auf keinerlei Weise zum Glauben helfen, wenn er nicht durch den Heiligen Geist berufen und erleuchtet wird. Und diese Berufung und Erleuchtung durch den Heiligen Geist kann sich nicht auf irgendwelche vorfindlichen guten Eigenschaften des Menschen beziehen, denn alle Menschen sind ja durch den Sündenfall des „todts schuldig und des teuffels aigen",[68] und entsprechend ist die Erweckung des Glaubens in uns „eyn lautter gottis werck on alles unszer tzuthun",[69] das Luther an anderem Ort beschreibt als „so eyn grosz werck, alswenn er (sc. Gott) hymel und erden widder schaffet".[70] Es unterscheiden sich also diejenigen, die Gott durch den Heiligen Geist beruft und erleuchtet, nach ihrer Natur nicht von denen, die Gott im Unglauben läßt. Demnach scheint es ungerecht zu sein, wenn die verdammt werden, die nicht zum Glauben kommen; und auch ihre wütende Empörung gegen das Wort, die ja doch – wie Luther betont – gerade ein Zeichen ihrer Gefangenschaft unter dem Teufel ist,[71] aus der sie sich ohne die Hilfe Gottes nicht befreien können,[72] läßt ihre ewige Verwerfung in den Augen der menschlichen Vernunft nicht als gerechtfertigt erscheinen. Aber Luther verweist in Auseinandersetzung mit diesem Einwand auf die Gerechtigkeit Gottes, die als göttliche Gerechtigkeit notwendig unserer menschlichen Vernunft unbegreiflich sein müsse und der man darum auch gegen den Schein glauben soll, daß sie gerecht sei.[73] Noch mehr aber hebt Luther die in der Erschaffung des Glaubens im Menschen durch das äußere Zeugnis des Heiligen Geistes wirksam werdende ewige Vorsehung Gottes – denn um diese handelt es sich hier – als Gnade und Trost für uns hervor. So betont er in seiner Auslegung von Johannes 17,6: „Denn das soltu gewislich gleuben, das kein höher gnade und Gottlich werck ist, denn wo jemand dazu kompt, das er Christus Wort von hertzen gerne höret und mit ernst meinet, gross und tewr achtet".[74] Und wenig später sagt er mit ausdrücklichem Bezug auf die ewige Vorsehung Gottes: „Hangstu an dem Herrn Christo, so bistu gewislich unter dem hauffen, die Gott von anfang dazu erwelet hat, das sie sein eigen sein solten, sonst würden sie nicht erzu komen und solche offenbarung hören und annemen."

„Sihe, also ist stracks hinweg geschlagen die grosse anfechtung und alles disputirn von der heimlichen versehung, damit sich etliche martern und engsten ... Denn das soltu wissen, das alle solch eingeben und disputirn von der versehung gewislich vom Teuffel ist. Denn was die Schrift davon sagt ist nicht gesetzt, die armen angefochtenen seelen, so jhre sund fülen und gerne los weren, damit zubekömern und schrecken, sondern viel mehr zu trösten. Darumb las sich die damit bekömern, die das Euangelion nicht haben noch Christum hören wollen, du aber wisse, das kein stercker trost auff erden ist, denn er dir hie selbs zeigt und gibt, nemlich das du Gottes eigen und das liebe kind seyest, weil dir sein wort gefellet und dein hertz süsse gegen jhm ist."[75]

Die ewige Vorsehung Gottes wird also verwirklicht in der glaubenwirkenden Verkündigung des Evangeliums, und d. h. für unseren Zusammenhang: durch die Königsherrschaft Jesu Christi, der alle Menschen durch das äußere Wort des Evangeliums zum Glauben ruft und die Erwählten durch das innere Zeugnis des Heiligen Geistes im Herzen zum Glauben an das verkündigte Wort bringt.

Mit Absicht ist hier das äußere Wort des Evangeliums und das innere Zeugnis des Heiligen Geistes unter dem Oberbegriff der glaubenwirkenden Verkündigung zusammengefaßt worden, weil nach Luther der Heilige Geist nicht ohne das äußerliche Wort gegeben wird und weil das äußere Wort ohne das innere Zeugnis des Heiligen Geistes nicht verstanden wird[76].

In dem dargelegten Sinne ist die von Th. Harnack gegebene Darstellung der Lehre Luthers von der Gnadenwahl zu berichtigen.[77] Wichtig und richtig ist der Hinweis Harnacks, daß nach Luther „der Glaube ein Kennzeichen der daseienden und ergriffenen Erwählung" ist, „aber Grund und Bedingung derselben ... Christus allein".[78] Ferner sagt Harnack mit Recht, die offenbare Versöhnung in Christo hebe die verborgene Vorsehung Gottes nicht auf, „sondern führt sie durch und verwirklicht sie geschichtlich".[79] Nicht in allen Punkten überzeugend aber versucht Harnack den Nachweis zu liefern, Luther habe zuerst (bis 1515) die Gnade Gottes universalistisch verstanden, dann aber in Auseinandersetzung mit dem Pelagianismus der römischen Kirche zunehmend partikularistisch (bis 1525, Höhepunkt „De servo arbitrio") und sei schließlich[80] – freilich unter Beibehaltung seiner Lehre vom servum arbitrium – wieder zur universalistischen Auslegung zurückgekehrt.[81] Ist nun auch das erste Stadium der Prädestinationslehre Luthers von Harnack richtig bezeichnet und auch späterhin in der Tat eine gewisse Entwicklung und dadurch veranlaßte Akzentverschiebung in Luthers Lehre von der Gnadenwahl festzustellen, so kann man m. E. doch nicht behaupten, Luther habe nach 1528 sein partikularistisches Gnadenverständnis aufgegeben.[82] So geht z. B. dem Zitat, das von Harnack als abschließender Beweis für die Verwerfung der partikularistischen Prädestination durch Luther angeführt wird, das Wort voraus: „... man soll Gott in seiner Maiestet und mit der fürsehung zu friden lassen. Denn unbegreyfflich ist er. Und ist nit müglich, das ein mensch nicht solt geergert werden, das ist: Entweder musz er ausz solchen gedanken in verzweiyfflung fallen oder gar gottlosz und verwegen werden. – Wer aber Gott und seinen willen recht erkennen will, der soll den rechten Weg gehen, so wird er nit geergert, sonder gebessert. Der rechte weg aber ist der Herr Christus, wie er saget: ‚Niemand kombt zum Vatter denn durch mich'."[83] Es wird hier also nicht die Unbegreiflichkeit der Vorsehung Gottes geleugnet, sondern nur gesagt, daß wir uns an Gottes Offenbarung in Christo zu halten haben, und zwar ausschließlich zu halten haben. Und um dieser Ausschließlichkeit willen ist das Gnadenangebot Gottes in Christo an *alle* Menschen so stark betont in dem von Harnack angeführten Zitat. Auch sagt Harnack selbst von den Zitaten, die er für Luthers Lehre von der Gnadenwahl nach 1528 anführt[84]: einen direkten Widerruf (der in „De servo arbitrio" dargelegten Lehre nämlich) enthalten „alle diese Stellen nicht". Wenn Luther aber seine Prädestinationslehre aus „De servo arbitrio" nicht ausdrücklich widerrufen hat, hat man m. E. kein Recht, diese Lehre einfach als durch spätere Aussagen Luthers erledigt abzutun, noch dazu, wo Luther selbst ausdrücklich noch 1537 „De servo arbitrio" unter allen seinen Schriften vornehmlich als „recht" anerkannt hat.[85] Es ist doch beachtlich, daß Luther in seiner Auslegung zu Gen. 26,9, die Harnack[86] als einen „im antiprädestinatianischen Interesse" vorgebrachten Verweis Luthers „auf seine Unterscheidung des verborgenen und offenbaren Gottes" interpretiert, im wesentlichen nur sagt, „daß man nicht forschen solle nach der Vorsehung des verborgenen Gottes, sondern daß man sich an derselben Vorsehung solle genügen lassen, so durch die Berufung und das Predigtamt geoffenbart wird".[87] Selbst wenn man die Frage, ob die Aussagen des großen Genesis-Kommentars als so echte Luther-Aussagen gelten können, daß frühere Aussagen Luthers danach zu berichtigen sind,[88] hier ganz unberücksichtigt läßt, wird man doch diese Stelle nicht als grundlegende Berichtigung der Lehre von „De servo arbitrio" gelten lassen können, sondern nur als ergänzende Erklärung, wie Luther die dort vorgetragene Lehre verstanden wissen wollte, zumal ja das zu Gen. 26,9 Gesagte grundsätzlich auch schon in „De servo arbitrio" gesagt ist.[89] Der Zusammenhang, in dem die angegebenen Stellen stehen, macht freilich die andere Frontrichtung deutlich, in der Luther dort spricht, aber hier wie dort ist es dieselbe Lehre, die nur aus dem gegebenen Anlaß je von verschiedenen Seiten beleuchtet wird. Auch in „De servo arbitrio" zweifelt Luther nicht daran, daß der an das Evangelium Glaubende erwählt ist, aber das bezeichnet er als unerforschlich, warum Gott in seiner Majestät nicht alle zum Glauben an das Evangelium bringt.[90] Wenn Luther in seinen späteren Aussagen immer wieder noch sagt, daß der Glaube das Werk Gottes ist,[91] dann scheint mir damit die in „De servo arbitrio" als unbeantwortbar bezeichnete Frage, warum Gott in seiner Majestät nicht alle zum Glauben bringe, absichtlich immer noch nicht beantwortet im Sinne einer Lehre von der Allgemeingültigkeit der Gnade.[92] Denn daß Gott, wie er sich uns in seinem Worte kundmacht, alle Menschen retten will, das hat Luther auch schon in „De servo arbitrio" gelehrt,[93] und umgekehrt hat er die Unterscheidung zwischen dem verborgenen und offenbaren Gott bis ins Alter festgehalten.[94] Man wird also auch in Auslegung der letzten Aussagen Luthers nebeneinander festhalten müssen: 1. die Universalität des Gnadenangebotes Gottes durch das Evangelium; 2. die freie Wirksamkeit Gottes an den Herzen, die zum Glauben bringt, wann, wo und wen sie will, und 3., daß die Ungläubigen an ihrer Verwerfung selbst schuld sind.

Die Widersprüche in dieser Lehre sind nicht die Folge eines Mangels an systematischem Denken, sondern bezeugen die Achtung des Reformators vor den verschiedenen Schriftaussagen.

Denen nun, die Christus durch den Heiligen Geist zum Glauben bringt, gilt die ganze Zusage des Evangeliums, d. h. vor allem: ihnen gilt die Vergebung der Sünden und damit die Versöhnung mit Gott, die Christus durch seine Erlösung erwirkt hat.[95] Dann aber heißt es auch, daß ihr Leben unter dem allmächtigen Regiment Christi gegen alle Gewalt und vor allem Schaden gesichert ist,[96] ja sogar an allen Gütern Christi vollen

Anteil bekommt. Luther sagt: „Wer an Christum glewbt und am wortt hanget, der hat yhn mit allen seynen güttern, das er eyn herr wirtt uber sund, todt, teuffel und helle, und gewisz ist des ewigen lebens."[97] Zu dieser völligen Gemeinschaft mit Christus gehört auch – und das ist für den 4. und 5. Abschnitt dieses Kapitels wichtig –, daß wir durch den Glauben an ihn zu Priestern werden, so wie er Priester ist, und also sein priesterliches Amt auf Erden wahrnehmen dürfen und sollen.[98]

Die Gläubigen sind also nicht nur unter der Gnadenherrschaft Christi geborgen, sondern werden durch die Gemeinschaft mit Christus selbst zu Herren über alle Gewalten.[99] Diese beiden Aussagen, daß wir unter der Herrschaft Christi gegen alle Gewalten gesichert sind und daß wir durch die Gemeinschaft mit Christus selber zu Herren werden über alle Gewalten, besagen das gleiche, denn Christus übt seine Gnadenherrschaft, indem er in dem Gläubigen lebt und regiert.[100] So werden Christus und der Gläubige durch den Glauben gleichsam zu einer Person, und darum sind alle Güter Christi auch Eigentum des Glaubenden.[101] Zugleich aber wird der Gläubige von sich selbst entleert und frei von seinen Werken, damit Christus in ihm lebe und wirke.[102] An anderer Stelle hat Luther diesen Vorgang der evacuatio a seipso beschrieben als „destructio salutaris in spiritu, qua ... destruitur impius, ut pius fiat".[103] Das ist aber nur die andere Seite derselben Sache; es wird nämlich nur der fromm, in dem Christus gegenwärtig ist und regiert.[104] Der Glaubende lebt in einem fremden Leben, weil Christus in ihm redet und wirkt, aber gerade das macht seine Existenz als Christ aus.[105]

b) Das Evangelium als die durch den Glauben Liebe wirkende Kraft

Wenn Luther den Glauben als ein Werk Gottes bezeichnet, dann ist schon damit der Glaube als „eyn mechtig, thettig, unrugig, schefftig ding", das „on unterlass gutts thun" muß, von allem toten, eingebildeten und erträumten Glauben unterschieden.[106] Vollends ergibt sich aber aus der Einwohnung Christi in dem Glaubenden, daß der Glaube nicht untätig sein kann und in welcher Weise er tätig sein muß. So heißt es bei Luther: „Christus der durch den Glauben aufgenommen werden musz, lebet auch in der Liebe. So spricht Paulus zun Galatern (c. 2 V. 20): ‚Ich lebe, doch nun nicht ich' etc. Wer demnach Christum liebet, der bricht die Ehe nicht: er stihlet auch nicht, weil er den Nächsten liebet. Denn das Evangelium sagt nichts denn: Glaube; und alsdenn wird alles andere von selbst fliessen und folgen".[107]

Aus dem Glauben, durch den Christus in uns wohnt und wirksam ist, fließt also von selbst die Liebe, und aus der Liebe folgen die Werke des Gesetzes. Wenn Luther aber hier aus der im Glauben geschenkten Liebe zu Christus die Erfüllung aller anderen Gebote ableitet – denn die beiden genannten Gebote sind hier als pars pro toto zu verstehen –, dann deshalb, weil in der Liebe zu Christus das 1. Gebot erfüllt ist und mit ihm alle anderen Gebote des Dekalogs,[108] die ja nach Luthers Erklärung im Kleinen Katechismus alle unsere Liebe zu Gott fordern.[109]

Von daher ergibt sich schon – aber Luther sagt es auch ausdrücklich –, daß dem Glaubenden das Gesetz nicht mehr gilt, denn er hat ja im Glauben die Liebe, die das Gesetz ohne Anweisung erfüllt.[110] Entsprechend nennt Luther alle diejenigen, „die sich des Christlichen nahmens und glawbens rhümen, und dennoch eyn bösz leben füren", „eytel lügner"[111] und wehrt ebenso allem Neid und aller Aufgeblasenheit unter den Christen, indem er betont, daß die Werke, die wir im Glauben tun, nicht unsere, sondern Christi Werke sind.[112]

Daß es der Glaube selber ist, der in der Liebe tätig ist, hat Luther auch gegen die scholastische Lehre von der fides charitate formata aufs schärfste geltend gemacht.[113] Er sagt in diesem Zusammenhang und zieht damit zugleich die Folgerung, die sich aus der Tätigkeit oder Untätigkeit des Menschen im Dienste der Liebe nicht nur für dessen Glauben, sondern auch für dessen Zugehörigkeit zum Reiche Christi ergibt: „... fides non ficta neque Hypocritica, sed vera et vivax. Ea est, quae exercet et urget bona opera per Charitatem. Hoc est tantum dicere: qui vult esse vere Christianus seu in Christi Regno, Hunc oportet esse vere credentem. Vere autem non credit, si opera charitatis fidem non sequuntur."[114]

Also zum Reich Christi gehören wir durch den Glauben, und zwar – wie Luther in den auf das Zitat folgenden Zeilen ausführt – *allein* durch den Glauben, aber weil der wahre Glaube, nachdem er gerecht gemacht hat, nicht müßig „schnarcht", sondern in der Liebe tätig ist,[115] darum schließt die Zugehörigkeit zum Reich Christi immer auch das Wirken im Dienste der Liebe ein.

Nun finden sich aber neben diesen Aussagen, die das Wirksamwerden in der Liebe als unausbleibliche Folge unserer Zugehörigkeit zum Reiche Christi und als Werk des Glaubens bzw. des im Glauben in uns wohnenden Christus erklären, auch Äußerungen Luthers, die dazu auffordern, die Echtheit des Glaubens durch Werke der Liebe erst noch zu erweisen.[116]

Das scheint mit Luthers Verständnis vom Glauben, aus dem die Werke der Liebe doch von selbst fließen und folgen sollen, zunächst nicht vereinbar zu sein. Ebenso unvereinbar scheint es mit Luthers Glaubensverständnis, wenn Luther z. B. sagt: „Non satis est: acquisivi Christum, quod meus est, quod superavit peccatum, oportet ut eius exemplum sequar."[117] Denn danach – wenn auch dieses Wort zur Beschreibung der Aufgaben und der Kraft des Glaubens gesprochen ist[118] – sieht es so aus, als müsse nach Luthers Meinung der doch von Gott im Menschen geschaffene Glaube durch die vom Menschen zu leistende Nachfolge Christi ergänzt werden, um seine Aufgaben wirksam zu erfüllen.

Diese Aussagen Luthers haben nun aber darin ihren Grund, daß wir auch als Christen noch im Fleische leben.[119] Luther sagt: „Wyr sind alle mit dem alten faulen sack beladen, mit unserm fleysch und blut, das wil ymmerdar den holzweg, zeucht uns ymmer zu sich herunter, das die seel leychtlich entschlöfft. Darumb mus man ymmer treyben und anhalten, wie eyn hausvater das haus gesind treybt, das es nicht faul werde, ob sie gleich wol wissen, was sie thun sollen."[120] Also weil unsere Seele ständig in der Gefahr ist, sich vom Fleisch – und Luther meint damit den ganzen Menschen, weil und soweit er von der Gesinnung der Erbsünde immer noch verlockt und bewegt wird[121] – irreleiten und einschläfern zu lassen, darum brauchen wir auch ständig die Vermahnung, unseren Glauben durch Werke zu erweisen.[122] Dem entspricht nach Luther die ganze Schrift[123] und auch Christus mit seinem Evangelium,[124] wenn sie Glauben und Liebe lehren. Freilich muß im Sinne der Rechtfertigung allein durch den Glauben sogleich erklärend hinzugefügt werden: „die werck werden in dem verworffen, das wir nit vermainen sollen durch sie frumm zu werden. In dem werden sie aber gelobt und gepreyset, das sie von nöten seind dem nechsten und seind zaychen und frücht des glaubens."[125]

Weil wir noch im alten, von der Sünde vergifteten Fleisch leben, aus dem wir erst im Tode erlöst werden,[126] brauchen wir nun auch noch das Gesetz, das – wie oben erwähnt – an sich dem Glaubenden nicht mehr gilt, denn im Blick auf den Glauben, in dem uns die Vergebung der Sünden durch Christus geschenkt wird, ist der Glaubende ganz gerecht, das Gesetz erfüllt und die Sünde zerstört, im Blick auf das Fleisch, in dem nichts Gutes ist, muß auch von den durch den Glauben Gerechten bekannt werden, daß sie Sünder sind.[127] Und als Sünder gilt ihnen noch das Gesetz.[128] Die bleibende Geltung des Gesetzes ist also darin begründet, daß der Glaubende nicht nur im Glauben gerecht, sondern um seines Fleisches willen auch zugleich noch Sünder ist.[129] „Das Geheimnis des bleibenden Gesetzes ist das Geheimnis des simul iustus ac peccator."[130] Luther nennt in diesem Zusammenhang einen zwiefachen Zweck des Gesetzes: Es lehrt uns, auf welche Weise wir unser Fleisch kreuzigen sollen und wie wir in den Dingen dieses Lebens uns zu verhalten haben.[131] Dabei unterscheidet er zwischen dem inneren und dem äußeren Menschen,[132] zwischen Herz und Leib,[133] zwischen Geist und Fleisch.[134] Es ist aber zu beachten, daß Luther diese Begriffe nicht im Sinne einer psychologisch verstandenen Innerlichkeit aufgefaßt haben will. Sondern vielmehr so, daß mit den Begriffen für die Innerlichkeit der Mensch bezeichnet wird, sofern sein Sinn durch Wirkung des Heiligen Geistes auf das gerichtet ist, was Gottes ist. Mit den Begriffen für die Äußerlichkeit aber der Mensch, sofern sein Sinn gerichtet ist auf das Seine.[135] So kann z. B. das Fleisch bis in die Seele hineinreichen, denn Neid, Haß, Zorn und Feindschaft sind Fehler des Gemütes, gehören aber nach Gal. 5,19–21 zu den Werken des Fleisches.[134] Nur insofern sind die von Luther in diesem Zusammenhang verwandten Begriffe der Innerlichkeit auch im psychologischen Sinne zu verstehen, als durch den Heiligen Geist im Glauben zunächst nur die Gesinnung verändert wird und erst durch sie dann der ganze Mensch.[137] Der Glaube wird also tatsächlich von innen nach außen wirksam. Er fängt im Herzen an und macht sich dann den ganzen Menschen dienstbar. Wenn Luther darum sagt, nicht auf das Gewissen erstrecke sich das Gesetz, ihm gelte vielmehr das Evangelium, wohl aber sei das Fleisch dem Gesetz zu unterwerfen,[138] dann meint er damit, daß alles, was sich der durch den Glauben geschenkten Gesinnung noch widersetzt, dem Gesetz zu unterwerfen sei. Und Luther denkt dabei offensichtlich vor allem an den Dekalog und an die Gebote im Neuen Testament.[139] Die Zehn Gebote sind freilich nicht deshalb zu beachten, weil sie von Gott dem Mose gegeben sind – denn was Mose und dem Volk Israel galt, gilt nicht ohne weiteres auch uns –,[140] sondern sie sind zu halten, weil „die natürlichen gesetze nyrgent so feyn, und ordentlich sind verfasset als ynn Mose".[141]

In diesem Sinne ist der Dekalog als „geoffenbartes Wort" der „Erkenntnisgrund" des natürlichen Gesetzes.[142] Besonders prägnant kennzeichnet H. Bornkamm[143] die Bedeutung des Dekalogs: „... die zehn Gebote sind die unentrinnbar treffende Formulierung des uns ins Herz geschriebenen Gesetzes und darum das Gesetz schlechthin ... Weil die natürlichen Gesetze ‚nirgend so fein und ordentlich sind verfasset als im Mose', greift man mit Recht immer wieder zu dessen Gesetzestafeln. Der Grund dafür ist nicht nur die schlagende Formulierung und die umfassende Anlage, sondern vor allem – was Luther unermüdlich hervorhebt – der innere Zusammenhang, der alle Gebote aus dem ersten Gebot ableitet."

Diese Bedeutung des Dekalogs nicht voll erkannt zu haben, ist der Fehler von H. W. Krumwiedes Darstellung.[144] Seine Kritik an Schlink kann daher nicht überzeugen.

Nur um dieser Bedeutung der Zehn Gebote willen kann Luther an anderem Ort sagen, alles, was im Dekalog verboten sei, bleibe ewiglich verboten.[145] Auch die neutestamentlichen Weisungen gelten nur noch insofern, als sie heute noch vom Liebesgebot gefordert werden,[146] das von Christus ausdrücklich als Summa des natürlichen Gesetzes bestätigt worden ist[147] und das nach Luther das einzige Gesetz im Reiche Christi ist.[148] An der Hinfälligkeit einzelner Konkretionen des Liebesgebotes aber wird deutlich, daß die Liebe sich immer den konkreten Menschen und seinen Belangen zuzuwenden hat. Luther sagt: „Nu ist der liebe ampt so gethan auff erden, das dasjenige, so sie liebet und fordert, wandelbar und vergenglich ist, das sie es nicht ewiglich haben kan, sondern vergehet und kompt darnach ein anders, das sie auch lieben mus, bis an der welt ende."[149] Nicht also das Gebot der Liebe ändert sich, aber die einzelne Konkretion dieses Gebotes kann sich ändern, weil die Menschen sich wandeln und vergehen, an denen die Liebe zu üben ist. Aber die Liebe zum Nächsten ist nicht nur das Maß, an dem gemessen sich die Geltung oder Hinfälligkeit eines konkreten Gebotes entscheidet, sondern zugleich auch bedeutet die Zusammenfassung des Gesetzes im Liebesgebot eine unbegrenzte Ausweitung und Vertiefung eines jeden gültigen konkreten Gebotes und des ganzen Gesetzes. Das will freilich nicht so verstanden sein, als müsse das Gesetz entgegen seiner ursprünglichen Intention erst ausgeweitet und vertieft werden durch das Liebesgebot, sondern vielmehr so, daß durch die Zusammenfassung des Gesetzes im Liebesgebot die von Anfang an von Gott gemeinte Tiefe und Weite des Gesetzes aufgedeckt wird.[150]

Eine unbegrenzte Weite nämlich hat das Gesetz durch das Liebesgebot insofern, als das Liebesgebot einmal immer eine weiterreichende Erfüllung fordert als der Wortlaut des konkreten Gebotes[151] – so geben für Luther die Gebote des Dekalogs gewissermaßen nur die Generalrichtung an, in welcher die Liebe wirken soll[152] –, zum anderen, als das recht verstandene Liebesgebot[153] die Erfüllung des Gesetzes allen Menschen gegenüber, also auch den Feinden gegenüber, verlangt,[154] und drittens, als das Liebesgebot nicht nur in allen Geboten begegnet, sondern auch – indem es die Liebe eines jeden zu sich selbst zum Exempel seiner Liebe zum Nächsten setzt – dem Menschen so auf den Leib rückt,[155] daß lückenlos sein ganzes Leben und Werk dadurch gefordert ist.[156] Tiefe aber hat das Gesetz durch das Liebesgebot insofern, als das Liebesgebot nicht nur die äußere Erfüllung des Gesetzes fordert, sondern eine durch die Liebe motivierte Erfüllung.[157] In diesem Sinne hat Christus das Gesetz erfüllt, indem er durch sein stellvertretendes Leiden für uns Sünde, Tod und Hölle überwand und damit das tat, was er sich gerne getan haben wollte, wenn er wie wir von Tod, Sünde und Hölle umfangen gewesen wäre.[158] Sein Vorbild zeigt uns, daß wir uns ganz und gar mit allen unseren Gütern und Kräften in den Dienst des Nächsten stellen sollen.[159]

Durch die Zusammenfassung des Gesetzes im Liebesgebot verlieren aber nun die konkreten Weisungen des Dekalogs und des Neuen Testaments nicht ihren Wert, denn sie zeigen uns, in welchen Dingen wir Liebe üben müssen, und wehren damit dem hochmütigen Wahn unseres alten Adams, als hätten wir schon die Liebe, während wir sie doch nicht haben.[160]

Wenn Luther nun sagt, man solle das Fleisch mit dem Gesetze und Werken drücken und töten,[161] dann ist diese Aufforderung gleichbedeutend mit der anderen, man solle den Leib dem Gesetz der Liebe, also dem Gesetz in seiner eigentlichen Intention, aber auch in seiner ganzen Weite und Tiefe dienstbar machen,[162] denn das Fleisch wird nicht anders unterdrückt als eben dazu und dadurch, daß der Leib dem Gesetz der Liebe dienstbar wird. Dieser Sachverhalt wird deutlich daraus, daß nach Luther unser von der Sünde vergiftetes Fleisch uns gerade immer dazu treibt, zu suchen, was das unsere ist, und zu vernachlässigen, was des Nächsten ist.[163] Selbst da, wo Luther die Züchtigung des Leibes als Werke, die den Leib betreffen, von den Werken der Liebe unterscheidet, fügt er doch gleich hinzu, daß die Zähmung des Leibes dazu dienen muß, uns zum Dienst am Nächsten besser geschickt zu machen.[164]

Das Gesetz der Liebe wäre nun freilich eine ganz unerfüllbar hohe Forderung, wenn uns nicht zuvor von Christus durch den Glauben die Liebe geschenkt wäre, die uns zur äußeren Erfüllung des Gesetzes treibt. So kann nach Luther „kein mensch" es „so weit bringen . . . , das er eins von den zehen gepoten halte, wie es zuhalten ist".[165] Denn ohne diese Liebe stünde uns das Gesetz nur als Forderung gegenüber, der wir, wenn überhaupt, nur widerwillig und aus Eigennutz nachkommen würden, es aber damit gerade nicht erfüllen könnten.[166] Denn das Gesetz will ja freiwillig aus Liebe zu Gott und zum Nächsten erfüllt sein. Daß also das Gesetz erfüllt wird, ist nach Luther nicht das Werk des Gesetzes, sondern das Werk des Glaubens.[167] Nur wird gewissermaßen das Gesetz zum straffen Zügel für den Leib in der Hand des vom Glauben erfüllten Geistes. Und das geschieht auf folgende Weise: Christus „heyst predigen ynn seynem namen das Euangelium, darynnen vorkundigt wirtt gnad und ablasz von allen sunden, und wie er fur uns das gesetz erfullet habe, da wirt das hertz losz von dem band seynes gewissens, und ubirkompt gnade, die seyn hertz und den ynnerlichen menschen frey und frölich, willig und lustig macht tzu thun und tzu lassen alle ding. Vnd alszo ist der mensch losz, nit vom gesetz, das er nichts thun solle, szondern von dem unlustigen schweren gewissen, das er vom gesetz hatt, und damit er dem gesez feynd war, ... Vnd hat nu eyn gutt gewissen unter Christo, ist dem gesetz holt, ..."[168] Durch die Predigt des Evangeliums wird also der Mensch dem Gesetz „holt", d. h. es geschieht das, was Jeremia 31,31ff. verheißen ist: Gott gibt dem Menschen sein Gesetz ins Herz. Und dieses in den Sinn geschriebene Gesetz ist nach Luther das Gesetz Christi. „Lex Christi ist" also „nicht das Liebesgebot oder die Goldene Regel. Beide gehören für Luther zur Lex naturalis. Sondern: ‚Seyn gesetz ist der glawbe, das ist eyn lebendig, geistliche flam, damit die hertzen durch den heyligen geyst enttzunt, new geborn und bekert werden, des sie begern, wollen, thun unnd nicht anders sind, denn was Moses gesetz mit Wortten forddert und gebeutt'."[169] Sofern nun aber durch die Lex Christi eben die Liebe in das Herz gegeben wird, die durch die Lex naturalis gefordert wird, ist die Lex Christi mit der Lex naturalis inhaltlich identisch.[170] An anderer Stelle sagt Luther, der Mensch, dem im Glauben durch den Heiligen Geist Liebe und Erkenntnis Gottes eingegossen wird, werde dadurch mit Gott eines Sinnes und Willens.[171] Durch den Glauben wird also die durch die Erbsünde verlorengegangene Conformitas des menschlichen Willens mit dem göttlichen Willen wiederhergestellt.[172] Der Glaubende, der mit Gott im Herzen eines Willens und dem Gesetz „holt" geworden ist,[173] wird aber nun auch sich bemühen, auch im Fleische, das dem Geist und Glauben noch widersteht, das Gesetz zu erfüllen.[174] Luther hat das in seiner Kirchenpostille veranschaulicht an dem Einzug Jesu in Jerusalem nach dem Bericht des Matthäus (21,1–9). Er schreibt: „Christus reytt auff dem fullen, die esellynn folget hernach, das ist wenn Christus durch den glawben wonet yn unszerm ynnerlichen menschen, szo gehen wyr unter yhm ynn seynem regiment. Aber der eusserlich mensch, die esellynne gehet ledig, da reyt Christus nit auff, folget aber dennoch hynden nach ... Doch weyl das fullen Christum tregt, und der geyst willig ist, ynn gnaden, musz die esellynn, das fleysch, hernach bey dem tzugel gefurt werden; denn der geyst creutziget und casteyet das fleysch, das es musz unterthan seyn."[175] Daß dabei die Unterwerfung des Fleisches unter den Geist nicht nur die geforderte Folge, sondern auch das *Werk* des rechtschaffenen Glaubens ist, hat Luther an anderem Ort ausdrücklich betont.[176]

So kommt es also durch das geistliche Regiment Christi über den innerlichen Menschen und die dadurch gewirkte straffe Zügelung des Fleisches durch den Geist auch zur Nachfolge des äußeren Menschen, die nach Luther immer eine Nachfolge im Dienste der Liebe ist.[177] Und auf diese Weise fließen aus dem Glauben Werke der Liebe und ist im Glauben die Erfüllung aller anderen Gebote mit beschlossen.

Indem aber der Glaubende auch leiblich dem Gesetz der Liebe gehorsam wird, gibt er die Liebe, die er durch den Glauben von Gott empfangen hat, weiter an seinen Nächsten.[178] Er wird dadurch zu einem „gefesz oder rhor", durch welches der „brun gotlicher gutter on unterlasz flieszen soll ynn andere leutt".[179]

In Zusammenfassung und Ergänzung des bisher in diesem Abschnitt Gesagten können wir deshalb sagen: Die geistliche Herrschaft Christi über den inneren Menschen und die Nachfolge des äußeren Menschen, d. h. sein Wirken im Dienste der Liebe, sind für Luther untrennbar miteinander verbunden. Das eine ist nicht ohne das andere: Es kommt zur Nachfolge des äußeren Menschen nur, dann aber auch bestimmt, wenn zuvor Christus durch den Glauben sein Regiment über den inneren Menschen ergriffen hat, denn ein Wirken im Dienste der Liebe gibt es nach Luther nur im Glauben.[180] Und ein Abweichen von der Nachfolge Christi ist nur möglich, wenn auch der Geist sich durch das Fleisch von der Herrschaft Christi abziehen läßt – so ist für Luther die Sünde immer ein Zeichen des Unglaubens.[181] Und schließlich – das ergibt sich aus dem Gesagten – erneute Nachfolge und Gesetzeserfüllung nach einem Fall gibt es nur, wenn zuvor Christus wieder durch den Glauben sein Regiment über den inwendigen Menschen übernommen hat.[182]

Sosehr nun aber der äußere Gehorsam des Christen im Dienste der Liebe allein die Wirkung der Herrschaft Christi im Glauben ist, so ist doch der Mensch – darauf hat Joest mit Recht hingewiesen[183] – dabei nicht zur völligen Passivität verurteilt, sondern wird gerade durch die Kraft des Glaubens zur Aktivität erweckt und befähigt. Wäre es anders, dann wären die Aussagen sinnlos, in denen Luther von dem Kampf des Christen gegen die Fleischeslust redet,[184] denn es ist ein Kampf, der dem Christen keine Ruhe läßt, sondern ihn hineinstellt in die Heerschar Christi[185] und in einen immerwährenden Krieg,[186] in dem jeder sich voll einzusetzen hat, nun freilich nicht – und damit ist das Wirken des Menschen wieder von dem Wirken Gottes umgriffen –, um in diesem Streit aus eigener Kraft zu kämpfen, sondern aus der Kraft und mit der Waffe, die Gott gibt.[187]

Daß der Mensch nach Luther durch den Glauben zur Aktivität erweckt und befähigt wird, ist ferner auch daraus deutlich, daß Luther gelegentlich das durch den Glauben wirksame Wort Gottes mit einem Sauerteig vergleicht, der allmählich den ganzen Menschen durchsäuert und erneuert[188], oder von der Wirkung des Glaubens als von einer fortschreitenden Gesundung des Glaubenden spricht.[189] Denn wenn auch die Erneuerung und Gesundung des Menschen, die das Leben in der Liebe bewirken, allein das Werk Christi durch den Glauben sind, so ist es doch der Glaubende selbst, der gesundet und durch sein Leben seine zunehmende Gesundung erweist; freilich eine Gesundung, die gerade darin besteht, daß der Gläubige mehr und mehr von seinem Willen frei wird und sich von dem Willen Christi leiten läßt, mit dem er durch den Glauben eines Sinnes geworden ist.[190] So sind für Luther die Werke, die wir im Glauben tun, einmal – wie oben erwähnt – Werke Christi, auf die wir uns nichts einbilden können,[191] zum anderen aber auch – und zwar nur dann – unsere eigenen guten Werke.[192] Es ist schließlich in diesem Zusammenhang noch darauf hinzuweisen, daß nach Luther zwischen dem Glauben und den Werken der Liebe eine Wechselwirkung besteht. Der Glaube bewirkt nämlich nicht nur gute Werke, sondern wird auch durch gute Werke stärker,[193] um dann wiederum als gestärkter Glaube den Glaubenden noch fleißiger und williger im Dienste der Liebe zu machen.[194] Es ist das freilich, weil der Glaube ja immer das unverfügbare Werk Gottes bleibt, ein „circulus gratiae".[195]

Die Aussage Luthers von der allmählichen Erneuerung und Gesundung des Menschen durch den Glauben hat nun aber noch eine andere Seite. Sie kennzeichnet nämlich Christi Reich in hac vita als ein Spital von noch an ihrer Sünde kranken, aber durch den Glauben genesenden Menschen.[196] Und in diesem Sinne sind alle in diesem Abschnitt gemachten Aussagen zu ergänzen. War bisher nur davon die Rede, daß aus der Zugehörigkeit zum Reich Christi Taten der Liebe sicher folgen, weil der rechtschaffene Glaube den Leib dem Gesetz der Liebe dienstbar mache, und konnte es danach so scheinen, als bewirke der Glaube immer sofort und in der gleichen Stärke auch den äußeren Gehorsam des Christen, so muß nun hinzugefügt werden, daß nach Luther der Glaubende erst allmählich gesundet und entsprechend auch erst allmählich der äußere Gehorsam des Christen sich bessert[197] und daß die vollkommene Gesundheit in diesem Leben nicht erlangt werden kann, sondern dem ewigen Leben vorbehalten ist.[198] Weil nun die Gesundung des Christen erst voranschreitet, die Gesundheit aber in diesem Leben nicht erreicht wird, hat der Dekalog über seine Bedeutung als Weisung für den äußeren Gehorsam hinaus auch noch die Aufgabe, uns anzuzeigen, wieviel noch fehlt an unserer Gesundheit, damit wir nicht sicher werden, sondern weiter wachsen und zunehmen in der Heiligung.[199]

Im Sinne des allmählichen Genesungsprozesses muß auch die Aussage ergänzt werden, daß jeder, der eine Sünde tut, sich damit vom Glauben und von der Herrschaft Christi gelöst habe, denn es entspricht dem „Spitalcharakter" des Reiches Christi in hac vita, daß Christus „die ienigen, so aus schwacheyt sundigen und sich erkennen und yhn sagen lassen, bald berewen, tregt und leydet" in seinem Reich.[200] Luther hat allerdings sogleich hinzugefügt, daß Christus die nicht dulden werde, die aus ihrem Sündigen ein „recht und gewonheyt" machen,[201] und damit einem libertinistischen Verständnis dieser Aussage gewehrt. Aber für die ernstlich über ihre Sünde Bekümmerten darf es ein Trost sein, daß Christus sie in seinem Reiche von ihrer Schwachheit heilen will. So kann Luther sagen: „Darumb wenn wyr gleich also schwach und kranck sind, sollen wyr dennoch nit vertzagen noch sagen ‚wyr sind nicht ynn Christus reych', sondern yhe mer wyr unser gebrechen fulen, yhe mehr und mehr sollen wyr hintzu tretten, denn er ist eben darumb da, das er uns heyle und gesund mache."[202]

Überhaupt hat das Fühlen unserer Gebrechen und auch die Verlockung des Fleisches zur Sünde den Sinn, uns dazu zu drängen, die Vergebung der Sünden durch Christus zu suchen und die Gerechtigkeit allein durch den Glauben zu ergreifen, welche wir sonst nicht so hoch achten und heftig begehren würden.[203] Endlich muß das Fühlen unserer Sünde dazu dienen, unser Verlangen nach dem sichtbaren Kommen des Reiches Gottes und der damit verbundenen Erlösung von Sünden und allem Übel zu stärken.[204]

Zum Schluß muß noch ein Wort dazu gesagt werden, daß wir in diesem Abschnitt die Heiligung – denn darum geht es ja in der zunehmenden Gesundung des Christen durch den Glauben – als eine Auswirkung der Königsherrschaft Christi über den inneren Menschen bezeichnet haben. Luther schreibt nämlich in seiner Schrift „Von den Konziliis und Kirchen" (1539) ebendieses Werk dem Heiligen Geist als dem Sanctificator oder Vivificator[205] zu und unterscheidet in diesem Zusammenhang das geistliche Regiment Christi von dem des Heiligen Geistes: Christus regiere in seinem Volk „per redemptionem, durch gnade und vergebung der sunden, Und der Heilige geist per vivificationem & sanctificationem, durch teglich ausfegen der sunden und erneuerung des lebens".[206] Diese Unterscheidung will aber nicht im Gegensatz zu der Lehre von der Heiligung als einer Folge der Königsherrschaft Christi verstanden sein. Darauf weisen schon die in dieser Schrift gemachten Aussagen, daß die von Christus vollbrachte Erlösung auf die Heiligung durch den Heiligen Geist abziele.[207] Und daß uns Christus „nicht allein gratiam, die gnade, sondern auch donum, die gabe des Heiligen geists, verdienet, das wir nicht allein vergebung der sunden, sondern auch auffhören von den sunden hetten".[208] Die Unterscheidung von gratia und donum findet sich auch schon in Luthers Schrift gegen den Löwener Theologen Latomus von 1521.[209] Daneben weist uns die schon erwähnte Lehre: opera trinitatis ad extra sunt indivisa, die Luther ausdrücklich auch auf die Heiligung angewandt wissen will,[210] darauf hin, daß die von Luther vorgenommene Unterscheidung zwischen der Herrschaft Christi und der des Heiligen Geistes Christus nicht von dem Werk der Heiligung ausschließen soll. Auch die Erklärung zum 3. Artikel des 2. Hauptstückes im Kleinen Katechismus ist hier zu vergleichen: durch den Heiligen Geist allein kommen wir zu Christus und werden bei Christus erhalten im rechten einigen Glauben. Es ist also das Werk des Heiligen Geistes, daß er uns unter die Herrschaft Christi bringt und unter der Herrschaft Christi hält.

Aus den angeführten Gründen und weil Luther andernorts selbst ausdrücklich sagt, daß Christus seine Christen durch den Heiligen Geist regiere,[211] muß die Heiligung nach Luther auch mit zu den Wirkungen der Königsherrschaft Christi gerechnet werden und ist deshalb in dieser Beziehung hier dargestellt worden.

c) Das „Kreuz" als unausbleibliche Folge des in der Liebe tätigen Glaubens und die lebendige Hoffnung auf die Wiederkehr Christi als Wirkung des „Kreuzes"

Die durch den Glauben gewirkte Liebe ist, wie wir sahen, die Liebe zu Gott und zum Nächsten. Gott will aber nicht in seiner Majestät, sondern in seinen Kreaturen geliebt sein.[212] Das Gebot der Liebe zu Gott ist also, „gantz und gar herunder ynn die liebe des nehisten gezogen".[213] Und an seinem Nächsten soll der Christ so handeln, wie Gott durch Christus an ihm gehandelt hat.[214] Dieser Nächste begegnet ihm aber in der oben gekennzeichneten Welt, die zwar von Gott um des Evangeliums willen in bestimmten Ordnungen erhalten wird, in der aber die meisten Menschen Christus nicht als ihren Herrn anerkennen. Durch die Ordnungen ist der Ort bezeichnet, an dem vor allem der Glaube in der Liebe wirksam werden soll. Dadurch aber, daß viele Christus nicht als ihren Herrn anerkennen, ist die wichtigste Aufgabe der Liebe bestimmt: die Verkündigung des Evangeliums. Denn die Liebe kann einfach nicht den Nächsten in seiner ewigen Verlorenheit lassen.[215]

Die Ordnungen, die der dreieinige Gott zur Erhaltung der Welt eingesetzt hat, sind, wie erwähnt, nach Luther folgende: „Das priester ampt / Der Ehestand / Die weltliche öberkeit /."[216] Und zu diesen „orden" rechnen alle, die in übergeordneter oder untergeordneter Stellung in den drei Ständen leben.[217] An dem ihm von Gott innerhalb dieser Ordnungen angewiesenen Platz – und nicht „mit eygener erweleter demut und unterthenickeyt"[218] – hat der Christ zuerst und vor allem die durch den Glauben gewirkte Liebe zu üben.

Mit Recht bemerkt dazu Harald Diem „ . . . Luthers Lehre von den 3 Ständen" will „zum Ausdruck bringen: in diesen drei Erhaltungsordnungen soll der getaufte Christ täglich seine Taufe einüben, und zwar in der Weise, daß er an dem ihm innerhalb der Ordnungen gewiesenen Ort aus seinem von Predigt und Sakrament lebenden Glauben die Werke der Liebe treibt als einer, der unter dem Fluch (Gen. 3,19) verwahrt ist durchs Wort auf die Auferstehung von den Toten."[219] Dabei ist ein Ortswechsel innerhalb des Standes insofern freigestellt, als man z. B. ehelich werden, ein bestimmtes Handwerk ergreifen oder ein obrigkeitliches Amt übernehmen kann, um darin Gott zu dienen. Dieser Wechsel ist sogar geboten, „wo es des nehisten notturfft foddert".[220]

Die Liebe aber übt der Christ freiwillig an dem ihm von Gott und der Not des Nächsten zugewiesenen Platz „Gotte zu gefallen und dem nehisten zu dienst";[221] denn Gott hat die Unterschiede zwischen Herrn und Knecht und Frau und Magd usw. nicht aufgehoben, will aber, daß jeder sein Amt gebrauche zum Dienst des Nächsten.[222] Damit ist freilich der Liebesdienst nicht nur auf die nur innerhalb der Ordnungen nächsten Menschen beschränkt, sondern ist an allen Menschen auszurichten,[223] jedoch so, daß darüber die mir in meinem Stande aufgetragene Liebe nicht vernachlässigt wird.[224]

Die rechte Ausrichtung des Liebesdienstes in der Welt bringt nun von selbst das Kreuz mit sich.[225] Deshalb kann Luther sagen: „Sub nomine Amoris Vel charitatis semper Crux et passiones intelligende sunt."[226] Das ist nach dem bisher Dargestellten ganz deutlich bei dem wichtigsten Liebesdienst, der Predigt des Evangeliums, denn die Welt „wills nit horen noch leyden".[227] Aber es gilt bei Luther auch von jeglichem Liebesdienst der Christen im Beruf, wie Gustav Wingren das überzeugend nachgewiesen hat.[228] Freilich kann nicht jedes Leiden, sondern nur das um des Glaubens willen auszuhaltende Leiden als Kreuz bezeichnet werden.[229] Aber dazu rechnet nach Luther auch die Mühsal und das Übel, die der Christ um der vom Glauben gewirkten Liebe zum Nächsten willen auf sich nimmt, auch wenn sich die Liebe ganz einfach in der treuen Erfüllung des Berufes äußert. So sagt Luther etwa nach einer Ausführung darüber, wie ein Fürst sein Amt christlich[230] führen solle: „Aber er musz sich viel neyds vnnd leyds drüber erwegen / Das Creutz wirtt solchem furnehmen gar bald auff dem hals liegen."[231]

Sosehr nun dieses Kreuz für den Christen als alten Adam eine schwere Last ist, so trägt er es doch mit geistlicher innerlicher Lust. Und als Begründung für die freudige Übernahme der Mühe und Arbeit wird der Dienst an Gottes Kreatur und das göttliche Wohlgefallen an diesem Tun genannt.[232] So heißt es bei Luther von den Christen im Ehestand: „Vn weyl sie sehen / das yhrs lieben gottis wolgefallen ist / kunden sie fride ynn leydt / vnnd lust mitten ynn der vnlust / freud mitten ynn dem trubsall / wie die Merterer ym leyden / haben."[233]

Außerdem hat das von Gott auferlegte Kreuz den Sinn, den Menschen rein zu fegen,[234] und ist, wenn es im Glaubensgehorsam getragen wird, „eyn richtiger weg tzu himell".[235]

Darüber hinaus hat das Kreuz noch eine sehr segensreiche Wirkung für den Glaubenden. Es „macht ... disz leben vordrieszlich und den iungisten tag begirlich".[236] So folgt denn wirklich eines aus dem anderen[237]: Aus dem rechten Glauben die Liebe, aus der tätigen Liebe das Kreuz und aus dem Kreuz die lebendige Hoffnung auf die Wiederkehr Christi. Glaube, Liebe, Kreuz und Hoffnung gehören also untrennbar zusammen. Und weil das so ist, stellt schon das Fehlen nur eines dieser vier Glieder die Echtheit des Christenstandes in Frage. Entsprechend sagt Luther von der Erwartung des Jüngsten Tages: „Wer diszes tags nit begerd, mitt lieb und lust nitt wartet, der ist nit ynn eynem gottlichen leben, wenn er gleych todten aufweckt."[238]

5. *Das Reich Christi oder die Kirche als die von der Herrschaft des Teufels befreite und in den geistlichen Leib Christi eingefügte Schar der gerechtfertigten Sünder*

a) Die viva vox evangelii und die Sakramente als die in actu wirksamen Mittel der Herrschaft Christi über seine Kirche[239]

Das Evangelium, durch das Christus den einzelnen unter seine Gnadenherrschaft ruft, bringt den Glaubenden in das Reich Christi und damit in die Versammlung aller Christen[240]: die Kirche, die zusammengefügt ist zum geistlichen Leib Christi.[241] Weil nun aber Christus der Kirche das ministerium verbi befohlen hat,[242] und der Heilige Geist die „heilige gemeine odder Christenheit" dazu braucht, „das Wort zufüren vnd zu treiben",[243] durch das der einzelne unter die Gnadenherrschaft Christi berufen und dem geistlichen Leibe Christi eingeleibt wird,[244] ist die Kirche nicht nur das Sekundäre: die Versammlung aller Christen, sondern auch das Primäre: „die mutter, so ein yglichen Christen zeugt vnd tregt durch das wort Gottes".[245] Das sagt Luther aber nicht von der Kirche als einer menschlichen Organisation – so weist er z. B. darauf hin, daß in Samarien „solo verbi ministerio" der Kirche Kinder geboren wurden, bevor sich die Apostel überhaupt dazu entschlossen hatten, jenen das Evangelium zu predigen[246] –, sondern er sagt es von der Kirche, die überall da ist, wo das Wort Gottes verkündigt und geglaubt wird.[247] Weil aber das Wort Gottes in jedem Falle ausrichtet, wozu es Gott sendet, ist Luther schon die Predigt des lauteren Evangeliums ein gewisses Erkenntniszeichen der christlichen Gemeinde: „Denn gleych wie man an dem heerpanier erkennet / als bey eym gewisszen tzeychen / was fur eyn herr / vnd heer tzu felde ligt / alszo erkenet man auch gewisz / an dem Euangelio / wo Christus und seyn heere ligt / des habe wyr gewisse verheysszung gottis Isaia 55 ... Da her sind wyr sicher / das vnmuglich ist / das nicht Christen seyn sollten / da das Euangelion geht / wie wenig yhr ymer sey / und wie sundlich vñ geprechlich si auch seyn /."[248] Und an anderer Stelle sagt Luther ausdrücklich, allein durch das Wort werde das Volk Gottes geboren,[249] und nicht nur geboren, sondern auch geweidet und erhalten.[250] Darum gilt: „Florente enim verbo dei omnia florent in Ecclesia"[251] und: „sine verbo nihil constat in Ecclesia et per solum verbum omnia constant".[252]

Dabei versteht Luther unter Wort Gottes keineswegs nur das gepredigte Wort, wenngleich er der Predigt zeitlebens eine größere Bedeutung beigemessen hat als allen anderen Erscheinungsformen des Wortes,[253] sondern auch das Wort, wie es uns Christus in seinen Sakramenten gegeben hat.[254] Darum kann er völlig im Einklang mit der eben gegebenen Definition auch „die tauff, sacramēt vnd das Euangelium" als die Zeichen nennen, an denen die Kirche äußerlich zu erkennen ist,[255] und meint damit die nach der Ordnung Christi verwalteten Sakramente[256] und das von aller Menschenlehre rein gepredigte Evangelium[257]. Allein an diesen Zeichen ist die Kirche dem Glauben erkennbar,[258] denn weder aus dem äußeren Wesen der Kirche[259] noch aus dem Wandel ihrer Glieder[260] ist der Glaube, durch den der einzelne zur Kirche gehört, eindeutig zu erkennen.[261] Es kann also hier auf Erden nicht einwandfrei festgestellt werden, wer zur Kirche gehört. Nur das kann gesagt werden von Gottes Verheißung her, daß Wort und Sakrament immer bei einigen Glauben wirken und damit Kirche schaffen.[262] Darum gilt: Überall, wo Wort und Sakrament sind, da ist die Kirche. Und weil Gott mit uns Menschen nicht anders handeln will, „den durch sein eusserlich wort und Sacrament",[263] gibt es außerhalb der Kirche kein Heil.[264]

Nun ist aber Christus überall dort, wo gemäß seiner Einsetzung getauft wird, „allein / der einige / rechte / ewiger Teuffer".[265] Und ebenso ist er es, der in dem nach seiner Ordnung gehaltenen Abendmahl durch den Mund des Pfarrers mit uns redet und uns seinen Leib und sein Blut unter Brot und Wein gibt.[266] Und auch das rein gepredigte Evangelium und die ordnungsmäßige Absolution ist nicht unser, sondern Christi.[267] Ja, das Evangelium und die Sakramente sind so sehr Christi, daß selbst dort, wo der Teufel predigte, die Absolution übte und die Sakramente reichte, „nach dem befelh vnd ordnung Christi" wir bekennen müßten, „das ... wir rechte tauffe empfangen / recht Euangelion gehört / recht absolutio kriegt / recht sacrament des leibs vnd bluts Christi genomen hetten".[268]

Daß Kirche ist, hängt also gar nicht von den Personen ab, die das Wort verkündigen oder die Sakramente verwalten, sondern einzig und allein davon, daß das Evangelium rein verkündigt wird und die Sakramente nach der Ordnung Christi dargereicht werden. Wo das aber geschieht, da handelt Christus selbst durch Wort und Sakrament in und an seiner Gemeinde. Deshalb ist alles, was Luther von der Wirkung des Evangeliums und der Sakramente sagt, Christi Werk. Er bringt durch die Taufe den Täufling aus dem Reich des Teufels in das Reich Gottes.[269] Er gibt der von Teufel und Welt immer wieder noch angefochtenen Gemeinde seinen Leib und sein Blut im Abendmahl „zur teglichen weide vnd futterung / das sich der glaube erhole vnd stercke: das er ynn solchem kampff nicht zurück falle / sondern ymmer yhe stercker vnd stercker werde".[270] Und er ist es auch, der durch das Evangelium sein Volk gebiert, weidet und erhält und auch wäscht und reinigt.[271] Es gehört das alles zu seinem geistlichen Regiment, denn überall, wo er regiert, läßt er taufen, predigen und das heilige Mahl essen.[272]

Erst wenn die Kirche so bestimmt ist als eine allein durch Wort und Sakrament von Christus geführte und allein an Wort und Sakrament erkennbare Gemeinschaft der Gläubigen, können auch die anderen Äußerungen Luthers über die Kirche recht verstanden werden. So nennt Luther z. B. in seinen Schriften „Von ... Konziliis und Kirchen" (1539)[273] und „Wider Hans Worst" (1541)[274] neben Wort und Sakrament noch andere Kennzeichen der wahren Kirche. Aber diese Kennzeichen sind entweder im Worte Gottes enthalten oder eine Wirkung des Wortes, sie sind also selbst nicht Kennzeichen im Vollsinn, sondern nur Stück und Wirkung des einen Kennzeichens der Kirche: des Wortes Gottes. Wäre es anders, dann wäre es unverständlich, daß Luther in „Wider Hans Worst" kurz nach der Aufzählung der 10 Kennzeichen der Kirche noch einmal ausdrücklich sagt: „Es ist ein hoch / tieff / verborgen ding die Kirche / das sie niemand kennen noch sehen mag / Sondern allein an der Tauffe / Sacrament und Wort fassen vnd gleuben mus /."[275]

Ebenso will die Feststellung Luthers, daß die Kirche nicht irren könne, von der eben gegebenen Bestimmung der Kirche her verstanden sein, denn Luther sagt das ausdrücklich eben von der Kirche, die nur dadurch Kirche ist, daß in ihr „nichts / denn allein / das gewisse / rein vnd einig Gotteswort gepredigt" wird,[276] und die andernfalls nicht mehr Kirche, sondern „des Teufels Schule" wäre.[277] Der Satz: Ecclesia non potest errare, hat also nach Luther nur darin seinen Grund und seine Berechtigung, daß die wahre Kirche Gottes Wort lehrt, Gottes Wort aber nicht irren kann.[278] Ein etwas anderer Kirchenbegriff liegt vor, wenn Luther die Kirche nach ihrer menschlichen Seite ins Auge faßt, nämlich als Schar derer, die zwar durch Gottes Wort heilig sind und doch noch durch das Fleisch in Sünden und Irrtum leben.[279] In diesem Zusammenhang betont er, „das man aus der that der kirchen keinen artickel des glauben machen kan, Denn sie ist eine sunderin vnd sundigt teglich"[280] und bedarf der Vergebung der Sünden.[281] Und entsprechend sagt er von der Heiligkeit der Kirche: „. . . so fern die kirche jm wort und glauben Christi lebt und redet, ist sie heilig und (wie S. Paulus sagt) jm geist gerecht, aber sofern sie on Christus wort und glauben thut und redet, jrret sie und sundigt."[282]

Dieser Kirchenbegriff steht aber nicht beziehungslos neben dem obengenannten, sondern ist vielmehr von ihm abhängig. So sagt Luther in Auslegung von Gal. 1,2, die von der evangelischen Lehre weitgehend abgefallenen Gemeinden Galatiens seien deshalb noch Kirche, weil in ihnen Wort und Sakrament noch gepredigt und dargereicht würden.[283] Er kommt dann zu folgender grundsätzlichen Feststellung: „Quare Ecclesia sancta est, etiam ubi phanatici spiritus regnant, modo ipsi non negent Verbum et Sacramenta. Negantes enim ea non sunt Ecclesia."[284] Das heißt für unseren Zusammenhang: Luther bezeichnet nur dann eine irrende Gemeinde als Kirche, wenn in ihr die Mittel der Herrschaft Christi: Wort und Sakrament, noch wirksam sind, die immer kirchenbildende Wirkung haben, mag die Schar der wahren Christen auch noch so klein sein, und die jeweils aus der irrenden Gemeinde wieder rechte, wahre Kirche machen können.

b) Christus der alleinige Herr der Kirche und die Ordnung der Kirche

Daß nach Luthers Verständnis Christus der alleinige Herr der Kirche ist, läßt sich aus den vorhergehenden Ausführungen über die Kirche erschließen.[285] Wenn Luther nämlich die Kirche bestimmt als eine allein an Wort und Sakrament erkennbare Gemeinschaft der Gläubigen, dann liegt in dieser Bestimmung bereits eine Aussage über die Herrschaft Christi mit darin. Luther folgert nämlich aus ihr, daß nur Christus und kein Mensch sonst neben ihm oder unter ihm der Herr der Kirche sein kann, weil kein Mensch weiß, wer „warhafftig gleubt odder nit", aber keiner etwas regieren kann, „das er nit weysz noch erkennet".[286] Noch klarer ergibt sich die Alleinherrschaft Christi über seine Kirche aus der Bestimmung der Kirche als einer allein durch Wort und Sakrament von Christus geführten Gemeinschaft der Gläubigen, nicht nur weil Christus überall, wo wirklich sein Wort in Predigt und Sakrament ausgerichtet wird, selbst am Werke ist, sondern auch – und hier braucht nur an das im 3. Kapitel bereits Gesagte erinnert zu werden – weil er sich durch seine Bindung an Wort und Sakrament nicht in die Verfügungsgewalt des jeweiligen Predigers begeben hat; denn Wort und Sakrament sind zwar nach der Verheißung immer wirksam, aber wie und an wem sie wirken, darüber hat der Prediger keine Macht und Kontrolle, sondern allein Christus, der durch Wort und Sakrament den Glauben schenkt, wem er will.[287]

Gerade das letztere, daß kein Mensch sich selbst oder einem anderen den Glauben „vnd was ein christlich glidmasz haben sol" einflößen kann, führt Luther als zweiten Beweis für die Alleinherrschaft Christi über seine Kirche an.[288]

Das wichtigste Argument dafür, daß die Kirche allein von Christus regiert wird, ist ihm aber das klare Zeugnis der Schrift. So sagt er: „Vnd ob solch gleichnisz vnd bewerung dem stich nit hiltenn / die doch gegrundt seinn in der schrifft / szo stet doch starck vnd vnbeweglich sanct Paulus Eph. IIII do er der Christenheit nur ein heubt gibt / . . . Hie spricht der Apostel klar / das die besserung vnd vormerunge der Christenheit / wilch ein corper ist Christi / kumme allein ausz Christo / der yhr heupt ist."[289]

Aus dieser Begründung wird klar, daß sich Luthers Verständnis von der Alleinherrschaft Christi über seine Kirche nicht nur aus seinem Kirchenbegriff ergibt, sondern daß umgekehrt vielmehr die in der Schrift bezeugte Alleinherrschaft Christi über seine Kirche Grundlage seines Kirchenbegriffs ist.

Was besagt nun die Alleinherrschaft Christi für die Ordnung der Kirche?

Wie schon erwähnt, hat Christus seiner Kirche das ministerium verbi aufgetragen und ihr damit die Predigt seines Wortes und die Austeilung der Sakramente befohlen. Dieses Amt aber ist der ganzen Gemeinde geboten, denn es sind durch die Taufe alle Christen zu Priestern geweiht,[290] und es ist iure divino das einzige Amt in der Kirche.[291] Es ist auszuüben von jedem Christen, wenn an dem Ort keine anderen Christen sind, und zwar „aus pflicht bruderlicher liebe / ob yhn schon keyn mensch datzu berufft".[292] Sind aber Christen am Ort, „die mit yhm gleyche macht vñ recht haben / da soll er sich selb nicht erfur thun / sondern sich beruffen vnd erfurtzihen lassen / das er an stad vnd befelh der andern predige vnd lere".[293] Diese Regelung empfiehlt Luther, damit es in den Gemeinden ordentlich zugehe. Von ihr darf der Christ zwar in Notfällen abweichen, wie Luther mit dem Hinweis auf 1. Kor. 14 hervorhebt, und auch unberufen predigen unter Christen, aber nur so, „das es sittig und tzuchtig tzu gehe".[294]

In Ausübung dieses Amtes sind nun die Prediger lediglich Knechte,[295] Diener und Boten des einen Herrn und Hauptes der Kirche; sie predigen allein *sein* Wort, verkünden *seine* Befehle und führen „alleyn unter seynen gehorsam".[296] Nur sofern sie das tun, haben sie Gewalt gegenüber der Gemeinde, und muß man sie hören.[297] Tun sie das aber nicht, verlieren sie ihre Gewalt und sind des Teufels Boten.[298]

Das zu überprüfen, ist die Aufgabe der ganzen Gemeinde, die ihr mit dem ministerium verbi aufgetragen ist. Alle Christen haben nämlich nicht nur „macht vnd recht . . . alles was gepredigt wirt tzu vrteylen / sondern sinds schuldig tzu vrteylen / bey gottlicher maiestet vngnaden /".[299] Und ebenso hat die ganze Gemeinde die Pflicht, „bey der seelen selickeit" alle Irrlehrer zu meiden und, sofern sie ein geistliches Amt bekleiden, ihnen den Gehorsam zu verweigern und sie abzusetzen.[300] *Jeder* Christ ist also als Prediger oder als Überprüfer der Predigt für die rechte Ausrichtung des ministerium verbi verantwortlich. Von dieser 1523 vertetenen Linie[301] ist Luther nie abgewichen. Wenn er später für den Dienst der Aufsicht über die rechte Verkündigung der Pfarrer besonders geschickte und verständige Leute als Visitatoren und Superintendenten vorgeschlagen hat,[302] so hat er damit der Gemeinde die Verantwortung für die Ausrichtung der reinen Lehre nicht genommen, sondern hat nach dem Vorbild der Heiligen Schrift Alten und Neuen Testamentes nur dafür Sorge getragen, daß alles getan werde, was zur richtigen Ausführung des ministerium verbi getan werden konnte.

In diesem Dienst sah er den eigentlichen Auftrag der Bischöfe und Erzbischöfe,[303] und der Erfüllung dieses Auftrages sollte die Einsetzung der Superintendenten ebenso dienen[304] wie die Beschränkung der Aufsichtsbereiche. So hielt es Luther für möglich, daß etwa bei der Neuordnung der Kirche in Böhmen die neu zu wählenden evangelischen Bischöfe unter sich wieder einen oder mehrere wählten, die sie besuchen und beaufsichtigen sollten,[305] lehnte aber zugleich einen Oberaufseher über die ganze Christenheit ab, weil es ihm unmöglich erschien, die Aufsicht über die reine Lehre in der ganzen Welt durchzuführen.[306]

Daraus wird deutlich, daß nach Luther alle Ämter in der Kirche im Dienste des der ganzen Gemeinde befohlenen ministerium verbi stehen müssen. Im strengen Sinne gibt es also kein leitendes Amt in der Kirche, sondern Herr der Kirche ist allein Jesus Christus, und alle Ämter in der Kirche haben allein der rechten Verkündigung seines Wortes zu *dienen.*[307]

Dagegen stand nun die Behauptung der Papisten, innerhalb der Kirche komme dem Papst auf Grund göttlicher Einsetzung ein besonderes Amt zu, nämlich das des Statthalters Christi. Luther hat diese Behauptung aufgenommen und widerlegt.

Die erste Behauptung, im Alten Testament sei in der Gestalt des Hohenpriesters Aaron das Papsttum vorgebildet, hat Luther vor allem durch den Hinweis entkräftet, daß sich in der Schrift keine entsprechende Aussage finden lasse[308] und daß nach Hebr. 9,6ff. vielmehr Christus durch Aaron „figuriert" sei.[309]

Gegen die Behauptung der Papisten, Christus habe nach Matth. 16 allein Petrus das Amt der Schlüssel zugeeignet, das ja nach Luther ein Teil des ministerium verbi ist,[310] bzw. als remissio peccatorum der Inhalt des Evangeliums,[311] macht Luther geltend, daß Christus ebendieses Amt nach Matth. 18 und Joh. 20 der ganzen Gemeinde gegeben hat und daß deshalb Matth. 16 von Matth. 18 und Joh. 20 her verstanden werden müsse,[312] nämlich so, „das sanct Petro an stadt der gantzenn gemein vnnd nit fur sein person / die schlüssel geben seinn".[313]

Den zweiten, ebenfalls mit Berufung auf Matth. 16 vorgebrachten Einwand, Christus habe doch mit klaren Worten die Obrigkeit des Papstes eingesetzt, als er Petrus einen Felsen nannte, auf den er seine Kirche bauen wolle, hat Luther zurückgewiesen mit dem Bemerken, daß aus Jesaja und Paulus (Jes. 28,16 und 1. Kor. 3,11), aber auch aus dem 1. Petrusbrief selbst[314] deutlich hervorgehe, daß Christus allein dieser Fels sei, auf dem sich die Kirche im Glauben erbaue. Wenn der Papst sich also in der Kirche eine besondere Macht anmaße, dann greife er damit in Christi Herrschaft ein. Er setze neben den einen Felsen Christus, auf den sich die Kirche bauen soll, sich selbst als den zweiten Stein und reiße damit „das wesen und das Ampt" an sich, „das allain Christo zustendig" sei.[315] Christus aber dulde keinen neben sich in der Regierung seines Reiches.[316]

Schließlich gegenüber der Lehre der Papisten, Christus habe durch seinen Befehl an Petrus: „Weide meine Schafe" (Joh. 21), diesem und nach ihm den Päpsten die äußerliche Gewalt über die ganze Christenheit gegeben, stellt Luther fest, daß „weiden" nichts anderes sei, „denn das Evangelion predigen, davon die seelen gespeyset, fett und fruchtbar werden, das sich die schaff neren ym Evangelio und Gottis wort",[317] und daß Christus seine Schafe nicht nur „St. Peter", sondern auch den andern Aposteln befohlen habe.[318] Ferner weist er darauf hin, daß Christus ausdrücklich sagt: „Weide *meine* Schafe", daß also die Schafe Christi Eigentum sind.[319] Er folgert daraus, daß Christus mit dem „Weiden" nicht eine Herrschaft übergeben, sondern einen Dienst aufgetragen habe, der nach zwei Seiten hin auszurichten ist, nämlich durch Speisung der Schafe und durch Abwehr der Wölfe, d. h. durch die Predigt des Evangeliums und die Abwehr der Irrlehre.[320] Predigt nun der Papst das Evangelium, so ist auch er zu hören. Ja, Luther will ihn sogar in seiner Stellung anerkennen, wenn der Papst das Evangelium gelten läßt, wobei er freilich weiß, daß vom Evangelium her die ganze Institution des Papsttums dahinfallen würde[321] und allenfalls eine gewisse „fürgangs"-Stellung bliebe im Sinne der menschlichen Achtung vor dem Bischof von Rom.[322]

Es bleibt also dabei, auch gegenüber den Ansprüchen des Papstes, daß der Herr sich das Regiment über seine Kirche selbst vorbehalten hat und alle Ordnung der Kirche daher allein von dem einen Amt der rechten Verkündigung des Evangeliums her zu gestalten ist, das der Herr der ganzen Gemeinde befohlen hat. Auch die kirchlichen Gebräuche sind in den Dienst der rechten Verkündigung zu stellen. Sie dürfen nicht zum Gesetz werden, sondern stehen und fallen mit ihrer Nützlichkeit für die Hörer des Evangeliums.[323] Das heißt: Sie sollen dazu helfen, daß das Evangelium wirklich gehört und der Glaube in der Liebe wirksam werde. Um diesen Zweck zu erreichen, sind sie den jeweiligen Umständen anzupassen.[324] Oberster Maßstab dieser Anpassung ist aber immer die rechte Ausrichtung des Evangeliums an die gegenwärtig so oder so denkenden und lebenden Menschen. So gilt auch von ihnen, was H. Bornkamm in seiner Lutherinterpretation von der rechten Ordnung der Kirche sagt: „Alles, auch die äußeren Formen der Kirche, haben der Verkündigung und glaubwürdigen Bezeugung des Evangeliums, nichts anderem, zu dienen."[325]

c) Die Konformität der Kirche mit ihrem Herrn im Stande seiner Erniedrigung und die doppelte Frucht ihres Leidens

Wie wir sahen, sind Kreuz und Verfolgung die unausbleibliche Folge des in der Liebe tätigen Glaubens und somit eines jeden Christenlebens.[326] Der Gemeinde ergeht es damit nach Joh. 15,20 so, wie es ihrem Herrn erging. Und in Auslegung dieser Stelle sagt Luther: „Ich bin ewer Herr (wil er sagen), jr seid meine diener und knechte, warumb wollet jrs besser haben denn ich? Es wil sich nicht reimen, das das Heupt ein dornen Kron trage, und die glieder auff einem sanfften polster sitzen, ..."[327] So sind Kreuz und Verfolgung geradezu ein Zeichen der Gemeinschaft der Knechte mit ihrem Herrn.[328] In dem Leid, das sie von der Welt ertragen müssen, widerfährt ihnen, was Christus auch widerfahren ist.[329] Wie man ihn verachtete, so sind sie nun auch verachtet. Hatte man Christus der Ketzerei beschuldigt, so muß nun seine Kirche dieselbe Beschuldigung hören.[330] Sie sind damit aber dem Toben und Wüten der Feinde Gottes nicht preisgegeben, sondern dürfen wissen, daß Christus sie nicht im Stich läßt, sondern ihr Leiden zu seiner eigenen Sache macht,[331] und daß Welt, Teufel, Tod und alles Unglück nur Werkzeuge sind in der Hand Gottes, mit denen er zu ihrem Besten an ihnen arbeiten will.[332] Selbst das Sterben „ist allein ein veterliche rute, ... Er zuchtiget mich also als ein lieber vater, sein liebes kind, ...".[333]

Äußerlich erscheint es freilich so, als geschehe die Verfolgung der Christen ohne Gottes Rat und Willen oder wäre sogar ein Zeichen seines Zornes und seiner Strafe, aber in Wirklichkeit sind Trübsal und Leiden der Christen ein Zeichen seiner väterlichen Liebe und Gnade.[334]

Christus mit seinem Leiden und Sterben ist das Vorbild dieses scheinbar widersinnigen Handelns Gottes an seiner Gemeinde,[335] das nach Luther vom Herrn selbst in seinem Gleichnis vom Weinstock und den Reben (Joh. 15) folgendermaßen gedeutet wird: „Jch werde getunget, zuhackt, zeschniten und zublatet werden, Aber ich weis wol, was es ist, nicht, wie es die welt ansihet, das ich sol untergehen und vertilget werden, Sondern das es ist meines lieben Vaters werck, als der an seinem weinstock arbeitet, wenn er wol wachsen und tragen sol, ..."[336]

Was an Christus vorbildlich geschehen ist, das geschieht nun auch an der Gemeinde, und der Zweck dieser reinigenden Arbeit Gottes ist dann also, daß der Weinstock „wol wachsen und tragen sol". Und gemeint ist damit ein inneres und äußeres Wachstum der Gemeinde. Luther sagt: „Das (sc. die reinigende Arbeit Gottes an den Christen) geschicht alles darumb, das sie deste mehr früchte tragen, also das jr glawbe je lenger jhe mehr geübet, durch versuchung und erfarung gewis und starck werde, Item, das sie dest mehr Gottes lob rhumen, beten, predigen, bekennen. Damit es allenthalben zu neme, wort und krafft des worts, beide, an den personen, so da glewben, das sie fur sich selbs stercker werden jm glawben und geist, und dazu auch an dem hauffen, das durch diese auch viel andere zum glawben komen..."[337]

Die Bedeutung des auferlegten Kreuzes für die Glaubenden ist oben schon erörtert worden, aber die zweite Frucht des Leidens der Christen bedarf hier noch einer besonderen Unterstreichung. Sie ist einmal das Ergebnis des stärkeren und fröhlicheren Bekenntnisses des Christen, der durch Leiden im Glauben gefestigt worden ist. – Das hat Luther offenbar an der zitierten Stelle vor Augen. – Und zum andern ist sie in besonderer Weise die Frucht des Martyriums. Und gerade um dieser Frucht willen scheint Luther das von Gott auferlegte Martyrium begehrenswert. So äußert er angesichts der Uneinigkeit der Christenheit: „Ich hab nicht hoffnung, das uns gott soll zu mertrer machen, wunschen wolt ichs wol, es wer auch vil besser, wir seins nicht wirdig, aber das mussen wir gewarten (forcht ich), das sich täglich also uneynigkait werden erheben; wann wir getödt würden und umbs leben kemen, so hett ich ein hoffnung, das das blut wur schryen und also mer christen herzu kemen."[338]

Dieses Handeln Gottes an seinen Gläubigen, daß sie, wenn sie getötet werden, zunehmen, wenn sie vermindert werden, sich vervielfältigen, wenn sie unterworfen werden, die Oberhand behalten, wenn sie vertrieben werden, hineinkommen und siegen, wenn sie besiegt werden, ist Luther zugleich ein unfaßliches Wunder und im Blick auf die Kirchengeschichte eine unleugbare Tatsache; denn so ist die Welt und ihr Fürst besiegt worden.[339]

So ist also die Gleichgestalt der Kirche mit ihrem Herrn im Stande seiner Erniedrigung ein Zeichen der Gemeinschaft der Knechte mit ihrem König Christus, und darum eine Gabe Gottes, für die wir nur danken können. Luther sagt: „Wer wolte nun ab dem leiden sich entsetzen und nicht vil mer seine hende auffheben und mit den Aposteln sagen: O lieber Herr Christi, ich danck dir, das ich wirdig worden bin, umb deines namens willen zu leyden, du selb hast disen schmuck tragen, und ich, so ich jn yetzt auch trage, muß dabey mercken, das ich in dein Reich und unter deinen fannen gehöre, sonst würde die welt mich anders halten etc."[340]

Und auch die doppelte Frucht des Leidens der Kirche: die Stärkung des eigenen Glaubens und die missionarische Wirkung des Leidens, ist eine Gabe, die sie mitten im Leiden froh und dankbar machen sollte.[341]

d) Die Unmöglichkeit der Zerstörung der Kirche von außen her und die Synthese von Welt und Kirche als tödliche Bedrohung von innen her

Schon aus dem zuletzt Ausgeführten ist deutlich, daß die Kirche von außen her nicht zerstört werden kann, denn alle Verfolgung und Bedrängung der Gemeinde muß ja nur der weiteren Ausbreitung der Herrschaft Christi dienen.[342] Außerdem sorgt Gott dafür, daß nicht alle Christen in einer Verfolgung umkommen, „wie die gottlosen gerne wolten, Und bleybt also ymer dar seyn heufflin und nympt zu".[343] Die tödliche Bedrohung kommt vielmehr von innen her. Sie erwächst aus dem Verlangen der vom Teufel irregeleiteten Menschen, der scheinbaren Schwachheit der Kirche, in der in Wahrheit Christus durch sein Wort mächtig ist,[344] durch Menschenlehre – und d. h. durch menschliche Satzungen und Einrichtungen und durch menschliche Macht – aufzuhelfen.[345] Die Menschenlehre, der einmal neben dem Evangelium Raum und Geltung in der Kirche zugestanden worden ist, verdrängt nämlich das Wort Gottes bzw. wirft sich zum Herrn auf über das Wort, indem sie es menschlicher Einsicht unterwirft. Damit entzieht sie aber die Menschen der Herrschaft Christi, der durch das Evangelium seine Kirche regiert, und gibt so die Kirche, die ja als das Volk Gottes allein durch das Evangelium geboren und erhalten wird,[346] der Verwüstung preis. Und diese Verwüstung ist deshalb besonders gefährlich, weil sie Christus nicht öffentlich den Gehorsam aufsagt, sondern ihr Werk scheinbar im Namen Jesu Christi und im Namen der Kirche führt.[347] Luther sah diese Entwicklung deutlich vor sich im Papsttum, das er darum so heftig bekämpft hat. Alle seine Angriffe gegen den Papst und die römische Kirche richten sich nämlich gegen die vom Papsttum angestrebte, bzw. verwirklichte Synthese von Welt und Kirche, daß ein sündiger Mensch in Angleichung an weltliche Reiche sich die Herrschaft über die Kirche[348] und zugleich damit die alleinverbindliche Auslegung des Evangeliums anmaßt,[349] nach seinem Belieben ohne das Wort Gottes,[350] ja gegen das Wort Gottes,[351] Ordnungen und Bestimmungen erläßt, deren Einhaltung und Erfüllung heilsnotwendig sein sollen,[352] und seine Anordnungen in der Kirche mit den Mitteln weltlicher Macht durchsetzt[353] und das alles tut unter dem „namen" und „schein" Christi.[354]

Aber nicht nur daran, sondern auch an der speziellen Lehre der Papisten erkannte Luther, daß hier Gottes Wort vom Menschenwort verdrängt war. Lehrten sie doch, „das der mensch on gottis gnade von yhm selbs ausz naturlichem vormugen seyner vornunfft und frey willens muge sich wirdig und empfehig machen gotlicher huld",[355] und widersprachen damit dem Evangelium von dem stellvertretenden Leiden und Sterben Christi, durch das er allein uns mit Gott versöhnt hat und unser Herr und Erlöser geworden ist, der allein über uns regieren und allein in uns wirken will.[356] Mit solcher Lehre aber erweisen sie sich nach Luther als „des teuffels eygen gesind".[357] So ist denn diese Lehre nicht weniger als das äußere Wesen des Papsttums ein Werk des Teufels, durch das dieser, nachdem sein „voriges reich mit abgötterey" durch die Ausbreitung des Evangeliums zerstört worden war, erreicht hatte, daß „Christus gar vergessen ward und also hernach erger heyden unter dem namen Christi worden".[358] Deshalb hielt er den Papst für einen Apostel des Teufels,[359] ja in des Wortes ureigenster Bedeutung für einen Satan, das will sagen: einen Widersacher Christi und Antichrist.[360]

Wie gegen die von den Papisten angestrebte und verwirklichte Synthese von Welt und Kirche hat sich Luther allezeit gegen alle anderen Vermischungen von Kirche und Welt gewehrt. Bekannt ist seine Stellung zu den Schwärmern, die mit Waffengewalt dem Evangelium, so wie sie es verstanden, zum Siege verhelfen wollten. Luther sieht in ihrer Unternehmung einen zwiefachen Schaden für die Kirche: Einmal „dempffen" und „hyndern"[361] sie das Evangelium dadurch, daß sie den christlichen Namen zum „schanddeckel" ihres „vngedultigen / vnfridlichen / vnchristlichē furnehmens" machen.[362] Und zum andern verlassen sie durch ihren bewaffneten Aufstand die wahre Kirche, die wie ihr Herzog Christus nicht mit dem Schwert, sondern mit Kreuz und Leiden für sich selbst streitet,[363] und geben sich damit selbst dem ewigen Tode preis.[364] Sie verwüsten also die Kirche, indem sie durch ihre Tat, die der Durchsetzung des Evangeliums dienen sollte, gerade den Siegeslauf des Evangeliums behindern und sich selbst von der Kirche ausschließen. Auch diese Verwüstung der Kirche ist nach Luther ein Werk des Teufels, der „itzt viel wilder rotten geyster, vnd mordgeyster / vnter dem namen des Euangeli hat erweckt /".[365]

Ebenso hat Luther jede Kreuzzugsidee zurückgewiesen. So erklärt er z. B. im Türkenkrieg, den er bekanntlich als weltlichen Krieg durchaus gutgeheißen hat,[366] es sei „widder Christen lere und namen", „das man unter Christlichem namen wider den Türcken zu streiten für nam, leret und reitzet".[367] Im selben Zusammenhang hat er die Begründung, man solle dem Kaiser als „heubt der Christenheit" und „beschirmer des Euangelion odder des glaubens"[368] im Türkenkrieg Gehorsam leisten, entschieden abgelehnt mit dem Hinweis: „Des Keisers schwerd hat nichts zuschaffen mit dem glauben, Es gehört ynn leibliche weltliche sachen, Auff das nicht Gott auff uns zornig werde, so wir seine Ordnung verkeren und verwirren."[369] Also auch diese Synthese von Kirche und Welt stellt eine tödliche Bedrohung der Kirche dar, denn sie steht unter dem Zorn Gottes.

Somit führen alle Versuche, in der Kirche neben die Herrschaft Christi menschliche

Macht und menschliche Satzung zu setzen, nur zu deren innerer Zerstörung, mögen sie sich dabei äußerlich scheinbar noch so glänzend bewähren. Vielmehr hat die Kirche gerade da die Verheißung des Blühens und Gedeihens, wo sie sich allein unter Christi Herrschaft stellt und allein von seinem Worte leiten läßt. Denn Christus als „der unbestreitbare König aller Gewalten"[370] sammelt, erhält und mehrt seine Kirche ja allein durch das Evangelium. Er ist der alleinige Herr seiner Kirche und will sein Reich gerade durch die Leiden seiner Christen ausbreiten.[371]

6. Die Glieder am Leibe Christi als Werkzeuge seiner besonderen Herrschaft durch das Evangelium

a) Die bevollmächtigte Verkündigung des Evangeliums an alle Menschen in allen Ämtern

aa) Die Vollmacht zur Verkündigung

Es bedarf kaum eines besonderen Hinweises, daß diejenigen, die das Evangelium verkündigen, Werkzeuge der geistlichen Herrschaft Christi sind,[372] auf die Christus in Ausübung seiner geistlichen Herrschaft zwar nicht angewiesen ist, auf die zu hören er aber ernstlich befohlen hat, weil er „durch und unter eusserlichen predigtampt" „ynnwendig" seine Gnade geben will.[373] Wichtiger ist es, die Frage nach der Vollmacht zur Verkündigung hier noch einmal eingehend zu klären.

Wie wir sahen, hat an sich jeder Christ nicht nur das Recht, sondern die Pflicht zur Verkündigung,[374] weil der ganzen Gemeinde und mit ihr jedem einzelnen Christen das ministerium verbi divini befohlen ist. Und zwar hat er diesen Dienst an dem Platze wahrzunehmen, an den er von Gott gestellt ist. Das hieße für den unter Heiden lebenden Christen, daß er in jedem Falle auch unberufen das Evangelium zu verkündigen hat. Und es bedeutete für das Leben in der Christengemeinde, daß um der Ordnung willen nur der von den andern Christen, die mit ihm die gleiche Vollmacht haben, zum Predigtdienst Berufene dieses Amt ausüben soll. Damit hat Luther aber den nicht zum öffentlichen Predigtamt Berufenen nicht seiner Verpflichtung zur Evangeliumsverkündigung entbunden. Es kann und soll im persönlichen Umgang „ein jeder seinen Bruder nach dem Evangelio erinnern".[375]

Innerhalb dieser jedem erlaubten und befohlenen Verkündigung von Bruder zu Bruder nimmt nun *die* Verpflichtung zur Ausrichtung des Evangeliums eine gewisse Sonderstellung ein, die dem Christen im Vater- und Mutteramt und im Amte weltlicher Obrigkeit aufgetragen ist, und zwar ganz offensichtlich deshalb, weil diesen Christen andere Menschen anvertraut sind, für die sie Verantwortung tragen.[376] So ist es nach Luther Pflicht der Eltern, ihre Kinder nicht nur leiblich aufzuziehen, sondern auch ihre Seelen zu Gott zu führen.[377] In Anlehnung an die patriarchalischen Verhältnisse seiner Zeit hat Luther bekanntlich diese Pflicht zur christlichen Unterweisung der Kinder durch die Eltern ausgedehnt auch auf das Gesinde. So sagt er mit Bezug auf das Einüben des Katechismus: „... auch ein yglicher hausuater schüldig ist / das er zum wenigsten die wochen ein mal seine kinder vnd gesinde vmbfrage vnd verhöre / was sie dauon wissen odder lernen / Vnd wo sie es nicht konnen / mit ernst dazu halte".[378]

Was Luther hier und an anderen Stellen[379] dem Hausvater aufgetragen hat, ist nicht nur eine Art geistlicher Hilfsdienst zur Festigung des in der Kirche Gelernten, sondern Wahrnehmung des Predigtamtes in der Familie. So sagt Luther von dem Hausvater, er sei „in seinem hause als ein pfarrer odder bischoff uber sein gesind".[380] Die Hauseltern sind also in ihrer Familie zugleich von Gott als weltliche Obrigkeit und als Prediger eingesetzt.[381] Und weil diese direkte Einsetzung zum geistlichen und weltlichen Regiment so nur für das Elternamt zutrifft, kann Luther sagen: „Non est maior potestas in terris quam, quam parentes in liberos habent, ut curent corpus et erudiant animam."[382] Daneben sind aber nach Luther alle Herren in besonderer Weise für die Ausrichtung des Evangeliums verantwortlich. Er predigt: „Also soll ein herr oder oberckeit sein gesinde in acht haben, das sie offentlich nicht sundigen, fluchen, liegen, ungehorsam sein, schaden thun, sondern sie zu gott furen und weisen, item huten fur falscher lere. Also furet er sein gesinde von sich, der ein sterblicher herr ist, zum ewigen, unvergengklichen herrn, zu dem gemeinen Herrn. Alsdan sinds nicht viel herrn, sondern folgen ihren einigem herrn, das ist: Christo, der im Himel ist."[383] Man wird fragen müssen, wieweit in dieser Aussage der Ansatz zu einer Vermengung von weltlichem und geistlichem Regiment gegeben ist. Daß Luther selbst das nicht im Sinne einer solchen Vermengung gemeint hat, wird freilich deutlich aus den auf das angeführte Zitat folgenden Ausführungen. Es heißt dort u. a.: „Also solle alle Herrschafft sein, das sie Got diene, wie den geschrieben stehet Matth. 4; ‚Du solt gott allein dienen', das wir in den personen Gott dienen und gehorsam sein. Also spricht nu Christus: es gehe, wie es wolle, so sehet, das ir mir allein dienet, das ich allein euer herr sej. Sonst wen das nicht geschieht, so bleibt nichts bestehen, da gehet alles zu grunde, geistlich, weltlich regiment und Hausstand. Wo ich aber allein ein Rabbi und meister bin, da wirds alles recht zugehen, sehet ir nur zu, das ir mich allein fur eurem herrn und meister haltet. Und wen ein vater sein kind leret, so dienet er dem einigen Gott. Das kind, wens dich horet, so horet er nicht dich, sondern Gott, und dennoch höret er dich auch. – Also bleibet der Unterschied aller Stende und wird dennochs gezogen in die einigkeit, das nur ein rabbi, vater und Herr sej."[384] Ganz besonders klar aber hat Luther dieses Handeln weltlicher Herren im geistlichen Regiment von allen ihren Maßnahmen im weltlichen Regiment unterschieden in seiner Auslegung des 101. Psalms (1534–1535). Nachdem er herausgestellt hat, daß „das gantz geistlich Regiment nichts anders denn ein dienst gegen der Göttlichen Oberkeit" sei, fährt er fort: „Also auch wenn David oder ein Fürst, leret oder heisst, Gott fürchten und Wort hören, So ist er nicht ein herr des selben worts, Sondern ein Diener und gehorsamer und menget sich nicht jnn geistliche oder Göttlich Oberkeit, Sondern bleibt eine demütige unterkeit und trewer diener. Denn gegen Gott und im Dienst seiner Oberkeit sol alles gleich und gemenget sein, es heisse geistlich oder weltlich, der Bapst so wol als der Keiser, der herr als der knecht, Und gilt hie kein unterscheid noch ansehen der person. Einer ist fur Gott so gut als der ander. Denn es ist ein Einiger Gott, aller gleicher herr, einem wie dem andern. Darumb sollen sie alle jnn gleichem gehorsam und gar jnn einander gemenget sein, wie ein kuche, und alle einer dem andern helffen gehorsam sein."[385] Was also hier der Fürst innerhalb seines Wirkungskreises tut, ist der Dienst eines frommen Knechtes an seinen Mitknechten, und er erfüllt damit nur, was einem jeden Christen in seinem Stand aufgetragen ist.

Der Dienst, den die Obrigkeit dem Evangelium leisten soll, ist aber vielmehr ein indirekter als ein direkter: Er besteht einmal in dem Bekenntnis zu Christus als dem alleinigen Herrn[386] und zum anderen neben der Erhaltung des Friedens und des Rechtes in der Bereitstellung von Mitteln zur Errichtung von Schulen und in der Heranbildung und Berufung geeigneter Prediger, Lehrer und Visitatoren.[387]

Ihre Pflichten sind damit klar unterschieden von den Aufgaben, die die ordentlich berufenen Prediger zu erfüllen haben. Diesen gilt nämlich – so interpretiert Luther das Wort Christi Matth. 5,14 und 15 –: „Wolt jr meine prediger sein, so must jr warlich gerustet sein frey offentlich auff den platz zutretten und fur der welt stehen wie auff einem hohen berg, das jr euch getrost ansehen und offentlich horen lasset, nichts verschweiget noch unter die banck stecket was jr predigen solt, niemand zu liebe schweyget noch redet, sondern wie jr das licht seit, auch frey offentlich leuchtet, unangesehen ehre odder schande, gut odder armut, hass odder gunst, tod odder leben. Und wisset, das jr mir dienet, der ich euch zum liecht gesetzt habe. Das weren denn rechte Leute, die sich nicht lassen beugen weder zur rechten noch lincken seiten, wie Psalm 45 von dem predig ampt sagt: Das scepter deines reichs jst ein gerade scepter, Du liebest die gerechtigkeit und hassest Gottlos wesen etc."[388] Das Predigtamt als ganzes, auch gerade mit der Aufgabe zu strafen, wird hier das Zepter des Reiches Christi genannt. So ist es auch in seinem Strafamt keinem Menschen und keiner menschlichen Instanz unterworfen. Und entsprechend sagt Luther ausdrücklich: „... das predigt ampt ist nicht ein hofe diener odder baurn knecht. Es ist Gottes diener und knecht und sein befelh gehet uber herrn und knecht..."[389]

Im Blick auf den geistlichen Kampf, den Christus als der Herr der Heerscharen um jeden führt, der noch vom Teufel gefangen ist, werden die Diener des Wortes auch Kriegsleute und Heerführer genannt.[390] Sie haben einen geistlichen Streit zu führen, „der die hertzen und seele dem teuffel ab gewynnet".[391] Aber in ihrem Dienst – daran darf noch einmal erinnert werden – ist Christus nach seiner Verheißung selbst am Werk. Und gerade darin besteht die Gewalt und Ehre der Königsherrschaft Christi.[392]

bb) Die Geltung des Evangeliums für das persönliche Leben und das Leben in allen weltlichen Ordnungen und Bereichen

Man hat Luthers Lehre gelegentlich so dargestellt, als erstrecke sich nach ihm die geistliche Herrschaft Christi nur auf das persönliche Leben des Christen, habe aber für seine Amtsführung keine Bedeutung. So schreibt z. B. G. Wünsch in „Die Bergpredigt bei Luther": „Der Christ folgt der Moral der Güte, Rücksicht, Vergebungsbereitschaft in seiner privaten Welt, im Amt jedoch, diesen Begriff sehr weit im Sinne des Berufes gefaßt, folgt der Christ als Weltmensch der Eigengesetzlichkeit der Welt, d. h. er berücksichtigt unter Umständen auch die Forderungen der Gewalt und Rücksichtslosigkeit, Schläue und Berechnung, namentlich im Erwerbs- und Staatsleben, er folgt den natürlichen Trieben der Machterweiterung und Daseinsbereicherung im persönlichen wie im öffentlichen Handeln. Religiös wird diese Doppelmoral ähnlich wie bei Luther begründet. Es ist die Moral Bismarcks, welche nicht wenige Nachbeter und Bewunderer findet." Nach Wünsch ist in dieser Anschauung eine Weiterentwicklung des Lutherischen Ansatzes zu sehen.[393] Dem wird man schon gleich entgegenhalten können, daß sich oft, ja meist, Amt und Person gar nicht trennen lassen. Die Sünde der Person besteht vielfach auch gerade im Mißbrauch des Amtes.[394] Das wird deutlich aus der Antwort, die Luther auf die Frage gibt, ob der ordentlich berufene Prediger ein Recht habe, die Obrigkeit durch Gottes Wort zu strafen, oder ob das aufrührerisch sei. Luther antwortet, „das nicht auffrhürisch ist die öberkeit straffen, wo es geschicht nach der weise, die hie berurt stehet, nemlich das es durch Göttlich befolhen ampt und durch Gotts wort geschehe offentlich frey und redlich, Sondern es ist eine lobliche, edle, seltsame tugent und ein sonderlicher grosser gottesdienst, wie hie der Psalm beweiset. Das were viel mehr auffrhürisch, wo ein prediger die laster der öberkeit nicht straffet, Denn damit macht er den pöbel böse und unwillig und sterckt der tyrannen bosheit und macht sich der selbigen aller teilhafftig und selbschüldig, Darüber Gott erzürnen möcht und zur plage auffrhur komen lassen."[395]

Es geht in diesem Wort um die Bestrafung der Bosheit der *Tyrannen*, und es wird gesagt, daß durch diese Bestrafung ein sonst möglicher *Aufruhr* gerade verhindert wird. Beides und auch der Zusammenhang der ganzen Psalmenauslegung weisen darauf hin, daß Luther hier vor allem an das Laster des Amtsmißbrauches denkt. Aufgabe des Predigtamtes ist es also, die Menschen auch mit ihrer Amtsführung unter das richtende Wort Gottes zu stellen. Dieses strafende Wort ist nun zwar nicht unmittelbar mit dem Evangelium als Heilsbotschaft identisch, es ist aber – darauf weist Luther gerade in diesem Zusammenhang hin – in dem Predigtauftrag eingeschlossen, den Christus seinen Jüngern Matth. 28,19 und 20 gegeben hat.[396] Und die Nicht-Ausrichtung dieses im Predigtamt befohlenen Strafamtes ist Untreue gegen Christus.[397] So sehe ich nicht, schon allein unter Berücksichtigung des den Predigern von Christus befohlenen Strafamtes, mit welchem Recht man behaupten will, die geistliche Herrschaft Christi habe nach Luther für das Amt des Christen keine Bedeutung.

Daß die geistliche Herrschaft Christi sich auch auf den Amtsbereich des Christen erstreckt, sagt Luther aber auch ausdrücklich in Auslegung des 2. Psalms: „Dem Könige Christo dienen ist nichts anderes als diesen König hören, und danach in seinem Namen alles tun, was unser Beruf oder Amt erfordert."[398] Und Luther erläutert das dann näher für die Könige und Richter: „Nam Reges ut Reges et Iudices ut Iudices debent praestare novam servitutem, Non debent abiicere regna, sed retinere, et tamen hunc Regem revereri et eum audire ac suas leges secundum huius Regis verbum moderari, hoc est, nihil statuere, quod Verbo Christi contrarium est."[399]

In dieser Aussage ist deutlich der Königsherrschaft Christi Geltung auch für den Amtsbereich des Christen beigemessen. Nur darf das nicht so mißverstanden werden, als sei aus dem Evangelium eine direkte Anleitung für die Amtsführung ableitbar. Das Evangelium gibt gewissermaßen nur für alle Ämter das Motiv an, mit dem sie geführt werden sollen, aber keine konkreten Ausführungsbestimmungen. So erklärt Luther die Aufgabe des Predigtamtes folgendermaßen: „Was dörff ich dem schneyder sagen und in lernen einen rock zu machen? er weis es vor hin, Darümb söl ich im allein sagen sein hantwerck wol und cristlich zu gebrauchen. Also gebürtt mir auch nit einen fürsten in dem zu unterweisen. Ich söl im allein sagen, das er Cristlich handel."[400] Dabei versteht Luther das Wort „cristlich" in strenger Beziehung auf Christus und meint damit die aus dem Glauben an Christus erwachsende Liebe,[401] die, wie wir sahen, die Frucht der geistlichen Herrschaft Christi ist.[402] Weil aber die Liebe die *Frucht* des Glaubens ist, denkt Luther bei dieser Weisung, das Amt christlich zu gebrauchen, nicht nur an eine von dem Evangelium als Heilsbotschaft unterschiedene Gesetzespredigt,[403] sondern an die Verkündigung des ganzen Evangeliums, das, wie Luther immer wieder betont, den Glauben und die Liebe zum Inhalt hat und so gerade den Glauben weckt und damit zu der geforderten Liebe befähigt.[404] Luther sagt: „Sihe, Also ist das Wort die ursach, grund, boden, born und quelle der liebe von hertzen und aller guter werck, wenn sie Gott gefallen sollen, Denn er mag sein nicht, wenn das hertz nicht zuvor rein ist, ... Darumb lesset ers auch predigen, das wir uns nach dem selben richten sollen jnn alle unserm leben und thun, Und uns kein ding lassen hindern noch anfechten, weich noch müde machen, ... Da werden denn feine leute aus, herrn, Fursten, unterthan, prediger etc. zu allen guten wercken geschickt, die mit lust und liebe Gott dienen und gefallen, Denn der born und quelle ist gut, nicht von aussen geschepfft noch hinein getragen."[405]

Alle Menschen werden so durch das Zepter der geistlichen Herrschaft Christi, das Evangelium, zum Glauben gerufen und – sofern sie zum Glauben gelangen – durch den Glauben zur Liebe befähigt, die sie zu erweisen haben in ihrem persönlichen Leben und in ihrem Amt.[406] Was das im einzelnen heißt, wird der nächste Abschnitt zu klären haben.

b) Die Erfüllung des Doppelgebotes der Liebe in allen Bereichen des Lebens als Auswirkung der Herrschaft Christi durch das Evangelium

Bevor wir in die eigentliche Erörterung des Themas dieses Abschnittes eintreten, darf hier noch einmal an das erinnert werden, was wir bereits unter der Überschrift „Das Evangelium als die durch den Glauben Liebe wirkende Kraft" erarbeitet haben. Die

Erwägungen dort sind bei den Überlegungen hier ständig in mente zu halten. Wir sahen dort, daß durch das geistliche Regiment Christi in den Glaubenden die Liebe zu Gott und zum Nächsten gewirkt wird. Wobei nach Luther die Liebe zu Gott immer die Liebe zum Nächsten einschließt, oder besser gesagt: aus der Liebe zu Gott die Liebe zum Nächsten fließt. Weil nun aber, wie wir feststellten, die Liebe zu Gott nach Luther identisch ist mit dem Glauben, der noch unmittelbarer als die Nächstenliebe auf das Wort bezogen ist, „quod totius vitae et omnium operum dux, lux, doctrina et regula est",[407] und weil Gott, der durch den Glauben geehrt wird, immer dem Menschen vorzuziehen ist, dem man durch die Liebe dient, ist im Zweifelsfall die Liebe zu Gott immer der Liebe zum Nächsten voranzustellen.[408] Eine Sünde gegen die Nächstenliebe kann nämlich an der Regel des Wortes wieder zurechtgerückt und repariert werden; wenn aber das Wort nicht ganz rein und ganz unverfälscht im Glauben festgehalten wird, ist damit ja keine Regel mehr da, nach der das Leben geordnet und Werke der Liebe getan werden könnten.[409] So ist z. B. die für die Nächstenliebe gebotene Toleranz und Geduld legitim begrenzt von den Bemühungen um die Reinerhaltung des Glaubens. Der Glaube kann also gelegentlich das Gebot der Nächstenliebe scheinbar außer Kraft setzen, aber umgekehrt darf die Liebe nicht Veranlassung dazu sein, den Glaubensgehorsam einzuschränken.[410] Die Nächstenliebe ist also nicht als ein von der geistlichen Herrschaft Christi losgelöstes Prinzip Richtlinie für das christliche Leben, sondern sie hat ihre weisende Bedeutung für den Christen gerade nur als Auswirkung der Herrschaft Christi durch das Evangelium, nämlich nur im Verein mit dem und korrigiert durch das Gebot der Gottesliebe.[411]

Abgesehen nun von diesen gelegentlich möglichen Spannungen zwischen Glaube und Liebe hat Luther sonst den Glauben und die Liebe[412] oder die Liebe allein[413] als das Maß bezeichnet, an dem alle Gebote zu messen sind, oder dort, wo er dem Glauben ausdrücklich eine Vorrangstellung eingeräumt hatte, festgestellt: „Post fidem est charitas, quae moderatur omnes leges tam ceremoniales quam prophanas excepta fide."[414] Das gilt, wie wir sehen werden, sowohl für die Stellung des Christen als Untertan zu gegebenen Gesetzen und Anordnungen als auch für den Christen im Amte geistlicher und weltlicher Obrigkeit als Gesetzgeber, und nun wieder nicht im Sinne einer von der Herrschaft Christi unabhängigen Entscheidung, sondern: um Gott und dem Herrn Christus mit allem, was wir tun, zu dienen. So sagt Luther: „illi soli servies, hoc est, quicquid feceris et vixeris sive sub servitute hominum sive administratione rerum, hoc referas ad me et nullo alio nomine a te fiat, quam quod certus fide sis mihi in hoc serviri, et nisi scires mihi serviri in ea re, mox desisteres, ut nihil facias in gratiam hominum contra me, ..."[415]

aa) Die Unterscheidung von Einzelperson und Amtsperson als Lehre von der sachgemäßen Verwirklichung des Doppelgebotes der Liebe

Dem bisher in diesem Abschnitt Dargestellten scheint Luthers viel besprochene Unterscheidung von Einzelperson und Amtsperson[416] zu widersprechen. Vor allem werden in diesem Zusammenhang Luthers Aussagen aus den Wochenpredigten über Matth. 5–7 immer wieder herangezogen. Und da es sich m. E. bei dieser Bearbeitung von 1532 um inhaltlich echt Luthersche Auslegung handelt,[417] haben wir uns den darin gemachten Aussagen zu stellen und nach der Zuordnung und dem Miteinander der unterschiedlichen Äußerungen zu fragen. Wir stoßen damit vor in das brennendste Problem der Lutherschen Zwei-Reiche-Lehre.

Bekannt sind Luthers Worte: „Denn ich sonst offt gesagt habe, das man die zwey weit underscheiden mus, Ampt und person. Es ist viel ein ander man, der da Hans odder Martin heisset und der Kurfürst odder Doctor und prediger heisset. Denn hie werden gleich zwo unterschiedliche person jnn einem menschen ..."[418]

Noch aufregender und für unseren Zusammenhang wichtiger ist eine andere Formulierung Luthers, in der er auf die Frage antwortet, „ob ein Christen denn auch muge ein weltlich man sein und des regiments odder rechts ampt und werck furen, also das die zwo personen odder zweyerley ampt auff einen menschen geraten und zugleich ein Christ und ein furst, richter, herr, knecht, magd sey, welchs heissen eitel welt personen, denn sie gehoren zum weltlichen regiment".[419] Luther bejaht diese Frage und führt dazu u. a. aus: „... ein Christ mus ja jrgend eine welt person sein, weil er ja zum wenigsten mit leib und gut unter dem Keiser ist. Aber fur seine eigen person nach dem Christlichen leben jst er gar allein unter Christo und nicht des Keisers noch einiges menschen Und doch auswendig unter jn geworffen und verbunden, so fern er jn einem stand odder ampt ist, haus und hoff, weib und kind hat, ...[420]

Daraus folgert Luther für die Amtsführung des Christen: Bistu nu ein fürst, richter, herr, fraw etc. und hast leut unter dir und wilt wissen was dir zugehoret, so darffstu Christum nicht fragen, sondern frage des Keisers odder dein land recht drumb, das wird dir wol sagen, wie du dich gegen deinen unterthan halten und sie schutzen solt, Denn da hastu macht und recht beide zu verteidigen und straffen etc. so fern dein regiment odder ampt und befehl reichet, aber nicht als ein Christ sondern als des Keisers unterthan."[421] An anderer Stelle stellt Luther fest, ein Fürst könne zwar seiner Person nach ein Christ sein, „... aber das ampt odder Furstenthumb gehet sein Christentum nicht an ..."[422]

Diese Unterscheidung hat nun nach Luther in der Verschiedenartigkeit der beiden Reiche ihre Begründung. So bemerkt er am Schluß einer Auseinandersetzung mit dieser Frage: „Summa jnn Christus reich heisst es allerley leiden, vergeben und guts fur böses vergelten, Widerumb jnns keisers regiment sol man kein unrecht leiden sondern dem bösen weren und straffen und das recht helffen schutzen und erhalten, darnach eines iglichen ampt odder stand foddert."[423]

Nach den angeführten Belegen könnte es so scheinen, als ob Luther hier das Leben des Christen in zwei Bereiche aufteilen wollte, die nebeneinander ohne gegenseitige Durchdringung mit ihrer Eigengesetzlichkeit das Leben des Christen bestimmen sollen. Und auch die an anderer Stelle von Luther vorgenommene Unterscheidung von innerer Herzenseinstellung, die von Christus her geformt sein soll, und äußerer Erfüllung der Amtspflichten, die ganz nach weltlichen Gesetzen wahrgenommen werden sollen,[424] könnte vielleicht noch so mißverstanden werden, als sei das geistliche Regiment Christi auf das Innere des Menschen beschränkt und ohne Einfluß auf die äußere Lebensgestaltung des Christen in Amt und Beruf. Damit wäre dann tatsächlich die Lehre Luthers von den beiden Reichen zu einer Lehre von zwei einander ausschließenden *Bereichen* geworden: In dem einen hätte sich der Mensch als Christ und also in Erfüllung des Doppelgebotes der Liebe zu bewähren, und in dem anderen wäre er ganz und ausschließlich den weltlichen Gesetzen und Herren unterworfen.

Daß dieses Verständnis der Zwei-Reiche-Lehre Luthers jedenfalls den Aussagen nicht entspricht, die in den vorhergehenden Abschnitten zu dem in Frage stehenden Problem schon zitiert wurden, dürfte deutlich sein. Auch läßt sich die scheinbar verschiedene Darstellung dort und hier nicht auf den Wandel der Anschauung Luthers zurückführen, denn die dort angezogenen Lutherworte liegen zum Teil zeitlich vor[425] seiner Bergpredigtauslegung und zum Teil zeitlich nach ihr.[426] Die oft vertretene These, Luther habe mit zunehmendem Alter mehr und mehr einer absoluten Autorität des Staates das Wort geredet,[427] muß also schon deshalb als unbegründet zurückgewiesen werden. Wir haben daher nach einer anderen Erklärung dieser extremen Sätze Luthers zu suchen, und wir finden sie, wenn wir den dialogischen Charakter aller Aussagen Luthers auch in seinen Wochenpredigten über Matth. 5–7 berücksichtigen. Luther hat nämlich seine Äußerungen in seinen Schriften und Predigten stets so auf die jeweils

Angeredeten ausgerichtet, daß seine Aussage nur dann voll verständlich wird, wenn sie in ihrer Ausrichtung auf diese oder jene Person oder Gruppe verstanden wird.

Luther hat sich hier – so sagt es uns seine Vorrede zu diesen Predigten[428] – gegen zweierlei Verdrehungen des Evangeliums abgrenzen wollen: 1. gegen das katholische Mißverständnis der Bergpredigt als consilia Euangelii nur für die nach Vollkommenheit strebenden Christen und 2. gegen die Lehre der Rottengeister, die Weisungen der Bergpredigt müßten unmittelbar auch im öffentlichen Leben verwirklicht werden.

So betont er auf der einen Seite, gegen das katholische Mißverständnis, daß die Weisungen der Bergpredigt für jeden Christen verpflichtende Geltung haben,[429] und hebt auf der anderen Seite hervor, gegen die Irrlehre der Schwärmer, daß man diese Weisungen nicht einfach auf das Leben in den weltlichen Ordnungen übertragen dürfe, weil ja Christus selbst diese Ordnungen als zur Erhaltung der Welt nötige Ordnungen bestätigt hat.[430]

Die Ordnungen zu respektieren, durch die der dreieinige Gott diese Welt erhält, ist damit nicht weniger als die Weisungen der Bergpredigt Befehl Christi. Es kann also nicht der Sinn der Worte Jesu in der Bergpredigt sein, die weltlichen Ordnungen aufzulösen. Die Auflösung der weltlichen Ordnungen aber wäre das unausbleibliche Ergebnis der Bemühungen der Schwärmer gewesen, die Forderungen der Bergpredigt unmittelbar auch in allen Ämtern und Ständen zu verwirklichen. „Denn solt vater, mutter, richter und prediger das maul und die faust zuhalten, und dem bösen nicht weren noch steuren, so gienge regiment und Christenheit und alles zu boden, durch der welt bosheit."[431]

Als Protest dagegen wollen die Aussagen Luthers verstanden sein, daß man im weltlichen Amte nach Christus nicht zu fragen, sondern sich vielmehr nach des Kaisers Gesetzen zu richten habe. Damit will Luther aber nur sagen, daß man die die Ordnungen erhaltenden Gesetze zu berücksichtigen habe, weil die Bergpredigt sich in ihrer konkreten Forderung nur an den einzelnen wendet und auf die Ordnungen übertragen in wörtlicher Befolgung geradezu das Gegenteil bewirken würde von dem, was ihre eigentliche Intention ist. Daß die geistliche Herrschaft Christi in einem anderen – gleich noch zu besprechenden – Sinne auch Bedeutung für die Amtsführung des Christen hat, ist hier nicht bestritten. Denn wäre das der Sinn der Lutherschen Ausführungen, dann wären viele andere Aussagen, die Luther in denselben Wochenpredigten macht, sinnlos. So verlangt er z. B., daß ein Christ auch in seinem nach anderen Gesetzen zu verwaltenden Amt die in der Bergpredigt geforderte Herzenseinstellung bewahre, und weiß gerade so den Mißbrauch des Amtes verhindert.[432] An einer anderen Stelle rechnet er Fleiß und Treue im Stande oder Amt zu den Früchten des Glaubens und bezeichnet sie damit als eine Wirkung der geistlichen Herrschaft Christi.[433] Ja, Luther ist der Ansicht, daß im Grunde ein Nichtchrist die Pflichten seines Standes gar nicht richtig erfüllen kann, sofern nämlich die rechte Erfüllung auch die richtige Herzenseinstellung vor Gott einschließt.[434] Die Früchte, die ein Christ in seinem Amte bringt, sind freilich äußerlich von den Früchten, die ein anderer Christ in einem anderen Stande bringt, oft sehr verschieden.[435] Sie wachsen aber alle aus demselben Baum, sind „Früchte des Christentums",[436] und d. h. für unsern Zusammenhang: die Auswirkung dessen, daß Christus ohne unser Verdienst allein durch die Gnade,[437] die im Wort und Sakrament uns angeboten wird,[438] unser Herr geworden ist.

Das wird deutlich auch daran, daß nach Luther die Liebe als Summa des in der Bergpredigt Gemeinten[439] auch im Amte als Motiv für das verantwortliche Handeln des Christen ihre Geltung behält. So bezeichnet er z. B. die Sorge des Christen für die ihm im Amte anvertrauten Menschen in ihrem scheinbaren Gegensatz zu der Weisung Christi: „Sorget nicht für euer Leben!" (Matth. 6,25) gerade deshalb als berechtigt, weil sie der Liebe entspricht. Er sagt: „Denn sie (die Amtssorge nämlich) sorget nicht umb jren, sondern umb des nehesten willen, suchet nicht das jre, ia, lesst wohl dasselb anstehen und faren und dienet einem andern, daß es heisst eine sorge der liebe, die da Gottlich und Christlich ist, nicht des eigen nutzes odder Mammons, welche ist beide widder den glawben und liebe, und eben die, die da hindert die sorge des ampts, Denn wer das gelt liebet und nach seinem nutz trachtet, der wird sich des nehesten odder seines ampts gegen dem nahesten gerichtet, nicht gros an nemen."[440]

Hier wird die konkrete Forderung der Bergpredigt für den Christen im Amte aufgehoben, gerade um der Erfüllung der eigentlichen Intention der Bergpredigt willen, nämlich um der Liebe willen.

Durch die Unterscheidung von Einzelperson und Amtsperson – so können wir das Ergebnis dieser Untersuchung zusammenfassen – soll also nicht die Geltung der geistlichen Herrschaft Christi für die Amtsführung des Christen bestritten werden, sondern wird nur gesagt, daß der Gehorsam des Christen gegenüber der geistlichen Herrschaft Christi im Amte anders zu verwirklichen ist als in seinem Privatleben. Mit anderen Worten: Es geht Luther bei dieser Unterscheidung um die *sachgemäße* Verwirklichung des Doppelgebotes der Liebe, eine Verwirklichung also, die allein der Ehre Gottes[441] und dem Nutzen des Nächsten[442] dient und gerade darum sich in ihrer Gestalt notwendig verändern muß, wenn ich sie nicht mehr für mich als Einzelperson im Bereich persönlicher Bezeichnungen, sondern in der mir durch ein Amt aufgetragenen Verantwortung für andere Menschen durchzuführen habe.[443]

Die Gestalt der Liebe des Christen mag nun verschieden sein je nachdem, ob er sie als Einzelperson allein im Reiche Christi übt oder als Amtsperson im Reiche der Welt,[444] jedenfalls hat der Christ in beiden Reichen den Befehl Christi: das Doppelgebot der Liebe, zu verwirklichen. Somit ist der Christ – darauf hat Johannes Heckel mit Recht hingewiesen[445] – trotz der gelegentlich so klingenden Aussagen Luthers in seiner Bergpredigtauslegung strenggenommen nicht Bürger zweier Reiche,[446] sondern steht als Bürger des Reiches Christi auch im Reiche der Welt. Er ist genaugenommen nicht zwei Herren: Christus und dem Kaiser, und zwei Gesetzen: der Lex Christi und den weltlichen Gesetzen, unterworfen, sondern hat in allem nur dem einen Herrn, nämlich Christus und seinem Gesetze, zu gehorchen.[447]

Sofern dieser Gehorsam aber im Reiche der Welt verwirklicht werden muß, die von Gott abgefallen ist und von ihm nur durch bestimmte Ordnungen erhalten wird, hat der Gehorsam gerade um der rechten Erfüllung des Liebesgebotes willen die zu der Erhaltung dieser Ordnungen gegebenen vernünftigen Gesetze zu berücksichtigen,[448] ihnen, wenn sie dem der Art dieser Welt Rechnung tragenden Liebesgebot nicht widersprechen, Folge zu leisten[449] und sie gegebenenfalls vom Liebesgebot her unter Berücksichtigung des zur Erhaltung der weltlichen Ordnungen Notwendigen neu zu gestalten.[450]

bb) Die Erfüllung des Liebesgebotes durch den Christen als Einzelperson und als Amtsperson

Weil Luther mit seiner Unterscheidung von Einzelperson und Amtsperson nicht zwei verschiedene Gruppen von Menschen meint, so als wären die einen nur einzelne und die anderen nur Amtsträger, sondern nach ihm jeder Christ Einzelperson und Amtsperson in einem ist, soll hier auch die Erfüllung des Doppelgebotes der Liebe als Auswirkung der geistlichen Herrschaft Christi in nur einem Abschnitt behandelt werden.

Einzelperson ist der Christ, sofern er als einzelner im Glauben vor Gott steht und in der Liebe an Menschen handeln soll, denen er nicht durch seine Stellung in den Ordnungen dieser Welt verpflichtet ist. *Amtsperson* ist er, sofern er Verantwortung zu tragen hat vor Gott und im Auftrage Gottes für Menschen, die ihm durch seinen Stand in den Ordnungen anvertraut sind. Für den Christen als *Einzelperson* geht es darum, daß er durch das Evangelium, die geistliche Herrschaft Christi, frei wird davon, für sich selbst etwas zu wollen, und frei dazu, mit innerer Bejahung den Willen Gottes zu erfüllen. Durch das Evangelium wird also – um hier an das bereits oben Gesagte zu erinnern[451] – in dem einzelnen Glaubenden die durch Erbsünde verlorengegangene Conformitas des menschlichen Willens mit Gottes Willen wiederhergestellt und so die Voraussetzung zum Gehorsam in beiden Bereichen: im Leben des Christen als einzelner genauso wie in seinem Leben als Amtsperson geschaffen. Weil aber der Wille Gottes des Schöpfers mit dem durch Christus verkündigten und durch sein Leben bezeugten Willen übereinstimmt, beide nämlich die Liebe zu Gott und zum Nächsten fordern, befähigt die im Christen durch die geistliche Herrschaft Christi geschaffene Herzenseinstellung nicht zu einem über das Gebot Gottes des Schöpfers hinausgehenden Gehorsam, sondern bewirkt nichts anderes als eben den rechten Gehorsam gegen das Gebot des Schöpfers und Erhalters.[452] Dieser Gehorsam wird geleistet von dem Christen, sofern er Einzelperson ist: also überall da, wo er nicht von Amts wegen – und d. h.: aus Verantwortung für die ihm im Amte anvertrauten Menschen – zu einer andersartigen Erfüllung des Liebesgebotes verpflichtet ist, durch die Erfüllung des Doppelgebotes der Liebe im Sinne der Bergpredigt. Luther rechnet dazu vor allem die Wohltat an allen Bedürftigen, die Gesinnung, die allen nur Gutes tut und jedermann vergibt, die Fürbitte für alle Menschen und das geduldige Erleiden des Bösen.[453] All das, was der Christ hier im privaten Bereich seines Lebens tut, ist die Frucht des Glaubens und also die Wirkung der geistlichen Herrschaft Christi.

Demgegenüber hat der Christ als *Amtsperson* die Aufgabe, an dem ihm von Gott innerhalb der Ordnungen dieser Welt zugewiesenen Ort die ihm durch die geistliche Herrschaft Christi geschenkte Herzenseinstellung in einer den Ordnungen dieser Welt Rechnung tragenden Weise zu verwirklichen. Dabei sei noch einmal darauf hingewiesen, daß nach Luther zu den „orden", die von Gott zur Erhaltung dieser Welt gegeben sind: Ehe, Obrigkeit und Kirche, nicht nur die Eltern, die weltlichen Herren und die zu einem kirchlichen Amt Berufenen gehören, sondern ebenso auch die ihnen in diesem Stande Untergebenen. Es findet sich also jeder Christ als Leitender oder Untergebener in jedem der drei Stände vor. So sagt Ernst Wolf mit Recht in Auslegung des von Luther Gemeinten von den drei Ordnungen: „Alle drei stehen aber auch immer zugleich, in einem, bestimmend über jedem einzelnen Christenmenschen; ein jeder gehört in einer seinem ‚Beruf' entsprechenden Weise jeder der drei Hierarchien an, . . ."[454]

Der Wirkung der Königsherrschaft Christi für das Leben des Christen in diesen drei Hierarchien haben wir uns jetzt noch zuzuwenden. Dabei gilt es, die oben für alle Ämter summarisch aufgestellte und belegte Behauptung für jeden einzelnen Stand nachzuweisen. Dieser Nachweis kann darum kurz sein, weil hier – freilich unter anderer Thematik – schon Entscheidendes gesagt ist vor allem in dem 3. Teil der „juristischen Untersuchung" von Johannes Heckel „über das Recht in der Theologie Martin Luthers".[455] Wir brauchen nur das dort schon erörterte Problem noch entschiedener in das Licht unserer Fragestellung zu rücken.

1. Der Gehorsam gegen alle Obrigkeit um der Liebe willen und die Pflicht zur Gehorsamsverweigerung bei Anordnungen gegen das Doppelgebot der Liebe

Bekanntlich hat Luther in seiner Schrift „Von weltlicher Obrigkeit, wie weit man ihr Gehorsam schuldig sei" dargelegt, daß „alle recht glewbigen ynn Christo vnnd vnter Christo"[456] für sich selbst keine Obrigkeit brauchten. Denn „alle Christen" sind „durch den geyst vnnd glawben aller ding genaturt / das sie wol vnd recht thun / mehr denn man sie mit allen gesetzen leren kan / ..."[457] Zugleich aber hat er darauf hingewiesen, daß der rechte Christ, eben weil er so genaturt ist, um der Liebe zum Nächsten willen der Obrigkeit Gehorsam leisten und gegebenenfalls auch ein obrigkeitliches Amt übernehmen müsse und werde,[458] und zwar nicht aus äußerem Zwang, sondern aus innerer Nötigung. Er sagt: „Aber weyl eyn rechter Christen auff erden / nicht yhm selbs / sondern seynem nehisten lebt vnnd dienet / szo thutt er von art seyns geystes / auch das / des er nichts bedarff / sondern dz seynem nehisten nutz vñ nott ist. Nu aber das schwerd eyn groß nodlicher nutz ist aller welt / das frid erhalten / sund gestrafft / vñ den bösen geweret werde / szo gibt er sich auffs aller willigst vnter des schwerds regimēt / gibt schos / ehret die vberkeyt / dienet / hilfft vnd thut alles was er kan / das der gewalt fodderlich ist / auff das sie ym schwang vn bey ehre vn furcht erhalten werde / wie wol er des fur sich keynes darff / noch yhm nott ist / Denn er sihet darnach / was andern nutz vñ gutt ist / wie Paulus Ephe: 5. leret. – Gleych wie er auch alle ander werck der liebe thut / der er nichts bedarff / denn er besucht die krancken nit darūb / das er selb dauon gesund werde. Er speyset niemant / das er selb der speyße dürffe / also dienet er auch der vberkeyt / nicht / das er yhr bedürffe / sondern die andern / das sie beschützt vnd die bösen nicht erger werden. Denn es gehet yhm nichts dran abe / vnd schadet yhm solcher dienst nichts / vnd bringt doch der welt grossen nutz. Vnd wo ers nicht thett / so thett er nicht als eyn Christ / datzu widder die liebe / ..."[459]

Der Gehorsam gegen die Obrigkeit ist also eingereiht in alle andern Werke der Liebe; und wo ihn der „Christ" nicht leistet, handelt er nicht mehr als Christ, und d. h.: nicht mehr aus dem Geist, der ihm durch das Evangelium im Glauben geschenkt ist.[460] Nun ist aber das Evangelium das Zepter der Königsherrschaft Christi, und somit ist auch der vom Christen der weltlichen Obrigkeit geleistete Gehorsam Wirkung der Königsherrschaft Christi.

Genauso ist der rechte Gehorsam gegen alle anderen Obrigkeiten nach Luther Wirkung der Königsherrschaft Christi und erfüllt der Christ darin die gebotene Liebe zum Nächsten. Das kann aus der Auslegung des 4. Gebotes geschlossen werden, das nach Luther den Gehorsam gegen alle Obrigkeit gebietet[461] und eine ganz besonders wichtige Konkretion des Liebesgebotes ist,[462] dessen richtige Erfüllung nur dem Glauben möglich ist.[463]

Wenn also der Christ seinen leiblichen Eltern, als Magd oder Knecht seinen Hauseltern, als Untertan seiner weltlichen Obrigkeit und durch rechte Fürsorge und Verehrung seinen „geistlichen Vätern" den im Gebot geforderten Gehorsam leistet, dann kann er das nur kraft des Glaubens. Denn das 4. Gebot will nach Luthers Auslegung nicht nur, daß man den Eltern äußerlich Ehre erweise, sondern verlangt, daß jeder seine Eltern von ganzem Herzen und mit allen Kräften ehre.[464] Das aber kann er nur aus der Gnade des Heiligen Geistes,[465] durch den Christus im Glauben über ihn herrscht.[466]

Damit ist der Christ aber *nicht bedingungslos*[467] den Anordnungen seiner Oberen unterworfen, sondern ist ihnen nur insofern zum Gehorsam verpflichtet, als die Ausführung ihrer Befehle im Einklang steht mit der Verwirklichung des Doppelgebotes der Liebe in dieser Welt, das das einzige Gesetz im Reiche Christi ist.[468] So hat Luther verschiedentlich mit Nachdruck betont, daß man der Obrigkeit nicht Gehorsam leisten dürfe, wenn sie „wider das Euangelium" etwas zu glauben oder zu tun gebiete.[469]

Und er hat dazu auch die Befehle der Obrigkeit gerechnet, die an sich, wenn sie als rein weltliche Gesetze geboten würden, dem Glauben nicht abträglich wären, die aber, wenn ihre Ausführung als heilsnotwendig bezeichnet wird, das Gewissen gefangennehmen, in dem allein Christus regieren soll.[470] Besonders prägnant hat Luther die Pflicht zur Gehorsamsverweigerung zum Ausdruck gebracht in seiner Vorrede zu

Alexius Krosners Sermonen (1531), in denen er sich mit der Behauptung „etliche(r) Schreier" „zu Halle" auseinandersetzt, die „furgeben, Es habe keine fahr, wenn sie der Oberkeit gehorsam sind und einer gestalt (nämlich: das Abendmahls) gebrauchen, so sundigen sie nicht, Man müsse der Oberkeit gehorsam sein." Luther antwortet ihnen: „Nicht viel Oberkeit gebe uns Gott hierin! Es heißt: alle Oberkeit sol hie Unterkeit heissen, Alle hoheit sol hi nidrigkeit sein, Alle welt sol das maul zu halten, Denn hie redet Gott, der aller höheste, Sein wort ists, darüber wir handeln, Gott aber muß man mehr gehorsam sein denn den menschen. Und hilft nicht, das wir der Oberkeit gehorsam sind wo wir damit Gotte ungehorsam werden."[471] Und eine Obrigkeit, die etwas wider das Evangelium gebietet, ist ihm ein „Teufels kopff" und eine „rasende oberkeit".[472]

Das gleiche, was Luther hier über die Pflicht zur Gehorsamsverweigerung gegenüber der weltlichen Obrigkeit sagt, gilt natürlich auch gegenüber allen anderen Obrigkeiten.[473] Bezüglich der geistlichen Obrigkeit darf hier auf das bereits Gesagte verwiesen werden.[474] Für die Pflicht zur Gehorsamsverweigerung gegenüber den Eltern sei hier noch eine Aussage angeführt: „Wo nu die eltern szo nerrisch seinn / das sie kinder weltlich tzihenn / sollenn die kinder yhnen in keinen weg gehorsam sei / dan got ist in den ersten dreyen gebotten hoher zuachtenn den die eltern. Weltlich aber zihen heyß ich das / szo sie leren nit mehr suchē / dan lust / ehre vnd gut / odder gewallt diesser welt."[475]

Ebenso nun wie die ersten drei Gebote, also das Gebot der Gottesliebe, durch alle Stände hindurch eine unveränderliche und durch keine obrigkeitliche Verfügung abzuschwächende Geltung haben, ist der Christ an keiner Stelle und durch keinen obrigkeitlichen Befehl aus der Gehorsamspflicht gegenüber dem Gebote der Nächstenliebe entlassen. Luther sagt, „keyn gepot ..." sei „weyter" zu „hallten" noch zu „achten, denn so fern die liebe das foddert".[476] Wir können uns das verdeutlichen an einer Äußerung Luthers über die unbeschränkte Geltung der Gebote der 2. Tafel, die er ja als besonders treffende Konkretionen des Liebesgebotes verstanden hat.[477] Er schreibt: „Wo es aber keme / wie offt geschicht / das weltlich gewalt vnd vbirkeit / wie sie heyssen / wurden einen vnterthanen dringen widder die gebot gottis / odder dran hyndernn / da gaht der gehorsam auß / vnnd ist die pflicht schon auff gehabenn. Hie muß man sagen wie sanct Peter zu den fursten der Juden sagt / Man muß gott mehr gehorsam sein / dan den menschen. Er sprach nit / man muß den menschenn nit gehorsam sein / dan das were falsch / sondern / gotte mehr dan den menschenn / als wen ein furst wolt kriegenn / der ein offentliche vnrechte sach het / dē sol man gar nit folgen noch helffen, die weil got geboten hat / wir sollen vnsern nehsten nit todten / noch vnrecht thun. Item szo er hiesse ein falsch getzeugnis geben / rauben / liegen / odder betriegen / vñ des gleichen. Hie sol man ehe gut / ehr / leyp vnnd leben faren lassen / auff das gottis gebot bleybe."[478]

Aus diesem Zitat geht klar hervor, daß die in der 2. Tafel gebotene Nächstenliebe sich in ihrer Gestalt wohl den von Gott zur Erhaltung dieser Welt gegebenen Ordnungen anzupassen und einzufügen hat – so ist der Kriegsdienst in einer gerechten Sache (das darf man via negationis folgern) nicht gegen das Gebot der Nächstenliebe –, daß sie aber immer und überall den Christen auch in seinem Gehorsam gegenüber der Obrigkeit zu bestimmen hat.

Der Christ steht also in dieser Welt nur scheinbar unter verschiedenen Herren, in Wirklichkeit gehorcht er nur seinem einen Herrn, der ihn durch das Evangelium in der Liebe zu jedermanns Knecht gemacht hat, ihm das Doppelgebot der Liebe aufgetragen und ihn zur rechten Erfüllung dieses Gebotes befähigt.

Exkurs

Die Frage des Widerstandsrechtes gegen die Obrigkeit

Daß der Christ überall unter der sein ganzes Leben bestimmenden geistlichen Herrschaft Christi steht, zeigt sich auch in der Art der Gehorsamsverweigerung, die dem Christen aufgetragen ist. Es ist dem Christen nämlich nicht erlaubt, seinen Oberherren bewaffneten Widerstand zu leisten, – und zwar gilt das für die Fürsten und die Adligen genauso wie für den einfachen Bürger und Bauern, wenn sie „vnterperson eines andern" sind.[479] Vielmehr darf und soll der Christ nur mit Worten und mit der Kraft des Gebetes der Obrigkeit widerstehen, also so, daß er die Obrigkeit in klaren Worten auf ihr Unrecht hinweist[480] und von Gott Hilfe erbittet.[481] Wird aber sein mahnendes Zeugnis nicht gehört, hat er nach dem Befehl und Vorbild seines „obersten Herrn" und „Herzogs" das Unrecht zu leiden.[482] Daran, daß man sich der Obrigkeit nicht widersetzen dürfe mit Waffengewalt, hat Luther sein ganzes Leben festgehalten. So sagt er z. B. in den Thesen der Zirkulardisputation des Jahres 1539: „Ideo nostrum non est, imo prohibitum est, dissipare magistratus politias a Deo ordinatas propria temeritate. – Sed dandus est locus irae, et non defendendi ipsi a nobis ipsis."[483]

Wenn Luther dennoch in den 30er Jahren den evangelischen Landesfürsten das Recht zum bewaffneten Widerstand gegen den Kaiser zugestanden hat, sofern dieser ihnen und ihren Untertanen etwas gegen das Evangelium aufzwingen wolle, dann hat das seinen Grund darin, daß er sich von den Juristen hat überzeugen lassen, daß die Fürsten in dieser Sache nicht eigenmächtigerweise handeln müßten, sondern durch das Reichsrecht zum Widerstand gegen den so vorgehenden Kaiser geradezu verpflichtet seien. So schreibt Luther in seinem Brief an Lazarus Spengler vom 15. Februar 1531, wenn die Juristen recht hätten, daß das kaiserliche Recht zulasse, „in notorie injustis violenter resistere potestati", dann müsse man in der Tat gerade aus Gehorsam gegen den Kaiser und sein Gesetz dem Kaiser „in tali casu" widerstehen.[484] Ja, schon in einer kurzen Stellungnahme Luthers zur Gegenwehr vom Oktober oder November 1530 wird dieses Argument der Juristen entscheidend für das Widerstandsrecht der Fürsten geltend gemacht. Dort heißt es: „Vns ist ein zetel fürgetragen, daraus wir befinden, was die Doctores der rechte schliessen auff die frage, jnn welchen fellen man muge der oberkeit widder stehen. Wo nu des also bey den selbigen Rechts Doctoren odder verstendigen gegrundet ist, Vnd wir gewislich jnn solchen fellen stehen, jnn welchen (wie sie anzeigen) man müge der oberkeit widder stehen, Vnd wir allzeit gelert haben, das man welltliche recht solle lassen gehen, gelten vnd halten, was sie vermugen, weil das Euangelion nicht widder die welltliche recht leret. So kennen wirs mit der schrifft nicht anfechten, wo man sich des falls wehren musste, es sey gleich der keiser ynn eigener person oder wer es thut vnter seinem namen ... Denn das wir bisher geleret, stracks nicht widder zustehen der oberkeit, haben wir nicht gewust, das solchs der oberkeit rechte selbs geben, Wilchen wir doch allenthalben zu gehorchen vleissig geleret haben."[485]

Dabei ist es für unsern Zusammenhang von besonderer Bedeutung, daß für Luther das Problem des Widerstandes gegen den Kaiser nie *nur* eine juristische Angelegenheit gewesen ist. So schreibt er am Ende eines Gutachtens zu dieser Frage an Kurfürst Johann: „Christus, vnser herr, gebe Stärke und weisheit E. c. f. g., zu thun, was yhm wol gefellet."[486] Und in einem Bedenken zur Gegenwehr, unter dem auch seine Unterschrift steht, wird das Widerstandsrecht der Fürsten begründet mit der ihnen gebotenen Fürsorge für die Untertanen und dem ihnen aufgetragenen Schutz des rechten Gottesdienstes, ferner damit, daß das Evangelium das „gottlich vnd naturlich gesetz" bestätige, nach dem die Bösen zu strafen seien. Und dieses Gesetz sei auch gegenüber der Regierung nicht aufgehoben.[487]

Der Christ ist also auch hier nicht aus dem Gehorsam Christi entlassen. Er hat überall und immer nur das zu tun, was Christus wohlgefällt und er in seinem Evangelium gebietet, und darf deshalb die natürlichen und gesetzten Rechte nur befolgen, weil und sofern sie vom Evangelium, dem Zepter der geistlichen Herrschaft Christi, bestätigt werden.

Nun hat Luther aber außer diesem Fall des Widerstandes der Fürsten gegen den Kaiser in einer besonderen Lage auch den *einfachen Bürgern* das Recht und die Pflicht zum Widerstand zugesprochen, dann nämlich, wenn der Papst einen Krieg ins Werk setzt. Ihm sei in jedem Falle als einem alles verwüstenden Ungeheuer zu widerstehen,[488] denn der Papst sei weder eine geistliche noch eine weltliche Obrigkeit und auch keine Obrigkeit im Hausregiment, sondern zerstöre vielmehr durch seine Willkür diese drei Ordnungen.[489] Widerstand gegen ihn sei auch dann zu leisten, wenn der Papst Fürsten, Könige und sogar Kaiser für sich streiten lasse, denn wer unter einem Räuber kämpfe, möge sein, wer er wolle, er müsse die Gefahr dieses Kampfes samt der ewigen Verdammnis auf sich nehmen.[490]

Luther bezeichnet also den Papst als einen Räuber, und zwar deshalb, weil er und alle seine Helfershelfer die von Gott eingesetzten Ordnungen gefährden. Sowenig man nun einen Räuber und Mörder bei seinem verbrecherischen Werk gewähren lassen darf, auch nicht, wenn er sich dabei auf Christus beruft, sowenig darf man den Papst gewähren lassen, wenn er unter dem Vorwand, es geschehe um Christi willen, Menschen an Gut, Leib und Leben bedroht. Ihm ist vielmehr nach dem Gebot der Obrigkeit, der wir nach der zweiten Tafel unterstehen, als einem Räuber und Mörder Widerstand zu leisten.[491] Und Luther fügt ausdrücklich hinzu, daß der Christ, der so widerstehe, den Forderungen sowohl der ersten als auch der zweiten Tafel gehorsam sei.[492]

Es geht also bei diesem von allen zu leistenden Widerstand um die Erfüllung der ersten und der zweiten Tafel, deren Summa das Doppelgebot der Liebe ist. Damit aber ist auch dieser Widerstand als ein unter der geistlichen Herrschaft Christi mögliches, ja notwendiges Tun gekennzeichnet, denn darin besteht ja gerade die Wirkung der geistlichen Herrschaft Christi, daß er uns zu der im Gesetz geforderten Gottes- und Nächstenliebe befähigt.

In Luthers Erwägungen über das Widerstandsrecht nimmt nun der Gedanke eine eigentümliche Sonderstellung ein, daß man nur einer Obrigkeit, die unter christlichem Namen gegen das Evangelium vorgeht, Widerstand leisten solle, einer heidnischen Obrigkeit aber, die das Evangelium nicht dulden will, Raum geben und sie leiden müsse.[493] Abgesehen von andern Gründen wird diese Stellungnahme Luthers auch darin ihren Grund haben, daß Christus gerade durch das Leiden seiner Gläubigen seine Herrschaft ausbreitet, daß also die Kirche durch die heidnische Verfolgung in ihrer Existenz nicht bedroht, sondern geradezu gefördert wird, während sie durch einen Angriff unter christlichem Namen von innen her tödlich bedroht ist, denn die so angreifen, stehen ja in Wirklichkeit gar nicht mehr unter der geistlichen Herrschaft Christi, und ihr vielleicht unbewußtes, aber doch tatsächliches Ziel ist es, unter Beibehaltung des christlichen Namens die Kirche von ihrem alleinigen Herrn zu trennen und Menschen zu unterstellen. Damit würde aber die Kirche aufhören, Kirche zu sein. Und um dieser Gefahr willen hält Luther offenbar den bewaffneten Widerstand gegen eine unter christlichem Namen vorgetragene gewaltsame Unterdrückung des Evangeliums für geboten.

2. Die Verwirklichung des Liebesgebotes im Bereich der Wirtschaft

Daß nach Luther der Christ auch im Bereich der Wirtschaft nicht in eine Eigengesetzlichkeit entlassen ist,[494] sondern unter der Königsherrschaft Christi steht, der er auch hier Gehorsam zu leisten hat, wird deutlich aus Luthers Schrift „Von Kaufhandlung und Wucher" aus dem Jahre 1524.[495] In ihr entwickelt Luther, wie „eyn recht Christlicher kauffman seyn" soll,[496] und nimmt Stellung zu verschiedenen Praktiken der Kaufleute, die mit dem christlichen Glauben nicht vereinbar sind.

Dabei begründet er seine Beanstandungen einmal damit, daß sie wider die Nächstenliebe verstoßen. So greift er z. B. die „gemeyne regel" der Kaufleute an, „da sie sagen / Ich mag meyne wahr so thewr geben alls ich kan /", und deutet sie: „Was ist das anders gesagt / denn so viel / Ich frage nichts nach meynem nehisten? Hette ich nur meynen gewynn vnd geytz vol / was gehet michs an / das es zehen schaden meynem nehisten thet auff eyn mal? Da sihestu / wie dieser spruch so stracks vnuerschamt / nicht alleyne widder die Christliche liebe / sondern auch widder das naturlich gesetz feret."[497] Er hält dann dieser „gemeinen Regel" der Kaufleute entgegen, es solle vielmehr „also" heißen: „Ich mag meyne wahr so theur geben / als ich soll odder als recht vnd billich ist. Denn deyn verkeuffen soll nicht eyn werck sein / das frey ynn deyner macht vnd willen / on alle gesetz vnd mas stehe / als weristu eyn gott / der niemand verbunden were / Sondern weil solch deyn verkeuffen eyn werck ist / das du gegen deynem nehisten vbest / soll es mit solchem gesetz vnd gewisssen verfasset seyn / das du es vbest on schaden vnd nachteyl deynes nehisten / Vnd viel mehr acht haben / das du yhm nicht schaden thust / denn wie du gewynnest."[498]

Von der Liebe zum Nächsten hat sich also der Christ auch im Wirtschaftsleben leiten zu lassen, und indem er so als Christ handelt, tut er zugleich das, was in diesem Lebensbereich recht und billig ist. Die beiden Attribute „recht und billig" und „christlich" sind dabei in der Kennzeichnung der rechten Handlungsweise so miteinander identisch, daß Luther sie auch in einem Ausdruck zusammenziehen kann und davon redet, man solle das „böse recht" der Kaufleute „auff Christliche billiche weyse bringen".[499] Daraus wird erneut deutlich, daß die Königsherrschaft Christi nach Luther nicht zu einem über das Gesetz hinausgehenden Gehorsam befähigt, sondern vielmehr gerade zum rechten Gehorsam gegen das Gebot Gottes des Schöpfers, wie es als natürliches Gesetz jedem Menschen in das Herz gegeben und in seiner wahren Intention von Christus aufgedeckt ist.[500]

Zum andern wendet sich Luther gegen die Praktiken der Wirtschaft, durch die das im ersten Gebot geforderte Vertrauen zu Gott beeinträchtigt wird. So beanstandet er die „ynn aller welt leufftige gewonheyt", „das eyner für den andern burge wird",[501] und bezeichnet sie als „vnchristlich", weil dadurch das Vertrauen, das allein Gott zukomme, auf einen Menschen gerichtet werde. Damit aber mache sich der Mensch selbst zu Gott, „Denn warauff eyn mensch trawet vnd sich verlesst / das ist seyn Gott".[502] Mit derselben Begründung brandmarkt er die Anhäufung irdischer Güter, durch die der Mensch seine Zukunft sichern will, wenn diese Sorge nicht aus der Liebe für andere Menschen erwachsen ist.[503] Damit werde nämlich wiederum, ganz abgesehen von der Lieblosigkeit gegen den Nächsten, die damit verbunden ist, das Vertrauen von Gott abgewendet und auf Geld und Gut gesetzt.[504] Weil aber der Geiz den Menschen vom Glauben und rechten Gottesdienst abkehrt[505] und ihn damit an den Wurzeln seiner christlichen Existenz bedroht, gibt es nach Luther kein Laster, das die Leute mehr betrügt und dem Evangelium und seinen Früchten mehr Schaden tut als der Geiz.[506] Wer geizt, steht schon nicht mehr unter der geistlichen Herrschaft Christi, denn es ist die „Kunst und Tugend" der Christen, daß sie tun, was ihnen aufgetragen ist, daß sie aber ihre Sorgen auf den Herrn werfen und ihm allein vertrauen.[507]

Ebenso wie Luther hier ganz allgemein vom Evangelium her zu den Fragen der Wirtschaft Stellung genommen hat, hat er auch zu einer besonders wichtigen Wirtschaftspraxis vom Evangelium her sich geäußert, nämlich zur Zinswirtschaft. So ist es nach Luther unmöglich, daß ein Christ Zinswirtschaft treibt, für die Luther bezeichnenderweise zumeist den Ausdruck „Wucher" gebraucht.[508] Der Christ steht nämlich unter dem Recht Christi, durch das Christus das „himelisch, ewige, unwandelbar reich" regiert,[509] denn das gerade Zepter Christi als das vollkommene Recht lehrt die Christen, gerne zu geben, zu leihen und sich nehmen zu lassen, ohne etwas dafür zu erwarten.[510] Und wer nach dieser Weisung nicht handelt, ist kein Christenmensch mehr.[511]

Für Luther ist das Zinsnehmen „Juddische stucklein unnd tucklein, und ist eyn unchristenlich furnehmen widder das heylig Evangelium Christi, ja widder das naturlich gesetz und recht, das der her antzeygt luce 6. das so sagt: Was du wilt, das dir die menschen thun und lassen sollen, das thu und las du auch yhnen. Es ist niemant, der nit gern wolt, das man yhm an auffsatz leyhe, Warumb thut er dan widder dasselb eynem andernn?"[512]

Von dieser von Christus im Evangelium gelehrten Summa des natürlichen Gesetzes hat sich Luther in allen seinen Stellungnahmen zur Zinswirtschaft leiten lassen. Mit Recht weist Barge[513] darauf hin, daß sich daraus „für das praktische Verhalten des Reformators eine gewisse Vielseitigkeit der Entscheidungen" ergab. Er sagt: „Die Größe der Lutherschen Gesinnungsethik beruht ebenso wie die Schwierigkeit, ihren hohen Ansprüchen gerecht zu werden, auf ihrem Erfordernis, daß der Handelnde in jedem einzelnen Falle aus den Umständen der besonderen Situation heraus seine Entschließung treffen muß, ohne daß eindeutig durch äußere Normen der einzuschlagende Weg festgelegt ist. So sagt Luther bei scheinbar gleichen oder ähnlichen äußeren Anliegen das eine Mal sein bestätigendes Ja, während er ihnen das andere Mal sein versagendes Nein entgegensetzt. – Aber man würde der Strenge seines Ethos nicht gerecht werden, wenn man meinte, er habe je nach der Art des Anlasses größere oder geringere Zugeständnisse an den herrschenden Brauch und die menschliche Schwachheit gemacht. Vielmehr verlangte er von den Christgläubigen, daß sie ihre Beziehungen zu den Mitmenschen jederzeit durch das Gebot der Nächstenliebe regelten und in allen Lebenslagen den Kampf mit dem Eigennutz aufnähmen."[514] So hat er z. B. alten Leuten, Witwen und Waisen oder sonst Bedürftigen einen gewissen Zinsertrag zur Bestreitung ihres Lebensunterhaltes zugestanden und diese Zinsen als „not Wücherlin" bezeichnet: „... ein halb werck der barmhertzigkeit, für die dürfftigen, die sonst nichts hetten, und den andern nicht sonderlich schadet."[515] Und auch sein Vorschlag, der Gläubiger solle hinfort nicht mehr den Vorteil haben, auf sicheren Gewinn rechnen zu dürfen, sondern müsse an dem Verlustrisiko des Schuldners beteiligt werden, ist von daher zu verstehen.[516]

Weil nun aber – wie oben erwähnt – der Christ als Untertan nach dem Befehl und Vorbild seines eigenen Herrn und Herzogs Christus das Unrecht zu leiden hat, ist auch das im Sinne des rechten Gehorsams gegen die Königsherrschaft Christi durchaus folgerichtig, daß Luther die Maßnahmen gegen die Wucherer und zur Durchsetzung seiner Vorschläge nicht jedermann, sondern der Obrigkeit übertragen hat. So schreibt Luther über den Wucher an den Kanzler Gregor Brück: „... daß allein sein Abtun das einige und beste Mittel ist, ihm zu raten, und ein christlich edel Werk wäre, daß Fürsten und Herrn zusammentäten und ihn abschafften." Vom Schuldner aber heißt es wenig später: „... der Zinsmann hat wohltan und ist entschuldigt, wann er dem Zinsherrn den Wucher ansagt und das Unrecht bekennet. Aber dennoch soll er sich selbst nicht rächen, sundern verwilligen, zu geben dem Ungerechten, gleichwie ich soll verwilligen, dem Mörder zu geben Leib, Gut und Ehre, Matth. 6." Und ziemlich am Schluß des Briefes sagt Luther: „Indes sein die Leute dahin zu halten, daß sie christlich solchen Schaden noch eine Zeit leiden und den Zins reichen, bis besser wird. Oder so sie mit Recht sich des wollen wehren, mag man sie zu Verhöre und Klag kommen lassen und darnach richten und Urteil lassen gehen, wie recht und dem Euangelio gemäß."[517] Damit wird aber die Obrigkeit zu einer am Liebesgebot orientierten Gesetzgebung verpflichtet. Das gilt auch für das Gutachten, das Luther 1525 an den Rat der Stadt Danzig sandte, denn, wenn Luther darin sagt, alle Gesetze und Gewohnheiten sollten der natürlichen Billigkeit als ihrer Regel und Meisterin unterworfen sein, so will er damit zwar nicht die staatliche Gesetzgebung der „Bergpredigtmoral" unterwerfen, aber doch auch nicht das Liebesgebot in Gegensatz stellen zur Billigkeit. Vielmehr ist die Billigkeit doch nur die dem Zustand dieser Welt Rechnung tragende Form des Liebesgebotes.[518] Und daß das Liebesgebot nicht nur in dieser einen Frage die Richtschnur rechten obrigkeitlichen Handelns ist, sondern auch in allen andern Fragen, muß der folgende Unterabschnitt zeigen.

3. Die Verwirklichung des Liebesgebotes im obrigkeitlichen Amte

Im Großen Katechismus in seiner Auslegung des 4. Gebotes hat Luther den Auftrag aller Obrigkeiten, nämlich: der Blutsväter, Hausväter, Landesväter und geistlichen Väter,[519] dahingehend gekennzeichnet, daß sie „fur allen dingen sich yhres ampts / hertzlich vnd trewlich annemen / yhre kinder, gesind / vnterthanen ect. nicht allein zu neeren vnd leiblich zuuorsorgen / sondern allermeist zu Gottes lob vnd ehre auffzuziehen /" hätten.[520]

Motiv des Handelns der Obrigkeit ist hier ganz offensichtlich die Liebe zu Gott, denn die Erziehung soll ja ihm zu Lob und Ehren geschehen.

Ebenso kann Luther aber auch in Auslegung des 4. Gebotes die Liebe zum Nächsten als Motiv für das Handeln aller Obrigkeit angeben. So schreibt er in seiner Schrift „Von den guten Werken" (1520), was hier von der Obrigkeit erwartet werde, sei „sorgfeltickeit", „das sie fleiß habe yhr vnterthanen wol zu regiren / lieblich mit yhn handeln / vnd alles thun / das sie yhn nutzlich vn hulfflich sein /".[521]

Daß diese beiden Bestimmungen des Auftrages der Obrigkeit in Ergänzung zueinander verstanden sein wollen, versteht sich. Gerade so aber sind sie ein Beleg für unsere Behauptung, daß die geistliche Herrschaft Christi gilt und sich auswirkt auch in diesem Bereich menschlicher Verantwortung und Tätigkeit. Denn wo und wenn wirklich das Regiment allein Gott zu Ehren und dem Nächsten zu Nutz geführt wird, ist das ja nach dem oben Dargelegten immer das Werk der durch den Glauben geschenkten Liebe.

Dieser Liebe entspricht es, wenn der Prediger nicht nur den Seelen „von sunden / tod vnd teuffel" hilft,[522] sondern auch „alle stende berichtet vnd vnterweiset / wie sie eusserlich jnn jhren ampten vnd stenden sich halten sollen / da mit sie fur Gott recht thun / ..."[523] Mit Recht spricht freilich Lau von dieser Unterweisung aller Stände als von einem „vikarischen Dienst des Predigtamtes". Es ist auch richtig, wenn er sagt: „Der vikarische Dienst des Predigtamtes am weltlichen Recht und der weltlichen Sittlichkeit ist nicht Aufrichtung der Christusherrschaft in der Welt."[524] Aber man wird hinzufügen müssen: Dieser vikarische Dienst ist die Auswirkung der geistlichen Herrschaft Jesu Christi und allen, die unter seiner Herrschaft bleiben wollen, aufgetragen. Und Wirkung dieser Herrschaft ist es ebenfalls, wenn die Eltern ihre Kinder „nicht nach fleischlicher weiß lieb habenn",[525] sondern sie zum rechten Gottesdienst in den von Gott zur Erhaltung und Erlösung dieser Welt gestifteten Ständen erziehen.[526]

Eines ausführlicheren Hinweises bedarf hier nur noch die Verwirklichung des Liebesgebotes im Amte weltlicher Obrigkeit. Nach Luther haben nämlich auch die weltlichen Regenten in ihrem Regiment nichts anderes zu suchen als die Liebe, sie sollen „das schwertt gancz Christlich annemen und haben".[527] Dabei ist der Begriff „christlich" nicht allgemein ethisch gebraucht, sondern meint die aus dem Glauben erwachsende Liebe. Luther sagt nämlich wenig später: „Also söl der fürst gedencken: Cristus hat mir gedienett und alle ding zu einer nachfolgung gethan, also wil ich auch meinem nechsten dienen, in beschüczen und hanthaben bey dem seinen ... Wu das nit im fürsten ist, so stett sein regiment nimmer mer wol, Er mus regiren im reich gottes."[528] Und ein solcher Fürst, der „regiert im Reich Gottes", ist ein „hencker und Stockblöcher Christi", der thut, „was in Christus gebeutt".[529]

Schon aus dieser letzten Bezeichnung wird deutlich, daß Luther mit dem Hinweis, daß man im weltlichen Regiment „allein die lieb ... süchen söl",[530] der notwendigen Strenge des obrigkeitlichen Amtes nicht wehren will, sondern vielmehr der Ansicht ist, daß bei einem frommen Fürsten auch die Anwendung von Gewalt aus lauter Liebe geschieht,[531] und zwar nicht nur aus Liebe zu den Guten, die durch solche Gewaltanwendung geschützt werden, sondern auch aus Liebe zu dem Verbrecher selbst. Diese eigentümliche Auffassung muß hier etwas näher ausgeführt werden. Luther sagt: „Also soll ain weltlich man auch thun: Wa er ainen bösen menschen sicht, Der dem wort gots nit zu hören will, da sol er dencken: Ach wie gern wolt ich vor dem sterben, wenn es seyn künd. Er hat ain seele, der kan ich nicht helfen, er fürdt so ain Bößes leben, flaisch und blut ist zu böse an jm, er kan den leib nit under den gaist zwingen, und also legt er die baide auff die wage und syhet was meer wyget. So befyndet er das ain leicht ding ist, wenn der leib stirbet, Und ain groß dyng, wenn die seel stirbt, Denn der seelen sterben ist ewig, des leibes aber zeitlich. Da muß er dencken und sagen: Ach syhe wie möcht dein seel in ain schwer gerichte gotts fallen, Syhe wie du verderben möchst, auff das nicht dein sünd weytter einbrech, So muß ich dir dein leib außziehen unnd sehen: Seytemal ich dir dein leib nicht erretten kan, So muß ich schawen das ich der seelen helffen. Darnach soll man frey zu faren und sy über die klingen lassen fallen, damit dem zorn Gots und seinem gericht zu vorkommen, den senfftmutigen, wie Moses thet Exo XXXij (Ex. 32,28ff.)."[532]

Somit ist also der Mensch im Amte weltlicher Obrigkeit überall und gegen jedermann zur Erfüllung des Liebesgebotes verpflichtet. Diese Verpflichtung schließt ein, daß auch die Staatsgesetze dem Liebesgebot entsprechen müssen. Luther sagt: „... legislatores ... debitores sunt chariti, ut, quando viderint leges suas esse onerosas subditis aut etiam noxias, curent omnibus modis aliorum commodo servire et eas abrogare."[533] Und daß das nicht nur für die Abschaffung alter Gesetze gilt, sondern auch für den Erlaß neuer Gesetze, ist schon aus Luthers Vorschlägen zur Gesetzgebung gegen den Wucher deutlich.[534] Immer hat die Obrigkeit den wahren Nutzen der ihr anvertrauten Menschen im Auge zu haben.

Wo nun der Regent in seinem Amt sich wirklich von der geforderten Liebe leiten läßt, da erweist er sich als ein Christ. Und d. h. für unsern Zusammenhang: Nur die geistliche Herrschaft Christi kann einen Menschen dazu befähigen, sein Regiment ganz uneigennützig zu führen. Ja, Luther kann sogar in äußerster Zuspitzung sagen: „... hat ein fürst ader Regentt sein ampt nit im und aus dem geist gottes, so ists nichts."[535] Und er hat das geltend gemacht besonders für die Billigkeit und Unbestechlichkeit der Fürsten und Juristen im Gericht.[536] Wo also nach Billigkeit und unbestechlich gerichtet wird, da ist das die Wirkung der Königsherrschaft Christi, der durch den Heiligen Geist Glauben schafft und durch den Glauben Liebe wirkt.

Aus dem bisher Dargelegten ergibt sich für die Frage nach dem *Zusammenhang von Rechtfertigung und Recht*, daß ein zweifacher Zusammenhang zwischen beiden besteht: Einmal soll der Mensch sich auch in der Ausübung der weltlichen Gewalt und des weltlichen Rechtes von *der* Liebe leiten lassen, die vorbildlich in dem Erlösungswerk Christi sichtbar geworden ist. Und zum andern ist nur der gerechtfertigte Mensch kraft der ihm von Christus in der Rechtfertigung geschenkten Liebe in der Lage, das menschliche Recht so zu gebrauchen, wie es dem Sinn des von Gott jedem Menschen ins Herz gegebenen natürlichen Gesetzes entspricht. Richtig sagt daher Joh. Heckel in Auslegung Luthers: „Ein usus legis spiritualiter et corporaliter legitimus ist allein dem gerechtfertigen Menschen möglich."[537] Dabei ist es von Wichtigkeit, sich zu erinnern, daß das von Gott ins Herz gegebene natürliche Gesetz, wie wir oben sahen,[538] eben die Liebe fordert, die von Christus in seinem Erlösungswerk vorbildlich geleistet wurde und zu der wir durch den Heiligen Geist befähigt werden. Die Rechtfertigung gibt also dem Menschen eigentlich keinen neuen Maßstab für den Gebrauch des Rechtes an die Hand, sondern sie verhilft ihm vielmehr nur zur rechten Erkenntnis und Anwendung des alten immer schon von Gott gegebenen, aber bisher auch immer vom Menschen verkannten und verfehlten Maßstabes, nämlich des natürlichen Gesetzes, dessen Summa die Goldene Regel ist: „Was ihr wollt, daß euch die Leute tun, das tut ihr ihnen auch."

Wo nun Luther von der christlichen Obrigkeit einen über die leibliche Versorgung hinausgehenden Dienst erwartet hat, den die obrigkeitlichen Personen als Glieder der Kirche zu leisten haben, wie etwa in der Visitation, hat er auch diesen Dienst der Obrigkeit mit dem Doppelgebot der Liebe begründet.[539] Daß die Befugnisse der weltlichen Obrigkeit im geistlichen Stande dabei stets nur so weit gehen, wie sie im Dienste des Wortes Gottes stehen, ist oben schon dargelegt worden.

Selbst da, wo Luther etwa der Obrigkeit im Vorgehen gegen öffentliche Gotteslästerer „eine scharffe barmhertzigkeit"[540] empfohlen hat, hat seine Empfehlung – sowenig wir sie bejahen oder gar nachvollziehen können – letztlich in seinem Verständnis des Doppelgebotes der Liebe ihre Begründung, zu dessen Erfüllung er auch die Obrigkeit verpflichtet weiß. So ist es vor allem die Sorge um die Mitschuld derer, die Gotteslästerung ungehindert geschehen lassen,[541] dann aber auch der Gedanke an die, die durch die Irrlehre verführt werden können,[542] und schließlich der Wille, durch hartes Eingreifen, die Gotteslästerer selbst vom ewigen Verderben zu retten,[543] die seine Empfehlung veranlassen.[544]

Es steht also der Christ auch in diesem Bereich obrigkeitlicher Verantwortung ganz unter der geistlichen Herrschaft Christi: Er hat hier nichts zu gebieten, sondern ist nur zu hören, wenn er im Dienste des Wortes Gottes und in Übereinstimmung mit ihm Weisung gibt, und sein Handeln erweist sich dann als ein wirklich christliches, wenn er sich in allen seinen Maßnahmen von der Liebe zu Gott und zum Nächsten leiten läßt.

Alles nun, was wir über die Erfüllung des Doppelgebotes der Liebe in allen Bereichen des Lebens als Auswirkung der Herrschaft Christi durch das Evangelium gesagt haben, sei zum Schluß noch einmal zusammengefaßt in zwei Luther-Worten. Luther sagt in seinen „Operationes in psalmos": „Ita regnum Christi in veritate, iustitia, aequitate, pace, sapientia consistit, non quia solus ipse, sed et fideles sui per eum sunt veraces, iusti, aequi, pacifici, sapientes."[545] Und in seiner Wartburg-Postille schreibt er: „Darum heyst unser herr Christus eyn kunig des frides . . ., das er unss frid macht ynnwendig gegen gott ynn unsserm gewissen durch den glawben auf sich gebawet und ausswendig gegen den menschen, inn leyplichem wandel, durch die liebe, das alszo durch yhn allenthalb frid sey auff erdenn."[546]

cc) Das Handeln im Gehorsam gegen das Doppelgebot der Liebe als ein für menschliche Augen nur ungewisses Zeichen der Zugehörigkeit zum Reich Christi und die durchgängige Geltung der Rechtfertigung durch Christus allein

Es entspricht Luthers Anschauung, daß die geistliche Herrschaft Christi beim Christen gerade die rechte Erfüllung seiner *Standespflichten* bewirke, wenn er sagt: „drumb geht, steht, ysset, trincket, kleydet, wirckt, wandellt er (sc. der Christ) wie ßonst eyn gemeyn man ynn seynem stand, das man nit gewar wirt seyniß Christenthumß, . ."[547] Damit meint Luther nämlich nicht, wie das schon nach dem oben Ausgeführten klar sein dürfte, daß der christliche Glaube auf das Leben in den Ständen keine gestaltende Wirkung habe, sondern nur, daß sich der christliche Glaube gerade in der Übernahme der alltäglichen Pflichten innerhalb der von Gott gesetzten Ordnungen erweisen müsse. Mit andern Worten: Luther will sagen: Der Christ hat sich nicht einen neuen Stand selbstgewählter Heiligkeit zu suchen, sondern hat an dem ihm von Gott innerhalb der drei Stände gewiesenen Ort seinen Gehorsam gegen das Liebesgebot zu erfüllen.[548]

Weil nun aber „auch etliche Heiden sich in solchen wercken geübt, und wol zu weilen heiliger scheinen, weder die Christen",[549] kann dieses Handeln, wie überhaupt die Erfüllung der andern Tafel des Gesetzes Moses, nicht als ein ebenso gewisses Zeichen der Kirche gelten wie die andern, die wir oben als Kennzeichen der Kirche aufführten.[550] Der Unterschied zwischen den guten Werken der Heiden und denen der Christen liegt nämlich darin, daß das Werk der Heiden „nicht so rein und einfeltig aus dem hertzen" geht „umb Gottes willen, Sondern suchen etwas anders drinnen, weil sie keinen rechten glauben noch erkentnis Gottes haben Hie (sc. bei den Christen) aber der Heilige Geist ist, der das hertz heiliget, und solche frucht aus gutem, feinen hertzen bringet, wie Christus sagt in der Parabel Matth. 13 (Matth. 13,23)".[551] Dieser Unterschied der Herzenseinstellung ist dem menschlichen Auge aber verborgen, und darum sind die Werke im Gehorsam gegen das Doppelgebot der Liebe nur ein ungewisses Zeichen für die Zugehörigkeit zum Reich Christi.

Außerdem ist die Heiligkeit der Kirche nach Luther immer ein Glaubenssatz, den es gegen die Vernunft und gegen den Augenschein zu bekennen gilt, denn die Christen fallen bisweilen, sündigen, sind schwach im Glauben und haben auch noch Zorn, Neid und andere böse Neigungen an sich.[552] Man soll aber nicht die eigene Person oder die des Nächsten ansehen, sondern Christus, der die Kirche heiligt und reinigt, denn um seinetwillen, weil er, der die Sünden der ganzen Welt getragen hat, in der Kirche herrscht, ist die Kirche ganz heilig.[553]

Wenn auch der Gehorsam gegen das Doppelgebot der Liebe mit Notwendigkeit aus dem Glauben folgt, so wird doch der Christ um dieser Taten des Gehorsams willen nicht vor Gott gerecht, sondern bleibt immer auf das vollkommene Werk angewiesen, das Christus stellvertretend für ihn geleistet hat. Luther sagt: „... und ob wir gleich, nach dem wir Christen sind worden durch die tauffe und glauben, thun soviel wir können, so können wir doch nymer dadurch fur Gott bestehen, sondern mussen jmer zu Christo kirchen, der es alles auffs aller reinest und volkomenst erfullet hat, und sich mit seiner erfullung uns schencket, das wir durch jn fur Gott bestehen, und das gesetz uns nicht schuldigen noch verdamnen kan."[554] Es bleibt auch in dem frömmsten Leben dabei, „das der Christen gerechtigkeit alle dinge viel mehr stehet jnn Vergebung denn jnn eigenem thun".[555]

Luthers Lehre von der Königsherrschaft Christi steht also – darauf darf abschließend noch einmal hingewiesen werden – nicht beziehungslos neben dem Herzstück seiner Verkündigung, der iustificatio impii, sondern sie ist in allem auf die Rechtfertigung des Gottlosen bezogen und an ihr orientiert. Freilich gilt es dabei, sich zu erinnern, daß die Rechtfertigung nach Luther nicht nur Gerechtsprechung, sondern auch fortschreitende Gerechtmachung bedeutet, weil das rechtfertigende Wort als das Wort des Schöpfers das wirkt, was es sagt. Damit ist aber dem Christen keine Möglichkeit gegeben, den Stand seiner fortschreitenden Gerechtmachung so festzustellen, daß er darauf sein Vertrauen setzen könnte. Denn einmal ist es ja nicht die eigene Leistung, sondern allein das rechtfertigende Wort, das ihn gerecht macht, so daß also christliches Vertrauen allein als Vertrauen auf das Wort möglich ist, und zum andern wird der Christ gerade umgekehrt feststellen müssen, daß allen Werken immer noch etwas von dem alten, angeborenen egoistischen und damit widergöttlichen Wesen anhaftet, das auch die besten Taten „ynn dem anheben und zunemen, zu sunden und zu nichte"[556] macht. Gerade aber indem der Mensch das erkennt und darum bekennt, daß er in jedem Augenblick seines Lebens auf das gerechtsprechende und zugleich gerechtmachende Wort seines Herrn angewiesen ist, erweist er sich als ein Bürger des Reiches Christi, in dem Christus alles allein wirkt und schafft durch das Zepter seiner geistlichen Herrschaft: das rechtfertigende Wort. In diesem Sinne hat Luther die Vergebung der Sünde als „das gantze königreych Christi" bezeichnet, „das da ewig weret on auffhören".[557]

6. Kapitel

Zusammenfassung und Ergebnisse

Überblicken wir noch einmal den zurückgelegten Weg und vergegenwärtigen uns die wichtigsten Ergebnisse:

Wir gingen aus von Luthers Lehre über die Person Christi in ihrer Bedeutung für sein königliches Amt und stellten fest: Für Luther geht es bei der Königsherrschaft Jesu Christi um die Herrschaft dessen, der wahrhaftiger Gott und auch wahrhaftiger Mensch ist. Das besagte für die Art seiner Herrschaft: Jesus Christus ist als der Mensch gewordene Gottessohn und nach seiner menschlichen Natur vom ersten Augenblick der Inkarnation an mit dem Vater und dem Heiligen Geist der Herr über alle Gewalten, und in ihm und durch ihn herrscht der dreieinige Gott in ungeteilter Macht über uns und handelt an uns. Dabei wirkt nach Luther auf das ganze Werk des Mensch gewordenen Gottessohnes und also auch auf die Ausübung seines königlichen Amtes bestimmend, daß er *zum Zwecke unserer Erlösung* Mensch geworden ist.

Im 2. Kapitel sahen wir: Nach Luther hat Christus im Stande seiner Erniedrigung seine ganze Herrschaft dazu eingesetzt, uns aus der Gewalt von Sünde, Tod und Teufel zu erlösen und uns damit unter seine geistliche Herrschaft zu bringen. Insofern war seine Herrschaft in der zu unserer Erlösung angenommenen Knechtsgestalt verborgen und war auch selbst nur Vorstufe seiner geistlichen Herrschaft über uns. Das galt, wie wir feststellten, auch in bezug darauf, daß Christus ja vom ersten Tage der Inkarnation an mit dem Vater und dem Heiligen Geist der allmächtige Schöpfer und Erhalter der Welt ist und sich als solcher in seinen Wundern gelegentlich offenbart hat. Denn er hat seine Herrschgewalt nie für sich selbst eingesetzt, sondern uns damit gedient wie ein Knecht. Auch durchbrechen die Erweise der Herrschaft Christi in den Wundern nicht das Inkognito seiner Knechtsgestalt, weil sie nach Luther nur von den Gläubigen als Zeichen *göttlicher* Kraft und Herrlichkeit erkannt werden konnten. Zugleich hat Christus aber schon im Stande seiner Erniedrigung seine geistliche Herrschaft ausgeübt durch die Verkündigung des Evangeliums, das den Vollzug des mit der Inkarnation bereits begonnenen Erlösungswerkes verheißt. Insofern sind Luther die Aussagen der Schrift über Christi Herrschaft in seinen Erdentagen Beispiele für die Art der geistlichen Herrschaft Christi überhaupt. Sie ist ihm damit durchgängig eine unter dem Kreuz verborgene und ganz ausschließlich auf den Nutzen der Untergebenen ausgerichtete Herrschaft.

Im 3. Kapitel fanden wir, daß Luther dem geistlichen Regiment Christi innerhalb seiner ganzen Herrschaft nach der Erhöhung die bestimmende Bedeutung zumißt. Damit war die Herrschaft Christi in der Gegenwart ganz und gar bestimmt von der im Stande der Erniedrigung erworbenen Erlösung und ausgerichtet auf die Vollendung der Erlösung in sichtbarer Herrlichkeit bei seiner Wiederkehr. Das bedeutete für seine alleinwirksame Herrschaft zur Erhaltung der Welt, in die er mit seiner Erhöhung zur Rechten Gottes eingesetzt ist, daß sie auf das Strikteste bezogen ist auf die Erlösung, denn die wirksame Zueignung der Erlösung durch das Evangelium ist nach Luther der

Grund dafür, daß die Welt noch erhalten wird, und die Vollendung der Erlösung in sichtbarer Herrlichkeit die Ursache für ihre einstige Aufhebung.

In Kapitel 4 beschäftigte uns zunächst die Frage nach dem Zustand der Welt, deren Herrschaft der zur Rechten Gottes Erhöhte übernimmt. Sie ist nach Luther gekennzeichnet dadurch, daß sie von Gott geschaffen ist und daß sie der Teufel zerstört hat. Dem durch den Sündenfall unter die Herrschaft des Satans geratenen Menschen gibt aber Gott durch die Verheißung von dem kommenden Erlöser sowie in der Botschaft von dem gekommenen und wiederkommenden Erlöser damals und heute die Möglichkeit, schon hier in dieser Zeit im Glauben an die Vergebung der Sünden ihrer eigenen Bosheit und der Verführung des Teufels zu widerstehen. Die so gekennzeichnete Welt erhält Gott um des Evangeliums willen auf das Jüngste Gericht hin. Es ist dabei in der Herrschaft Gottes zwischen einer den Menschen übergebenen Herrschaft und einer von Gott selbst oder durch überirdische Mächte geübten Herrschaft zu unterscheiden. Durch die den Menschen übergebene Herrschaft erhält Gott die Welt, indem er den Menschen auch nach dem Fall die an der lex naturae orientierte Vernunft belassen hat. Ferner durch die Einsetzung weltlicher Obrigkeit zur Aufrechterhaltung menschlicher Ordnung durch Recht und Schwertgewalt und durch die „Wunderleute" als besonderer Werkzeuge zur Verwirklichung des natürlichen Rechtes innerhalb der weltlichen Ordnung. In diesem Zusammenhang war es von besonderer Wichtigkeit, daß wir feststellten: Die dem Menschen von Gott in das Herz gegebene lex naturae ist nach Luther zwar einerseits im menschlichen Leben ohne die Hilfe des Heiligen Geistes immer von der Selbstliebe entstellt, aber andererseits doch wirklich die Grundlage des menschlichen Rechtsempfindens. Sie stimmt überein mit dem durch Mose schriftlich überlieferten Gebot der Nächstenliebe, das dann von Christus ausdrücklich aufgenommen und bestätigt wurde.

Die Aussage von der den Menschen übergebenen Herrschaft sahen wir dann ergänzt und berichtigt durch den Hinweis Luthers, daß Gott sein Regiment nur scheinbar aus der Hand gegeben hat, daß aber in Wirklichkeit seine Kraft unter dem menschlichen Werk verborgen alles schafft, erhält und regiert. Dies wurde auch deutlich aus den Äußerungen Luthers über die Herrschaft der Engel und des Teufels. Sie sind beide Werkzeuge der Herrschaft Gottes und müssen seinen Willen erfüllen. Gott selbst führt aber sein Regiment um des Evangeliums willen. Das wird gelegentlich sichtbar zum Trost seiner Gläubigen und nur für ihre Augen an den innerweltlichen Strafgerichten über die Feinde des Evangeliums. Das endgültige Gericht über seine Feinde wird Gott freilich erst am Jüngsten Tage durch Christus vollziehen lassen.

Am Ende des Kapitels stellten wir dann fest, daß um der untrennbaren Einheit des dreieinigen Gottes willen das, was allgemein über die Herrschaft Gottes gesagt wurde, nach Luther auch speziell für die Herrschaft Christi gelten müsse. Wir fanden diese Vermutung bestätigt durch zahlreiche Äußerungen Luthers, die entweder ebendieselbe Herrschweise Christus zuschreiben, die vorher allgemein Gott zugeschrieben war, oder doch jedenfalls die Behauptung unmöglich machen, Christus übe eine der beschriebenen Herrschweisen Gottes nicht mit aus. Wir ließen uns aber durch Luther selbst gemahnt sein, diese Herrschaft Christi zur Erhaltung der Welt streng zu unterscheiden von jener anderen geistlichen, die er zur Erlösung der Welt führt. Zugleich wurden wir durch die angeführten Belege noch einmal darauf hingewiesen, daß nach Luther die Welt erhalten wird um des Evangeliums willen auf das Jüngste Gericht hin. Insbesondere erkannten wir, daß das allmächtige Weltregiment Christi auch insofern die Voraussetzung seiner geistlichen Herrschaft durch das Evangelium ist, als das Evangelium sonst schon längst durch die gottfeindlichen Mächte dieser Welt zum Verstummen gebracht worden wäre.

Im 5. Kapitel wandten wir uns den Aussagen über Christi geistliches Regiment zu und sahen: Nach Luther hat dieses Regiment eine zeitlich und räumlich unbegrenzte Reichweite und Macht. In ihm macht Christus durch das Evangelium seine Herrschaft über alle Welt kund, deckt die Sünde der Menschen auf und ruft zum Glauben, den er zugleich mit und unter dem Wort durch den Heiligen Geist, wo und wann er will, in dem Menschen schafft. Auch die aus dem Glauben erwachsende Liebe ist eine Wirkung der geistlichen Herrschaft Christi. Sie stellt die durch die Erbsünde verlorengegangene Conformitas des menschlichen Willens mit dem göttlichen Willen wieder her und ist inhaltlich identisch mit dem Liebesgebot als der Summa des natürlichen Gesetzes. Zu einem vollkommenen Gehorsam kommt es freilich in dieser Welt noch nicht, weil wir noch im Fleische leben. Deshalb bezeichnet Luther das Reich Christi in diesem Leben als ein Spital von Menschen, die noch an ihrer Sünde krank sind, aber schon unter der Hand des Arztes genesen. Wo aber die von Christus durch den Glauben in das Herz gegebene Liebe geübt wird, da hat sie in dieser Welt immer auch Kreuz und Leiden zur Folge. Und dieses Leiden hat den Sinn, den Christen zu läutern und ihn in der Freude auf die Wiederkehr Christi zu stärken.

Im 5. Abschnitt des 5. Kapitels überprüften wir sodann, in welchem Verhältnis nach Luther die geistliche Herrschaft Christi zur Kirche steht. Wir erkannten: Nach Luther regiert Christus über seine Kirche durch Wort und Sakrament. Überall dort, und zwar nur dort, wo das Evangelium recht gepredigt und die Sakramente gemäß der Einsetzung gespendet werden, wird und ist Kirche. Christus hat zwar die Predigt seines Wortes und die Austeilung der Sakramente der ganzen Gemeinde befohlen, sie führt damit aber eben nur seinen Befehl aus und steht also gerade darin in seinem Dienst. Der rechten Ausrichtung dieses Befehles hat auch allein alle Ordnung der Kirche zu dienen. Jeder durch das ministerium verbi divini nicht legitimierte Machtanspruch in der Kirche ist dagegen abzulehnen, denn Christus duldet keinen neben sich in der Regierung seines Reiches. Freilich muß die Kirche, die keinen andern Herrn als Christus über sich anerkennt, mit Leid und Verfolgung rechnen. Diese sind aber nur ein Zeichen der Gemeinschaft mit ihrem König und müssen außerdem zur Bewährung und Stärkung des Glaubens und zur Ausbreitung des Evangeliums dienen. So kann die Kirche von außen nicht zerstört werden, eine tödliche Gefahr bedroht sie aber von innen her dadurch, daß sich Menschenlehre neben dem Evangelium, durch das Christus seine Kirche regiert, ausbreitet und dieses allmählich mehr und mehr verdrängt.

Zuletzt beschäftigte uns die Frage, ob und in welcher Weise die Glieder am Leibe Christi nach Luther auch Werkzeuge seiner geistlichen Herrschaft sind. Es ergab sich schon aus dem zuvor Erörterten und dann auch aus neuen Belegen: In der Verkündigung des Evangeliums sind die Christen Werkzeuge der geistlichen Herrschaft Christi, und zwar ist jeder Christ an dem ihm von Gott verordneten Platz und innerhalb der ihm dadurch gesetzten Grenzen zur Verkündigung des Evangeliums verpflichtet. Das Evangelium wendet sich aber an alle Menschen und gilt für das Leben in allen seinen Bereichen. Entsprechend wirkt sich die geistliche Herrschaft Christi auch in allen Bereichen des Lebens aus, und zwar in der Erfüllung des Doppelgebotes der Liebe. Diese sieht freilich notwendig verschieden aus, gerade weil sie nur der Ehre Gottes und dem Nutzen des Nächsten dienen will, je nachdem, ob ich sie für mich als Einzelperson im Bereich persönlicher Beziehungen oder in der mir auch im Amt aufgetragenen Verantwortung für andere Menschen zu verwirklichen habe. – Darin sahen wir die Unterscheidung von Einzelperson und Amtsperson bei Luther begründet. – Der Christ ist damit aber nicht zwei verschiedenen Herren oder Gesetzen unterworfen, sondern hat in allem nur seinem einen Herrn, nämlich Christus und seinem Gesetz zu gehorchen. Wir fanden diese Behauptung bestätigt in Luthers Aussagen über den Gehorsam gegen alle Obrigkeit und seine Grenzen und in seinen Äußerungen zur Wirtschaft und über die Pflichten im obrigkeitlichen Amte. Abschließend stellten wir fest: Nach Luther ist das Handeln im Gehorsam gegen das Doppelgebot der Liebe allerdings für menschliche Augen nicht klar erkennbar als Auswirkung der geistlichen Herrschaft Christi. Und der Christ wird um dieser Taten willen vor Gott nicht gerecht, sondern bleibt allezeit auf das gerechtsprechende und gerechtmachende Wort Christi angewiesen, durch das Christus in seinem Reich alles allein wirkt und schafft.

Die Untersuchung hat damit gezeigt, daß alle Aussagen Luthers über die Herrschaft Christi bestimmt sind von der gleich zu Anfang festgehaltenen Erkenntnis, daß der zum Zwecke unserer Erlösung Mensch gewordene Gottessohn der Herr ist. Daß es Gottes Sohn ist, der über uns herrscht, fand seinen besonderen Ausdruck in der unbegrenzten Macht und Reichweite, die Luther in allen Stadien und Bereichen der Herrschaft Christi zuschreibt, und in der Gleichheit der Aussagen über die Herrschaft des dreieinigen Gottes und die Christi. Daß es aber der zum Zwecke unserer Erlösung Menschgewordene ist, der uns regiert, drückte sich darin aus, daß bei Luther alle Stadien und Bereiche der Königsherrschaft Christi auf die Erlösung ausgerichtet sind. Die Herrschaft Christi im Stande seiner Erniedrigung diente ganz der Ausführung des Erlösungswerkes. Seine Erhöhung galt der wirksamen Zueignung des vollbrachten Werkes, und seine Wiederkehr als Richter der Welt wird die Vollendung der Erlösung bringen. In der Zeit zwischen Erhöhung und Wiederkehr aber führt er sein allmächtiges Regiment zur Erhaltung der Welt ausschließlich um der wirksamen Zueignung der Erlösung willen und nur so lange, bis sie an ihr Ziel gekommen ist. Seine geistliche Herrschaft schließlich hat die Zueignung der Erlösung sogar ausschließlich zum Inhalt.

So sind also alle Bereiche der Herrschaft Christi auf die Erlösung bezogen, die Erlösung aber bedeutet ihrer innersten Substanz nach ja Versöhnung, d. h. Rechtfertigung des Gottlosen vor Gott. In diesem Sinne – und damit kehren wir zu unserer Fragestellung im Eingang zurück – ist das Herzstück der Lutherschen Christologie, die iustificatio impii, für alle Bereiche der Herrschaft Christi bestimmend.

Anmerkungen

Eingang

[1] WA 40,1, 441, 29ff. – Galaterkommentar, (1531) 1535, zu Gal. 3,13: „Locus igitur Iustificationis, ut saepe moneo, diligenter discendus est. In eo enim comprehenduntur Omnes alii fidei nostrae articuli eoque salvo salvi sunt et reliqui. Quare cum docemus homines per Christum iustificari, Christum esse victorem peccati, mortis et aeternae male dictionis, testificamur simul eum esse natura Deum.

[2] Vgl. das Literaturverzeichnis.

[3] So vor allem von *Heinz Reymann*, Glaube und Wirtschaft bei Luther, Gütersloh 1934, und *Hermann Barge*, Luther und der Frühkapitalismus, Gütersloh 1951.

[4] So z. B. in *Hermann Jordans* Monographie, Luthers Staatsauffassung, München 1917, und der Arbeit von *Georg Wünsch*, Die Bergpredigt bei Luther. Eine Studie zum Verhältnis von Christentum und Welt, Tübingen 1920. Beide Arbeiten enthalten dabei sehr viel Richtiges. Zur Auseinandersetzung mit ihnen vgl. vor allem Kap. 5,6 dieser Arbeit.

[5] Vgl. besonders *Arno Deutelmoser*, Luther – Staat und Glaube, Jena 1937, aber auch *Theodor Pauls*, Kirche, Staat und Recht nach Luther, 1938.

[6] Schon vor *Diem* hat *Franz Lau* in seiner Studie „Äußerliche Ordnung" und „weltlich Ding" in Luthers Theologie, Göttingen 1933, das Problem der Zwei-Reiche-Lehre untersucht.

[7] Vgl. *Gollwitzer*, a. a. O., besonders 15, Anm. 1.

[8] *Lau*, a. a. O., 14f. und 14, Anm. 21.

[9] *Wendland*, ThLZ 79, 1954, 321.

[10] Predigt über Joh. 16,3 (1538), 1539, WA 46, 20, 20ff. Vgl. auch a. a. O., 19, 24f.

[11] Vgl. noch einmal *Lau*, Luthers Lehre von den beiden Reichen, 14f., Anm. 21.

[12] Vgl. das oben angeführte Zitat von *Lau*. Die Bezeichnung „Verkündigungstheokratie" findet sich übrigens auch bei *W. Schweitzer*, Die Herrschaft Christi und der Staat im Neuen Testament, München 1949, 9f.

1. Kapitel

[1] Vgl. *Th. Harnack*, Luthers Theologie, Bd. 2, 89. Belege für diese Behauptung finden sich in reicher Zahl auf den folgenden Seiten des Buches 89ff.

[2] Sie ist zusammenfassend aus weniger bekannten Lutherschriften quellenmäßig belegt bei *Hirsch*, Hilfsbuch zum Studium der Dogmatik, 26–44, und findet sich in zahlreichen Zitaten in der Konkordienformel, Solida Declaratio VIII. Für die hier gegebene Darstellung wurden besonders berücksichtigt und herangezogen:
1. Daß diese Wort Christi „Das ist mein leib" noch feststehen, 1527, WA 23, 38ff.
2. Vom Abendmahl Christi, Bekenntnis, 1528, Cl 3, 352ff. = WA 26, 241ff.
3. Von den Konziliis und Kirchen, 1539, WA 50, 488ff. (Diese Schrift ist besonders für Luthers Auseinandersetzung mit den Lehrentscheidungen der altkirchlichen Konzilien zu vergleichen von 570, 15 bis 606,33).
4. Von den letzten Worten Davids, 1543, WA 54, 16ff.

[3] Vgl. Von den Konziliis und Kirchen, 1539, WA 50, 605, 15–24; vgl. auch a. a. O., 604, 7ff.

[4] WA 10,1,1, 600, 19ff.; vgl. a. a. O., 179, 5ff. Luther sagt zu Hebr. 1, 10–12 (es geht vorher Ps. 102,13–17 und 26): „Darausz schleußt er, das dißer künig ... sey der gott, der die erden erschaffen hat unnd bleyb ewiglich bestendig ynn yhm selber. Nu ist yhe keyn künig alßo predigt ynn alle heydenschafft alß Christus; drumb folget, das er war Gott unnd mensch sey ... Alßo haben wyr, das diß gantz Epistel eytel harnisch ist, und er-

streyttet den Artickel des glawbens, das Christus got sey und eyn herr aller dinge auch nach der menscheyt."

5 Vgl. die Erklärung zum 2. Artikel im Kleinen Katechismus und WA 23, 141, 28f.

6 WA 54, 49, 9–18, Von den letzten Worten Davids, 1543. Die volle ganze Gottheit wird auch von dem Heiligen Geist ausgesagt, a. a. O., 49, 26f.

7 WA 54, 88, 3f.

7a WA 54, 65. 23ff.

8 WA 54, 92, 8ff.

9 WA 46, 632, 21ff., Auslegung des 1. und 2. Kapitels Johannis, 1537/38.

10 Cl 3, 508, 18–37 = WA 26, 500f., Vom Abendmahl Christi, Bekenntnis, 1528.

11 Cl 3, 393, 18–21 = WA 26, 324.

12 Cl 3, 393, 17 = WA 26, 324.

13 WA 20, 326, 34 bis 327, 30, Predigten, 1526; vgl. Rörers Nachschrift derselben Predigt, a. a. O., 326, 26 bis 327, 2, ferner WA 50, 603, 34 bis 604, 7. Diese Stelle ist allerdings schon mehr im Sinne des gleich noch zu besprechenden genus majestaticum communicationis idiomatum zu verstehen.

14 Cl 3, 391, 20–24 = WA 26, 321.

15 WA 54, 92, 15–20; vgl. Cl 3, 391, 36 = WA 26, 322.

16 WA 50, 590, 11ff., Von den Konziliis und Kirchen, 1539.

17 WA 23, 243, 31ff., Daß diese Wort Christi ..., 1527; vgl. Luthers Choral: Christ lag in Todesbanden ..., EKG 76. Als Kampf mit dem Teufel, der durch die Tötung und Schändung Christi an Gott schuldig geworden ist, findet sich eine ähnliche Aussage, z. B. WA 24, 109, 19–30, Predigten über das 1. Buch Mose, 1527.

18 WA 23, 145, 3ff.

19 WA 54, 49, 37 bis 50, 9; vgl. auch WA 23, 147, 28ff.

20 WA 56, 167, 12ff. – Vorlesung über den Römerbrief nach Luthers eigener Handschrift, 1515/16.

21 Vgl. WA 17,2, 242, 35ff. – Fastenpostille, 1525.

22 Vgl. WA 40,3, 704, 26f. – Enarratio 53. capitis Esaiae, (1544) 1550. Diese Eigentümlichkeit der Lutherischen Lehre hat dann später in der lutherischen Orthodoxie in dem Lehrstück von dem genus majestaticum communicationis idiomatum ihre besondere Ausprägung gefunden.

23 WA 40,3, 705, 28f. – Enarratio 53. capitis Esaiae, 1544, 1550.

24 WA 17,2, 101, 37f. – Fastenpostille, 1525.

25 Vgl. WA 54, 36, 17–23.

26 Vgl. das Weihnachtslied: Vom Himmel kam der Engel Schar – EKG 17 und ferner WA 11, 35, 36f. – Predigten, 1523 (Rörers Nachschrift). Ähnlich WA 5, 658, 18ff. – Operationes in Psalmos, 1519–1521.

27 Cl 2, 15, 28ff. = WA 7, 25. – Von der Freiheit eines Christenmenschen 1520. A. a. O. wird freilich von dem fröhlichen Wechsel unter dem Bilde der Ehe zwischen Christus und der gläubigen Seele gesprochen. Daß aber dieser Tausch vollzogen wird auf Grund der gewirkten Erlösung, um derentwillen Christus Mensch geworden ist, wird auch hier deutlich.

28 Vgl. WA 40,1, 443, 23ff. – Galaterkommentar, (1531) 1535, zu Gal. 3,13.

2. Kapitel

1 WA 17,2, 243, 3ff.

2 WA 17,2, 245, 29f.

3 WA 17,2, 57, 11ff. – Fastenpostille, 1525.

3a Gott in Christo, Berlin 1951, 720; vgl. auch die folgenden Zeilen bei Vogel.

4 WA 28, 136, 16–18. – Wochenpredigten über Joh. 16–20, 1528/29 (Bearbeitung); vgl. die Nachschrift WA 28, 135, 13 bis 136, 6. Sie bringt inhaltlich das gleiche.

5 WA 46, 559, 22–34. – Auslegung des 1. und 2. Kapitels Joh., 1537/38.

6 WA 12, 469, 13ff. – Predigten, 1523.

7 Vgl. WA 40,3, 702, 28–30; 705, 13–19; 706, 5f. – Enarratio 53. capitis Esaiae, (1544) 1550; ferner auch 704, 28–30 u. 702, 15–18.

8 Vgl. WA 40,3, 706, 6ff.

9 WA 40,3, 703, 4f.

10 Vgl. z. B. WA 46, 554, 20–30.

11 WA 46, 555, 29–31.

12 Vgl. z. B. Cl 3, 391, 2–4 u. 35–38 – Vom Abendmahl Christi, Bekenntnis.

[13] Vgl. WA 46, 556, 30–41 – 1. und 2. Kapitel Joh., 1537/38.
[14] Vgl. WA 52, 748, 19–30. – Hauspostille, 1545.
[15] Vgl. z. B. WA 17,2, 223, 29ff. – Fastenpostille, 1525, Auslegung zu Joh. 6, 1–15.
[16] WA 12, 617, 8ff.
[17] Aus der Fülle der Belege vgl. z. B. WA 52, 128, 31ff. – Hauspostille, 1544; als grundsätzliche Äußerung vgl. WA 17,2, 242, 10ff. – Fastenpostille, 1525.
[18] WA 10,1,1, 244, 1. – Kirchenpostille, 1522.
[19] a. a. O., 245, 16.
[20] Vgl. WA 52, 186, 28f.
[21] a. a. O., 183, 21ff.
[22] Vgl. WA 10,1,2, 150, 29ff. – Kirchenpostille, 1522. Adventsperikopen.
[23] Vgl. WA 12, 511, 30ff. – Predigten, 1523, und WA 11, 89, 34f. – Predigten, 1523 (Rörers Nachschrift), auch WA 14, 354, 3 – Predigten über 1.Mose, 1523/24. Ganz besonders deutlich ist das Zitat, auf das *Philip* S. *Watson*, Um Gottes Gottheit, Berlin 1952, 159, Anm. 164, und andere hinweisen: „Sihe alszo wart Christus krafftlosz am Creutz / vnd eben da selb thet er die groste macht / vbirwand die sund / tod / welt / helle / teuffel vnd allis vbel" (Cl 2, 171, 33ff. = WA 7, 586. – Magnificat ausgelegt, 1520 u. 1521).
[24] a. a. O., 159.
[25] a. a. O., 321.
[26] Vgl. WA 40,3, 742, 40 bis 743, 4. – Enarratio 53. capitis Esaiae, (1544) 1550.
[27] Vgl. WA 12, 431, 33ff. – Predigten, 1523, zu Röm. 4, 25: „Das ist nun die mainung, Christus, ehe dann er starb und aufferstund, Ja do er in mutter leyb kam, war er schon ein herr über alles ... Aber darumb ist er gestorben, das er die von sunden erlöset, die da nicht herren drüber sind, sonnder die vonn sunden gefangen sein unnd unter der gewalt des tewfells. So ist er auch auff gestanden umb der willen, die da sollen vonn sunden auff stehen, und rechtfertig und selig werdenn."
[28] WA 12, 485, 11 bis 486, 7.
[29] Cl 4, 54, 25–31 – Großer Katechismus = WA 30,1, 186.
[30] So wird es, soweit ich sehe, von der ganzen lutherischen und reformierten Orthodoxie aufgefaßt (vgl. Hutterus redivivus, *Heinrich Schmid* und *Heinrich Heppe* in ihrer nach den Quellen dargelegten Lehre über das officium Christi).
[31] Vgl. z. B. WA 40,3, 744, 5–8 u. 22–31. – Enarratio 53. capitis Esaiae, (1544) 1550.
[32] a. a. O., 140–151.
[33] Vgl. besonders 140, Abs. 1 u. 150f.
[34] a. a. O., 148.
[35] a. a. O., 151.
[36] Vgl. WA 10,1,1, 717, 24ff. – Kirchenpostille, 1522.
[37] a. a. O., 357/58. Vgl. auch seinen Beleg zum Kampf Christi mit den Tyrannen aus WA 17,2, 219ff. (a. a. O., 326).
[38] Cl 4, 55, 9–27 = WA 30,1, 186/87.
[39] WA 10,1,1, 720,14 – Kirchenpostille, 1522.
[40] Man kann also auch aus dieser Stelle nicht schließen, das Erlösungswerk habe Christus vollbracht nur in Ausübung seines priesterlichen Amtes. Die doppelte Bedeutung des Erlösungswerkes als Versöhnung Gottes und Besiegung der Verderbensmächte kommt gut zum Ausdruck in Luthers Osterlied: „Christ lag in Todesbanden" (EKG 76). Für das Nebeneinander und Ineinander des priesterlichen und königlichen Amtes Christi vgl. weiter WA 37, 656, 27 u. 657, 7ff. – Taufpredigten, 1534.
[41] Vgl. WA 10,1,1, 171, 15ff. – Kirchenpostille, 1522; vgl. ferner WA 12, 546, 35ff. – Predigten, 1523.
[42] WA 10,1,1, 721, 21ff.
[43] Daß Christus durch die Taufe in sein Amt eingesetzt worden sei, wird an verschiedenen Stellen gesagt, so z. B. in dem Sermon aus dem 3. Kapitel Matthäi von der Taufe Christi, 1526 (WA 20, 217–231), der hier als Ganzes zu vergleichen ist. In ihr bekommt die Taufe Christi als Übernahme seines Amtes ein solches Gewicht, daß Luther von ihr reden kann als von dem vornehmsten Stück der Schrift, auf das im Alten Testament und Neuen Testament am meisten gesehen wird (vgl. 218, 34–36).
[44] WA 5, 62, 21f. – Operationes in Psalmos, 1519–21; vgl. auch die vorhergehenden Zeilen, in denen gesagt wird, daß bis auf die Berufung des Paulus zum Heidenapostel die Jünger nur den Juden das Wort predigten; vgl. ferner WA 52, 183, 5–9 – Hauspostille, 1544, Auslegung zu Luk. 11, 14–28 u. 184, 14–20.
[45] Vgl. WA 5, 64, 35ff. – Operationes in Psalmos; WA 10,1,1, 176, 18f. im Zusammenhang mit 177, 4 – Kirchenpostille, 1522. So auch schon in Auslegung von Ps. 2,9 in Dictata super Psalterium, 1513–16, WA 3, 32, 2f.: „‚Virga ferrea' sanctum est Euangelium, quod est sceptrum regale Christi in Ecclesia sua et regno suo ..." u. ö.

[46] WA 14, 84, 5ff. – 2.Petr. und Jud. gepredigt und ausgelegt, 1523/24. Das Zitat beginnt: „Euangelium fuit praedicatum ab initio mundi usque ad finem ..." Nach einigen für unseseren Zusammenhang unwichtigen Worten folgt dann der im Text wiedergegebene Satz.

[47] Vgl. WA 39,2 187f. – Die Promotionsdisputation von *Heinrich Schmedenstede,* 1542 (Hebr. 13,8); Thesen: 1 u. 2, 12–15.

[48] Vgl. WA 10,1,2, 26, 8ff. – Kirchenpostille, 1522, Adventsperikopen.

[49] WA 10,1,1, 610, 25 – Kirchenpostille, 1522; vgl. auch 611, 12.

[50] Vgl. a. a. O., 613, 15ff.

[51] WA 37, 655, 13ff. – Taufpredigten, 1534.

[52] WA 37, 654, 28ff.

[53] Vgl. WA 41, 103,19 bis 105, 6 – Predigten des Jahres 1535, Auslegung des 110. Psalms; vgl. ferner WA 31,1, 172, 16ff. – Confitemini, 1530.

[54] Vgl. EKG 15, Str. 6 u. 7, ferner WA 12, 235, 35ff. – An die Herren deutschs Ordens, 1523; vgl. auch WA 23, 157, 30ff. – Daß diese Wort Christi „Daß ist mein leib ...", 1527.

[55] WA 38, 67, 7 – Summarien über die Psalmen ..., 1531–33.

[56] WA 54, 93, 17ff. – Hauspostille, 1544, Exegese des Zitats Micha 5 in Matth. 2,1–12.

[57] Vgl. WA 10,1,2, 161, 16ff. – Kirchenpostille, 1522: „und lest sich finden ynn solcher gestalt, darynnen niemandt suchte eyn spitalknecht, schweyge einen solchen konig, ... Weltlich herrn, dieweyl sie mit gewalt hirschen, mussen sie reyche, hohe, gesunde, starcke, kluge, geschickte leutt umb sich haben, mit den mussen sie umbgehen, bedurffen yhr auch woll, denn on solche leutt kan yhr reych nicht bestehen, darumb kunden sie der blinden, lamen, tawben, stummen, todten, auszsetzigen und armen gar nichts gewartten. Aber meyn reych, weyl das nicht nutz von andern sucht szondern nur nutz gibt, und yn yhm selber genug hatt und niemandts darff, darumb kan ich nit umb mich leyden, die schon sind, denn solchen byn ich keyn nutz, sie kunden nichts von myr haben, ja sie werden myr eyn schande. Dieweyl es dafur angesehen wurde, ich durfft yhr und hette geniesz von yhn, wie die weltherrn von yhren unterthan haben; darumb musz ich mich anders stellen, und tzu den mich hallten, die meyn geniessen konden, musz mit blinden, lahmen, stummen und allerley gebrechlichen umbgeben; das foddert die art und natur meynes reychs."

[58] Vgl. z. B. WA 17,2, 24, 23ff. – Fastenpostille 1525, Auslegung zu Luk. 2, 49.

[59] WA 12, 617, 8f. u. 618, 3; ferner auch 633, 8ff. – Predigten, 1523, zu Mark. 8, 1ff.

[60] Vgl. WA 37, 66, 11ff. – Predigten, 1533. Diese und die in den nächsten Anmerkungen folgenden Stellen aus WA 37 finden sich auszugsweise auch bei *Buchwald,* Luther. Leben und Lehre. Gütersloh 1947, 90–92.

[61] Vgl. WA 37, 66, 21f.

[62] Vgl. WA 5, 463, 26ff. – Operationes in Psalmos, 1519–21.

[63] Vgl. WA 5, 463, 23: „Infernus enim est pavor mortis, idest sensus mortis." Sofern nun Christus schon in Gethsemane die Schrecken des Todes empfunden hat, kann Luther an einer anderen Stelle davon sprechen, daß Christus die Pein der Hölle habe leiden müssen noch zu seinen Lebzeiten auf Erden. Was Christus bei seiner Höllenfahrt nach seinem Tode in der Hölle getan habe, erörtert Luther an dieser Stelle absichtlich nicht (vgl. WA 44, 523, 39 bis 524, 23 – Vorlesungen über 1. Mose, 1535–45, zu Gen. 42,38).

[64] Vgl. WA 17,2, 245,9: „Wie er ist der aller unterst und aller teuffel knecht worden ynn Gotts gehorsam und unserm dienst, also hat yhn Gott auch widderumb erhöhet, ..." Diese Seite der Höllenfahrt Christi fehlt bei *Buchwald,* a. a. O., findet sich aber inhaltlich in seinen zur Himmelfahrt Christi beigebrachten Lutherzitaten (vgl. a. a. O., 94–96). Ein besonders prägnantes Zitat bringt *Watson,* a. a. O., 154 und *Gogarten,* a. a. O., 353: WA 23, 702, 35ff. „Denn er hat sich ins allertieffeste herunter gelassen unter das Gesetz unter den Teufel, Tod, Sünde und Helle, Das ist, meine ich ja, die letzte und unterste tieffe" – Predigten, 1527.

[65] Vgl. WA 40,3, 744, 14–19 u. 27f. – Enarratio 53. capitis Esaiae, (1544) 1550, und außerdem EKG 239, Str. 7 u. 8.

[66] Vgl. WA 45, 240, 7–35 – Predigten des Jahres 1537, und ferner WA 40,3, 716, 16ff.

[67] Vgl. WA 37, 65, 15; vgl. ferner WA 5, 463, 14–17 – Operationes in Psalmos, 1519–21.

[68] Vgl. WA 37, 63, 4 u. 5. 23; 64, 38 bis 65, 3.

[69] Vgl. WA 37, 65, 3–15, besonders 65, 13–15: „wie aber solchs möge zu gangen sein, das der mensch da im grabe ligt und doch zur Helle feret, das sollen und mussen wir wol unergrundet und unverstanden lassen".

[70] Luther-Jahrbuch 1931, 114ff.

[71] 125. [72] 124.

[73] a. a. O., 124.

[74] a. a. O., 123.

[75] Vgl. WA 5, 463, 28f. – Operationes in Psalmos, 1519–21: „... Christus, sicut cum summo dolore mortuus est, ita videtur et dolores post mortem in inferno sustinuisse, ut nobis omnia superaret."
[76] Vgl. WA 10,1,1, 601, 4ff. – Kirchenpostille, 1522, zu Micha 5,1; vgl. ferner WA 31,1, 486, 4ff. – Arbeiten zu den Summarien, 1530–32.
[77] Vgl. WA 52, 804, 17–37 – Hauspostille, 1545.
[78] Für die Aussage über den Schächer vgl. WA 52, 243, 9–28 – Hauspostille, 1544, für die Aussage über den Hauptmann, Josef von Arimathia und Nikodemus vgl. WA 52, 820, 22–25 u. 821, 10 bis 822, 4 – Hauspostille, 1545.
[79] Vgl. WA 52, 824, 22–27.
[80] Vgl. WA 52, 823, 2ff.
[81] Vgl. WA 52, 824, 13–18.
[82] WA 28, 136, 21 – Wochenpredigten über Joh. 16–20, 1528/29 (Bearbeitung).

3. *Kapitel*

[1] So *Peter Brunner* in seiner Dogmatikvorlesung im Sommersemester 1951 in Heidelberg.
[2] WA 23, 147, 31 – Daß diese Wort Christi ..., 1527.
[3] Vgl. WA 5, 277, 11ff. – Operationes in Psalmos und WA 12, 471, 13ff. – Predigten, 1523, im Zusammenhang mit WA 12, 469, 35ff.
[4] Vgl. WA 37, 66, 37–41 – 3. Predigt am Hofe zu Torgau, 1533; vgl. ferner die o. a. Stellen von der Besiegung der Verderbensmächte, die inhaltlich dasselbe aussagen.
[5] Vgl. z. B. noch einmal: Cl 2, 171, 33ff. = WA 7, 586, Magnificat ..., 1520/21.
[6] Vgl. z. B. noch einmal WA 23, 243, 31ff. – Daß diese Wort Christi ..., 1527.
[7] Vgl. WA 40,3, 742, 40ff. – Enarratio 53. capitis Esaiae, (1544) 1550, zu Jes. 53,12.
[8] Vgl. WA 17,2, 245, 8ff. – Fastenpostille, 1525.
[9] Vgl. WA 12, 564, 10ff. u. WA 12, 371, 18ff. – Epistel S. Petri gepredigt ..., 1523.
[10] WA 37, 66, 39ff.
[11] WA 12, 564, 10ff. – Predigten, 1523.
[12] WA 12, 530, 11ff.
[13] Vgl. WA 28, 455, 8 bis 456, 7 (Nachschrift) u. 455, 30 bis 457, 9 (Bearbeitung) – Wochenpredigten über Joh. 20, 1528/29.
[14] April–Mai 1532, Cl 8, 37 Nr. 267 = WA T. 1, 111, 30ff.
[15] Vgl. WA 18, 206, 10ff. – Wider die himmlischen Propheten ..., 1525 u. Cl 3, 446, 3–5 = WA 26, 422, 26ff. – Vom Abendmahl Christi, Bekenntnis, 1528: „Ach kindisch vnd alber reden sie vom hymel / auff das sie Christo einen ort droben ym hymel machen / wie der stork ein nest auff eym baum / ..." Vgl. ferner WA 23, 135, 12 bis 137, 3 – Daß diese Wort Christi ..., 1527, u. a. m.
[16] WA 23, 133, 19 bis 135, 2. Mit Recht sagt dazu *Th. Knolle* in seiner Schrift: Luthers Glaube, Weimar 1938, 30, gegenüber *Deutelmoser*, der dieses Wort nur auszugsweise zitiert, um damit seine Behauptung zu stützen, Luther habe eine Immanenz Gottes im Sinne einer pantheistischen Alleinheit gelehrt, daß Luther an dieser Stelle „ganz unmißverständlich" lehre, „daß Gottes Allmacht schöpferisch transzendent und immanent zugleich ist".
[17] Vgl. WA 47, 56, 19ff. – Auslegung des 3. und 4. Kap. Joh., 1538–40, zu Joh. 3,13. Daß die Erniedrigung und Erhöhung Christi freilich nicht wie ein auflösbares Rechenexempel zu fassen ist, wird aus Luthers Aussagen einwandfrei deutlich. So heißt es WA 47, 54, 16f.: „wiltu aber nicht gleuben, sondern greiffen und es mit deiner Vernunfft ermessen, so bistu verloren." Vgl. auch WA 47, 57, 38ff. Bei allen Aussagen über je eine der beiden Naturen Christi muß stets die Einheit der Gottheit und Menschheit Christi in einer Person festgehalten werden, um derentwillen das von der einen Natur Christi Gesagte auch von seiner anderen gilt. Vgl. WA 47, 54, 17 bis 55, 18, besonders 55, 9ff. Ferner 57, 8ff., wo Luther noch in Auslegung von Joh. 3,13 Christus auf die Frage „ey, bistu den nicht droben?" antworten läßt: „... das des menschen Sohn, das ist: der Jungfrauen Marien Sohn, der ist hinauff gefharen und herundter gefharen und droben im himmel blieben."
[18] Gesammelte Aufsätze zur Kirchengeschichte, I, Luther, Tübingen 1927, 45.
[19] Luthers Geschichtsanschauung, Berlin 1932, 62.
[20] WA 12, 564, 23f.
[21] a. a. O.; vgl. besonders 50–58.
[22] 58; vgl. 50.
[23] 55.
[24] Cl 4, 182, 18 = WA 30,2, 635, 9ff.
[25] Vgl. Cl 4, 183, 7–12 = WA 30,2, 635, 36ff.

[26] Cl 4, 183, 19ff. = WA 30,2, 636, 11ff.
[27] Cl 4, 189, 31–33 = WA 30,2, 642, 28f.
[28] Vgl. 58 u. 54.
[29] Übersetzung von Cl 3, 205, 41 bis 206, 1; vgl. auch die folgenden Zeilen, bei *Deutelmoser*, a. a. O., 54.
[30] Vgl. z. B. WA 16, 143, 17ff. – 2.Mose gepredigt, 1524–27.
[31] Vgl. Cl 3, 203, 35–39 = WA 18, 709, 6ff.
[32] 55.
[33] 56.
[34] Zur Widerlegung *Deutelmosers* vgl. *Th. Knolle*, a. a. O. Er hat die Quellen der Lutherdeutung *Deutelmosers* und die völlig unwissenschaftliche Methode seiner Umdeutung aufgedeckt und die Unhaltbarkeit der Behauptungen *Deutelmosers* überzeugend bewiesen.
[35] Vgl. WA 10,1,1, 199, 27ff. – Kirchenpostille, 1522; vgl. ferner WA 10,3, 371, 19ff. – Predigten, 1522: „Nun wöllen wir das geistlich und weltlich reich Cristi von einander sündern. Das weltlich reich hat Christus in den kindern von Israel von Mosi an biß auff Jesum gebraucht, Aber do Christus ist mensch worden, hat er das geistlich angenommen und das weltlich lassen fallen, Nicht das er kein herre mer darüber wil sein, sünder das er fürsten, keyser und amptleutt darüber etwas zu thun, mit dem armen volck auch getrewlichen umbzugehen geseczt hat, und er wil gleich und wol das regiren und ein herre darüber sein."
[36] WA 2, 457, 21ff.
[37] Vgl. ferner WA 10,1,1, 223, 7ff. – Kirchenpostille, 1522, u. ö.
[38] Vgl. noch einmal WA 54, 36, 17–23.
[39] Vgl. WA 5, 277, 24ff. – Operationes in Psalmos.
[40] Vgl. WA 17,2, 245, 22ff. – Fastenpostille, 1525.
[41] WA 36, 570, 36f. – Predigten, 1532, 1.Kor. 15; vgl. die Nachschrift 570, 12–15.
[42] Vgl. WA 36, 571, 20–24 (Bearbeitung) u. 571, 6f. (Nachschrift).
[43] Vgl. WA 17,2, 217,22 – Fastenpostille, 1525, für die Totalität unserer Gefangenschaft und WA 12, S. 284, 18ff. – Epistel S. Petri gepredigt . . ., 1523, für die Totalität der Befreiung aus der Gefangenschaft durch den Glauben an Christus: Wir werden Herren über Sünde, Tod, Teufel und Hölle.
[44] Vgl. z. B. WA 12, 321, 32 – Epistel S. Petri gepredigt . . ., und WA 12, 549,9 – Predigten, 1523, ferner WA 18, 62, 27 – Wider die himmlischen Propheten . . . 1525.
[45] Vgl. WA 12, 661, 10f. und WA 30,3, 362, 18ff. – Glosse auf das vermeinte kaiserliche Edikt, 1531.
[46] Vgl. WA 14, 147, 25ff. u. 146, 8ff. – Predigten über das 1.Buch Mose, 1523/24.
[47] Vgl. WA 30,2, 116, 16 – Vom Kriege wider die Türken, 1528/29, und WA 11, 188, 11f. – Predigten, 1523.
[48] Vgl. WA 12, S. 195, 25ff. – De instituendis ministris Ecclesiae, 1523.
[49] WA 11, 15, 34ff. – Predigten, 1523.
[50] Vgl. WA 22 – 127, 18–27 – Crucigers Sommerpostille. So kann Luther auch die Pest als Heimsuchung Christi verstehen; vgl. WA Br. 4, 275, 12–20, besonders 19f.: „Sic sunt foris pugnae, intus pavores, satisque asperae, Christus nos visitat." – Zitiert in Übersetzung bei *Buchwald*, Luther: Sozial?!, Gütersloh o. J., S. 94.
[51] Vgl. WA 40,1, 174, 12f. – Galaterkommentar, 1535 (Druck). Noch deutlicher die Variante 173, Z. 24: „Insuper non aget Deus nobiscum in hac vita facie ad faciem, sed velatus et larva indutus." – Deutsch zitiert bei *Watson*, a. a. O., 220, Anm. 21.
[52] Vgl. hier noch einmal die besonders prägnante Formulierung WA 54, 36, 17–23.
[53] Vgl. WA 40,1, 174, 3: „Ideo universa creatura eius est larva." – Zitiert bei *Watson*, 220, Anm. 20; vgl. ferner WA 17,2, 192, 28. „Alle Creaturen sind Gottes larven und mumereyen, die er will lassen mit yhm wirken und helffen allerley schaffen, das er doch sonst on yhr mitwircken thun kan und auch thut, Auff das wyr blos an seynem wort alleyne hangen" (Fastenpostille, 1525).
[54] So ist der Sache nach *v. Loewenich* voll Recht zu geben, wenn er sagt, Luthers Theologia crucis, München 1939[3], 188: „Gott selbst verhüllt sich unter der Maske des Teufels", wenngleich die von ihm angegebenen Zitate als Beleg für seine Aussage mich nicht voll überzeugen können, vgl. a. a. O., Anm. 190 u. 191. Als wirklicher Beleg kann gelten WA 44, 429, 24 – Vorlesungen über 1.Mose, 1535–45 – zu Gen. 41, 40. „Sciamus igitur Deum abscondere se sub specie pessimi Diaboli . . ." – Zitiert bei *Lilje*, Luthers Geschichtsanschauung, 78, Anm. 3. Neuerdings hat *H. Beintker*, Die Überwindung der Anfechtung bei Luther, Berlin 1954, 101, noch einmal mit Recht darauf aufmerksam gemacht und belegt, daß freilich im Sinne Luthers Gott keineswegs als Urheber des Bösen anzusehen sei und daß Luther sich gelegentlich so äußere, „um die Monarchie Gottes zu unterstreichen" (a. a. O., 100).

55 Vgl. WA 40,1, 175, 17–22 u. 175, 3–7.

56 Vgl. WA 23, 8, 33ff. – Vorrede zu *Joh. Lichtenbergers* Weissagung, 1527, zitiert bei *Lilje*, a. a. O., 75–76, Anm. 5. Schon hier hier sei darauf hingewiesen, daß zwischen der Art, wie Gott bzw. Christus durch Menschen regiert, in den beiden Regimenten ein erheblicher Unterschied besteht – vgl. Cl 2, 381, 20ff. = WA 11, 266, 26ff. – Von weltlicher Obrigkeit, 1523, und Cl 2, 164, 39f. = WA 7, 578, 23f. Magnificat ..., 1520/21, ferner Cl 2, 385, 19f. = WA 11, 271, 3f. – Von weltlicher Obrigkeit ... und WA 10,1,2, 123 – Kirchenpostille, 1522.

57 Vgl. WA 18, 88, 21 mit 88, 3f. – Wider die himmlischen Propheten, 1525, ferner WA 12, 331, 2f. – Epistel S. Petri gepredigt ..., 1523: „Weyl aber das nicht seyn kan, das wyr alle frum sind, so hatt Christus die bösen der ubirkeyt befohlen."

58 Vgl. WA 31,1, 216, 8–11 u. 30–33 – Der 82. Psalm ausgelegt, 1530.

59 Cl 6, 286, 2–4 = WA Br. 5, 381, 15f. (vom 19. 6. 1530).

60 Vgl. WA 11, 15, 32 – Predigten, 1523: „Christus est huiusmodi dominus, ut omnia sibi serviant et inimici ..."

61 WA 10,1,1 176, 18f. u. 174, 17 – Kirchenpostille, 1522.

62 Vgl. WA 10,1,2, 127, 8ff. – Kirchenpostille, 1522: „... wie ists muglich, das natur erkenne odder vernunfft bekenne, das dißer mensch Christus sey unßer leben, heyl, frid, gerechtickeytt, erloßung, krafft, weyßheytt, herr aller creaturn unnd gott, unnd alles was die schrifft von yhm sagt. Niemandt kan davon ettwas wissen, denn der es auß dem Euangelio horet und glewbt, es ist zu ferne von synn und vornunfft." Vgl. WA 11, 17, 18 – Predigten, 1523: „Evangelium et ratio contraria sunt."

63 Vgl. WA 17, 2, 109, 18ff. – Fastenpostille, 1525, und WA 5, 41, 32ff. – Operationes in Psalmos.

64 Vgl. WA 31,1, 178, 5f. – Confitemini, 1530, ferner WA 31,1, 250, 28ff. – Ps. 117 ausgelegt, 1530, u. ö.

65 Vgl. in diesem Zusammenhang Luthers Stellungnahme zu den vernunftgemäßen Gründen seiner Gegner im Abendmahlstreit, etwa gegen „die alte wettermacherynn fraw vernunfft / der Alleosis grosmutter" (Cl 3, 391, 19f. = WA 26, 321. – Vom Abendmahl Christi, Bekenntnis, 1528). Er sagt von ihr: „Sie ist des teuffels laruen" (Cl 3, 390, 38 = WA 26, 319) und „es ist vnsaglich / was der teuffel mit der Alleosi sucht" (Cl 3, 391, 5 = WA 26, 319).

66 Vgl. WA 17,2, 106. 27ff. – Fastenpostille, 1525. Freilich ist die durch den Teufel gefangengehaltene Vernunft in Wirklichkeit Blindheit und Tollheit: vgl. WA 31,1 235, 31ff. – Ps. 117 ..., 1530; und die wütende Verfolgung der Christen bedeutet somit für die Verfolger Selbstvernichtung: vgl. WA 31,1, 118, 16 – Confitemini, 1530.

67 WA 36, 570, 18ff. – Predigten, 1532 (Bearbeitung); vgl. die Nachschrift, a. a. O., 570, 3–10.

68 WA 36, 574, 36ff. – Predigten, 1532 (Bearbeitung); vgl. 574, 14 bis 575, 4 (Nachschrift).

69 WA 10,1,2, 26, 29ff. – Kirchenpostille, 1522.

70 Vgl. WA 38, 42, 19f. – Summarien über die Psalmen, 1531–33; ferner WA 12, 578, 11f. – Predigten, 1522, und WA 5, 251, 38f. – Operationes in Psalmos, u. ö.

71 WA 31,1, 232, 28ff. – Ps. 117 ..., 1530. „..., wo Heiden odder land und Stedte sind, da sol das Euangelion hinkomen und ettliche zum glauben yns Reich Christi bringen, ..."

72 Vgl. WA 40,1, 572, 16–23 – Galaterkommentar, 1535 (Druck), und WA 45, 615, 4–12 – Das 14. und 15. Kap. S. Joh. gepredigt ..., 1538, ferner WA 17,2, 135, 21f. – Fastenpostille, 1525.

73 WA 33, 442, 21f. – Wochenpredigt über Joh 6–8, 1530–32, zitiert nach der Heidelberger Handschrift.

74 WA 28, 82, 31ff. – Wochenpredigt über Joh. 16–20, 1528 (Bearbeitung); vgl. die inhaltlich gleichlautende Nachschrift 82, 8 bis 83, 1.

75 WA 46, 53, 22 – Das 16. Kap. Joh. gepredigt ..., 1538.

76 Vgl. WA 12, 531, 4ff. – Predigten, 1523: „Darumb ist es yhe eyn wunderlich reych; das wort ist da und wirt mundlich predigt fur aller welt, Aber seyn krafft ist fast verborgen und wird niemant gewar, das es so thettig sey und solch groß ding ausrichte, denn die do glewben; es muß selbs im hertzen gefüllt und geschmeckt seyn. Darumb künden wyr prediger nicht mehr thun, denn das wyr unsers herren Christi mund sind und seyn rustzeug, da durch er leiblich das wort prediget. Das wort lesset er offentlich außgehen, das es yderman höre, Aber das mans ynwendig ym hertzen entpfinde, das schafft der Glaub unnd ist eyn heymlich werck Christi ..." Der Glaube ist natürlich ebenso das Werk des Heiligen Geistes (vgl. WA 46, 53, 22ff.) und das Werk Gottes (WA 5, 258, 33 bis 259, 9), also auch des Vaters. Daraus wird erneut deutlich, daß das Wirken des Vaters und des Sohnes und des Heiligen Geistes im strengsten Sinne des Wortes ein einheitliches ist und sich nicht gegenseitig ausschließt.

77 a. a. O. Ähnliches wird mit Bezug auf Gott, der durch sein Wort wirkt, wo und wann er will, gesagt: WA 5, 258, 33 bis 259, 9 – Operationes in Psalmos.

78 Vgl. WA 5, 68, 30 bis 69, 9 – Operationes in Psalmos.

79 Vgl. WA 25, 256, 18ff. – Vorlesung über Jes., 1527–29 – Scholia; vgl. auch WA 31,2, 272, 20f. – Vorlesung über Jes., 1527–30 (Nachschrift).

80 Vgl. WA 14, 28, 11ff. – Die ander Epistel S. Petri gepredigt, 1523/24; ferner WA 10,1,2, 91, 14ff. – Kirchenpostille, 1522, u. v. a. m.

81 WA 12, 331, 7f. – Epistel S. Petri gepredigt, 1523.

82 Vgl. WA 10,1,1, 199, 27ff., u. WA 10,3, 371, 19ff., und ferner WA 12, 530, 17 – Predigten, 1523: „das er von oben herab alle ding fülle und regire wie Paulus sagt Ephe 4 unnd s o n d e r l i c h seynes reychs warnehme." (Sperrung von mir.)

83 Vgl. WA 21, 402, 33 bis 403, 14 – Crucigers Sommerpostille. An dieser Stelle wird davon gesprochen, daß das Urteil der Verdammnis über denen bleibt, die nicht an Christus glauben. Dementsprechend bringt schon die sichtbare Erscheinung Christi es den Verdammten zum Bewußtsein, daß sie verdammt sind, und bedeutet also Schrecken und Pein für sie. Vgl. WA 22, 412, 6ff., und die Nachschrift derselben Predigt, 1537, WA 45, 325, 8–11.

84 Vgl. WA 36, 570, 18ff.

85 WA 12, 289, 34 – Epistel S. Petri, 1523, zu 1.Petri 1,17–21); vgl. WA 11, 158, 38ff. – Predigten, 1523, und ferner WA 11, 94, 27ff. Auch die zuletzt genannte Stelle macht hier keine Ausnahme, denn es geht in ihr, wie der Zusammenhang deutlich macht, nicht um die Werke, die nun doch in irgendeinem Sinne in sich heilsnotwendig wären, sondern um die Werke als unausbleibliche Früchte des Glaubens.

86 Vgl. als Beleg dieser Aussage die im Text folgenden Ausführungen mit ihren Belegstellen, als Beispiel für die seltenere Art der Darstellung kann etwa die in der vorhergehenden Anmerkung zu zweit angeführte Stelle gelten, ferner WA 12, 289, 29ff. – Epistel S. Petri ..., 1523.

87 WA 22, 413, 7–10 – Crucigers Sommerpostille; vgl. die Nachschrift WA 45, 325, 17f. – Predigten, 1537.

88 Vgl. WA 22, 419, 26f. und WA 45, 327, 27f.: „Ibi habes urteil bereit."

89 Vgl. WA 22, 412, 28f.

90 WA 22, 418, 29–33 und WA 45, 327, 5–7.

91 Vgl. WA 5, 299, 22ff.

92 Vgl. 300, 31ff.

93 303, 29f.

94 303, 32ff.

95 303, 37ff.

96 WA 11, 117, 10ff. – Predigten, 1523.

97 Vgl. WA 39,1, 428, 16ff. – 2. Antinomer-Disputation.

98 Vgl. WA 36, 575, 27–30 – Predigten, 1532 (Bearbeitung). Von der endgültigen Besiegung der Feinde Christi heißt es da: „... dort aber wird er auff ein mal dem fass den boden aus stoßen und des alles ein ende machen." Vgl. die Nachschrift 575, 11–13.

99 Vgl. WA 36, 570, 38f. und die vorhergehenden Zeilen von 570, 24 an, ferner die Nachschrift 571, 1f.

100 Vgl. WA 36, 569, 33ff.; vgl. die Nachschrift 569, 12–14 und die nächste Anmerkung.

101 Vgl. WA 36, 572, 24ff.: „Er redet aber dennoch mit unterscheid von den zweyen, dem geistlichen und weltlichen Reich, Denn vom geistlichen sagt er nicht: Er wirds auff heben, sondern Gott ubergeben, als das dennoch bleiben sol, Aber das weltliche (spricht er) wird er gar abe thun und zu nicht machen, Denn dasselb ist geordnet nicht umb der fromen, sondern umb der bösen willen ... ist auch allein umb des zeitlichen lebens willen geordnet und gehöret noch fordert nichts gen himel, Wie das geistlich regiment allein dahin gerichtet ist, das wir zu jenem leben komen, Darumb wird das zeitliche gar auffgehaben werden und nichts mehr sein, das geistliche aber wird jnn ein besser und volkomen wesen verwandelt werden das wir alles ewig und gegenwertig haben, des wir jtzt jm glauben warten." Vgl. die Nachschrift 572, 10 bis 573, 3.

102 Vgl. WA 2, 457, 22 – Galaterkommentar, 1519.

103 Vgl. WA 36, 568, 38ff. u. 568, 11 bis 569, 7 – Predigten, 1532 (Bearbeitung und Nachschrift), und WA 10,1,1, 223, 7ff. – Kirchenpostille, 1522, ferner WA 5, 128, 29ff. – Operationes in Psalmos.

104 Vgl. WA 36, 592, 31 bis 593, 21 u. 593, 1–3 – Predigten, 1532 (Bearbeitung und Nachschrift).

105 Vgl. WA 49, 574, 41 bis 575, 20 – Predigten, 1544 (Bearbeitung); vgl. die Nachschrift 575, 1–3.

106 Vgl. WA 49, 575, 20–27 und 575, 4f. (Bearbeitung und Nachschrift).

107 Vgl. WA 49, 574, 15–20 u. 33 u. 574, 8–10 (Bearbeitung und Nachschrift). Wenn ich recht sehe, lehrt Luther an keiner Stelle, daß die im Glauben Verschiedenen schon am regnum gloriae teilhätten. Als Ausnahme können vielleicht nur die gelten, „szo mit Christo sind

auferstanden, wie Mattheus schreybt am 26. Capitel" (WA 10,3, 191, 28 – Predigten, 1522). Von allen übrigen gilt, daß sie schlafen, freilich einen Schlaf, der sie sehr kurz dünkt, denn am Jüngsten Tag werden sie meinen, kaum eine halbe Stunde geschlafen zu haben (vgl. WA 12, 596 und WA 36, 349, zit. bei *E. Hirsch*, Hilfsbuch zum Studium der Dogmatik, Berlin und Leipzig 1951, 263, § 422 u. 423). Vgl. aber WA 10,3, 269, 10. Von den Heiligen sagt Luther: „Darumb ist es genugsam, das wir wissen das sy leben, wie das aber ist, das ist uns nicht von nöten zu wissen ..."

108 WA 31,1, 175, 30ff. – Confitemini, 1530, zu Ps. 118, 24.

109 Vgl. WA 31,1, 245, 17–36 – Ps. 117 ..., 1530.

110 Vgl. Cl 4, 68, 8ff. = WA 30,1, 200, 17ff. – Großer Katechismus, 1529, auch Cl 4, 68, 21–28 = WA 30,1, 200, 29ff.; ferner BKS, 513, Abs. 6–8 – Kleiner Katechismus. Zum Ganzen vgl. U. *Seeger*, Die eschatologische Grundhaltung in Luthers Großem Katechismus, EvTh 2, 1935.

111 Vgl. WA 44, 66, 8ff. – Vorlesung über 1.Mose, 1535–45, zu Gen. 32, 1 u. 2: „Quicquid enim rerum in hac vita geritur, hoc omne propter homines pios et eos, qui salvandi sunt, geritur. Propter eos lucet sol: conservantur et stabiliuntur regna foecundatur terra, coniugia contrahuntur."

4. Kapitel

1 Daß Gott (ohne Näherbestimmung: welche Person der Gottheit) die Welt regiert, wird so häufig gesagt, daß dafür kein Beleg angeführt zu werden braucht. Dafür, daß das Werk der Schöpfung und Erhaltung besonders dem Vater zugeschrieben wird, mag die Erklärung zum 1. Art. im Großen Katechismus (Cl 4, 52–54) und im Kleinen Katechismus (BKS, 510–11) verglichen werden.

2 Vgl. besonders: WA 10,1,1, 601, 1ff. – Kirchenpostille, 1522; ferner WA 11, 191, 10f.

3 WA 10,1,1, 150, 11ff.; vgl. auch die schon mehrfach genannte Stelle WA 54, 36, 17–23 – Von den letzten Worten Davids.

3a WA 11, 193, 14f.; vgl. auch WA 5, 278, 11 – Operationes in Psalmos.

4 Vgl. das im ersten und dritten Kapitel darüber Ausgeführte; ferner: WA 54, 57, 28–31 u. 35ff. – Von den letzten Worten Davids, 1543.

5 WA 17,2, 245, 17ff. – Fastenpostille, 1525: Christus „sitzt ynn voller macht und gewallt, das alles geschicht, was er will ynn hymel und erden, obs wol wenig gleuben, das solchs geschehe umb Jhesus Christus willen."

6 Daß die Erlösung das besondere Werk Christi ist, geht eindeutig hervor aus den meisten Aussagen Luthers über das Werk Christi, braucht also nicht extra belegt zu werden. So heißt es WA 10,1,1, 473, 22ff. – Kirchenpostille, 1522: „... laßt unsz weyße seyn und Christum recht erkennen. Nemlich, das wyr fur allen dingen das Evangelium mussen horen und alda ynn Christum glewben, nit alleyn umb seynen willen, als das er eyn herr sey szondern, das er der man sey, der an statt unßer sundlichen natur getretten, allen tzorn gottis auff sich geladen und ubirwunden hatt, den wyr vordienet hatten mit allen unßern wercken." Das Evangelium ist immer zugleich Kundmachung der Herrschaft Christi und der durch ihn erworbenen Gnade. Im Reich der Welt hingegen haben die Heiden zwar die Werke Gottes vor Augen, aber es fehlt ihnen an dem „testimonium verbi et beneplaciti dei" (WA 14, 567, 26ff. – Deuteronomium Mosi cum annotationibus, 1525), also gerade an dem, was Gott durch das Leiden, Sterben und Auferstehen Christi offenbart hat und das jetzt im Evangelium gepredigt wird.

7 Vgl. z. B. WA 31,1, 88, 10ff. – Confitemini, 1530.

8 Vgl. WA 12, 563, 16ff. – Predigten, 1523.

9 Vgl. WA 42, 59, 5–8 u. 28f. – Vorlesung über 1. Mose 1535–45.

10 Vgl. ebd., 48, 6f.

11 Vgl. ebd., 76, 9–11.

12 Vgl. hierzu *J. Heckel*, Lex charitatis, München 1953, 52–70, das Kap.: Das göttliche Recht des status naturae incorruptae. *Heckel* versucht „von seiner Betrachtung der Lex Christi aus die für eine juristische Untersuchung wichtigsten Eigenschaften des göttlichen Gesetzes zu ermitteln" (a. a. O., 52). Unsere Darstellung geht den umgekehrten Weg, stimmt aber im Ergebnis mit *Heckel* überein. – Mit Absicht ist in den beiden folgenden Unterabschnitten vornehmlich aus Luthers Genesisvorlesung (1535–45) zitiert worden. Es ist dadurch eine Überprüfung der Richtigkeit der gemachten Aussagen im Zusammenhang des Kontextes leichter möglich. Da es sich nun in den beiden Abschnitten um allgemein anerkannte Feststellungen handelt, habe ich mich meist in den Anmerkungen auf einen einfachen Stellenverweis beschränkt, dafür aber den Text in engster Anlehnung an das jeweils angegebene Lutherwort gestaltet. – Für die Verwendung der großen Genesisvorlesung darf

ich mich hier auf die Arbeit von *P. Meinhold*, „Die Genesisvorlesung Luthers und ihre Herausgeber" – Stuttgart 1936 – berufen. Soweit ich sehe, fallen die in den beiden folgenden Abschnitten angeführten Stellen inhaltlich nicht unter die Aussagen, deren fragliche Echtheit *Meinhold* nachgewiesen hat oder deren Unechtheit aus den von *Meinhold* an die Hand gegebenen Maßstäben (a. a. O., 427f.) zu folgern wäre.

[13] Vgl. WA 42, 47, 39 bis 48, 1.

[14] Vgl. ebd., 47, 14–15.

[15] Vgl. ebd., 106, 4–10.

[16] Vgl. ebd., 43, 5f.

[17] Vgl. ebd., 124, 4–6.

[18] Vgl. ebd., 86, 3–6.

[19] Vgl. ebd., 86, 11–15.

[20] Vgl. ebd., 122, 13 (zu Gen. 3,6), „fons iusticiae et radix est fides".

[21] Vgl. ebd., 47, 8–11.

[22] Vgl. ebd., 242, 14–18.

[23] Vgl. ebd., 60, 35f. u. 60, 40 bis 61, 2.

[24] Vgl. ebd., 80, 7–10.

[25] Vgl. ebd., 80, 41 bis 81, 4.

[26] Vgl. ebd., 116, 20–22; ferner 82, 41 bis 83, 6.

[27] Vgl. ebd., 80, 11–17.

[28] Gemeint ist mit dieser Abgrenzung Luthers Auslegung von Gen. 1,26 bis zum Ende des 2. Kap. d. Gen.; vgl. als einzige Stelle, die in diesem Abschnitt die Nächstenliebe ausdrücklich erwähnt, WA 42, 47, 33–35.

[29] Vgl. ebd., 101, 41 bis 102, 11.

[30] Vgl. ebd., 102, 31–35.

[31] Vgl. ebd., 102, 16–24.

[32] Vgl. ebd., 86, 11f.

[33] Vgl. ebd., 121, 35.

[34] Vgl. ebd., 122, 22–24.

[35] Vgl. ebd., 268, 4–7.

[36] Vgl. dazu das nächste Kapitel.

[37] Vgl. WA 42, 79, 3 (zu Gen. 2,16 u. 17).

[38] Vgl. ebd., 79, 3f.

[39] Vgl. ebd., 80, 19–21.

[40] Vgl. Luthers Kirchendefinition WA 42, 334, 1–3 u. 12.

[41] Vgl. ebd., 80,1f. u. 27–31.

[42] Vgl. ebd., 79, 4.

[43] Vgl. ebd., 79, 21–24. Im Widerspruch zu der im Text angegebenen Reihenfolge der Ordnungen scheint WA 42, 42, 13ff. (zu Gen. 2,9), zu stehen; dort heißt es: „Postquam enim Deus homini dedit politiam et oeconomiam, ac constituit eum in Regem creaturarum addito etiam praesidio ad hanc corporalem vitam conservandam arbore vitae. Nunc ei quasi templum aedificat ut colat Deum, ut Deo gratias agat, qui ista omnia sic benigne largitus est." Diese Aussage kann aber nicht als Reihenfolge der Ordnungen gemeint sein. Das geht schon daraus hervor, daß hier die politia der oeconomia vorgeordnet ist, während Luther sonst immer das obrigkeitliche Amt aus dem Vater- und Mutteramt hervorgehen läßt (vgl. z. B. die Erklärung zum 4. Gebot im Großen Katechismus, WA 30,1, 152, 19–27). M. E. will Luther durch den zitierten Satz nur ausdrücken, daß Gott zuerst das leibliche Leben geschaffen habe, in dessen Kräftebereich auch die Verwirklichung des Hausstandes und der Obrigkeit lag, und daß er sich dann an den so erschaffenen Menschen mit seinem geistlichen Anspruch gewendet habe.

[44] Vgl. WA 42, 79, 5f.

[45] Vgl. ebd., 79, 26f.

[46] Vgl. ebd., 151, 34f.

[47] Vgl. ebd., 151, 21–23.

[48] Vgl. ebd., 42, 23–28.

[49] Vgl. ebd., 84, 19–21.

[50] Vgl. ebd., 79, 7–9 (zu Gen. 2,16 u. 17): „Politia autem ante peccatum nulla fuit, neque enim ea opus fuit. Est enim politia remedium necessarium naturae corruptae."

[51] „Kreatur" ist hier in dem umfassenden Sinne der Definition gemeint, die Luther in seinem Großen Katechismus gibt; vgl. Cl 4, 52, 30ff. = WA 30,1, 183, 32ff.

[52] Vgl. WA 11, 194, 3f. – Predigten, 1523: „... in peccatis nascitur, quicquid ex carne nascitur, sic quod nihil in homine manet, das duchtig wer, omnia sunt sub potestate regni sathanae ..."

[53] Vgl. WA 42, 111, 37f.

[54] Vgl. ebd., 117, 3–5.
[55] Vgl. ebd., 117, 12f.
[56] Vgl. ebd., 121, 36f.
[57] Vgl. ebd., 111, 2f.; 111, 21–25; 116, 22ff. u. 27f.
[58] Vgl. ebd., 111, 4f.
[59] Vgl. ebd., 121, 38 bis 122, 2, 122, 14–19.
[60] Vgl. ebd., 120, 25–31.
[61] Vgl. ebd., 116, 18f.
[62] Vgl. ebd., 120, 30f.: „Hoc vere est Satanae ipsissimum venenum, quod optat (Eva ist Subjekt) sapere supra id, quod ei praeceptum erat."
[63] Vgl. ebd., 167, 14–17 – zu Gen. 3, 22.
[64] Vgl. WA 54, 88, 15–27 – Von den letzten Worten Davids, 1543, u. 88, 35–38: „Darumb ist die Person des Sons unterschiedlich offenbart und Mensch worden, das wir an jm durch seine Menschheit wider auffstunden, die wir uns an seiner Gottheit gestoßen hatten und gefallen waren."
[65] Vgl. WA 42, 122, 12 (zu Gen. 3,6).
[66] Vgl. ebd., 121, 39f.
[67] Vgl. WA 42, 46, 4; 47, 16f.; 68, 31–33.
[68] Vgl. ebd., 48, 39–49, 1 u. 46, 28f.
[69] Vgl. ebd., 56, 5f.
[70] Vgl. ebd., 62, 14.
[71] Vgl. ebd., 86, 29.
[72] Vgl. ebd., 86, 18f.
[73] Vgl. ebd., 86, 19–25.
[74] Vgl. ebd., 120, 20f.
[75] Vgl. ebd., 86, 33–39.
[76] Vgl. ebd., 121, 35.
[77] Vgl. ebd., 201, 37f.
[78] Vgl. ebd., 202, 6f.
[79] Vgl. ebd., 201, 39–41.
[80] Vgl. WA 16, 431, 28f. – Predigt über 2. Mose 20, 1525 (Bearbeitung): „Was nu Moses geschrieben hat ynn den Zehen gepoten, das fülen wir natürlich ynn unserm gewissen" (vgl. WA 42, 205, 21–24).
[81] Vgl. WA 16, 448, 7–9 und auch die vorhergehenden Zeilen sowie die Nachschrift 447, 7 bis 448, 2.
[82] Vgl. WA 42, 49, 29–38.
[83] Vgl. WA 42, 96, 22–25 über Adams Erkenntnis, wenn er im Stande der Unschuld geblieben wäre, wird gesagt, „Talis cognitio sui et aliarum creaturarum mansisset etiam in posteritate Adae Omnes statim animadvertissent finalem et efficientem causam, de quibus nunc nihilo plus scimus quam ipsae pecudes" (zu Gen. 2, 21).
[84] Vgl. WA 42, 50, 28–30.
[85] Vgl. ebd., 49, 39f.
[86] Vgl. ebd., 96, 19–25.
[87] Vgl. ebd., 50, 33f.
[88] Vgl. WA 12, 668, 12f. „Omnes nati ex Adam sunt vorterbt, pleni peccatis et sub regno diaboli und zcu ewigem todt vorterbet..." (Predigten, 1523).
[89] Vgl. WA 42, 125, 27f.; ferner auch Z. 21f.
[90] Vgl. ebd., 149, 26–28; vgl. aber 149, 22: „Sed in illis poenis elucet in effabilis misericordia..." Die Strafe ist also schon ein Akt göttlicher Barmherzigkeit.
[91] Vgl. WA 42, 159, 30–36.
[92] Vgl. ebd., 144, 8–11.
[93] Vgl. ebd., 135, 17–22.
[94] Vgl. ebd., 142, 15–17.
[95] Vgl. ebd., 143, 4–6.
[96] Vgl. ebd., 143, 6f.: „spe huius promissionis in novissimo die etiam resurgent in aeternam vitam" (zu Gen. 3,15).
[97] Vgl. ebd., 76, 21–27.
[98] Vgl. ebd., 146, 18–26.
[99] Vgl. ebd., 160, 7–15.
[100] Vgl. ebd., 349, 29–31.
[101] Vgl. ebd., 348, 31–36.
[102] Vgl. ebd., 49, 27f. u. 38.
[103] Vgl. ebd., 347, 1–6.
[104] Vgl. WA 17,2, 105, 34ff. (Fastenpostille, 1525).

[105] Vgl. WA 42, 49, 35f.
[106] Vgl. ebd., 147, 17–21.
[107] Vgl. ebd., 100, 41 bis 101, 1 (zu Gen. 2, 22). Im Kontext folgert Luther daraus, daß Gott die Ehe in statu innocentiae eingesetzt hat, daß sie auch in der Gegenwart gegen alle Anfeindungen als Gottes Einsetzung zu verteidigen ist. Daß die Kirche als Gottes Ordnung erhalten wird, geht hervor aus Luthers Auslegung zu Gen. 3,15, in der er sagt, daß die Kirche im Schutze des Sohnes Gottes sicher sei (vgl. WA 42, 141, 24 und die vorhergehenden Zeilen).
[108] Für den Ehestand: vgl. WA 42, 100, 5–7 (zu Gen. 2, 22); vgl. auch 100, 12f.
[109] Vgl. ebd., 232, 1–8.
[110] Vgl. ebd., 232, 9.
[111] Vgl. ebd., 232, 1–8 u. 229, 32: „certum est Ecclesiam Cain infensissimam fuisse Ecclesiae Adae".
[112] Vgl. ebd., 229, 27–29.
[113] Von der generatio filiorum seculi heißt es (WA 42, 234, 37 bis 235, 1) zu Gen. 4, 23: „Ita tamen creverunt potentia et multitudine, ut implerent totum orbem terrarum et tandem etiam sanctam generationem filiorum Dei, quae habebat promissionem futurae vitae, subverterent, vastarent ac in tam profundum infernum impietatis demergerent, ut tantum octo homines manerent superstites." Daß die generatio filiorum seculi gleichzusetzen ist mit der falschen Kirche, die generatio filiorum Dei aber mit der echten Kirche, geht u. a. hervor aus WA 42, 239, 25–27, wo Luther die beiden Kirchen mit denselben Merkmalen kennzeichnet wie in dem angeführten Zitat und in den ihm vorhergehenden Zeilen die beiden generationes.
[114] Vgl. WA 42, 238, 6f.
[115] Vgl. ebd., 239, 25–27 (zu Gen. 4, 25).
[116] Vgl. ebd., 399, 25f. (zu Gen. 10, 6); vgl. ferner 399, 37 bis 400, 21.
[117] Vgl. ebd., 104, 23f.
[118] Vgl. ebd., 106, 37–39.
[119] Vgl. ebd., 346, 14–16.
[120] Vgl. ebd., 100, 12–15.
[121] Vgl. ebd., 100, 41 bis 101, 4.
[122] WA 16, 502, 4–6 – 2.Mose 20, 4. Gebot, 1525 (Nachschrift); vgl. auch die folgenden Zeilen und ferner 503, 7 bis 504, 1.
[123] Cl 4, 21, 36 bis 22, 2 = WA 30,1, 150, 30 bis 151, 3 – Großer Katechismus, 1529; vgl. WA 16, 499, 9–23 – 2.Mose 20, 4. Gebot (Bearbeitung); vgl. 499, 1–3 (Nachschrift).
[124] WA 16, 488, 24–27 (Bearbeitung); vgl. 488, 5f. (Nachschrift).
[125] Vgl. ebd., 488, 30 bis 489, 8.
[126] Vgl. ebd., 489, 16–21.
[127] WA 42, 178, 31ff. – Vorlesung über 1.Mose, 1535–45, zu Gen. 4,1.
[128] WA 16, 490, 13–16 – 2.Mose 20, 4. Gebot (Bearbeitung); vgl. auch 503, 6f. (Nachschrift): „... parentes sollen druber halten, ut educaretur non solum secundum corpus, sed et animam".
[129] WA 16, 490, 31–36 (Bearbeitung); vgl. 490, 5: „Pater est deus, dominus, iudex, doctor filiorum" (Nachschrift).
[130] WA 11, 40, 2f. – Predigt über 4. Gebot, 1523 (Nachschrift): „Non est maior potestas in terris quam, quam parentes in liberos habent, ut curent corpus et erudiant animam."
[131] WA 36, 574, 36ff. – Predigten, 1532 (Bearbeitung), 1. Kor. 15; vgl. 574, 13ff. (Nachschrift).
[132] WA 14, 140, 4–6: „Vides quoque Adam fuisse Christianum, quia credidit in venturum Christum, expectavit huius feminae semen, quod habeo in hoc verbo ‚Christus venit salvare mundum'. Una fides est mea et sua. Ego Christum non vidi nec ipse. Ita ab initio mundi fuerunt Christiani" (Predigt über 1. Buch Mose, 1523/24, Nachschrift). Vgl. WA 42, 146, 27–34, u. 147, 6–14 – zu Gen. 3,15.
[133] WA 10,3, 379, 30 – Predigt am 25. 10. 1522.
[134] Zu dem in diesem Abschnitt Dargelegten finden sich zahlreiche weitere Belege bei *Lau*, „Äußerliche Ordnung" und „weltlich Ding" in Luthers Theologie.
[135] Vgl. den vorigen Abschnitt.
[136] Vgl. WA 42, 107, 34–38, und WA 12, 548, 20ff. – Sermon auf den 4. Sonntag nach Ostern, 1523.
[137] WA 16, 353, 28–33 – 2. Mose 18, 19–22, 1525 (Bearbeitung); vgl. die Nachschrift, 353, 5–7.
[138] WA 16, 525, 18–21 – 2. Mose 20, 8. Gebot (Bearbeitung). *H. Bornkamm*, Luther und das Alte Testament, Tübingen 1948, S. 113, hat darauf hingewiesen, man müsse „Naturrecht und natürliches Gesetz bei Luther wohl unterscheiden. Das natürliche Gesetz heißt: Gottesverehrung und Nächstenliebe. Das natürliche Recht ist bei Luther nicht ein System einfacher Regeln wie das antike Naturrecht, sondern der Inbegriff der Wachstums- und Le-

bensgesetze des Gemeinschafts- und Volkslebens. Sich auf diese natürlichen Rechte verstehen, die man nicht definieren und kodifizieren kann, das ist die Kunst der großen Staatsmänner, der Wunderleute Gottes." Vgl. dazu *J. Heckel*, a. a. O., 82, Anm. 592: „*Bornkamm* hat richtig beobachtet, daß Luther einen dualistischen Naturrechtsbegriff hat. Aber das Einteilungsprinzip ist bei Luther ein anderes als bei *Bornkamm*, nämlich dasjenige der geistlichen oder leiblichen Auslegung der goldenen Regel. In leiblichem Sinn verstanden, beherrscht sie die ‚Wachstums- und Lebensgesetze' der Menschheit ... und die Gabe der Wunderleute Gottes besteht darin, jenes regulative Prinzip auf die konkrete geschichtliche Lage der Menschheit und ihrer Völker so anzuwenden, daß den Erfordernissen beider Genüge geschieht."

139 WA 5, 38, 18ff. – Operationes in Psalmos, 1519–21.

140 Vgl. ebd., 411, 38ff.

141 Cl 4, 6, 13ff. = WA 30,1, 134, 25ff. – Großer Katechismus, 1529.

142 WA 16, 497, 30–32 – 2.Mose 20 (Bearbeitung); vgl. auch 508, 30 bis 509, 12 und die Nachschrift, 508, 7ff. Daß alle Gebote der 2. Tafel auch Gebote des Naturgesetzes sind, wird ausdrücklich gesagt: WA 16, 512, 3–6: „Cor cuique dicit, ut obediat parentibus, quia cogitat: venio ex eorum sanguine et carne, educant me etc. natura, ratio docet, ut neminem occidam, *in natura ista praecepta sunt scripta in cor.* Sic hoc est in naturam scriptum. Matth. 7 (7,12)." (Hervorhebung von mir.) Vgl. die Bearbeitung 512, 20–31.

143 WA 16, 497, 32–34.

144 Vgl. ebd., 497, 29f.; vgl. 497, 5 (Nachschrift).

145 Vgl. ebd., 527, 33ff.; 527, 9ff. (Nachschrift).

146 Cl 4, 4, 17–22 = WA 30,1, 135, 1–6.

147 WA 16, 497, 35 bis 498, 11 – 2.Mose 20, 4. Gebot (Bearbeitung); vgl. 497, 6–7 (Nachschrift).

148 WA 16, 499, 4–6 (Nachschrift); vgl. WA 16, 509, 15–25 – 2.Mose 20, 5. Gebot (Bearbeitung).

149 WA 42, 350, 9 bis 351, 4 (zu Gen. 8, 21).

150 ebd., 350, 22–33 (zu Gen. 8, 21); vgl. bes. Z. 31ff.

151 WA 16, 517, 18–24 – 2.Mose 20, 7. Gebot (Bearbeitung); vgl. die Nachschrift, 517, 2–4.

152 WA 16, 486, 14–17 – 2.Mose 20, 4. Gebot; vgl. ferner Cl 4, 23, 18f. = WA 30,1, 152, 19f.

153 Vgl. WA 16, 512, 3–6.

154 Cl 3, 53, 28ff. = WA 18, 303, 13 bis 304, 4 – Ermahnung zum Frieden auf die zwölf Artikel der Bauernschaft in Schwaben, 1525.

155 Cl 3, 54, 40 bis 55,2 = WA 18, 306, 7–9.

156 Vgl. z. B. WA 18, 88, 21 – Wider die himmlischen Propheten, 1525, und WA 16, 339, 1f. – 2.Mose 18 (Nachschrift); vgl. ferner WA 6, 409, 4f. u. 428, 4f. – An den christlichen Adel ..., 1520.

157 Vgl. Cl 2, 393, 12–30 = WA 11, 279, 16ff. – Von weltlicher Obrigkeit ..., 1523.

158 WA 2, 580, 13f.; vgl. den ganzen Zusammenhang 580, 7–23 – Galaterkommentar, 1519.

159 WA 16, 353, 34 bis 354, 15 (Bearbeitung); vgl. 353, 8 bis 354, 5 (Nachschrift).

160 WA 42, 79, 7–9 – zu Gen. 2, 16 u. 17.

161 ebd., 361, 1f. „Ergo locus hic diligenter notandus est, quo Deus Magistratum constituit." Vgl. S. 361, 7–9. Im selben Zusammenhange erwähnt Luther, Adam habe Kains Totschlag zwar ernstlich gestraft, aber habe ihn doch nicht töten dürfen, denn Gott habe noch nicht gewollt, daß ein Totschläger auch gerichtlicherweise wieder sollte getötet werden, vgl. 360, 15–18 und ferner 360, 28f.

162 WA 14, 171, 19–22 – Predigt über 1.Mose, 1523/24, zu Gen. 4,17; vgl. 172, 9–11.

163 ebd., 202, 30–36.

164 ebd., 210, 33ff.

165 ebd., 210, 19f.

166 Cl 2, 363, 8–16 = WA 11, 247, 31 bis 248,6 – Von weltlicher Obrigkeit ..., 1523.

167 a. a. O., 49.

168 Vgl. WA 42, 238, 6f. (zu Gen. 4, 24).

169 Vgl. WA 16, 353, 19–33 (2.Mose 18).

170 Vgl. WA 14, 170, 24 bis 171, 17; vgl. die andere Nachschrift 171, 7–9 – 1.Mose, 1523/24, zu Gen. 4, 16f. Trotz seiner Glaubenslosigkeit hat Kain aber ein gutes Regiment geführt. So kann Luther sagen: „ehr wirt ein fein ordentlich regiment gefurtt und eingesatzt haben" (WA 14, 174, 32f.). Vgl. WA 24, 145, 28–31 (Bearbeitung z. St.).

171 Vgl. Anm. 4, 39.

172 Cl 4, 23, 18–35 = WA 30,1, 152, 19–35.

173 WA 12, 330, 34ff. – Epistel S. Petri gepredigt ..., 1523.

174 WA 14, 554, 31ff. – Deuteronomion Mosi cum annotationibus, 1525; vgl. 687, 28f.

175 WA 10,3, 252, 12: „Die das schwert haben und oben an sytzen, die sitzen an Gots stat" (Predigt, 1522).
176 Vgl. WA 56, 123, 20ff. – Römerbrief-Glossen zu Röm. 13,1.
177 WA 31,1, 217, 15ff. – Ps. 82 ausgel., 1530; vgl. ferner a. a. O., 218, 9ff. und WA 18, 342, 34ff. – Vermahnung Luthers zu dem Vertrag zwischen dem löblichen Bund zu Schwaben und den zwei Haufen der Bauern vom Bodensee und Allgäu, 1525.
178 Vgl. WA 10,3, 431, 27ff. – Predigten, 1522: „Voluit igitur esse principes, quicunque tandem essent, quibus obediremus, non curandum, num iuste an iniuste occupent imperium. Respicienda ..." Es folgt das Zitat im Text; vgl. auch die folgenden Zeilen.
179 Vgl. WA 31,1, 217, 15ff.
180 ebd., 216, 8ff.
181 Vgl. WA 14, 551, 18ff. – Deuteronomion Mosi cum annotationibus, 1525.
182 WA 16, 488, 19ff. – 2.Mose, 1524–27.
183 Cl 3, 320, 32–36 = WA 19, 626, 24ff. – Ob Kriegsleute ..., 1526.
184 WA 11, 113, 27f. – Predigten, 1523.
185 WA 12, 330, 10ff. – Epistel S. Petri gepredigt, 1523.
186 Vgl. Anm. 184 u. 185, ferner WA 10,1,1, 454, 19ff. und WA 11, 251, 17f. – Von weltlicher Obrigkeit ..., 1523.
187 WA 11, 251, 12ff. = Cl 2, 366, 18–21.
188 Cl 3, 319, 35–40 = WA 19, 625, 20–25 – Ob Kriegsleute ..., 1525.
189 WA 7, 586, 1f. = Cl 2, 171, 19f. – Magnificat ..., 1520 u. 1521.
190 WA 42, 361, 1ff. – Vorlesung über 1.Mose, 1535–45, zu Gen. 9, 6; vgl. 360, 30–34.
191 Vgl. WA 12, 335, 10ff. – Epistel S. Petri ..., 1523.
192 Vgl. Anm. 186, ferner WA 18, 66, 6–11 – Wider die himmlischen Propheten ..., 1525.
193 WA 14, 484, 23ff. – Predigt über 1.Mose, 1523/24.
194 Cl 2, 381, 36–39 = WA 11, 267, 5–8 – Von weltlicher Obrigkeit ..., 1523.
195 Cl 4, 371, 19ff. = WA 51, 557, 34 bis 558, 29 – Wider Hans Worst, 1541.
196 Vgl. Anm. 195, ferner WA 11, 265, 32 bis 266, 6 – Von weltlicher Obrigkeit ..., u. ö.
197 WA 5, 293, 39ff. – Operationes in Psalmos, 1519–21.
198 WA 16, 353, 9f. – 2.Mose, 1524–27, zu Kap. 18, 19–22; vgl. 339, 2f. u. ö.
199 Cl 2, 373, 39 bis 374, 2 = WA 11, 258, 36 bis 259, 2 – Von weltlicher Obrigkeit ..., 1523.
200 WA 16, 355, 19f. – 2.Mose 18, 19–22 (Bearbeitung); vgl. 355, 3ff.
201 Vgl. Anm. 200.
202 Vgl. WA 17,1, 162, 21–36 – Predigt über 1. Tim. 2, 2–7, 1525; vgl. die Nachschrift derselben Predigt 158, 13–33 im Zusammenhang mit 158, 7f.
203 WA 11, 202, 21f. – Predigten, 1523: „Magistratus regunt suum populum secundum rationem, non opus est Euangelio."
204 Vgl. WA 17,1, 158, 17f. Das gilt natürlich nur cum grano salis; so weiß Luther durchaus auch christliche Herrscher von besonderer Befähigung zu nennen: z. B. Friedrich den Weisen, Fabian von Feylitz (vgl. WA 30,2 558, 3–7 – Eine Predigt, daß man Kinder zur Schule halten solle, 1530) und vor allem David (vgl. die Auslegung des 101. Ps., 1534/35, als Ganzes, WA 51, 197–264). Es ist aber bezeichnend, daß Luther in ebenderselben Psalmenauslegung, in der David als Vorbild des Regenten dargestellt wird, sagt (WA 51, 242, 7ff.): „Und die warheit zu sagen, sind sie (die Heiden) jnn solchen sachen (nämlich: in der Verwaltung des weltlichen Regimentes) weit über die Christen geschickt, wie auch Christus selbs sagt, das die kinder dieser welt klüger sind weder die kinder des liechts, und S. Paulus spricht 1. Cor. 2, das nicht viel Weisen, edle, Starcken beruffen sind, Sondern was nerricht, schwach, veracht ist, hat Gott erwelet etc." Vgl. auch die folgenden Zeilen.
205 WA 11, 251, 22–31 = Cl 2, 366, 28ff. – Von weltlicher Obrigkeit ..., 1523.
206 Cl 2, 367, 1ff. = WA 11, 251, 32 bis 252, 11.
207 Cl 3, 83, 36–38 = WA 18, 392, 8–10 – Sendbrief von dem harten Büchlein wider die Bauern, 1525.
208 Vgl. außer den schon gebrachten Belegen WA 51, 242, 1ff.
209 Vgl. WA 14, 553, 21ff. – Deuteronomion Mosi cum annotationibus, 1525: „... an melior sit bonus princeps et imprudens vel prudens, tamen et malus. certe utrunque hic Mose requirit, tamen si utrunque haberi non potest, melior est prudens et non bonus quam bonus et non prudens, quod bonus prorsus nihil regat, sed solum regatur nec nisi a pessimis. Prudens etsi noceat bonis, tamen malos simul regit, id quod mundo est magis necessarium et comodum, ut qui est aliud nihil quam quoddam malorum vulgus. Hanc sententiam et hic Moses probare videtur, dum primo de sapientia disputat principum deinde de bonitate."
210 Cl 2, 394, 16ff. = WA 11, 280, 16ff. – Von weltlicher Obrigkeit ..., 1523.
211 Cl 2, 386, 30f.; vgl. WA 11, 272, 15ff. Ein Fürst soll so regieren, „das alltzeyt vber alles recht / regire vnnd das vberst recht vnnd meyster alles rechten blybe / die vernunfft."

[212] Cl 2, 386, 27–30 = WA 11, 272, 13ff.: „Darumb muß eyn furst ... mitt eygener vernunfft messen"; es folgt das Zitat im Text.

[213] Vgl. WA 10,3, 385, 27 – Predigten, 1522: „Also söl das weltlich Regiment darinnen stehen, zu straffen die bösen unnd hanthaben die frummen. Darumb mus man nun öberkeit haben und mus auch wol geregirt werden, und mus nit durch die finger sehen, sünder zu gleich straffen."

[214] Vgl. WA 10,3, 383, 33–38.

[215] Vgl. Anm. 213.

[216] Vgl. dazu WA 51, 206, 1ff. – Ps. 101, 1534/35.

[217] Cl 2, 390, 23ff. = WA 11, 276, 13ff.: „Also muß eyn furst die bößen straffen / das er nicht eyn leffel aufheb vnnd zu trett eyn schüssel / vnd bringe vmb eyns scheddels willen land vñ leutt ynn nott / vnd mache das land voll witwen vnnd weyßen ... Kurtzlich / hie muß man sich halten des sprichworts / Wer nicht kan durch die finger sehen / der kan nicht regiren. Darumb sey das seyn regel / wo er unrecht nitt straffen kan on größer unrecht / da laß er seyn recht faren / es sey wie billich es wolle."

[218] Vgl. Anm. 217.

[219] Vgl. Anm. 217.

[220] Zum Ausdruck: In einer Predigt des Jahres 1522 sagt Luther „de insignibus ducis Saxonie" (WA 10,3, 255, 10f.): „das ain Richtter klug und weyß soll sein und sehen, wa er die gestrengkait des rechtens messygen unnd temperieren muß".

[221] WA 14, 554, 38ff. – Deuteronomion Mosi cum annotationibus, 1525; vgl. ferner WA T. 6, Nr. 7031, 345, 26ff. (Nachschrift Aurifabers vom 15. Febr. 1546).

[222] Vgl. WA 5, 469, 3 – Operationes in Psalmos, 1519–21.

[223] WA 10,3, 256, 11ff.

[224] Vgl. den vorhergehenden Abschnitt dieser Arbeit.

[225] WA 14, 686, 5f. – Deuteronomion Mosi cum annotationisbus, 1525: „... pergit Moses in secunda parte legis, nempe charitate, quae in secunda tabula continetur."

[226] WA 14, 686, 10ff.

[227] WA T. 4, Nr. 4178, 182, 4ff. (Lauterbachs Tagebuch, 1538).

[228] Vgl. WA 14, 553, 31ff. – Deuteronomion Mosi cum annotationibus, 1525: „Haec est summa et difficilima virtus principium, aequitas scilicet et simplicitas iudicii. Nam pauperes et ignobiles iudicare facile est sed potentes, divites et amicos posthabito sanguine, honore, timore, favore, lucro damnare sola inspecta causa hoc virtutis divinae est nec hoc facit ullus princeps nisi spiritu sancto per fidem dei animatus, ideo mundus plenus est principibus sed fidelem quis inveniet, ait Solomo?" Vgl. ferner WA 14, 667, 8ff.

[229] WA 42, 360, 38–41 – Vorlesung über 1. Mose, 1535–45, zu Gen. 9, 6.

[230] Cl 3, 70, 21 = WA 18, 358, 6ff. – Wider die räuberischen und mörderischen Rotten der Bauern, 1525.

[231] WA 14, 665, 7ff. – Deuteronomion Mosi cum annotationibus, 1525.

[232] Cl 2, 394, 14f. = WA 11, 280, 14f. – Von weltlicher Obrigkeit, 1525.

[233] Vgl. WA 51, 259, 34f. – Ps. 101, 1534/35: „Denn wo trew und glaub auff höret, da mus das Regiment auch ein ende haben."

[234] WA 18, 437, 35ff. – Vorrede zu *Karlstadts* „Entschuldigung ...", 1525.

[235] WA 18, 438, 13ff.

[236] WA 18, 393, 15ff. = Cl 3, 85, 7–10 – Sendbrief von dem harten Büchlein wider die Bauern, 1525.

[237] WA 30,3, 277, 35ff. = Cl 4, 196, 5ff.

[238] Cl 3, 67, 6–9 = WA 18, 331, 2–4 – Ermahnung zum Frieden auf die zwölf Artikel der Bauernschaft in Schwaben, 1525.

[239] Vgl. WA 18, 331, 7ff. = Cl 3, 67, 12ff. im Zusammenhang mit Anm. 238.

[240] WA 14, 453, 5–7 – Predigt über 1. Mose, 1523/24.

[241] Vgl. den vorigen Abschnitt.

[242] WA 17,1 163, 18ff. – Predigt über 1.Tim. 2, 2–7, 1525: „Wie were es müglich, wenn es Gott nicht erhielte, das man so viel kopffe und wilder leute ynn einer stadt regiren künde? Wie bald were ein hauff zusammen geschlagen widder die öbirckeit und sie ermordet? Was sind zween odder drey gegen einer gantzen Stadt? Vernunfft ist hie viel zu schwach, das sie es erhalte, wie er uns unterweilen auch sehen lessit." Vgl. die Nachschrift 163, 3–6.

[243] Vgl. WA 51, 209, 23ff. – Ps. 101, 1534/35, vgl. auch 215, 24f.

[244] WA 51, 207, 35f.

[245] WA 51, 207, 21–31.

[246] Vgl. WA 51, 208, 24–26, 38–40 u. 209, 35f. u. ö.

[247] WA 51, 208, 23–26; vgl. 208, 1–5.

[248] WA 51, 215, 1ff.

[249] WA 51, 211, 36ff.
[250] Vgl. zum Ausdruck WA 51, 215, 1.
[251] Vgl. die in anderem Zusammenhang schon erwähnte Stelle WA 11, 280, 14f. = Cl 2, 394, 14ff. An der angegebenen Stelle wird gesagt, daß „ydermann" ein Urteil als „recht" empfinden könne und dann wird die Vernunft als „rechts brunne" bezeichnet.
[252] WA 51, 244, 5ff.
[253] ebd., 212, 22f.
[254] ebd., 212, 26f.
[255] ebd., 212, 32ff.
[256] ebd., 215, 6ff.
[257] ebd., 214, 32ff.
[258] WA 30,2, 258, 3–10 = Cl 4, 164, 22–29 – Predigt, daß man Kinder zur Schule halten solle, 1530.
[259] WA 51, 215, 14–23.
[260] ebd., 215, 10–12.
[261] ebd., 244, 21.
[262] ebd., 207, 37ff., vgl. ferner WA 44, 568, 39 bis 569, 6 – Vorlesung über 1. Mose, zu Gen. 44, 10–12.
[263] WA 51, 212, 35ff.
[264] ebd., 243, 26–31.
[265] Vgl. WA 10,3, 431, 20ff. – Predigten, 1522.
[266] Vgl. Anm. 202.
[267] WA 51, 217, 10ff. – Ps. 101, 1534/35. Im Kontext der angegebenen Stelle weist Luther allerdings auf die besonderen Wunderleute hin, die wie David „sich mit ernst... umb Gott und sein wort annemen", und bezeichnet sie als „seltzam wilpret im Himelreich" (217, 25ff.). Vgl. dazu das 5. Kap., Abschn. 6.
[268] Vgl. WA 14, 567, 16ff. – Deuteronomion Mosi cum annotationibus, 1525.
[269] WA 14, 576, 38ff.
[270] Vgl. WA 17,2, 192, 28 – Fastenpostille, 1525: „Alle creaturen sind Gottes larven und mumereyen, die er will lassen mit yhm wircken und helffen allerley schaffen, das er doch sonst on yhr mitwircken thun kan und auch thut, auff das wyr blos an seynem wort alleyne hangen."
[271] WA 14, 576, 38ff.
[272] WA 44, 66, 10–16 – Vorlesung über 1. Mose, 1535–45, zu Gen. 32,1 u. 2.
[273] Vgl. WA 44, 66, 10–16 u. 66, 4ff.
[274] Vgl. Anm. 273; ferner WA 34,2, 266, 19–22 – 2. Predigt am Michaelistage, 1531 (Bearbeitung); vgl. die Nachschrift 266, 5–7.
[275] WA 43, 68, 36–40 – Vorlesung über 1. Mose, zu Gen. 19, 14.
[276] WA 34,2, 246, 16ff. – 2. Predigt am Michaelistage, 1531 (Bearbeitung); vgl. die Nachschrift 246, 1f.
[277] WA 34,2, 263, 24ff.; vgl. die Nachschrift 263, 7f.
[278] WA 34,2, 239, 24ff. – 1. Predigt am Michaelistage, 1531; vgl. die Nachschrift 239, 6 bis 240, 1.
[279] WA 44, 65, 10f. – Vorlesung über 1.Mose, 1535–45, zu Gen. 32, 1 u. 2.
[280] Cl 2, 175, 32f. = WA 7, 590, 35f. – Magnificat..., 1521.
[281] WA 34,2, 263, 22f. – 2. Predigt am Michaelistage, 1531; vgl. die Nachschrift 263, 6f.
[282] WA 36, 334, 16ff. – Predigt am Michaelistage, 1532: „... wenn Gott straffen wil, so lest ers geschehen et subtrahit ministerium angelorum, so schleget der Teufel da einen, durt einen nidder... (Z. 23). Sic unser Gott strafft da mit, wenn er per angelos dem Teufel nicht wheret."
[283] WA 16, 139, 27ff. – Predigt über 2. Mose, 1524–27, zu Kap. 9, 16; vgl. die Nachschrift 139, 8–12.
[284] WA 16, 138, 9ff. (Nachschrift).
[285] Cl 3, 67, 32–34 = WA 18, 332, 9ff.
[286] Vgl. WA 16, 140ff., besonders 143, 3ff.
[287] WA 34,2, 241, 24f. – 1. Predigt am Michaelistage, 1531; vgl. die Nachschrift 240, 8–241, 6.
[288] WA 34,2, 240, 1ff.
[289] Vgl. die Gegenüberstellungen: Gott ist „der Schöpffer" (a. a. O., 236, 10), der Teufel „ein Verderber und Zerstörer der Geschöpff Gottes" (236, 11f.); vgl. ferner 238, 7f.
[290] WA 10,1,1, 543, 9ff. – Kirchenpostille, 1522; vgl. WA 34,2, 240, 25f. vgl. Nachschrift, 240, 7f. (vielleicht als Spott über den Teufel gesagt, daß er ein solcher Meister sei, der mit seiner Bosheit Gutes ausrichten müsse. Sachlich würde das dann aber doch auf die göttliche Meisterschaft hinauslaufen).
[291] Vgl. Anm. 284, 278.

292 WA 38, 29, 5ff. – Summarien über die Psalmen, 1531–33, zu Ps. 33.
293 Cl 2, 171, 6ff. = WA 7, 585, 21ff.
294 Cl 2, 171, 17–22 = WA 7, 585, 33 bis 586, 4.
295 a. a. O.
296 WA 14, 456, 6f. – Predigt über 1. Mose, 1523/24: „Sychem et Hemor juste hic per iniustos puniuntur. Sic solet deus sive per iustos sive iniustos punire."
297 a. a. O.
298 WA 11, 188, 22ff. – Predigten, 1523.
299 WA 14, 364, 21ff. – Predigt über 1. Mose.
300 WA 7, 586, 5–13 u. 21–29 = Cl 2, 171, 23–32 u. 171, 40 bis 172, 8.
301 WA 14, 573, 32f.
302 WA 11, 143, 34ff. – Predigt, 1523.
303 WA 31,1, 240, 1ff. – Ps. 117 ..., 1530.
304 WA 31,1, 103, 18ff. – Confitemini, 1530: „... welche nicht mit gnaden wollen ynn Gottes namen anders werden, das sie mit zorn mussen yns teufels namen zu boden gehen, vnd dennoch die Christen hinder sich leben lassen, on yhren danck, wie den Juden, Romern vnd allen heiden bisher geschehen ist und vor zeiten konig Pharao vnd den feinden des volcks Israel, Vnd itzt zu vnsern zeiten, gott lob, bereit manchem geschehen ist, der vns gätz vnd gar fressen wolt ynn dreyen wochen vnd doch itzt da ligt vnd faulet vnter den wurmen, vnd wir noch leben. Wie denn auch noch endlich geschehen wird, was noch von fursten bischofen pfaffen vnd yhren gesellen toben, das sie sollen vnter gehen vnd unser lere hinder sich lassen." Vgl. WA 31,1, 214, 10ff. – Ps. 82 ..., 1530.
305 Vgl. Anm. 303 u. 304.
306 WA 31,1, 239, 5–6 – Ps. 117 ..., 1530.
307 Cl 2, 174, 36 bis 175,14 = WA 7, 590, 3–18 – Magnificat ..., 1520 u. 1521; vgl. WA 51, 254, 21ff. – Ps. 101 ..., 1534/35.
308 Cl 2, 175, 11–13 = WA 7, 590, 16–17.
309 Cl 2, 175, 17ff. = WA 7, 590, 21ff.
310 Cl 2, 175, 9–11 = WA 7, 590, 13–15.
311 Cl 2, 175, 13f. = WA 7, 590, 17f.
312 Cl 2, 175, 5–9 = WA 7, 590, 9–13.
313 Cl 2, 174, 38 bis 175, 1 = WA 7, 590, 3–6.
314 Vgl. WA 18, 360, 34ff. = Cl 3, 73, 18–20 – Wider die räuberischen und mörderischen Rotten der Bauern, 1525.
315 WA 56, 125, 24f. – Römerbriefvorlesung – Glossen: „Quia Deus, Etsi Mali homines ei non seruiant, tamen facit, Vt Bonum, quod habent et quo abutuntur, ei seruiat. vnde Rex Babylonis, Impius Idolatra, vocatur seruus a Deo in prophetis."
316 Vgl. WA 30,2, 148, 26ff. – Vom Kriege wider die Türken, 1529.
317 WA 31,1, 241, 10 – Ps. 117 ..., 1530.
318 WA 31,1, 27, 16, Ps. 119 ..., 1529.
319 WA 31,1, 20, 30f.
320 Vgl. WA 54, 65, 23–25 – Von den letzten Worten Davids, 1543. So hält es Luther schon für eine Zertrennung des göttlichen Wesens, wenn man nur „die Person des Vaters als die unterschiedliche Person" Vater nennen wollte (vgl. 65, 11–15).
321 WA 54, 69, 2–5.
322 WA 54, 69, 5ff.; vgl. 65, 9f.
323 WA 31,1, 268, 7ff. – Die ersten 25 Ps. auf der Koburg ausgelegt, 1530, Ps. 2; vgl. WA 10,3, 129, 9ff. – Predigt, 1522. Von der Bedeutung der Himmelfahrt Christi heißt es: „unnd ist also durch den ganng ain Herr worden allerding, des todts, der sünd unnd der hellen, unnd gleych worden in allen dingen got dem vatter wie der 109. Psalm sagt..."
324 WA 54, 66, 19–22 – Von den letzten Worten Davids, 1543.
325 WA 54, 67, 23–29.
326 WA 54, 66, 17–19.
327 WA 54, 91, 9ff.
328 WA 10,1,1, 150, 12ff. – Kirchenpostille, 1522, zu Hebr. 1,2.
329 WA 37, 654, 32ff. – Predigt über die Taufe, 1534; vgl. 655, 13ff.; ferner WA 47, 204, 5–14 – Auslegung des 3. und 4. Kap. Joh. in Predigten, 1538 bis 1540. „Wen ich nu das weiss und bins gewiss, das ehr ein Herr sej uber alles, uber himmel und erden, uber die Engel und alle Creatur, und weiss, daß gott einen wohlgefallen an ihme habe, das er ihnen auch setzet zu seiner rechten, und also der mensch, so von Maria der Jungfrau geborn ist, doselbst auch herrschen und regieren soll, Wen ich nun das weiss, (sage ich), so hatt mein Hertz gewonnen und spricht: Ej, hab ich den mir gonstig und gnedig, der ein Herr ist, uber die Engel und den Teuffel, uber todt und leben, ich geschweige uber goldt, silber, korn, gersten, so will ich mich fur der welt auch nicht furchten, und kan mich zu

Gott versehen, das kein unglucke mir schaden solle." Vgl. WA 49, 581, 21ff. – Prédigt am Michaelistage 1544 (Druck). „Wiewol nu auch die Himlischen Engel in solchem streit bey uns sind und diesem Kriegsherrn Christo, wo er ist und zu felde liegt, unterthan sind, wie sie jm auch gedienet haben, da er geboren war und noch in der krippen und der Jungfrawen, seiner Mutter, an den armen lag, ..." (vgl. die Nachschrift 580, 9f.).

330 WA 11, 15, 32ff. – Predigten, 1523; vgl. WA 12, 371, 20ff. – Epistel S. Petri ..., 1523, zu 1. Petr. 3, 22.

331 WA 10,1,1, 717, 9ff. – Kirchenpostille, 1522.

332 WA 12, 195, 25ff. – De instituendis ministris Ecclesiae, 1523.

333 Vgl. den vorhergehenden Absatz an der zitierten Stelle WA 12, 195, 11ff.

334 Vgl. die oben angeführten Belege in Anm. 288 u. 284, dazu WA 16, 138, 27–33 (Bearbeitung derselben Stelle) und die vorhergehenden Zeilen 137, 8ff.

335 WA 12, 459, 31 bis 460, 5 – Predigten, 1523.

336 WA 10,3, 381, 31f. – Predigt in der Schloßkirche zu Weimar, 1522.

337 WA 30,2, 170, 21ff.; vgl. damit den Beleg Cl 2, 171/172, 8 = WA 7, 586, 5–29 – Magnificat ..., 1520 u. 1521, der oben für die heimliche Herrschaft Gottes zitiert wurde.

338 Vgl. z. B. WA 18, 135, 18ff. – Wider die himml. Propheten ..., 1525: „Denn Gott hat sich wol mehrmalen so nerrisch und schwach gestellt, alls sollt seyn wort und thun untergehen, die gottlosen damit zu verstocken und zu verblenden, und ist doch eben dadurch aller sterckest auffgangen, Und die jenigen, so sich an seyner torheyt und schwachheyt verstocken und verblenten, auffs aller grewlichst umbkomen, wie den Juden geschach durch das creutz Christi, und den Heyden durch das leyden der merterer."

339 WA 30,2, 173, 23ff. – Heerpredigt wider den Türken, 1529/30.

340 WA 36, 575, 31ff. – Predigten, 1532 (Bearbeitung); vgl. die Nachschrift 575, 10–13.

341 Vgl. WA 36, 577, 6ff.

342 Vgl. WA 36, 577, 12ff.

343 WA 31,1, 241, 9f. – Ps. 117 ..., 1530.

344 Vgl. WA 40,2, 272, 21f. – Enarratio Psalmi, II, 1532 (1546), zu Ps. 2, 9; vgl. die Nachschrift 572, 3 u. 4 und ferner auch 274, 22–35.

345 Cl 1, 340, 8–17 = WA 6, 301, 30ff. – Von dem Papsttum zu Rom ..., 1520.

346 Luthers Lehre von den beiden Reichen, 15, Anm. 21; vgl. dazu Kap. 5, Abschn. 6 dieser Arbeit.

347 WA 31,1, 232, 39ff. – Ps. 117 ..., 1530. Dieser Zuordnung entspricht es, daß Luther das allgemeine Weltregiment Christi der Gemeinde wiederholt als Glaubenstrost vor Augen hält. Vgl. nur Luthers Briefe von der Coburg: Cl 6, 293, 17–19 = WA Br. 5, 400, 22ff. (an Melanchthon – 27. 6. 1530), Cl 6, 303, 18–20 = WA Br. 5, 412, 27f. (an Melanchthon – 30. 6. 1530), Cl 6, 321, 21ff. = WA Br. 5, 459, 42ff. (an Jonas – 9. 7. 1530) u. ö.

348 Daß Christi Gewalt sich aber wirklich nicht auf den Schutz seines Wortes und seiner Heiligen beschränkt, dafür vgl. zum Überfluß auch WA 38, 67, 11f. – Summarien über die Psalmen, 1531–33, zu Ps. 145: „... er (nämlich Christus) ists der alles erneeret, der seiner heiligen anruffen erhöret, thut, was sie begeren, sie behütet etc." Hier ist doch deutlich zwischen einem allen geltenden Regiment Christi (der *alles* erneeret) und einer nur seinen Heiligen geltenden Erhörung und Behütung unterschieden.

5. Kapitel

1 Vgl. WA 10,1,1, 176, 18; vgl. auch 117, 4 – Kirchenpostille, 1522, oder etwa WA 11, 249, 33–35 u. 27 = Cl 2, 365, 4–6 u. 364, 36f. – Von weltlicher Obrigkeit ..., 1523.

2 WA 31,1, 176, 26ff. – Confitemini, 1530. Vgl. WA 56, 521, 18–21 – Römerbriefvorlesung – Scholien.

3 Vgl. WA 11, 262, 3 bis 263, 15 = Cl 2, 377, 1 bis 378, 14 – Von weltlicher Obrigkeit ..., 1523. In dem angegebenen Abschnitt ist zweimal von der Herrschaft Gottes über die Seelen die Rede, 262, 9f. u. 263, 7–15, und es wird diese Aussage gemacht, um zu beweisen, daß die weltliche Obrigkeit weder Recht noch Macht hat in „Gottis reych vnter Christo" (262, 4) einzugreifen (vgl. 261, 27–31).

4 WA 10,3 252, 4 – Predigten, 1522.

5 WA 10,3, 400, 14f. – Predigten, 1522.

6 WA 11, 253, 7f. = Cl 2, 368, 13f. – Von weltlicher Obrigkeit ..., 1523; vgl. ferner WA 41, 147, 33f. – Predigten über den 110. Psalm, 1535 (Bearbeitung).

7 WA 31, 1, 580, 17f. – 19. Ps. ausgelegt, 1531.

8 WA 31,1, 486, 22f. – Arbeiten zu den Summarien über die Psalmen, 1530–1532.

9 Vgl. WA 12, 605, 6ff. – Predigten, 1523.

10 WA 56, 422, 7ff. – Römerbriefvorlesung – Scholien.

11 WA 5, 298, 37ff. – Operationes in Psalmos.
12 WA 5, 290, 12ff.: „Post haec sequitur abolitio penitus et perditio, quando conserva per gratiam dei voluntas, ne signum quidem prioris vitae reliquum in nobis est ambulantibus scilicet in novitate vitae secundum virtutem resurrectionis Ihesu Christi." Vgl. dazu 290, 22f.
13 Vgl. WA 5, 544, 9f.: „quanquam revera nihil differat creatio et recreatio, cum utraque ex nihilo operetur..."
14 WA 10,3, 380, 20–22 – Predigt zu Weimar, 1522.
15 WA 56, 294, 31 bis 295, 3 – Römerbriefvorlesung – Scholien, zu Röm. 4,17.
16 WA 12, 235, 35ff. – An die Herren deutsches Ordens..., 1523; vgl. WA 40,2, 275, 17ff.
17 WA 31,1, 33, 6ff. – 83. Psalm verdolmetscht und ausgelegt, 1529.
18 WA 14, 176, 22ff. – Predigten über 1.Mose, 1523–24, zu Gen. 4, 26.
19 WA 14, 139, 26ff.
20 WA 14, 140, 20ff., vgl. auch die vorhergehenden Zeilen ab 140, 15.
21 WA 54, 71, 28f. – Von den letzten Worten Davids, 1543.
22 WA 39, 2, 187, Th. 7 u. 8 – Promotionsdisputation von Heinrich Schmedenstede, 1542, zu Hebr. 13,8.
23 WA 18, 203, 27ff.
24 WA 54, 66, 28ff. – Von den letzten Worten Davids, 1543.
25 WA 54, 67, 1–16.
26 WA 54, 66, 16–19.
27 WA 10,1,1, 600, 3ff. – Kirchenpostille, 1522.
28 WA 38, 50, 2f. – Summarien über die Psalmen, 1531–33, zu Ps. 93, 4.
29 WA 31,1, 582, 30ff. – Auslegung des 19. Ps., 1531.
30 WA 31,1, 232, 20ff. – 117. Psalm ausgelegt, 1530.
31 WA 17,2, 157, 17. – Fastenpostille, 1525: „... wo das Euangelion geht, da sind Christen. Isaie 55: Meyn wort soll nicht leer widderkomen etc."
32 WA 17,2, 178, 14f.; vgl. 109, 18ff.: „das durch die verfolgung das Euangelion und Gottis wort nur weytter kompt, stercker wird, und der glaube zu nympt, wilchs auch eyn widdersynnisch art ist aller weltlicher gutter, wilche durch ungluck und widderwertickeyt abnehmen und durch gluck und fride zu nemen. Christus reich nympt durch trubsal zu und nimpt ab durch fride und gut gemach wie S. Paulus sagt, 2. Cor. 14: krafft wird durch schwacheyt sterker etc."
33 WA 10,1,2, 127, 8ff. – Adventspostille, 1522; vgl. WA 32, 437, 27ff. – Wochenpredigten über Matth. 5–7, 1530–32.
34 WA 10,3, 221, 14 – Predigten, 1522.
35 WA 12, 507, 10f. – Predigt am 3. Osterfeiertag, 1523.
36 WA 12, 532, 16ff. – Predigt am Sonntag nach Ostern, 1523. Es folgt das im Text gegebene Zitat.
37 a. a. O., 532, 19f.
38 WA 12, 534, 15ff.
39 Vgl. Kap. IV, 2a.
40 WA 10, 3, 244, 19f. – Predigt am 6. Sonntag nach Trinitatis, 1522. Luther hat auch die überführende Kraft des Gesetzes dem Heiligen Geist zugeschrieben, und zwar dem Heiligen Geist als „Deus in sua natura" und „autor legis, sine quo lex non erguit peccata" (WA 39,1, 391, 17f. – 1. Disputation gegen die Antinomer, 1537). An anderem Ort schreibt er sie Gott allgemein zu: WA 5, 503, 12ff. – Operationes in Psalmos, 1519–21.
41 WA 39,1, 424, 6ff. – 2. Disputation gegen die Antinomer, 1538.
42 WA 39,1, 424, 18ff.; vgl. 426, 17ff.
43 Vgl. WA 56, 338, 21ff. – Römerbriefvorlesung – Scholien, zu Röm. 7, 6.
44 WA 30,3, 363, 15ff. – Glosse auf das vermeinte kaiserliche Edikt, 1531; vgl. auch WA 2, 137, zitiert bei *Gogarten,* Die Verkündigung Jesu Christi, Heidelberg 1948, 320.
45 WA 10,1,1, 27, 12ff. – Kirchenpostille, 1522; vgl. 50, 18f.
46 Vgl. WA 31,1, 486, 11ff. – Arbeiten zu den Summarien zu Ps. 1530–32.
„Sceptrum ferreum est Euangelion, quia

		sapientiam	
conterit		iustitiam	hominum, i. e. damnat opera
		potentiam	nostra
	Reges		iustus
Sic	Iustos	cum sua virtute,	sapiens
	Sanctos	ut sit solus	potens."
	Principes		

47 Vgl. WA 40,2, 270, 19ff. – Enarratio Psalmi, II, 1532, (Nachschrift).
48 WA 5, 657, 24f. – Operationes in Psalmos, 1519–21.
49 WA 40,2 271, 14ff.

[50] WA 31,1, 235, 35ff. – 117. Psalm ausgelegt, 1530.
[51] WA 10,1,2, 30, 1ff. – Adventspostille, 1522.
[52] WA 56, 345, 23ff. – Römerbriefvorlesung – Scholien.
[53] WA 18, 500, 16f. – Die sieben Bußpsalmen, 2. Bearbeitung, 1525.
[54] WA 39,1, 424, 4f. – 2. Disputation gegen die Antinomer, 1538.
[55] WA 41, 149, 6ff. – Predigten über den 110. Psalm, 1535 (Bearbeitung), und WA 10,1,2, 59, Anm.: Berichtigung 27/60, 13 – Adventspostille, 1522, nach der von Luther selbst vorgenommenen Neubearbeitung von 1540 – gedruckt bei Hans Luft. – Zur Verwendung dieser Berichtigung vgl. das Vorwort von *O. Brenner* in WA 10,1,2, S. IX u. X, im Zusammenhang mit WA 56, 329, 13ff. – Römerbriefvorlesung-Scholien.
[56] WA 12, 534, 18f. – Predigten, 1523.
[57] WA 12, 535, 11ff.
[58] WA 40,2, 273, 10–12 – Enarratio Psalmi, II, 1532 (1546).
[59] a. a. O.
[60] WA 10,1,1, 71, 3ff. – Kirchenpostille, 1522; vgl. ferner 9, 18–20.
[61] Vgl. WA 10,1,2, 28, 2ff. – Adventspostille, 1522: „Darumb heyst er wol deyn, konig, deyn, deyn, der du von sünden, teuffel, todt und helle, fleysch und wellt geregirt und getrieben wirst, das du unther yhm sussicklich ynn gnadenn, ym geyst, ym lebenn, ym hymell, ynn gott geregirtt und gefurett wirdist, wilchs dyr denn auch widderferett, szo du nur glewbist, das ehr eyn solcher konig sey, solch regimentt habe, unnd datzu kome und gepredigt werde, denn wo du das nit an yhm glewbist, szo wirstu es szonst mit keynem werck ymmer mehr erlangen." Vgl. auch schon 27, 5ff., ferner WA 12, 268, 28ff. – 1. Petrus gepredigt und ausgelegt, 1523.
[62] Vgl. WA 31,1, 249, 4ff. – 117. Psalm ausgelegt, 1530, und WA 17,2, 160, 7ff. – Fastenpostille, 1525.
[63] Vgl. WA 11, 17, 18 – Predigten, 1523 (Nachschriften *Rörers*): „Euangelium et ratio contraria sunt."
[64] Cl 2, 210, 36ff. = WA 8, 592 – De votis monasticis iudicium, 1521: „Sed ad uerba fidei aptandus est noster sensus, captiuandusque intellectus in obsequium Christi." Vgl. auch WA 5, 530, 30 – Operationes in Psalmos, 1519 bis 1521.
[65] WA 31,1, 249, 8ff.
[66] Vgl. WA 40,2, 273, 23ff.
[67] WA 30,1, 250, 2ff.; vgl. WA 12, 571, 23ff. – Predigten, 1523; vgl. 572, 6ff.
[68] WA 12, 661, 10f. – Predigten, 1523; ferner vgl. Kap. IV, 1b dieser Arbeit.
[69] WA 10,1, 285, 25f. – Predigten, 1522.
[70] WA 12, 270, 22f. – 1. Petrus gepredigt und ausgelegt, 1523.
[71] Vgl. das im vorigen Abschnitt zitierte Wort WA 31,1, 235, 35ff.; ferner WA 31,1, 119, 4f.: „... was solche heiden widder Christum vnd sein wort toben, das ist des teufels getrieb."
[72] WA 17,2, 218, 9ff. – Fastenpostille, 1525; vgl. WA 18, 782, 30–38 = Cl 3, 287, 23ff. – De servo arbitrio, 1525.
[73] Vgl. WA 18, 784, 1ff. – De servo arbitrio, 1525, in Übersetzung zitiert bei *Hirsch,* Hilfsbuch z. Stud. d. Dogmatik, Berlin u. Leipzig 1951, 158/59.
[74] WA 28, 115, 10ff. – Wochenpredigten über Joh. 17, 1528 (Bearbeitung Crucigers); vgl. dazu WA 28, 33f. Einleitung von *O. Albrecht* und *G. Koffmane.*
[75] WA 28, 121, 33ff.
[76] Vgl. dazu *E. Schlink,* Der Mensch in der Verkündigung der Kirche, München 1936, 313ff.
[77] Luthers Theologie, München 1927, Bd. 1, 113–190.
[78] 183.
[79] 187.
[80] Seit 1525 bzw. 1528 (a. a. O., 180).
[81] Vgl. 116–118.
[82] *Harnack,* a. a. O., 180.
[83] WA 52, 140, 28ff.
[84] 178.
[85] Vgl. WA Br. 8, 99, 7f. – Brief an W. Capito vom 9. 7. 1537: „Nullum enim agnosco meum iustum librum, nisi forte de Servo arbitrio et Catechismus"; in Übersetzung zitiert bei *Hirsch,* a. a. O., 159.
[86] 177.
[87] Zitiert nach *Harnack,* a. a. O., 176; vgl. WA 43, 463, 11ff.
[88] Vgl. *Meinholds* Kritik, a. a. O., 428; 376–378.
[89] Vgl. WA 18, 689, 18–25 u. 685, 14–17 u. ö.
[90] Vgl. WA 18, 686, 8ff.
[91] Vgl. nur die angeführte Auslegung von Joh. 17 und die Erklärung zum 3. Artikel im Kleinen Katechismus.

[92] Vgl. *Harnack*, 162–166.
[93] Vgl. WA 18, 686, 5f.
[94] Vgl. das von *Harnack* a. a. O., 176/77, angeführte Zitat aus Gen. 26, 9.
[95] Vgl. WA 10,1,1, 718, 5ff. – Kirchenpostille, 1522. Mit Bezug auf das Priesteramt Christi heißt es: „Durch yhn haben wyr frid tzu gott und eynen tzugang tzu seyner gnaden ym glawben. Nu ist das das vil großer, das er uns gegen gott sicher und unszer gewissen zufriden macht, ... denn das er die creaturn uns unschedlich macht, denn es viel großer ist schuld denn peyn, sund denn todt." Vgl. auch die folgenden Zeilen. Vgl. ferner WA 12, 688, 22–24.
[96] WA 10,1,2, 27, 18ff. – Adventspostille, 1522.
[97] WA 12, 284, 18ff. – 1. Petrus gepredigt und ausgelegt, 1523.
[98] WA 12, 179, 18ff. – De instituendis ministris Ecclesiae, 1523.
[99] WA 12, 435, 11ff. – Predigten, 1523: „Das ist ein grosz mechtig dingk, dann seind sie seine bruder, so habenn sie auch, was er hatt, unnd sind in gleichem erb, Unnd wes er herr ist über alle dingk, so sind sie auch herren."
[100] WA 40,1, 283, 33ff. – Galaterkommentar, (1531) 1535, zu Gal. 2, 20.
[101] WA 40,1, 285, 24ff.
[102] WA 2, 564, 30ff. – Galaterkommentar, 1519, zu Gal. 5, 4: „Igitur qui credit in Christum, evacuatur a seipso, fit otiosus ab operibus suis, ut vivat et operetur in eo Christus." Vgl. WA 5, 666,33–37 – Operationes in Psalmos, 1519–21; vgl. auch den Kontext.
[103] WA 5, 261, 38f. – Operationes in Psalmos; vgl. WA 2, 548, 26ff. – Galaterkommentar, 1519, zu Gal. 4, 19: „... vita Christiani non est ipsius sed Christi in eo viventis, ut supra ij. Vivo iam non ego, vivit vero in me Christus. Nos oportet destrui et difformari, ut Christus formetur et solus sit in nobis."
[104] WA 10,1,2, 29, 27ff. – Adventspostille, 1922: „Darumb lerne hie ausz dem Euangelio, wie es tzugehet, wenn gott anfehet uns frum tzu machen, und wilchs der anfang sey frum tzu werden. Es ist keyn ander anfang, denn das deyn konig tzu dyr kome und fahe ynn dyr an, Das gehet alszo tzu, das Euangelium musz das aller erst seyn, das musz predigt und gehoret werden, ynn demselbigen horistu und lernist, wie deyn ding nichts sey, und alles sünd sey, was du thuest oder anfehist, szondern deyn konig musse ynn dyr tzuvor seyn und regirn."
[105] WA 40,1, 287, 29ff. (zu Gal. 2, 20): „Secundum animalem meam vitam mortuus sum, iamque vivo alienam vitam. Non vivo iam Paulus, sed Paulus mortuus est. Quis tum vivit? Christianus. Paulus ergo ut in se vivens plane per legem mortuus est, Sed ut in Christo vel potius ut Christus in eo vivens vivit aliena vita, quia Christus in eo loquitur, operatur et exercet omnes actiones. Hoc iam non est Paulinae sed Christianae vitae."
[106] WA 10,3, 285, 27ff. – Predigten, 1522, zu Luk. 16,1ff. (von Luther selbst veranstaltete Ausgabe); vgl. 288, 3ff.: „das meynet S. Jacobus yn seyner Epistel, da er spricht ‚Der glawb on werck ist todt'. Das ist, weyll die werck nicht folgen, ists ein gewisz tzeychen, das keyn glaub da sey, szondern eyn todter gedancke und trawm, den sie falschlich glawben nennen." Vgl. ferner 355, 19ff. – Predigt am 21. Oktober 1522 in Erfurt.
[107] WA 10,3, 101, 14ff. – Predigt in Altenburg am 28. April 1522.
[108] Vgl. WA 6, 204 – Von den guten Werken, 1520, Z. 25f. u. 31f.; 209, 24ff. u. 36f.; 210, 6ff. u. 216, 29ff.
[109] Vgl. die Einleitung der Erklärung des 2.–10. Gebotes: „Wier söllen got fürchte vnd liebē, das wier ..." (WA 30,1 243ff. – Kleiner Katechismus, 1529. Vgl. 180, 23ff. – Großer Katechismus, 1529, 181, 21–24.) Vgl. dazu z. B. *H. Bornkamm*, Luther und das Alte Testament, Tübingen 1948, 114: „Sowohl die Gebote der ersten wie der zweiten Tafel sind recht verstanden alle schon im ersten Gebot enthalten und empfangen von da ihr Ziel und ihren Sinn." Vgl. ferner *E. Schlink*, Theologie der luth. Bekenntnisschriften, München 1946, 88. „Das erste Gebot bzw. das Doppelgebot der Liebe ist Zusammenfassung des ebenfalls geoffenbarten göttlichen Willens der konkreten neun anderen Gebote."
[110] WA 2, 596, 13ff. – Galaterkommentar, 1519.
[111] WA 12, 271, 5f. – 1. Petrus gepredigt und ausgelegt, 1523.
[112] WA 11, 74, 26f. – Predigten, 1523: „Ita per fidem nostra opera non sunt nostra, sed fidei et Christi." Vgl. 57, 30f., ferner WA 5, 668, 23ff. – Operationes in Psalmos, 1519–21.
[113] Vgl. WA 40,2, 36, 12ff. – Galaterkommentar, (1531) 1535, zu Gal. 5, 6.
[114] WA 40,2, 37, 13ff.
[115] WA 40,2, 37, 17ff. Der Glaube ist in der Liebe wirksam, nachdem er gerechtfertigt hat. Die Liebe ist also keinesfalls Bedingung der Rechtfertigung. Das wird mit Nachdruck betont von *A. Nygren*, Die Bedeutung Luthers für den christlichen Liebesgedanken, Luther-Jahrbuch 1929, 89; vgl. auch: Eros und Agape, Gütersloh 1937, II. Teil, 539.
[116] WA 17,2, 210, 25ff. – Fastenpostille, 1525: „Es gillt yderman, das Christus sagt Matth. 7: ‚Nicht alle, die zu myr sagen HERR, herr, werden yns hymelreich komen, sondern wer

do thut den willen meines vaters ym hymel' etc. Es mus gethan seyn und den glauben mit den wercken beweyset seyn." Vgl. WA 10,3, 298, 10–12 – Predigten, 1522.

117 WA 11, 96, 15ff. – Predigten, 1523.

118 Dem im Text angeführten Zitat gehen die Worte voraus: „Sequuntur officia et krafft fidei, das strecks sich in die lib" (96, 15).

119 WA 12, 301, 16ff. – 1. Petrus gepredigt und ausgelegt, 1523.

120 WA 14, 24, 31ff. – 2. Petrus gepredigt und ausgelegt, 1523/24.

121 Vgl. WA 5, 565, 6ff. – Operationes in Psalmos, 1519–21; ferner WA 2, 585, 32f. u. 586, 4ff. – Galaterkommentar, 1519; vgl. WA 12, 376, 4–6 – 1. Petrus gepredigt und ausgelegt, 1522.

122 Vgl. WA 12, 24, 28ff.

123 Vgl. z. B. WA 10,1,1, 99, 20–22 – Kirchenpostille, 1522.

124 Vgl. WA 18, 117, 34f. – Wider die himmlischen Propheten ..., 1525. Christus ist gegeben „zum leben ym glauben und seyne wort und werck zum exempel ynn der liebe" sagt Luther. 118, 4ff. sagt Luther von Carlstadt und seinen Anhängern, „das der teufel aus yhnen redet, Weyl sie die lere vom glauben und der liebe verlachen, das ist, Christum selbst mit seym Euangelio."

125 WA 10,3, 226, 19–22 – Predigten, 1522; vgl. auch 226, 26ff.

126 Vgl. z. B. WA 40,2, 122, 23f. – Galaterkommentar, (1531) 1535.

127 Vgl. z. B. WA 2 – Galaterkommentar, 1519, 497, 22ff.; vgl. dazu und zum Folgenden W. *Joest*, Gesetz und Freiheit, Göttingen 1951, 55ff.: „II. Der doppelte Aspekt des Simul Iustus ac Peccator und seine Bedeutung für die Frage nach dem bleibenden Amt des Gesetzes." Vgl. vor allem *Rudolf Hermann*, Luthers These „Gerecht und Sünder zugleich", Gütersloh 1930.

128 WA 2, 497, 36f.

129 a. a. O.

130 *Joest*, a. a. O., 57; als Beleg vgl. WA 17,1, 132, 3 bis 134, 6 – Predigt über 1. Tim. 1, 8–11, 1525 (Nachschrift).

131 WA 2, 498, 10ff.

132 WA 14, 650, 29ff. – Deuteronomion Mosi cum annotationibus, 1525.

133 a. a. O.

134 WA 2, 597, 1f. – Galaterkommentar, 1519.

135 Vgl. WA 2, 589, 1ff. – Galaterkommentar, 1519: „Igitur spiritualis homo totus homo est, quantum sapit quae dei sunt, carnalis totus, quantum sapit quae sua sunt." Vgl. dazu W. *Link*, Das Ringen Luthers um die Freiheit der Theologie von der Philosophie, München 1940, 149/50, besonders 150: „Der Begriff der Innerlichkeit ist ausgerichtet am Begriff des spiritus. Nur der homo spiritualis ist der innerliche Mensch, ohne den Heiligen Geist ist der ganze Mensch äußerlich, auch das, was nach psychologischen Kategorien als innerlich zu bezeichnen wäre."

136 WA 2, 588, 38f.

137 Vgl. die in diesem Abschnitt nachfolgenden Ausführungen und die kurze Zusammenstellung des Problems bei *Harald Diem*, a. a. O., 55.

138 WA 14, 369, 5ff. – 1. Mose gepredigt, 1523/24 (Nachschrift); vgl. auch 309, 9f.

139 Vgl. z. B. WA 2, 496, 37f.

140 WA 16, 429, 28ff. – 2. Mose gepredigt, 1524–27 (Bearbeitung), zu Exod. 20; vgl. ferner 430, 23ff. Vgl. dazu und zum Folgenden *G. Merz*, Gesetz Gottes und Volksnomos bei Martin Luther, Luther-Jahrbuch 1934, besonders 54–56; ferner *H. Bornkamm*, Luther und das Alte Testament, 107ff.

141 WA 18, 81, 19f. – Wider die himmlischen Propheten, 1525.

142 Vgl. *E. Schlink*, Der Mensch in der Verkündigung der Kirche, 214ff., und Theologie der luth. Bekenntnisschriften, 87ff.

143 a. a. O., 113f.

144 Glaube und Geschichte in der Theologie Luthers, Berlin 1952, 63ff.

145 Vgl. WA 50, 567, 30f. – Von den Konziliis und Kirchen, 1539. Luther nimmt Stellung zu der Frage, wie das Verbot der Hurerei in das Aposteldekret gekommen sei, „welches doch in den Zehen geboten bleibt ewiglich verboten".

146 So sagt Luther von den Bestimmungen des Aposteldekretes WA 50, 567, 19ff. „Als nu die Jüden zerstöret oder hallstarrig worden, und die Heiden nicht mehr solche liebe an jnen zu üben hatten, ists alles gefallen."

147 Vgl. WA 18, 80, 28ff.

148 Vgl. WA 14, 651, 39f. – Deuteronomion Mosi cum annotationibus, 1525. „In regno Christi lex una est: Alter alterius onera portate, Gal. 6." Vgl. 262, 7–11 – 1. Mose gepredigt, 1523/24; vgl. ferner WA 12, 276, 11ff. – 1. Petrus gepredigt, 1523. Wir werden freilich dabei zu erwägen haben, daß es sich bei der Bezeichnung „Gesetz" in diesem Zusammen-

hang sowohl für Paulus als auch für Luther um eine „inadäquate und zuletzt unpassende Ausdrucksweise" handelt (vgl. *F. Lau*, Leges charitatis, Kerygma und Dogma II, Berlin 1957, 81).

149 WA 50, 567, 17–19.

150 Vgl. WA 32, 357, 2ff. – Wochenpredigten über Matth. 5–7, 1530–32. Von Christus wird gesagt: „Das er kein ander lere wil bringen, als solt die vorige nicht mehr gelten, sondern wil die selbige recht predigen und aus streichen den rechten kern und verstand zeigen, das sie lernen was das gesetz jst und haben wil widder der Phariseer glosen, so sie hinein getragen, und nur die schalen odder hulsen davon gepredigt haben." Vgl. dazu 494, 1ff. zu Matth. 7,12. „Mit diesen worten beschleusst er nu seine lere jnn diesen dreien Capiteln gethan und fasset sie alle jnn ein klein bündlein, darinne mans gar finden möge." Für Luther ist also in der Goldenen Regel alles enthalten, was Christus zuvor über das Gesetz gesagt hat.

151 WA 32, 360, 23ff. (zu Matth. 5,21); vgl. 361, 19f.

152 Vgl. Luthers Erklärungen der Gebote im Großen und im Kleinen Katechismus (WA 30,1).

153 WA 32, 406, 27ff.

154 a. a. O.; vgl. ferner WA 14, 700, 32f. – Deuteronomion Mosi cum annotationibus, 1525, und WA 2, 577, 19ff. – Galaterkommentar, 1519.

155 WA 32, 495, 18ff. – Wochenpredigten über Matth. 5–7, 1530–32, zu Matth. 7,12: „Und ist sicherlich fein gemacht das Christus also stellet, das er kein ander exempel setzet denn uns selbs und also nahe legt, das ers nicht neher legen kund, das ist jnn unser hertz, leib und leben und alle unser geliedmasse." Daß in dem Gebot „Du sollst deinen Nächsten lieben wie dich selbst" die Selbstliebe nur Beispiel für die geforderte Liebe zum Nächsten ist, nicht aber selbst gefordert wird, hat Luther an anderer Stelle klar hervorgehoben. So z. B. WA 56, 518, 4ff. – Römerbriefvorlesung – Scholien, zu Röm. 15, 2; vgl. WA 2, 580, 29ff. u. ö.

156 WA 32, 495, 12ff.; vgl. 495, 29ff.

157 WA 2, 582, 32ff. zu Gal. 5, 14.

158 Vgl. WA 10,1,2, 42, 21ff. u. 42, 33 bis 43, 7 – Adventspostille, 1522.

159 Vgl. WA 10,1,2, 38, 14ff.

160 WA 1, 436, 14–16 – Decem praecepta Wittenbergensi praedicata populo, 1518; vgl. dazu 437, 37ff., ferner vgl. WA 6, 250, 30f. – Von den guten Werken, 1520; vgl. WA 46, 569, 32ff. – Auslegung des 1. u. 2. Kap. Johannis, 1537/38, zu Joh. 1, 6.

161 WA 14, 650, 24f. – Deuteronomion Mosi cum annotationibus, 1525.

162 Vgl. WA 14, 650, 29ff.

163 Vgl. WA 2, 575, 23ff. – Galaterkommentar, 1519; vgl. ferner WA 40,2, 64, 15ff. – Galaterkommentar, (1531) 1535, und WA 40,2, 68, 30ff.

164 Vgl. WA 12, 372, 21ff. – 1. Petrus gepredigt, 1523.

165 WA 30,1, 179, 14f. = Cl 4, 48, 15ff. – Großer Katechismus; vgl. WA 14, 638, 27ff. – Deuteronomion Mosi cum annotationibus, 1525.

166 Vgl. WA 2, 498, 25ff. – Galaterkommentar, 1519; vgl. ferner WA 2, 492, 17–29 u. 574, 21ff.

167 a. a. O.

168 WA 10,1,2, 53, 7–18 – Adventspostille, 1522.

169 *Ernst Wolf*, Natürliches Gesetz und „Gesetz Christi" bei Luther, EvTh 1935, 314, Zitat aus WA 8, 539, vgl. WA 5, 52, 2 – Operationes in Psalmos, ferner *Joh. Heckel*, Lex charitatis, 124, Anm. 1003.

170 Insofern hat *Joh. Heckel*, Lex charitatis, recht, wenn er die Lex Christi als „die göttliche Predigt vom göttlichen Sinn des göttlichen Gesetzes, der im Dekalog verborgen lag und nun neu ans Licht gebracht wird", bezeichnet (a. a. O., 125) und zugleich auch als „Lex fidei" (a. a. O., 126); vgl. *Ernst Wolf*, a. a. O., 330.

171 WA 15, 725, 27ff. – Predigt 1524 über Matth. 18, 23ff. (Bearbeitung); vgl. die Nachschrift 725, 7ff., besonders 725, 14f.

172 Vgl. dazu Kap. IV, Abschnitt 1a und b. Von dem Menschen im Urstand sagt Luther: WA 42, 106, 6f. – Vorlesung über 1. Mose 1535–45: „quicquid Deus vellet aut diceret, idem homo quoque vellet..." Dafür, daß diese Willensübereinstimmung durch den Sündenfall zerstört ist, vgl. 86, 21ff. Von den Christen heißt es dann wieder WA 14, 231, 14f. – Predigten über 1. Mose, 1523/24: „Christianus stat in voluntate dei, quod ei placet, facit, et econtra." Diese erneute Übereinstimmung wird erreicht durch die Wandlung des Menschen nicht durch die Änderung des göttlichen Willens. Vgl. WA 2, 560, 21ff. – Galaterkommentar, 1519, und WA 10,1,1, 459, 16–20 – Kirchenpostille, 1522.

173 Wie stark der Glaubende dem Gesetz hold wird, geht besonders deutlich hervor aus WA 5, 558, 19ff. – Operationes in Psalmos, 1519–21; vgl. ferner 558, 31–37 u. 559, 8ff.

174 WA 2, 497, 18ff. – Galaterkommentar, 1519.

175 WA 10,1,2, 56, 16ff. – Adventspostille, 1522.

176 Vgl. z. B. WA 12, 294, 30ff. – 1. Petrus gepredigt, 1523.
177 Vgl. z. B. WA 38, 528, 15ff. – Annotationes in aliquot capita Matthaei, 1538.
178 WA 12, 321, 19ff. – 1. Petrus gepredigt, 1523.
179 WA 10,1,1, 100, 8ff.
180 WA 14, 721, 31ff. – Deuteronomion Mosi cum annotationibus, 1525, zu Deut. 26; vgl. WA 12, 559, 3ff. – Predigten, 1523.
181 WA 17,2, 210, 17ff. – Fastenpostille, 1525; vgl. WA 10,3, 267, 17–19 – Predigten, 1522.
182 Vgl. WA 14, 64, 20ff. – 2. Petrus gepredigt, 1523/24.
183 Vgl. *W. Joest,* 115 u. 116, ferner Anm. 306 u. 307 ebd.
184 WA 12, 573, 18ff. – Predigten, 1523: „Darumb musz eyn solcher mensch ... sich mit der ubrige sunde, die er fület, arbeyten seyn lebtag und den heyligen geyst lassen wircken unnd on unterlasz seufftzen, das er der sund möcht lossz werden." In dieser Aussage ist beides bezeugt: Der Glaubende arbeitet selbst, und er läßt den Heiligen Geist wirken.
185 WA 12, 325, 30ff. – 1. Petrus gepredigt, 1525; vgl. WA 56, 350, 8ff. – Römerbriefvorlesung – Scholien.
186 WA 12, 326, 19ff.
187 a. a. O., ferner WA 40,2, 122, 19ff. – Galaterkommentar, (1531) 1535.
188 WA 2, 570, 16ff. – Galaterkommentar, 1519; vgl. dazu 570, 1ff. und ferner WA 12, 323, 5–18ff. – 1. Petrus gepredigt, 1533.
189 Vgl. WA 12, 323, 5–17; vgl. auch WA 2, 586, 12ff.
190 Vgl. dazu das oben über Lex Christi Ausgeführte.
191 Vgl. WA 11, 57, 30f.; 74, 26f. und ferner WA 5, 668, 23ff.
192 Vgl. WA 10,1,1, 453, 13ff. – Kirchenpostille, 1522.
193 WA 14, 22, 29ff. – 2. Petrus gepredigt, 1523/24.
194 a. a. O., ferner WA 10,1,1, 100, 2ff. – Kirchenpostille, 1522.
195 Ausdruck von *H. Vogel* für diese Wechselwirkung zwischen Glaube und Liebe. Vgl. WA 6, 249, 32f. – Von den guten Werken, 1520. – Der nicht geübte Glaube verkümmert, umgekehrt verkümmert aber auch der nicht mehr durch die Lehre gespeiste Glaube, vgl. dazu WA 14, 643, 26ff. – Deuteronomion Mosi cum annotationibus, 1525.
196 Vgl. WA 11, 100, 22 – Predigten, 1523, u. 98, 20f., dazu WA 10,1,1, 52, 14ff. – Kirchenpostille, 1522, ferner WA 12, 536, 13ff. – Predigten, 1523.
197 Vgl. WA 11, 90, 38ff. – Predigten, 1523; vgl. ferner WA 17,2, 115, 36f. – Fastenpostille, 1525.
198 WA 40,2, 122, 23f. – Großer Galaterkommentar, (1531) 1535; vgl. WA 6, 248, 37 bis 249, 2 – Von den guten Werken, 1520.
199 WA 50, 643, 19ff. – Von den Konziliis und Kirchen, 1539.
200 WA 17,2, 198, 37ff. – Fastenpostille, 1525.
201 a. a. O., vgl. auch 199, 7ff.
202 Vgl. auch die dem Zitat im Text unmittelbar vorausgehenden Worte von WA 12, 533, 21ff. – Predigten, 1523.
203 WA 40,2, 108, 25ff.
204 Vgl. auch WA 10,1,2, 109, 29ff. – Adventspostille, 1522; vgl. auch 114, 21ff.
205 WA 50, 626, 15ff.
206 WA 50, 625, 24ff.
207 Vgl. WA 50, 599, 28ff.
208 WA 50, 599, 32ff.
209 WA 8, 106, 20ff.; vgl. dazu und zu dem Problem Rechtfertigung und Heiligung überhaupt *R. Frick,* a. a. O., besonders 112–117.
210 Vgl. WA 54, 63, 23–28 – Von den letzten Worten Davids, 1543.
211 Von Christus wird gesagt, daß er seine Christen „mit sonderlicher weise, Nemlich mit dem Heiligen Geiste regiert", WA 31,1, 233, 10f. – Der 117. Psalm ausgelegt, 1530.
212 Vgl. WA 11, 189, 5 – Predigten, 1525: „Tu ama deum in creaturis, non vult ut eum in maiestate ames."
213 WA 17,2, 99, 18ff. – Fastenpostille, 1525, zitiert bei *Nygren:* Bedeutung Luthers für den christlichen Liebesgedanken, 130, weitere Belege dort; vgl. auch *Nygren,* Eros und Agape, 2. Teil, 558.
214 Vgl. WA 11, 156, 34f. – Predigten, 1523: „Voluntas (sc. dei) est, ut faciam inimico meo et proximo, sicut mihi Christus fecit." Vgl. dazu *Nygren,* Die Bedeutung Luthers ..., 128: „Ein Christ ist dazu berufen, für seinen Nächsten ein Christus zu sein". Beleg dort.
215 Vgl. WA 12, 521, 19f.: „Das ist das erste und hohiste werck der liebe, das eyn Christ thun soll, wenn er glewbig ist worden, das er ander leut auch herzu zum glawben bringe, wie ich dazu bin komen."
216 Cl 3, 510, 17f. = WA 26, 504, 30f. – Vom Abendmahl Christi, Bekenntnis, 1528.
217 Cl 3, 510, 19ff. = WA 26, 504, 31ff., und Cl 3, 11, 6ff. = WA 26, 505, 23ff.

[218] WA 18, 100, 27ff. – Wider die himmlischen Propheten, 1525; vgl. ferner die Polemik Luthers gegen das Mönchtum, z. B. in: De votis monasticis, 1521, WA 8, 573ff.
[219] a. a. O., 61
[220] Vgl. Cl 2, 373, 5ff. = WA 11, 258, 5ff. – Von weltlicher Obrigkeit 1523.
[221] WA 12, 332, 26f. – Epistel S. Petri gepredigt, 1523.
[222] WA 12, 378, 25ff.: „Gott will nicht, das eyn herr dem knecht diene, das die magd fraw sey, und eyn furst dem bettler diene, Denn er will die ubirkeyt nicht zu brechen. Also meynet er es aber, das man geystlich eyner dem andern diene mit dem hertzen, wie wol du hoch und eyn großer herr bist, solltu dennoch deynen gewalt datzu brauchen, da du deynem nehisten damit dienest."
[223] Vgl. Cl 3, 510, 34ff. = WA 26, 505, 11ff. – Vom Abendmahl Christi, Bekenntnis, 1528.
[224] Vgl. z. B. Cl 2, 407, 2f. = WA 12, 13, 37f. – Ordnung eines gemeinen Kasten, 1523.
[225] Vgl. dazu *G. Wünsch*, Die Bergpredigt bei Luther, Tübingen 1920, 47: „Man soll das Kreuz nicht aufsuchen. Überdies kommt es von selbst, vor allem einem jeden in seinem irdischen Beruf." Belegt mit WA 52, 623.
[226] WA 56, 388, 21f. – Römerbriefvorlesung – Scholien.
[227] WA 10,1,1, 49, 7ff. – Kirchenpostille, 1522; vgl. WA 11, 197, 34ff. – Predigten, 1523.
[228] *G. Wingren*, Luthers Lehre vom Beruf, München 1952, vgl. besonders den Abschnitt „Kreuz und Auferstehung", 44f. *Wingren* bezeichnet den Beruf als „den Ort, da Gott selbst das Kreuz Gestalt nehmen läßt" (a. a. O., 46).
[229] Vgl. WA 10,3, 115, 19ff. – Predigten, 1522.
[230] Vgl. Cl 2, 386, 13ff. = WA 11, 27, 35ff. – Von weltlicher Obrigkeit, 1523; vgl. ferner Cl 2, 387, 29ff. = WA 11, 273, 13ff.
[231] Cl 2, 392, 24ff. = WA 11, 278, 25f.; vgl. Cl 2, 388, 3ff. = WA 11, 273, 25ff.
[232] Vgl. WA 12, 241, 3ff. – An die Herren deutschen Ordens, 1523, Cl 2, 354, 28ff. = WA 10,2, 298, 19ff., und besonders 352, 21ff. = WA 10,2, 295, 27ff. – ... vom ehelichen Leben, 1522.
[233] Cl 2, 351, 39ff. = WA 10,2, 295, 5ff.
[234] Cl 2, 348, 39ff. = WA 10,2, 291, 15ff.
[235] a. a. O.; vgl. weiter Cl 2, 349, 10ff. = WA 10,2, 291, 25ff.
[236] WA 10,1,1, 49, 10f. – Kirchenpostille, 1522.
[237] Vgl. WA 12, 272, 3f. – Epistel S. Petri gepredigt, 1523. Vgl. WA 14, 681, 14 bis 682, 3 – Deuteronomion Mosi cum annotationibus, 1525.
[238] WA 10,1,1, 42, 11ff. – Kirchenpostille, 1522.
[239] Vgl. zu diesem Abschnitt *K. Holl*, Die Entstehung von Luthers Kirchenbegriff, a. a. O., 288ff. Dort finden sich zahlreiche weitere Belege zu dem in diesem Abschnitt Dargelegten, vor allem aus Luthers erster Psalmenvorlesung; ferner die vorzüglichen Aufsätze von *M. Doerne*, Gottes Volk und Gottes Wort, Luther-Jahrbuch 1932, 61ff. und *H. Bornkamm*, Der Sinn der Kirche, in: Luthers geistige Welt, Lüneburg 1947, 132ff.
[240] Vgl. die Erklärung Luthers zum 3. Artikel im Kleinen Katechismus, WA 30,1, 250, 2ff.
[241] Vgl. Cl 3, 512, 14ff. = WA 26, 506, 30–32 – Vom Abendmahl Christi, Bekenntnis 1528.
[242] Vgl. WA 12, 183, 30ff., im Zusammenhang mit 184, 31ff.; vgl. ferner 180, 33ff., besonders 181, 5f.; 180, 17f. u. a. m. – De instituendis ministris Ecclesiae, 1523.
[243] Cl 4, 58, 29ff. = WA 30,1, 190, 13ff. – Großer Katechismus, 1529.
[244] Cl 4, 58, 25f. = WA 30,1, 190, 9–11.
[245] Cl 4, 57, 10f. = WA 30,1, 188, 23ff., zitiert bei *M. Doerne*, a. a. O., 62; vgl. ferner WA 5, 551, 21ff. – Operationes in Psalmos. Luther redet hier von dem uterus der Ecclesia. An anderer Stelle sagt er dasselbe vom Evangelium: „... daher wirt das Euangelium gottis uter genennet, das er darynnen unsz empfehet, tregt und gepiertt ... Isaie 46 ..." (WA 10,1,1, 232, 13ff. – Kirchenpostille, 1522.) Wir können aus dem Nebeneinander dieser beiden Aussagen schon hier folgern: Die Kirche ist Mutter eines jeglichen Christen nur, weil sie das Wort Gottes führt und treibt.
[246] Vgl. WA 5, 552, 33ff. – Operationes in Psalmos.
[247] a. a. O.; vgl. ferner WA 50, 629, 28–30 – Von Konziliis und Kirchen, 1539.
[248] Cl 2, 396, 1ff. – WA 11, 408, 8ff. – Daß eine christliche Versammlung oder Gemeinde Recht oder Macht habe, alle Lehre zu urteilen etc., 1523; vgl. WA 50, 629, 31ff.; vgl. ferner WA 54, 405, 7ff. – An den Kurfürsten zu Sachsen ... von dem gefangenen Herzog zu Braunschweig, 1545.
[249] WA 5, 672, 1ff. – Operationes in Psalmos, zu Ps. 22, 32.
[250] WA 5, 131, 23: „Nam populus dei aliunde non vivit, pascitur, servatur quam verbo dei."
[251] WA 5, 131, 26.
[252] WA 12, 173, 5f. – De instituendis ministris Ecclesiae, 1523.
[253] Vgl. Cl 4, 271, 26ff. = WA 38, 231, 8ff. – Von der Winkelmesse und Pfaffenweihe, 1533; vgl. WA 10,3, 68, 30f. u. 142, 18ff. – Predigten, 1522; ferner WA 30,3, 350, 13ff. – Glosse auf das vermeinte kaiserliche Edikt, 1531, und WA 50, 240, 30ff. – Schmalkaldische Arti-

kel, 1538; vgl. dazu *H. Bornkamms* Aufsatz „Das Sakrament" in „Luthers geistige Welt", 91ff., besonders 92/93.

254 Vgl. Cl 4, 289, 22f. = WA 38, 253, 14f. – Von der Winkelmesse ..., 1533; vgl. WA 30,1, 214, 4; 214, 16f.; 223, 33f. und besonders 226, 8ff. – Großer Katechismus, 1529.

255 Cl 1, 339, 16f. = WA 6, 301, 3f. – Von dem Papsttum zu Rom ..., 1520.

256 Cl 4, 281, 30ff. = WA 38, 242, 22ff. – Von der Winkelmesse ..., 1533.

257 Cl 4, 288, 39f. = WA 38, 252, 10f.: „Wo das Euangelion recht und rein gepredigt wird / da mus eine heilige christliche Kirche sein." Vgl. Cl 4, 345, 25ff. = WA 51, 513, 9ff. – Wider Hans Worst, 1541.

258 Vgl. WA 51, 507, 14ff.

259 Vgl. Cl 4, 343, 4ff. = WA 51, 508, 33ff. – Wider Hans Worst, 1541.

260 WA 12, 194, 34 – De instituendis ministris Ecclesiae, 1523: „Ecclesiam non moribus sed verbo cognosci."

261 Cl 1, 336, 16f. = WA 6, 298, 2 – Vom Papsttum zu Rom ..., 1520: „Wer kan aber wissen wilcher warhafftig gleubt odder nit."

262 Vgl. Cl 1, 339, 18ff. = WA 6, 301, 5f. Kirche ist also immer auch Personengemeinschaft, weil Wort und Sakrament nicht ohne Frucht bleiben können. Aber eindeutige Kennzeichen der Kirche sind doch nur Wort und Sakrament. Vgl. dazu *K. Holl*, a. a. O., 297, Anm. 3, und *M. Doerne*, a. a. O., 80/81.

263 Cl 4, 317, 6ff. = WA 50, 246, 24–27 – Schmalkaldische Artikel, 1538; vgl. WA 12, 504, 1ff. – Predigten, 1523.

264 Vgl. WA 10,1,1, 140, 16f. – Kirchenpostille, 1522: „... außer der Christlichen kirchen ist keyn warheytt, keyn Christus, keyn selickeyt." Vgl. ferner Cl 3, 512, 32ff. = WA 26, 507, 11f. – Vom Abendmahl Christi, Bekenntnis, 1528, und WA 31,1, 63, 2 – Ps. 118 Scholien, 1529.

265 Cl 4, 278, 36f. = WA 38, 239, 28ff. – Von der Winkelmesse ..., 1533.

266 Cl 4, 279, 13ff. = WA 38, 240, 8ff.

267 Cl 4, 279, 30ff. = WA 38, 240, 24ff.; Cl 4, 283, 2f. u. 12ff. = WA 38, 243, 29f. u. 38ff.

268 Cl 4, 280, 2ff. = WA 38, 240, 35ff.; Cl 4, 281, 34ff. = WA 38, 242, 26ff.

269 Vgl. WA 14, 61, 7 – Die ander Epistel S. Petri ... gepredigt, 1523/24: „Qui baptisatus est, per baptismum venit ex regno diaboli in dei."

270 Cl 4, 91, 31ff. = WA 30,1, 225, 8ff. – Großer Katechismus.

271 Vgl. WA 14, 483, 5ff. – Predigten über das 1. Buch Mose, 1523/24; ferner WA 2, 497, 28ff. – Galaterkommentar, 1519.

272 WA 5, 504, 25f. – Operationes in Psalmos, 1519–21: „Christus enim nunc ubique regnat, et ubilibet licet baptisari, praedicare et sacro pane vesci."

273 WA 50, 628–643 – Von Konziliis und Kirchen, 1539; vgl. dazu den Vergleich, den *M. Doerne*, a. a. O., 76ff., durchführt über Luthers Verständnis der Sichtbarkeit der Kirche 1521, 1529, 1541.

274 Cl 4, 330–333 = WA 51, 479–487.

275 Cl 4, 343, 2ff. = WA 51, 507, 14ff.

276 Cl 4, 347, 33ff. = WA 51, 518, 6ff.

277 a. a. O.

278 Cl 4, 348, 4f. = WA 51, 518, 16f.

279 Vgl. WA 30,3, 342, 3ff. – Glosse auf das vermeinte kaiserliche Edikt, 1531.

280 WA 30,3, 345, 14f.

281 Vgl. WA 30,3, 341, 15f.: „... ob gleich die kirche jrrete, were sie darumb nicht verdampt, weil sie hat den herrlichen artickel ‚Vergebung der sunden', Ja, wo die kirche nicht jrrete noch sundigte, was bedürffte sie das artickels ‚Vergebung der sunden'? An anderer Stelle unterscheidet Luther im Blick darauf, daß die wahre Kirche Gottes Mund ist (vgl. Cl 4, 347, 3f.) Leben und Lehre der Kirche: „Nach dem leben zu reden / ist die heilige Kirche nicht on sünde ... aber die lere mus nicht sünde noch strefflich sein / vnd gehöret nicht ins Vater vnser / da wir sagen / Vergib vns vnser schuld / Denn sie nicht vnsers thuns / sondern Gottes selbs eigen Wort ist / der nicht sündigen noch vnrecht thun kan" (Cl 4, 347, 6ff. = WA 51, 516, 15ff. – Wider Hans Worst, 1541). Die verschiedene Voraussetzung, mit der Luther in den beiden angeführten Zitaten von „Kirche" spricht, will beachtet sein.

282 WA 30,3, 342, 26ff.

283 Vgl. WA 40,1, 68, 25 bis 71, 28.

284 WA 40,1, 71, 19ff. – Galaterkommentar, (1531) 1535, zitiert bei *M. Doerne*, a. a. O., 86, dessen vorzügliche Darstellung auch hier wieder zu vergleichen ist, besonders 83ff.

285 Vgl. außerdem WA 14, 267, 10 – Predigten über das erste Buch Mose, 1523/24: „Hec est ecclesia Christiana, neminem habet supra se nisi Jhesum Christum."

286 Cl 1, 336, 15ff. = WA 6, 298, 1ff.; vgl. Cl 1, 337, 1ff. = WA 6, 298 – Von dem Papsttum zu Rom ..., 1520.

287 Vgl. WA 12, 605, 6ff. – Predigten, 1523; ferner WA 12, 523, 31ff. In diesem Sinne sagt *Törnvall*, a. a. O., 85, mit Recht: „... so ist für das geistliche Regiment dies bezeichnend, daß es eine von Gott *behaltene* Macht ist. In diesem Regiment ist es so, daß Gott alles wirkt und die Prediger nur sein Werkzeug sind." Ähnlich neuerdings auch *Vilmos Vajta*, Die Theologie des Gottesdienstes bei Luther, Göttingen 1954, 203: „Dort gibt es keine andere Obrigkeit als Gott selbst durch seinen Sohn, Jesus Christus, der der einzige Herr der Kirche ist. Christus selbst hat die Macht, und nicht die Inhaber des kirchlichen Amtes." Vgl. auch die folgenden Seiten.

288 Cl 1, 336, 20ff., besonders Z. 27ff. = WA 6, 298.

289 Cl 1, 337, 11ff. = WA 6, 298.

290 Vgl. Cl 1, 367, 4 = WA 6, 407 – An den christlichen Adel ..., 1520; ferner WA 12, 178, 26ff. – De instituendis ministris Ecclesiae, 1523.

291 Vgl. WA 12, 181, 16ff.: „Quare satis modo his locis robustissime et clarissime firmatum sit, ministerium verbi summum in Ecclesia officium esse prorsus unicum et omnibus commune, qui Christiani sunt, non modo iure, sed et praecepto." Vgl. dazu *Joh. Heckel*, a. a. O., 120/21.

292 Cl 2, 399, 31ff. = WA 11, 412 – Daß eine christliche Versammlung oder Gemeinde Recht oder Macht habe, alle Lehre zu urteilen etc., 1523.

293 Cl 2, 400, 6ff. = WA 11, 412.

294 Cl 2, 400, 9ff. = WA 11, 412; vgl. WA 12, 189, 17ff. – De instituendis ministris Ecclesiae, 1523, u. ö.

295 Vgl. WA 12, 391, 11ff. – 1. Petrus-Brief gepredigt, 1523, besonders ab Z. 14.

296 WA 10,1,2, 123, 11ff. – Kirchenpostille, 1522, Adventspredigten.

297 WA 10,3, 122, 20ff. – Predigten, 1522.

298 Vgl. die vorige Anm., ferner WA 10,3, 378, 3ff., und WA 12, 380, 10ff. – 1. Petrus-Brief gepredigt und ausgelegt, 1523.

299 Cl 2, 398, 25f. = WA 11, 411.

300 Cl 2, 398, 33ff. = WA 11, 411.

301 Vgl. die ganze Schrift: Daß eine christliche Versammlung oder Gemeine Recht oder Macht habe, alle Lehre zu urteilen und Lehrer zu berufen, ein- und abzusetzen, Grund und Ursach aus der Schrift, 1523, WA 11, 408ff.

302 Vgl. die Schrift: Unterricht der Visitatoren ..., WA 26, 195, 1ff.

303 WA 26, 196, 3ff.

304 WA 26, 235f. – Unterricht der Visitatoren, besonders 235, 9–15.

305 WA 12, 194, 14ff. – De instituendis ministris Ecclesiae.

306 Vgl. WA 54, 231, 22ff. u. 236, 6f. – Wider das Papsttum zu Rom, vom Teufel gestiftet. Im Zusammenhang der ersten Stelle sagt Luther, die Aufsicht über die Lehre und Ketzerei in der Kirche sei „eim einigen Bischoff viel zu viel und unmüglich ... in aller welt zu thun" (231, 28f.), während er in der zweiten Stelle „das auff sehen der Kirchen umb Rom her" als die ursprüngliche, ihnen übertragene Aufgabe der Bischöfe von Rom begreift.

307 Vgl. Cl 2, 164, 39f. = WA 7, 578: „... kein geistlich vbirkeit noch gewalt ist / sondern nur dienstparkeit vnd vnterkeit." Vgl. Cl 2, 385, 19f. = WA 11, 271, 3 – Von weltlicher Obrigkeit ..., 1523: „Es ist vnter den Christen keyn vberster / den nur Christus selber vñ alleyn." Vgl. auch WA 12, 461, 10ff. – Predigten, 1523, und den ganzen Zusammenhang Z. 14–33.

308 Cl 1, 342, 22ff. = WA 6, 304; vgl. den ganzen Abschnitt: Cl 1, 340, 28 bis 347, 14 = WA 6, 302–309 – Von dem Papsttum zu Rom ..., 1520.

309 Cl 1, 343, 30ff. = WA 6, 305; vgl. WA 14, 82, 12ff. – Die ander Epistel S. Petri ... gepredigt und ausgelegt, 1523/24.

310 Vgl. Cl 4, 150, 13–16 = WA 30,2, 527 – Eine Predigt, daß man Kinder zur Schulen halten solle, 1530.

311 Vgl. WA 12, 184, 32f.; vgl. auch Cl 7, 151, 30f. = WA 29, 311 – Predigt am Osterdienstag 1529.

312 Vgl. Cl 1, 348, 10ff. = WA 6, 310; vgl. WA 54, 250, 32 bis 252, 19 – Wider das Papsttum zu Rom ...,1545.

313 Cl 1, 347, 36f. = WA 6, 309; vgl. WA 54, 246, 20ff., 250, 26ff.

314 Vgl. WA 54, 245, 1ff., und WA 54, 244, 27–31; ferner WA Br. 3, 209, 4ff. – Luther an den Hochmeister Albrecht von Preußen, 1523.

315 WA 10,3, 211, 9ff. – Predigten, 1522.

316 Vgl. WA 10,3, 373, 27: „... das Reich Cristi mus eintweder zu boden gehen ader des Bapsts ... dan Cristus ist so stolcz und ein sölcher eyfferer, das er keinen andern uff seinem stul wil siczen lassen, er wil auch das menschlich gesecz gar nit leiden ..."

317 WA 12, 388,20ff. – 1. Petrus-Brief gepredigt und ausgelegt, 1523; vgl. WA 54, 280,1.

318 Vgl. WA 54, 273,31ff.; 275,3–6; 277,25ff.

[319] Vgl. WA 12, 388,28ff.
[320] Vgl. WA 12, 388,16ff. u. 389,14ff.
[321] WA 38, 397,12ff. – Etliche Artikel, so von den Papisten itzt neulich verfälscht etc., 1535: „Wil der Bapst das Euangelion frey vnd reine lassen gehen, wie er schüldig ist zu thun, So wil ich meiner person jn lassen sein, was er selber wil, Was sol ich jm mehr anbieten? Aber das höret er gern, das ich sage, Er solle sein, was er wil, Das er aber das Euangelion seiner pflicht nach solle frey vnd rein lassen gehen, dazu auch fordern, das höret er nicht gerne, Denn er reuchet meuse vnd schmeckt den braten wol, Sorget, er kündte damit nicht Bapst bleiben."
[322] WA 54, 231,25f. – Wider das Papsttum zu Rom ..., 1545: „Das der Bapst der Oberst were, nicht allein der ehren und fürgans halben (welchs jm wol gegönnet were) ..."
[323] Vgl. WA 50, 649,7 bis 651,14 – Von den Konziliis und Kirchen, 1539.
[324] Vgl. „Artikel wider die ganze Satansschule und alle Pforten der Hölle", 1530, WA 30,2, 421,30f.: „Articuli fidei & praecepta operum non possunt mutari, Ceremoniae vero debent pro tempore mutari." Vgl. auch Z. 6–14.
[325] *H. Bornkamm*, Luthers geistige Welt, 151 unter Ziffer 3.
[326] Vgl. den Abschnitt 4c dieses Kapitels.
[327] WA 45, 714,39ff. – Das 14. und 15. Kap. S. Johannes, (1537) 1538. Zur Verwendung dieser Predigten als inhaltlich echte Lutheraussage vgl. die Einleitung WA 45, XXXIXf.
[328] Vgl. WA 5, 619,7ff.
[329] WA 45, 715,7ff.
[330] Vgl. WA 14, 354,3ff. u. 354,22ff. – Predigten über 1. Mose, 1523/24.
[331] Vgl. WA 5, 514,37f. u. 515,38ff. – Operationes in Psalmos, und WA 31,1, 30,12f. – Der 83. Psalm ausgelegt, 1529.
[332] WA 45, 638,24ff. u. 642,10ff.; vgl. auch die folgenden Zeilen, ferner WA 31,1, 95,3ff. – Der 118. Psalm ausgelegt, 1530.
[333] Vgl. den ganzen Zusammenhang WA 31,1, 157,17ff. – Confitemini, 1530.
[334] WA 45, 637,2ff.
[335] WA 14, 359,26ff. – Predigten über 1. Mose, 1523/24.
[336] WA 45, 638,21ff.
[337] WA 45, 651,35ff.
[338] WA 12, 467,23ff. – Predigten, 1523; vgl. zur Predigt des Blutes der Märtyrer auch WA 31,1, 156,10ff. – Confitemini, 1530.
[339] WA 5, 41,32ff. – Operationes in Psalmos, 1519–21; vgl. WA 18, 262. 26ff. – Von Bruder Henrico samt dem zehnten Psalm ausgelegt, 1525: „Diese wunder sind, wie hernach folget, das Gott die wellt zwingt und bekeret, nicht mit gewalt, sondern durchs blut und sterben seyner heyligen ..." Vgl. ferner WA 31,1, 171,13ff.
[340] WA 52, 729,26ff.; vgl. auch die vorhergehenden Zeilen zu Joh. 15,17–22 – Hauspostille, 1544.
[341] Vgl. außer den schon angeführten Stellen auch WA 45, 639,22 bis 640,5 – Das 14. und 15. Kap. S. Johannis, (1537) 1538.
[342] Vgl. WA 17,2, 109,18ff. – Fastenpostille, 1525, und WA 18, 228,14f. – Von Bruder Henrico ..., 1525; ferner WA 5, 582,37ff. – Operationes in Psalmos, 1519–21.
[343] WA 18, 227,24ff.
[344] WA 44, 777,37 – Vorlesungen über 1. Mose, 1535–45, zu 1. Mose 49, 11.12; vgl. auch die folgenden Zeilen.
[345] Diese Einstellung kennzeichnet Luther in seiner Kirchenpostille von 1522. Er sagt WA 10,1,1, 624,6ff.: „Denn sie sagen, die Christlich kirch werd durch das regiment erhalten, sie vorsuncke sonst, wo alleyn der glawb und Christus regirn sollte ... wenne der Bapst mit seynem regiment thett, szo were gott viell tzu schwach, der welt apffel fiel yhm gewißlich auß der hand, da mocht wider glawb noch Euangelium helffen ..." Zur tödlichen Bedrohung der Kirche durch Menschenlehren vgl. WA 5, 639,36 – Operationes in Psalmos, 1519–21: „Non enim Ecclesia vastatur temporalibus persecutionibus, quantum pestilentibus hominum doctrinis, immo illis augetur, istis minuitur."
[346] Vgl. WA 5, 131,23 u. 672,1ff. – Operationes in Psalmos.
[347] Vgl. WA 5, 652,21ff.; vgl. auch 640,34 bis 641,5.
[348] Vgl. Cl 1, 329,5ff. = WA 6, 290ff. – Vom Papsttum zu Rom ..., 1520.
[349] Vgl. Cl 1, 370,25ff. = WA 6, 411. – An den christlichen Adel ..., 1520.
[350] WA 10,1,1, 711,21f. – Kirchenpostille, 1522.
[351] WA 10,1, 698,22ff.
[352] WA 54, 266,33ff. – Wider das Papsttum zu Rom, vom Teufel gestiftet, 1545.
[353] Vgl. z. B. WA 10,1,2, 130,6f. – Kirchenpostille, 1522.
[354] Cl 1, 408,31 = WA 6, 453; vgl. den ganzen Zusammenhang der Stelle ab Cl 1, 408,25; vgl. auch 384,25 im Zusammenhang von 384,17ff. = WA 6, 427.

355 WA 10,1,1, 722,11ff.
356 WA 10,1,1, 723,24ff.
357 a. a. O.
358 WA 17,2, 221,25ff. – Fastenpostille, 1525.
359 Zum Ausdruck vgl. z. B. WA 5, 653,10 – Operationes in Psalmos, 1519–1521; zur Sache vgl. nur Luthers Streitschrift, Vom Papsttum zu Rom vom Teufel gestiftet, 1545, WA 54, 206ff.
360 Vgl. z. B. WA 14, 352,14ff. – Predigten über 1. Mose, 1523/24.
361 Cl 3, 59,30 = WA 18, 316 – Ermahnung zum Frieden auf die zwölf Artikel der Bauernschaft, 1525.
362 Cl 3, 58,38 bis 59,1 = WA 18, 314.
363 Cl 3, 59,16ff. = WA 18, 315.
364 WA 18, 373,4ff. – Eine schreckliche Geschichte und Gericht Gottes über Thomas Münzer, 1525.
365 Cl 3, 52,18f. = WA 18, 301,2f.
366 Vgl. nur den Titel: Heerpredigt wider den Türken, 1529/30, WA 30,2, 160ff.
367 WA 30,2, 111,13ff. – Vom Kriege wider die Türken, 1528/29, zitiert auch bei *Lamparter*, Luthers Stellung zum Türkenkrieg, München 1940, 76, dessen gute Darstellung besonders ab 76 zu vergleichen ist.
368 WA 30,2, 130,27ff.
369 WA 30,2, 131,8ff.
370 *Lamparter*, a. a. O., S. 77: „Als der unbestreitbare König aller Gewalten hat er es nicht nötig, die Rivalen seiner Herrschaft gewaltsam aus dem Feld zu schlagen. Weg und Ziel seines Handelns ist darum der Machtpolitik weltlicher Herrscher diametral entgegengesetzt. Er überwindet die Welt auf dem Weg des Leidens, und er verfolgt das Ziel, seine Feinde nicht zu vernichten, sondern selig zu machen. ‚Sein Ampt ist mit dem Euangelio handeln und durch seinen geist den menschen von den sunden und von dem tode zu erlösen, Ja von dieser welt zum ewigen leben helffen.' Wenn sich Christus dabei der Kirche bedient, um sein Evangelium auf Erden verkündigen zu lassen, so hat dieselbe wahrlich kein Recht, vom Leidensweg ihres Herrn abzurücken und gegen das Heer der Ungläubigen gewaltsam vorzugehen."
371 Vgl. die vorhergehenden Abschnitte.
372 WA 47, 451,21f. – Matth. 18–24 in Predigten ausgelegt, 1537 bis 40. Predigt über Matth. 23,8–12: „Christus ist der Hauptprediger, solche sind seine Instrument und Zungen." Vgl. auch WA 11, 99,2f. – Predigten, 1523.
373 WA 17,2, 192,23ff. – Fastenpostille, 1525.
374 Vgl. Abschnitt 5b und WA 12, 181,16ff. – De instituendis ministris Ecclesiae, 1523.
375 WA 10,3, 107,18ff. – Predigten, 1522; vgl. auch WA 51, 240,17ff. – Auslegung des 101. Psalms, 1534/35.
376 Cl 4, 26,32ff. = WA 30,1, 156 – Großer Katechismus, 1529.
377 Vgl. Cl 4, 151,40f. – Eine Predigt, daß man Kinder zur Schulen halten solle, 1530 = WA 30,2, 551,2f.; ferner WA 30,1, 156 = Cl 4, 27,23ff.
378 Cl 4, 1,11ff. = WA 30,1, 129.
379 Vgl. die Anweisungen im Kleinen Katechismus „Wie ein Hausvater sein Gesinde soll lehren, morgens und abends sich segnen" (BKS, 521ff.) und den im Kleinen Katechismus darauf folgenden Abschnitt.
380 WA 32, 303,29ff. – Wochenpredigten über Matth. 5–7, 1530–32.
381 Cl 2, 357,10–14 = WA 10,2, 301 – Vom ehelichen Leben, 1522.
382 WA 11, 40,2f. – Predigten, 1523.
383 WA 47, 452,13ff. – Matth. 18–24 in Predigten ausgelegt, 1537–40.
384 WA 47, 452,39ff.
385 WA 51, 240,13ff.
386 Vgl. das oben Gesagte im Zusammenhang mit WA 47, 452,33ff.
387 Vgl. zum Ganzen: Luthers Auslegung von Jes. 49,43, WA 25, 311, 15–22 – Vorlesung über Jes., 1527–29, Scholia, 1532–34; vgl. auch WA 31,2, 408,28ff. – Vorlesung über Jesaja, 1527–30 (in *Lauterbachs* Nachschrift); ferner Cl 4, 177,20ff. = WA 30,2, 586; vgl. auch die ganze Schrift: An die Ratsherrn aller Städte deutschen Lands, dass sie christliche Schulen aufrichten und halten sollen, 1524, WA 15, 27ff.; schließlich: WA 26, 197,12ff. – Vorrede zum Unterricht der Visitatoren, 1528.
388 WA 32, 351,38ff. – Wochenpredigten über Matth. 5–7, 1530–32; vgl. auch WA 32, 303,17ff. u. 304,5ff.
389 WA 31,1, 198,12ff. – Der 82. Psalm ausgelegt, 1530.
390 WA 43, 585,23f. Im Anschluß an 2. Kor. 10,4 bemerkt Luther: „Et omnes ministri verbi,

milites et duces dicuntur." (Vorlesungen über 1. Mose): Vgl. WA 38, 42, 24ff. – Summarien über die Psalmen, 1531–33.

391 WA 15, 219,10ff. – Ein Brief an die Fürsten zu Sachsen von dem aufrührerischen Geist, 1524.

392 Vgl. WA 44, 715,28–32 – Vorlesungen über 1. Mose, 1535–45, zu Gen. 48,20.

393 223. Sehr viel richtiger bezeichnet *Wünsch* wenige Jahre später in: Gotteserfahrung und sittliche Tat bei Luther, Gotha 1924, die Neuwerdung des Menschen durch den Glauben „als eine Besitzergreifung des Ichs durch den göttlichen Willen, so daß Gottes Wille des Christen Wille ist. Dieser Wille wird fortan von Christus regiert" (a. a. O., 32). Dazu bemerkt er mit Recht, daß dieser Wille Gottes sich nach Luther in Gottes Schöpferwillen in der Welt und in der Forderung der Liebe konkretisiert (a. a. O., 58 u. 56), die in einer aufeinander abgestimmten Weise in Amts- und Privatleben Gehorsam fordern.

394 Vgl. WA 32, 392,8ff. – Wochenpredigten über Matth. 5–7, 1530–32.

395 WA 31,1, 197,29ff. – Der 82. Psalm ausgelegt, 1530.

396 WA 31,1, 196,9ff.: „Wo nu Gottes wort befolhen wird, da ist Gottes ampt zu straffen. Wie aber das wort Gottes ynn aller wellt und an allen örtern zu predigen befolhen ist, darff ich hie nicht erzelen. Denn ich meine, man sehe ja die kirchen und predig stüle für augen, die allzumal auff dem grunde stehen, Matth. am acht und zwentzigsten Capit.: ‚Gehet hin und predigt allen heiden und leret sie halten, was ich euch geboten habe'."

397 WA 31,1, 196,25ff.

398 WA 40,2, 285,33ff. – Enarratio Psalmi II, 1532 zu Ps. 2,11.

399 WA 40,2, 287,27ff.

400 WA 10,3, 380,10ff. – Predigten, 1522.

401 WA 10,3, 382,4ff.: „Also söl der fürst gedencken: Christus hat mir gedienett und alle ding zu einer nachfolgung gethan, also wil ich auch meinem nechsten dienen, in beschüczen und hanthaben bey dem seynen, und darumb hat mir got das ampt geben und hab auch das darümb, das ich im dienen söl. Wen ein fürst also sieht seinen nechsten unterdrücken, So sol er gedencken: das geht mich an, ich mus den meinen nechsten schüczen und schirmen. Wu das nit im fürsten ist, so stett sein regiment nimmer mer wol, Er mus regiren im reich gottes. Also söl auch thun ein Schuster, schneider, schreiber ader leser: Ist er ein Christlicher schneyder, so sagt er: Den rock mach ich darümb das mirs got geboten hat und das ich etwas verdiene, damit ich meinem nechsten helffen und dienen kan. Wu nun ein Christ dem andern nit dienett, da wontt got nit, da ist auch nit Christlich leben."

402 Vgl. Abschnitt 4b.

403 Luther hat sonst gelegentlich so unterschieden; vgl. z. B. WA 32, 498,8ff. – Wochenpredigten über Matth. 5–7, 1530–32.

404 WA 36, 371,22ff. – Predigten über 1. Tim. 1,5ff., gehalten am 24. Nov. 1532.

405 WA 36, 362,11ff.

406 WA 36, 446,25ff. – Epistel S. Johannis von der Liebe, 1532: „Solchen rhum mus ein jglicher Christen auch haben, sol er anders seinen glauben beweisen als durch rechtschaffene früchte, das er dürffe fur Gott und jderman sich darauff berufen, das er trewlich und recht gehandelt habe jnn seinem leben oder ampt . . ."

407 WA 14, 669,7ff. – Deuteronomion Mosi cum annotationibus, 1525.

408 WA 14, 714,13ff.

409 Vgl. die in Anm. 407 angegebene Stelle.

410 WA 14, 669,14ff.

411 Vgl. WA 32, 400,19ff. – Wochenpredigten über Matth. 5–7, 1530–32.

412 WA 14, 611,37ff.

413 Cl 2, 293,36ff. = WA 8, 664 – De votis monasticis iudicium, 1521.

414 WA 14, 714,16f.

415 WA 14, 613,36ff.

416 Vgl. dazu die von *Elert,* Das christliche Ethos, Tübingen, 1949, 530ff., gegebene Darstellung sowie seine Literaturangabe ebendort. Neuerdings hat auch *Künneth,* Politik zwischen Dämon und Gott, Berlin 1954, S. 79f., die Anklage gegen Luther auf „doppelte Moral" noch einmal aufgegriffen und ganz im Sinne dieser Arbeit beantwortet.

417 Vgl. dazu die Kontroverse zwischen *Holl,* a. a. O., 249, Anm. 4, und *Wünsch,* Gotteserfahrung und sittliche Tat, 64, Anm. *Holls* Meinung, die Bergpredigtauslegung von 1532 könne nicht „als Quelle für Luthers Anschauungen" benützt werden, wird m. E. wirklich schon durch die Vorrede Luthers, in der er sich inhaltlich zu dieser Ausgabe seiner Predigten bekennt, widerlegt. Übrigens erwähnt auch *P. Pietsch,* der Herausgeber des Textes in der WA, ausdrücklich, daß Luther den Druck seiner Predigten über die Bergpredigt nach seinen eigenen Worten „fast gern gesehen" habe und setzt nicht den mindesten Zweifel in die inhaltliche Echtheit des Textes (vgl. WA 32, LXXVI) Das ist offenbar auch die Meinung der meisten Luther-Forscher, denn die Bergpredigtauslegung ist in den letzten Jahren immer wieder als Quelle für Luthers Anschauungen benutzt worden. Im übrigen

sollen auch die Erörterungen dieses Abschnittes darauf hinweisen, daß die Aussagen in der Bergpredigtauslegung von 1532 durchaus im Einklang stehen mit Luthers anderen Äußerungen zum Thema.

418 WA 32, 316,15ff. – Wochenpredigten über Matth. 5–7, 1530–32.

419 WA 32, 390,8ff.

420 WA 32, 390,19ff.

421 WA 32, 391,4ff.

422 WA 32, 440,9ff.

423 WA 32, 394,4ff.; vgl. auch die a. a. O. vorhergehende Darlegung.

424 WA 32, 389,21ff.; vgl. ferner 368,21ff. u. 362,15ff.

425 Vgl. Anm. 400 u. 401.

426 Vgl. Anm. 398 u. 399.

427 Vgl. z. B. *Hermann Jordan*, Luthers Staatsauffassung, München 1917, S. IV: „Die große Kraft, mit der Luther, auch hier sich allmählich zu immer klarerer Anschauung hindurchdringend, die Eigengesetzlichkeit staatlichen Lebens erkannte und anerkannte..." Vgl. auch *Wünsch*, Bergpredigt, 193. Er redet davon, Luther habe schon 1518 „den unbedingten Gehorsam" gegen die Obrigkeit verlangt. Freilich wissen sowohl *Jordan*, a. a. O., 165ff., als auch *Wünsch*, Bergpredigt, 119, um eine Grenze des Gehorsams, wo das Gebot gegen das Evangelium verstößt. Nicht so *Deutelmoser* (a. a. O., 99f. u. 152).

428 WA 32, 299,24ff. u. 300,29ff. Darauf, daß Luther darüber hinaus mit seiner ganzen Zwei-Reiche-Lehre auf die im Text genannten Fronten ausgerichtet ist, hat *G. Törnvall* neuerdings hingewiesen. Er sagt in einem Aufsatz, Die sozialtheologische Hauptaufgabe der Regimentenlehre, EvTh 1957, 407ff.: „Es ist klar, daß Luthers Regimentenlehre in ihrem kritischen Ansatz sich zunächst gegen die römische Kirche richtet." Und wenig später bemerkt er: „Die kritische Spitze der Regimentenlehre wendet sich nun natürlich nicht nur gegen die römische Kirche. Ein wesentlicher Teil der Aufgabe ist es auch, vor dem Spiritualismus zu warnen, wie er bei den schwärmerischen Richtungen hervortrat" (a. a. O., 411). Als 3. Front nennt *Törnvall* noch die Fürsten mit ihren Übergriffen in das geistliche Regiment (ebd.).

429 WA 32, 361,4 bis 362,14.

430 Vgl. WA 32, 526,34ff.; ferner 522,31ff. u. 421,26ff.; WA 52, 533, 1ff. – Hauspostille, 1544, Predigt am 23. Sonntag nach Trinitatis, Matth. 22,15–22 u. ö.

431 WA 32, 365, 1ff.; vgl. 307,19ff.

432 Vgl. WA 32, 368,21ff.; ferner 362,15ff.: „Wol jsts war das man zurnen mus, so es die thun, die es thun sollen, und der zorn nicht weiter gehe denn die sund und böses zustraffen, als wenn einer den andern sihet sundigen, vermanet und warnet jn, das er davon abstehe etc. das heisset ein Christlicher und bruderlicher, ja ein veterlicher zorn, Denn so sihestu an frumen eltern, das sie jre kinder nicht so straffen, das sie jn wollen leid odder schaden thun, sondern das dem bösen gesteurt und das ubel weg gethan werde, wie auch die öberkeit zurnen und straffen mus."

433 WA 32, 469,9f.: „Das heissen wir den glauben mit seinen früchten, das ist gute werck thun und seines stands odder ampt mit vleis und trewen warten und allerley daruber leiden."

434 WA 32, 325,36ff.; vgl. 374,6ff. Daneben hat Luther freilich auch gesagt, es könne wohl geschehen, daß eine Person in ihrem Amte großen Nutzen schaffe, und doch für sich selbst nicht fromm sei und zum Teufel fahre (WA 32, 528,28ff.).

435 Vgl. WA 32, 537,1ff.

436 WA 32, 541,14ff.

437 WA 32, 541,12ff.

438 WA 32, 536,16ff.

439 Vgl. WA 32, 494,1ff. im Zusammenhang mit WA 18, 80,30ff. – Wider die himmlischen Propheten, 1525.

440 WA 32, 459,22ff.; vgl. auch 441,32ff.

441 Vgl. WA 32, 519,23ff. u. 522,31ff., besonders aber WA 32, 412,19: „Summa Wer ein Christ sein will mus also geschickt sein, das er kein gut werck thu noch lasse umb der leut wilen sondern allein darumb das er mit seinem ampt, stand, gelt, gut odder was er hat, vermag und thut, wolle Gott dienen und jm zu ehren thun was er kan, ob er gleich nimer mehr auff erden einigen danck damit verdiene." Vgl. auch 412,34ff.

442 Vgl. WA 32, 434,3f.: „dein Gottes dienst sol sein allein der glawbe an Christum und die liebe gegen den nehesten, das du wartest des dazu du gefoddert bist..."

443 Vgl. z. B. WA 32, 385,5–36 u. 386,31ff. Daß sich der Christ auch in seiner Amtsführung als ein Bürger des Reiches Christi zu erweisen hat, geht auch daraus hervor, daß Luther in seiner Bergpredigtauslegung das rechte Handeln im Amt verschiedentlich – nur schein-

bar im Gegensatz zu seiner Unterscheidung von Christperson und Amtsperson – als ein *christliches* bezeichnet; vgl. WA 32, 441, 22ff.; 441, 32ff.; 511, 27ff.

444 Vgl. Cl 3, 82,11ff. = WA 18, 390 u. Cl 3, 83,22ff. = WA 18, 391 – Ein Sendbrief von dem harten Büchlein wider die Bauern, 1525; vgl. dazu auch *H. Reymann*, Glaube und Wirtschaft bei Luther, Gütersloh 1934, 96ff. (besonders 97 u. 101). Er weist mit Recht darauf hin, daß Luther „diesen Gedanken am klarsten ausgeführt" hat „in der Schrift ‚Von weltlicher Obrigkeit'" (a. a. O., 97, Anm. 1). Dort heißt es (WA 11, 255,12ff. = Cl 2, 370,16ff.): „Also gehets denn beydes feyn mit eynander / das du zu gleych Gottis reych vñ der wellt reych gnug thuest / eußerlich vñ ynnerlich / zu gleych vbel vnd vnrecht leydest / vnd doch vbel vñ vnrecht straffest / zu gleych dem vbel nicht widderstehist / vnnd doch widderstehist / Denn mit dem eynen sihestu auff dich vnd auff das deyne / mit dem andern auff den nehisten vñ auff das seyne / An dyr vnd an dem deynem helltistu dich nach dem Euangelio vñ leydest vnrecht als eyn rechter Christ fur dich / An dem andern vñ an dem seynem helltistu dich nach der liebe vnnd leydest keyn vnrecht / fur deynen nehisten / wilchs das Euangelion nicht verpeutt / ia viel mehr gepeutt am andern ortt." Es entspricht ganz Luthers Denken, wenn *Dietrich Bonhoeffer* in seiner Ethik unter der Überschrift „Liebe und Verantwortung" einen Abschnitt plante über „die Weltgestalt der Liebe". (S. *Dietrich Bonhoeffer*, Ethik, München 1949, 203, Anm. 7.)

445 *J. Heckel*, a. a. O., 43 u. 134; vgl. besonders Anm. 1093, a. a. O., 134/135.

446 Auch nach der Bergpredigtauslegung ist der Christ in dieser Welt nur „Gast an einem fremden Orte" (WA 32, 308,5ff.); vgl. WA 12, 321,32ff. – 1. Petr. gepredigt und ausgelegt, 1523. „... Burger sind wyr ym hymel, auff erden sind wyr pylgeryn und geste." Vgl. ferner WA 12, 394,24ff. u. ö. Auch *H. Barge*, Luther und der Frühkapitalismus, Gütersloh 1951, 33, weist auf diesen Tatbestand hin. Zur Auseinandersetzung mit den Stellen, an denen Luther vom Christen als „civis huius mundi" redet, vgl. *J. Heckel*, a. a. O., 134 bis 135, Anm. 1093.

447 Vgl. WA 47, 452, 39 bis 453, 8 – Matth. 18–24 in Predigten ausgelegt, 1537–40.

448 Cl 2, 368, 30ff. = WA 11, 253, 23ff. – Von weltlicher Obrigkeit..., 1523; vgl. auch 369, 40ff. = WA 11, 254, 34ff.

449 Vgl. Cl 1, 286, 28–34 = WA 6, 264 und Cl 1, 287, 16ff. = WA 6, 265 – Von den guten Werken, 1520; vgl. auch Cl 4, 371, 27ff. = WA 51, 558, – Wider Hans Worst, 1541.

450 Vgl. WA 2, 582, 17ff. – Galaterkommentar, 1519, im Zusammenhang mit Luthers bekannter Aussage, daß man die Welt nicht mit dem Evangelium regieren könne; vgl. Cl 2, 366, 28ff. = WA 11, 251, 22ff. – Von weltlicher Obrigkeit, 1525.

451 Vgl. den Abschnitt 4b dieses Kapitels.

452 So definiert Luther z. B. die Nachfolge Christi als Gehorsam in den Ständen: WA 10,1,1, 306, 17ff. – Kirchenpostille, 1523: Auslegung von Joh. 21, 19–24; vgl. ferner 308, 6ff. u. 309, 14ff.: „Sihe, wie nu niemand on befelh und beruff ist, ßo ist auch niemand on werck, ßo er recht thun will. Ist nu eynem iglichen drauff tzu mercken, das er ynn seynem stand bleybe, auff sich selb sehe, seynis befelhs warnhem unnd darynnen gott diene und seyn gepott hallte, ßo wirtt er tzu schaffen ßo viel ubirkommen, das yhm all tzeytt tzu kurtz, alle stett tzu enge, alle krefft tzu wenig seyn werdenn."

453 Vgl. Cl 3, 510, 34ff. = WA 26, 505 – Vom Abendmahl Christi, Bekenntnis, 1528.

454 *E. Wolf*, Politia Christi, neuerdings in: Peregrinatio. Studien zur reformatorischen Theologie und zum Kirchenproblem, München 1954, 232 und vgl. auch Anm. 39, a. a. O., 232/33, in der *Wolf* seine Behauptung mit einem Zitat aus WA 40,3, 210 belegt. Vgl. ferner *Elert*, Morphologie des Luthertums, München 1952, 49ff. und besonders S. 57, und Das christliche Ethos, 115: „Die Stände sind demnach bei Luther nicht, was man vor ihm und nach ihm bis heute immer wieder darunter verstand, verschiedene Menschenklassen, sondern Standorte, auf die wir zum Zweck der Gebotserfüllung berufen sind. Im Rahmen der sog. Dreiständelehre haben zwar spätere Theologen und Juristen den status politicus auf die Staatsobrigkeit, den status ecclesiasticus auf die Träger des kirchlichen Amtes, den status oeconomicus auf die übrigen Sterblichen begrenzt. Es ist, man muß es schon sagen, obwohl auch heute wieder dieser alte Ladenhüter hervorgeholt wird, das schlimmste und dümmste Mißverständnis, das Luther an diesem Punkte widerfahren konnte. Nach Luther gehört jeder allen drei Ständen an, weil jeder sowohl auf den staatlichen wie den kirchlichen, wie auch den häuslichen oder wirtschaftlichen Standort zur Gebotserfüllung berufen ist..."

455 *J. Heckel*, Lex charitatis, 136ff.; vgl. auch *R. Stupperich*, Die soziale Verantwortung des Christen nach Luthers Lehre. Verantwortung und Zuversicht, Eine Festgabe für Bischof D. Dr. Otto Dibelius DD ....., Gütersloh 1950, 57ff., und *E. Wolf*, Politia Christi, 214ff. Zur Auseinandersetzung mit *J. Heckel* vgl. *F. Lau*, Leges charitatis. Drei Fragen an Johannes Heckel, Kerygma und Dogma II, Berlin 1957, 76ff.

456 Cl 2, 364, 35ff. = WA 11, 249, 26ff.

457 Cl 2, 365, 28ff. = WA 11, 250, 18ff.
458 Cl 2, 369, 33ff. = WA 11, 254, 27ff.
459 Cl 2, 368, 30ff. = WA 11, 253, 23ff.
460 Vgl. Cl 2, 368, 32 im Zusammenhang mit 369, 12ff. = WA 11, 254: „Damit denn dem Euangelio eyn schmach entstunde / als leeret es auff ruhr vnnd eygensynnige leutt machet / die niemãt nütze noch zu dienst seyn wolltẽ / Szo es doch eynen Christẽ zu ydermans knecht macht."
461 Vgl. Cl 4, 23, 17ff.; 24, 29ff.; 25, 35ff. = WA 30,1, 152ff. – Großer Katechismus, 1529; vgl. auch Cl 1, 274, 9ff.; 287, 22ff.; 281, 31f. = WA 6, 250; 255; 258 – Von den guten Werken, 1520.
462 So ist es ihm von allen Geboten der zweiten Tafel, deren Summa ja die Nächstenliebe ist (vgl. zu den oben aufgeführten Belegen auch WA 17,2, 100, 6f. – Fastenpostille, 1525), das „hohiste" (Cl 4, 18, 24 = WA 30,1, 147), und zwar einmal deshalb, weil in ihm Gehorsam gefordert wird, der jeden Menschen andern Menschen unterwirft (Cl 1, 275, 9ff. = WA 6, 252, 1ff.) und damit zu einer Haltung verpflichtet, die der Liebe am meisten entspricht, denn die Liebe macht ja zu einem „dienstpar knecht aller ding vnd yderman vnterthan" (Cl 2, 11,8 = WA 7, 21 – Von der Freiheit eines Christenmenschen, 1520). Und zum andern ist sie das „hohiste" darum, weil gilt: „... wo dis Regiment der Eltern hynweg ist, so wers mit der gantzen welt geschehen, denn on das Regiment kan sie nicht bestehen" (WA 16, 504, 38ff. – Predigten über das 2. Buch Mose, 1524–27 [Druck]: vgl. auch die Nachschrift 504, 4f.). So ist der Gehorsam gegen das vierte Gebot zugleich eine Erfüllung des Liebesgebotes und ein Beitrag zur Erhaltung der Welt.
463 Vgl. Cl 4, 51, 14ff. = WA 30,1, 182 – Großer Katechismus, 1529, und WA 17,2, 98, 13ff. – Fastenpostille, 1525, u. a. m.
464 WA 16, 495, 31ff.
465 WA 16, 498, 34: „Soll nu ein kind Vater und Mutter ehren von grund seins hertzen, wie dis gepot erfoddert, so muß geschehen durch die gnad des heiligen geistes..."
466 Siehe dazu den Abschnitt 4b dieses Kapitels.
467 Auch die Formulierung von *G. Wünsch* gibt Luthers Stellung in dieser Sache noch nicht richtig wieder, wenn er (Bergpredigt, 119) sagt: „Der Untertan hat zu gehorchen in jedem auch nur denklichen Fall, mit einer Ausnahme, nämlich wo das Gebot gegen das rechte Evangelium verstieße." Ebensowenig kann es befriedigen, wenn *H. Jordan*, a. a. O., 76, Luthers Verpflichtung zur Gehorsamsverweigerung gegen die Obrigkeit im Falle eines ungerechten Krieges bezeichnet „als Inkonsequenz gegenüber dem, soweit es sich nicht um das Evangelium handelt, unbedingt ausgesprochenen Gebote des Gehorsams der Untertanen". Es wird umgekehrt unter anderem gerade aus der Verpflichtung zur Gehorsamsverweigerung im Falle eines ungerechten Krieges deutlich, daß Luther das Gebot des Gehorsams der Untertanen eben nicht „unbedingt" ausgesprochen hat.
468 Vgl. WA 14, 651, 39ff. – Deuteronomion ... cum annotationibus, 1525.
469 Vgl. WA 10,3, 122, 15ff. – Predigten, 1522; WA 12, 335, 17ff. – 1. Petrus gepredigt und ausgelegt, 1523; Cl 2, 381, 32ff. = WA 11, 267, 1ff. – Von weltlicher Obrigkeit ..., 1523, u. a. m.
470 Vgl. WA 10,1,2, 177, 6ff. – Kirchenpostille Adventsperikopen, 1522, u. 176, 6, ferner WA 12, 334, 16ff., besonders ab Z. 26.
471 WA 30,3, 411, 20ff.
472 a. a. O., 412, 11.
473 Vgl. WA 17,2, 67, 9ff. – Fastenpostille, 1525.
474 Vgl. besonders den Abschnitt 5b dieses Kapitels.
475 Cl 1, 276, 8ff. = WA 6, 253, 1ff. – Von den guten Werken, 1520.
476 WA 17,2, 95, 23ff.
477 Vgl. den Abschnitt 4b dieses Kapitels.
478 Cl 1, 287, 22ff. = WA 6, 265 – Von den guten Werken, 1520; vgl. auch WA 30,2, 447, 12ff. – Wider den Meuchler zu Dresden, 1531.
479 Vgl. Cl 3, 334, 35ff. = WA 19, 643 – Ob Kriegsleute ..., 1526.
480 Cl 2, 391, 4ff. = WA 11, 277 – Von weltlicher Obrigkeit, 1523; vgl. Cl 3, 22, 6ff. = WA 15, 37 – Von Kaufhandlung und Wucher, 1524.
481 Vgl. Cl 3, 60, 29ff. = WA 18, 318 – Ermahnung zum Frieden auf die zwölf Artikel der Bauernschaft in Schwaben, 1525, und zur Wirkung dieses Gebets vgl. WA 18, 438, 13ff. – Vorrede zu *Karlstadts* Entschuldigung des falschen Namens des Aufruhrs, 1525: „Denn es ia nicht gut ist, das gemeyne gebet und geschrey auff sich zuladen, Syntemal der nicht liegen kan, der verheyssen hat, Er wolle der verdruckten schreyen horen und nicht leyden, Er hat auch gewalt gnug, solchs zu rechen und zu straffen." Dazu, daß das Vaterunser auch ein Gebet gegen die Feinde des Evangeliums ist; vgl. WA 30,3, 470, 19ff. – Wider den Meuchler zu Dresden, 1531.

482 Vgl. Cl 3, 56, 10ff. = WA 18, 309; Cl 3, 57, 27ff. = WA 18, 312, 1ff.; Cl 3, 59, 17ff. = WA 18, 315.
– Ermahnung zum Frieden ..., 1525; vgl. auch die Zirkulardisputation über Matth. 19, 21 vom Jahre 1539, These 45–50, WA 39,2, 41, 30ff.

483 WA 39,2, 41, 38ff., These 49 u. 50.

484 WA Br. 6, 36, 7ff. Zum Problem des Widerstandes gegen den Kaiser vgl. vor allem *Müller*, Luthers Äußerungen über das Recht des bewaffneten Widerstandes gegen den Kaiser, München 1915, und neuerdings auch *J. Heckel*, a. a. O., 184ff. Eine Spezialuntersuchung über eine Disputation zum Thema bietet *R. Hermann*, Luthers Zirkulardisputation über Matth. 19,21, Luther-Jahrbuch 1941, 35ff.

485 WA Br. 5, 662 – Gutachten nach einer Besprechung zwischen den Wittenberger Theologen und den kursächsischen Räten in Torgau, 26.–28. Okt. 1530. Nach *K. Müller*, a. a. O., 52, ist Luther bei jener Erklärung „das Opfer der geschäftlichen Überlegenheit der Politiker und seiner seelsorgerlichen Ängstlichkeit geworden". Es ist aber unverkennbar, daß Luther sich diesen Standpunkt mehr und mehr angeeignet hat. Vgl. aus späterer Zeit dazu WA Br. 8, 367, 47ff. – Brief an Joh. Ludicke, Prediger in Kottbus, 1539. Aus dieser Stelle wird besonders deutlich, daß die Frage nach dem Widerstand gegen den Kaiser für Luther vor allem eine juristische Frage ist. Es heißt dort: „Nam principes Germaniae plus iuris habent contra Caesarem, quam illic populus contra Saul, vel Ahikam contra Joiakim, ut qui communi consilio gubernent imperium cum Caesare, et Caesar non sit monarcha nec posset deiectis Electoribus mutare formam imperii, nec esset ferendum, si tentaret." Vgl. auch die folgenden Zeilen des Briefes und WA T. 4, 235ff., Nr. 4342 (Lauterbachs Tagebuch), Tischrede vom 7. Febr. 1539. – Zum Ganzen kann hier auch verglichen werden Luthers Notizzettel zu „Warnung" und „Glosse", 1531, WA 30,3, 392ff.

486 WA Br. 5, 261, 2f.

487 WA Br. 8, 516, Nr. 3369, Z. 55–69 – Luther, Ionas, Bugenhagen an Kurfürst Johann Friedrich, 1539: „Dergleichen, so konig vnd Keiser offentlich vnd notorie gewalt vben, Ist die gegenwher auch recht, Alsz so sie krieg furnehmen zu bestettigung offentlicher gotts lesterung, frome vnschuldige Christen, prediger vnd andere zu todten, eheliche personen von einander zureissenn. Dise vnd dergleichen stuck ist offentlich vnd notorie vnrecht gewalt, dadurch die lehen leutt von Ihrer pflichte frey werden, als von einem morder vff der strassenn. Nu bestetiget das Euangelium gottlich vnd naturlich gesetz, zerreiszt es nicht, welches ist ein gottlich liecht vnd ordnung In der natur, wie das Euangelium andere naturliche gaben auch preiset. Darumb spricht Paulus: ‚Lex est iniustis posita', Das gesetz ist geben, die vngerechten zustraffen etc., Das ist, Es ist nicht vffgehaben In regimenten, Sondern gott will, das es Im leiblichen leben vnd regiment gebraucht werde, zu straff der bosen. Nu ist die gegenwher ein stuck desselbigen naturlichen vnd gottlichen rechtens, das Christen zu brauchen macht haben."

488 WA 39,2, 42, 33 – Zirkulardisputation, These 66: „Ita, si papa bellum moverit, resistendum est ei sicut monstro furioso et obsesso seu vere."

489 WA 39,2, 42, 5–10 – Zirkulardisputation, These 53–55.

490 WA 39,2, 42, 37–40 – Zirkulardisputation, These 68 u. 69.

491 WA 39,2, 40, 38–41, 7 – Zirkulardisputation, These 31–34.

492 WA 39,2, 41, 5–7, Zirkulardisputation, These 34: „Quia scis, magistratum praecepisse, latronibus resistendum et suos cives defendendos esse, hoc ipso obedis tam primae quam secundae tabulae."

493 WA Br. 8, 367, 30ff. – Brief an Joh. Ludicke, Prediger in Kottbus, 1539. Nach *R. Hermann*, Zirkulardisputation, 93, geht Luther bei dieser Betrachtungsweise „theoretisch von der Ordnung des Gottesreiches und von einer vollkommen christlichen Haltung aus" und wird darum der Würdigung des Weltlichen nicht ganz gerecht, wie er umgekehrt, wenn er „theoretisch von weltlichem Stande" ausgeht, „bisweilen dem christlichen nicht ganz gerecht" wird. Diese Erklärung kann nicht befriedigen. Die folgenden Zeilen im Text versuchen eine andere Lösung dieser merkwürdigen Aussage Luthers zu geben.

494 Das wird mit Recht betont von *Barge*, a. a. O., 51: „Die Theorie von der ‚Eigengesetzlichkeit' der Wirtschaft ist unlutherisch und findet nirgends in dem gesamten Schrifttum des Reformators eine Stütze."

495 Cl 3, 1ff. = WA 15, 293ff.

496 Cl 3, 11, 19 = WA 15, 303 und Cl 3, 8, 27ff. = WA 15, 300.

497 Cl 3, 2, 37ff. = WA 15, 294.

498 Cl 3, 3, 28–35 = WA 15, 295.

499 Cl 3, 3, 37ff. = WA 15, 295.

500 Vgl. dazu das oben Ausgeführte, besonders Abschnitt 4b dieses Kapitels. In diesem Sinne ist auch das Wort zu verstehen: „Da sihestu / wie diser spruch so stracks vnverschampt /

nicht alleyne widder die Christliche liebe / sondern auch widder das naturlich gesetz feret" (Cl 3, 3, 4ff. = WA 15, 294, 30ff.).

501 Cl 3, 6, 11ff. = WA 15, 298.

502 Cl 3, 6, 39ff. = WA 15, 299, 1ff.

503 WA 22, 267, 16 bis 268, 6 – Crucigers Sommerpostille zum 15. Sonntag nach Trinitatis, Matth. 6, 25f.

504 Vgl. *Reymann,* a. a. O., 62ff. Mit Recht weist *Reymann* darauf hin, daß „Luther als die eigentliche Sünde auf dem Gebiet der Wirtschaft den ‚Unglauben' ansieht; denn die entscheidende Haltung der absoluten Hingabe, der Glaube, der sich ‚zu Got alles gutten versihet und alleyn auff yhn sich verlesst' (10, III, 182, 23f.), ist hier verlassen. Der Ungläubige will satt sein und alle Güter genügend haben, er will das Unsicherheitsmoment, das bei allem Wirtschaften gegeben ist, aufheben und Gottes nicht bedürfen" (a. a. O., 64). Vgl. WA 5, 422, 34ff. u. 2ff. – Operationes in Psalmos, 1519–21.

505 WA 21, 271, 11ff. – Predigt am Ostermittwoch über Kol. 3, 1–7, Crucigers Sommerpostille.

506 WA 52, 469, 3ff. – Hauspostille, 1544, zu Matth. 6, 24–34, Predigt am 15. Sonntage nach Trinitatis. Vgl. ferner WA 32, 445, 29ff. – Wochenpredigten über Matth. 5–7, 1530–32.

507 WA 22, 31, 19ff. – Crucigers Sommerpostille, Predigt am 3. Sonntag nach Trinitatis über 1. Petrus 5, 5–11 zu V. 7.

508 So spricht er z. B. noch von den Bedürftigen, Witwen und Waisen zugestandenen Zinsnehmen als von einem „not Wücherlin" (WA 51, 372, 20 – An die Pfarrherrn wider den Wucher zu predigen – Vermahnung, 1540). In seiner Schrift „Von Kaufhandlung und Wucher" (1524) braucht er zwar verschiedentlich den Ausdruck „Zinskauf", aber er hebt unmißverständlich hervor, daß die in Übung stehende Zinswirtschaft in seinen Augen nur ein „schand deckel" des Wuchers ist, „dar under er fur billich geachtet / seyne boßheyt frey mochte treyben" (Cl 3, 21, 7f. = WA 6, 36).

509 WA 51, 377, 23f. – An die Pfarrherrn wider den Wucher zu predigen, 1540.

510 WA 51, 377, 30 bis 378, 25.

511 WA 6, 5, 15ff. – (Kleiner) Sermon von dem Wucher, 1519.

512 WA 6, 5, 6ff.

513 a. a. O., 33.

514 a. a. O., 34: Belege für diese Behauptung dort.

515 WA 51, 372, 20, zitiert bei *Barge,* a. a. O., 29.

516 Vgl. Cl 3, 41, 15ff. = WA 6, 56f. – Großer Sermon vom Wucher, 1520, zweiter Teil der Schrift: Von Kaufhandlung und Wucher, 1524; vgl. dazu *Barge,* a. a. O., 48.

517 Luthers „Bedenken an den Kanzler Gregor Brück, vom Zinskauf" (18. 10. 1523), WA Br. 3, 176f. Der Brief ist hier als ganzer zu vergleichen. Vgl. aber besonders 176, 9ff.; vgl. auch WA Br. 3, 307, 33–59 – Brief an Herzog Joh. Friedrich von Sachsen vom 18. 6. 1524, ferner *J. Rogge,* Der Beitrag des Predigers Jakob Strauß zur frühen Reformationsgeschichte, Berlin 1957, besonders 78–81.

518 Vgl. WA Br. 3, 483f., besonders ab 485, 14, z. B. 485, 24–33; 48–61, dazu *Barge* (a. a. O., 15f.), der sich mit Recht gegen *Troeltsch* abgrenzt, „der aus Anlaß des Danziger Gutachtens von einer doppelten Moral in der Zinslehre Luthers spricht" (a. a. O., 16).

519 Cl 4, 25, 35f. = WA 30,1, 155.

520 Cl 4, 27, 1ff. = WA 30,1, 156.

521 Cl 1, 286, 30f. = WA 6, 264.

522 Cl 4, 154, 38 = WA 30,2, 537 – Eine Predigt, daß man Kinder zur Schulen halten solle, 1530.

523 Cl 4, 154, 39ff. = WA 30,2, 537; vgl. auch Cl 4, 155, 33 = WA 30, 2, 539.

524 Luthers Lehre von den beiden Reichen, 77, Anm. 176.

525 Cl 1, 274, 29f. = WA 6, 251 – Von den guten Werken, 1520.

526 Vgl. Cl 4, 151, 19 bis 152, 13 = WA 30,2, 530f. und Cl 4, 166, 15ff. = WA 30,2, 562 – Eine Predigt, daß man Kinder zur Schulen halten solle, 1530.

527 WA 10,3, 380, 13ff. – Predigten, 1522: „Unnd also söllen die hern und weltlichen Regentten das schwertt gancz Cristlich annemen und haben, damit sie den andern dienen, schüczen und hanthaben. Es ist gar ein gros weitleufftig ding, das weltlich Regimentt, und wil anzeigen das man allein die lieb darinnen süchen söl."

528 WA 10,3, 382, 4ff.

529 WA 10,3, 381, 31ff.

530 Vgl. Anm. 516.

531 WA 36, 427, 31ff. – Epistel S. Johannis von der Liebe, 1532/33.

532 WA 10,3, 254, 12ff.

533 WA 2, 582, 17ff. – Galaterkommentar, 1519.

534 Vgl. Luthers Schrift, Von Kaufhandlung und Wucher, 1524, Cl 3, 1ff. = WA 15, 293ff. und WA 6, 36ff., besonders ab Cl 3, 45, 5ff. = WA 15, 321, 14ff.

535 WA 10,3, 384, 13f. – Predigten, 1522.

536 Vgl. WA 14, 553, 31ff. – Deuteronomion Mosi cum annotationibus, 1525; vgl. auch WA 14, 667, ferner WA 11, 47, 19ff. – Predigten, 1523 (Nachschriften Rörers): „Impossibile est igitur probum esse Iuristam, Iudicem, procuratorem etc. nisi sit Christianus. Etsi prohibeatur externe, tamen intus libentius velit iuvare amicum, Nisi die sach sei gantz offenbar, quod non possit alteri parti adversari" (47, 29). „Christianus tamen non inspicit amicum, non regem, non dona etc."

537 *J. Heckel,* a. a. O., 179, vgl. 178/79.

538 Vgl. den Abschnitt 4b dieses Kapitels: Das Evangelium als die durch den Glauben Liebe wirkende Kraft.

539 So schreibt er in seiner Vorrede zu den Visitationsartikeln, er habe den Kurfürsten gebeten: „Das S. K. F. G. aus Christlicher liebe (denn sie nach weltlicher öberkeit nicht schuldig sind) und umb Gotts willen dem Euangelio zu gut und den elenden Christen ynn S. K. F. G. landen zu nutz und heil gnediglich wolten etliche tüchtige personen zu solchem ampt foddern und ordnen ..." (WA 26, 197, 25ff.; vgl. Cl 1, 373, 3ff. = WA 6, 413 – An den christlichen Adel ..., 1520.

540 Zum Ausdruck vgl. WA 53, 541, 26 – Von den Juden und ihren Lugen, 1543.

541 Vgl. WA 18, 36, 26ff. – Vom Greuel der Stillmesse, 1525.

542 Vgl. WA 30,3, 552, 32ff. – Sendschreiben an Herzog Albrecht von Preußen, 1532.

543 Vgl. WA 53, 541, 25ff., 552, 36ff. und besonders 522, 34ff.: „Wir müssen mit gebet und Gottes furcht eine scharffe Barmhertzigkeit uben, ob wir doch etliche aus der flammen und glut erretten kündten ..."
Wenn im Zusammenhang unseres Themas die angegebenen Stellen in den letzten Anmerkungen unter den gemeinsamen Gesichtspunkt des Vorgehens gegen die Gotteslästerung gestellt worden sind, dann sollen damit die bestehenden Unterschiede zwischen den von Luther empfohlenen Maßnahmen gegen die Papisten, Schwärmer und Juden nicht nivelliert werden. Es ist hier nur nicht der Ort, auf diese Unterschiede näher einzugehen.

544 Daneben stehen z. B. folgende andere Motive: die Pflicht der Obrigkeit, gegen Aufrührer einzuschreiten (vgl. WA 15, 217, 10ff. – Ein Brief an die Fürsten zu Sachsen von dem aufrührischen Geist, 1524. ferner WA 26, 200, 28ff. – Vorrede zum Unterricht der Visitatoren, 1528), keine Zwietracht im Lande zu dulden (vgl. WA 26, 200, 28ff. und WA Br. 5, 136, 11 – Brief an Joseph Levin Metzsch vom 26. August 1529) und öffentliche Gotteslästerung als Vergehen gegen die allgemeinen Gesetze zu bestrafen (vgl. WA 18, 36, 18ff. – Vom Greuel der Stillmesse, 1525).

545 WA 5, 301, 24ff. – Operationes in Psalmos, 1519–21.

546 WA 10,1,1, 90, 6ff.

547 WA 10,1,1, 138, 1ff. – Kirchenpostille, 1522; vgl. WA 14, 468, 16 – Predigten über 1. Mose, 1523/24: „In externis rebus nullum discrimen inter Christianus et alium quemquam."

548 Vgl. dazu das oben Ausgeführte, ferner auch den Zusammenhang, in dem das zuletzt im Text angeführte Zitat steht (WA 10,1,1, 137, 14–138, 12).

549 WA 50, 643, 28f. – Von den Konziliis und Kirchen, 1539.

550 Vgl. dazu das in dem Abschnitt 5a dieses Kapitels Ausgeführte, ferner WA 50, 643, 6ff.

551 WA 50, 643, 29ff.

552 Vgl. WA 40,1, 444, 30ff. – Großer Galaterkommentar, (1531) 1535, zu Gal. 3,13.

553 a. a. O.

554 WA 32, 359, 20ff. – Wochenpredigten über Matth. 5–7, (1530) 1532; vgl. WA 56, 299, 20ff. – Vorlesung über den Römerbrief nach Luthers eigener Handschrift, 1515.

555 WA 36, 374, 6ff. – Predigt am 24. November 1532 über 1. Tim. 1, 5–7.

556 WA 18, 500, 8ff. – Die sieben Bußpsalmen (2. Bearbeitung), 1525: „Nu ists mit uns also, das Adam aus mus, und Christus eingehen, Adam zu nichte werden, und Christus allein regiren und sein, Derhalben ist waschens und reinigens kein ende ynn dieser zeit, Denn Adam, der uns angeboren ist, macht auch unser gute werck, die wir thun yn dem anheben und zunemen, zu sunden und zu nichte, wenn Gott nicht ansehe die angefangene gnade und waschen."

557 WA 12, 688, 22ff. – Predigten, 1523. (Das Zitat spricht von den Sophisten): „denn sie wissen nicht, was vergebung der sünde ist, meynen, es sey eyn ding, das da ym hertzen klebt und still liege, so es doch eben das gantze könig reych Christi ist, das da ewig weret on auffhören." Vgl. WA 56, 259, 18ff. – Römerbriefvorlesung nach Luthers eigener Handschrift, Scholien.

Quellen

Luther, Martin, Werke, Weimarer kritische Gesamtausgabe (zit. WA)
Luther, Martin, Werke, Weimarer kritische Gesamtausgabe, Tischreden (zit. WA T.)
Luther, Martin, Werke, Weimarer kritische Gesamtausgabe, Briefe (zit. WA Br.)
Luther, Martin, Werke in Auswahl, herausgegeben von Otto Clemen u. a. (zit. Cl). (Wo nach dieser Ausgabe zitiert wurde, ist jeweils dahinter auch die Stelle angegeben, an der das Zitat in der Weimarer Luther-Ausgabe steht.)
Die Bekenntnisschriften der evangelisch-lutherischen Kirche. Herausgegeben vom Deutschen Evangelischen Kirchenausschuß ... 1930 (zit. BKS)
Evangelisches Kirchengesangbuch. Ausgabe für die Evangelische Kirche in Berlin-Brandenburg, Berlin 1951 (zit. EKG)
Die Treysa-Konferenz 1950 über das Thema „Gerechtigkeit in biblischer Sicht". Herausgegeben von der Studienabteilung des Ökumenischen Rates der Kirchen ... Genf ... 1950
Benutzt wurde ferner wegen des ausführlichen Registers:
Luther, Martin, Sämtliche Schriften. Herausgegeben von Dr. Joh. Georg Walch, Neue revidierte Stereotypausgabe, St. Louis, 1880–1910.

Literaturverzeichnis

Althaus, Paul, Luthers Haltung im Bauernkriege, Luther-Jahrbuch 1925, 1ff.

Althaus, Paul, Luther und die politische Welt, Schriftenreihe der Luther-Gesellschaft, H. 9, Weimar 1937

Althaus, Paul, Die lutherische Rechtfertigungslehre und ihre heutigen Kritiker, Berlin 1951

Barge, Hermann, Luther und der Frühkapitalismus, Gütersloh 1951

Barth, Karl, Christengemeinde und Bürgergemeinde, Stuttgart 1946

Barth, Karl, Rechtfertigung und Recht, Zollikon-Zürich 1948[3]

Beintker, Horst, Die Überwindung der Anfechtung bei Luther, Berlin 1954

Beyer, Hermann Wolfgang, Glaube und Recht im Denken Luthers, Luther-Jahrbuch 1935, 56ff.

Boehmer, Heinrich, Luther im Lichte der neueren Forschung, Leipzig-Berlin 1917[4]

Boehmer, Heinrich, Der junge Luther, Leipzig 1951[4]

Bonhoeffer, Dietrich, Ethik, München 1949

Bornkamm, Heinrich, Luthers geistige Welt, Lüneburg 1947

Bornkamm, Heinrich, Luther und das Alte Testament, Tübingen 1948

Bornkamm, Günther, Christus und die Welt in der urchristlichen Botschaft. In: Das Ende des Gesetzes. Paulusstudien, München 1952, 157ff.

Brunner, Emil, Das Gebot und die Ordnungen. Entwurf einer protestantisch-theologischen Ethik, Zürich 1932

Buchwald, Georg, D. Martin Luther: Sozial?! Aussprüche aus seinen Werken, Gütersloh o. J.

Buchwald, Georg, D. Martin Luther – Leben und Lehre in Worten aus seinen Werken und Briefen, Gütersloh 1947

Bultmann, Rudolf, Theologie des Neuen Testamentes, Tübingen, 1953[2]

Bultmann, Rudolf, Das Evangelium des Johannes. Kritisch-exegetischer Kommentar über das Neue Testament, Göttingen 1952[12]

Campenhausen, Hans Frhr. v., Zur Auslegung von Röm. 13. Die dämonistische Deutung des *ΕΞΟΥCΙΑ*-Begriffs. Festschrift für Bertholet, Tübingen 1950, 97ff.

Cullmann, Oskar, Königsherrschaft Christi und Kirche im Neuen Testament, München 1941, 1946[2]

Cullmann, Oskar, Christus und die Zeit. Die urchristliche Zeit- und Geschichtsauffassung, Zollikon-Zürich 1948[2]

Dehn, Günter, Engel und Obrigkeit, Theologische Aufsätze. Karl Barth zum 50. Geburtstag, München 1936, 90ff.

Detert, Ernst, Der Berufsgedanke bei Martin Luther. Verantwortung und Zuversicht, Eine Festgabe für Bischof D. Dr. Otto Dibelius DD., Gütersloh 1950, 74ff.

Deutelmoser, Arno, Luther – Staat und Glaube, Jena 1937

Diem, Harald, Luthers Lehre von den zwei Reichen, München 1938

Diem, Hermann, Luthers Predigt in den zwei Reichen. ThE NF H. 6, 1947

Doerne, Martin, Gottes Volk und Gottes Wort, Luther-Jahrbuch 1932, 61ff.

Elert, Werner, Morphologie des Luthertums, 2. Bde., München 1931/32 und verbesserter Nachdruck der 1. Aufl., München 1952

Elert, Werner, Das christliche Ethos. Grundlinien der lutherischen Ethik, Tübingen 1949

Elliger, Walter, Luthers politisches Denken und Handeln, Berlin 1952

Foerster, Werner, ἔξεστιν ἐξουσία etc., ThWB II, 557–572, Stuttgart 1935

Foerster, Werner, δαίμων etc., ThWB II, 1–21, Stuttgart 1935

Frick, Robert, Von der „eingesündeten Gnade" und von der „eingegnadeten Sünde". Luthers Lehre von Sünde und Gnade, Rechtfertigung und Heiligung, Gesetz und Evangelium ..., Wort und Dienst. Jahrbuch der Theol. Schule Bethel 1950, 90ff.

Friedrich, Gerhard, εὐαγγελίζομαι, εὐαγγέλιον, προευαγγελίζομαι, εὐαγγελιστής, ThWB II, 705ff.
Gogarten, Friedrich, Die Verkündigung Jesu Christi, Heidelberg 1948
Gollwitzer, Helmut, Die christliche Gemeinde in der politischen Welt, Tübingen 1954
Grundmann, Walter, ἄγγελος im Griechentum und Hellenismus, ThWB I, 72ff., Stuttgart 1932
Harnack, Theodosius, Luthers Theologie mit besonderer Beziehung auf seine Versöhnungs- und Erlösungslehre, München 1927
Heckel, Johannes, Lex charitatis. Eine juristische Untersuchung über das Recht in der Theologie Luthers. Abhandlungen der Bayrischen Akademie der Wissenschaften. Phil.-hist. Klasse NF H. 36, München 1953
Heppe, Heinrich, Die Dogmatik der evangelisch-reformierten Kirche. Dargestellt und aus den Quellen belegt. Neu durchgesehen und herausgegeben von Ernst Bizer, Neukirchen 1935
Hermann, Rudolf, Luthers These „Gerecht und Sünder zugleich", Gütersloh 1930
Hermann, Rudolf, Luthers Zirkulardisputation über Matth. 19,21, Luther-Jahrbuch 1941, 35ff.
Hirsch, Emanuel, Hilfsbuch zum Studium der Dogmatik. Die Dogmatik der Reformatoren und der altevangelischen Lehrer quellenmäßig belegt und verdeutscht, Berlin und Leipzig 1951
Holl, Karl, Gesammelte Aufsätze zur Kirchengeschichte, I, Luther, Tübingen 1927[4 u. 5]
Iwand, Hans, Glaubensgerechtigkeit nach Luthers Lehre, München 1951[2]
Joest, Wilfried, Gesetz und Freiheit. Das Problem des tertius usus legis bei Luther und die neutestamentliche Parainese, Göttingen 1951
Jordan, Hermann, Luthers Staatsauffassung. Ein Beitrag zu der Frage des Verhältnisses von Religion und Politik, München 1917
Kittel, Gerhard, Die Engellehre des Judentums und ἄγγελος im NT, ThWB I, 79ff., Stuttgart 1932
Kleinknecht, Hermann, βασιλεύς im Griechentum, ThWB I, 562f.
Knolle, Theodor, Luthers Glaube. Eine Widerlegung, Schriftenreihe der Luther-Gesellschaft H. 10, Weimar 1938
Krumwiede, Hans Walter, Glaube und Geschichte in der Theologie Luthers, Berlin 1952
Kuhn, Karl-Georg, מַלְכוּת שָׁמַיִם in der rabbinischen Literatur, ThWB I, 570ff.
Künneth, Walter, Politik zwischen Dämon und Gott. Eine christliche Ethik des Politischen, Berlin 1954
Lamparter, Helmut, Luthers Stellung zum Türkenkrieg, München 1940
Lau, Franz, „Äußerliche Ordnung" und „weltlich Ding" in Luthers Theologie, Göttingen 1933
Lau, Franz, Luthers Lehre von den beiden Reichen, Berlin 1952
Lau, Franz, Leges charitatis. Drei Fragen an Johannes Heckel, Kerygma und Dogma, Berlin 2 (1957), 76ff.
Lilje, Hanns, Luthers Geschichtsanschauung, Berlin 1932
Lilje, Hanns, Luther. Anbruch und Krise der Neuzeit, Nürnberg 1948
Link, Wilhelm, Das Ringen Luthers um die Freiheit der Theologie von der Philosophie, München 1940
Loewenich, Walter v., Luthers Theologia crucis, München 1939[3]
Meinhold, Peter, Die Genesisvorlesung Luthers und ihre Herausgeber, Stuttgart 1936
Merz, Georg, Glaube und Politik im Handeln Luthers, München 1933
Merz, Georg, Gesetz Gottes und Volksnomos bei Martin Luther, Luther-Jahrbuch 1934, 51ff.
Müller, Karl, Kirche, Gemeinde und Obrigkeit nach Luther, Tübingen 1910
Müller, Karl, Luthers Äußerungen über das Recht des bewaffneten Widerstands gegen den Kaiser, Sitzungsberichte der Bayr. Akademie der Wissenschaften. Phil.-hist. Klasse 1915, VIII, München 1915
Nygren, Anders, Die Bedeutung Luthers für den christlichen Liebesgedanken, Luther-Jahrbuch 1929, 87ff.
Nygren, Anders, Eros und Agape. Gestaltwandlungen der christlichen Liebe, Berlin 1955
Nygren, Anders, Luthers Lehre von den zwei Reichen, ThLZ 74, 1949, 1–8
Pauls, Theodor, Erziehung und Unterricht in Luthers Theologie, Berlin 1935
Pauls, Theodor, Kirche, Staat und Recht nach Luther. Aufbau im „Positiven Christentum" 1938, H. 51
Rad, Gerhard v., מֶלֶךְ und מַלְכוּת im AT ThWB I, 563ff.
Rad, Gerhard v., מַלְאָךְ im AT, ThWB I, 75ff., Stuttgart 1932
Reymann, Heinz, Glaube und Wirtschaft bei Luther, Gütersloh 1934
Ritter, Gerhard, Luther. Gestalt und Tat, 5. Aufl., München o. J.
Rogge, Joachim, Der Beitrag des Predigers Jacob Strauss zur frühen Reformationsgeschichte, Berlin 1957

Schlier, Heinrich, κεφαλή etc., ThWB III, 672–682
Schlier, Heinrich, Die Beurteilung des Staates im Neuen Testament, ZdZ 1932
Schlink, Edmund, Der Mensch in der Verkündigung der Kirche, München 1936
Schlink, Edmund, Gesetz und Evangelium, ThE H. 53, München 1937
Schlink, Edmund, Theologie der lutherischen Bekenntnisschriften, München 1946²
Schmid, Heinrich, Die Dogmatik der evangelisch-lutherischen Kirche. Dargestellt und aus den Quellen belegt, Gütersloh 1893⁷
Schmidt, Karl Ludwig, *βασιλεία (τοῦ θεοῦ)* im hellenistischen Judentum. Wortgruppe *βασιλεύς κτλ* im NT, *βασιλεία (τοῦ θεοῦ)* in der alten Kirche, ThWB I, 573ff.
Schniewind, Julius, Das Evangelium nach Markus übersetzt und erklärt, Göttingen 1949⁴
Schniewind, Julius, Das Evangelium nach Matthäus übersetzt und erklärt, Göttingen 1950⁵
Schubert, Hans v., Luther auf der Koburg, Luther-Jahrbuch 1930, 109ff.
Schweitzer, Wolfgang, Die Herrschaft Christi und der Staat im Neuen Testament, Beiträge zur evangelischen Theologie Bd. 11, München 1949
Seeberg, Erich, Luthers Theologie, Bd. I: Die Gottesanschauung; Bd. II: Christus Wirklichkeit und Urbild, Göttingen 1929 und 1937
Seeger, Ulrich, Die eschatologische Grundhaltung in Luthers großem Katechismus, EvTh 2, 1935, 67ff.
Stange, Carl, Der johanneische Typus der Heilslehre Luthers, Studien der Lutherakademie. H. 17, Gütersloh 1949
Stupperich, Robert, Die soziale Verantwortung des Christen nach Luthers Lehre. Verantwortung und Zuversicht, Eine Festgabe für Bischof D. Dr. Otto Dibelius DD . . ., 57ff.
Thielicke, Helmut, Theologische Ethik, Bd. 1, Tübingen 1951
Törnvall, Gustaf, Geistliches und weltliches Regiment bei Luther, München 1947
Törnvall, Gustaf, Die sozialtheologische Hauptaufgabe der Regimentenlehre, EvTh 17, 1957, 407ff.
Vajta, Vilmos, Die Theologie des Gottesdienstes bei Luther, Berlin 1958²
Vogel, Heinrich, Gott in Christo. Ein Erkenntnisgang durch die Grundprobleme der Dogmatik, Berlin 1951
Vogelsang, Erich, Luthers Torgauer Predigt von Jesu Christo vom Jahre 1532, Luther-Jahrbuch 1931, 114ff.
Walther, Wilhelm, Die christliche Sittlichkeit nach Luther, Leipzig 1909
Walther, Wilhelm, Luther und die Juden und die Antisemiten, Leipzig 1921
Watson, Philip S., Um Gottes Gottheit („Let god be god"). Eine Einführung in Luthers Theologie. Übertragen und bearbeitet von Gerhard Gloege, Berlin 1952
Wendland, Heinz Dietrich, Die Weltherrschaft Christi und die zwei Reiche, Kosmos und Ekklesia, Festschrift für Wilhelm Stählin, Kassel 1953, 23ff.
Wendland, Heinz-Dietrich, Zur kritischen Bedeutung der neutestamentlichen Lehre von den beiden Reichen, ThLZ 1954, Sp. 321ff.
Wingren, Gustaf, Luthers Lehre vom Beruf, München 1952
Wolf, Ernst, „Natürliches Gesetz" und „Gesetz Christi" bei Luther, EvTh 2, 1935, 305ff.
Wolf, Ernst, Naturrecht und Gerechtigkeit. Zum Problem des Naturrechts, EvTh 7, 1947/48, 233ff.
Wolf, Ernst, Politia Christi. Das Problem der Sozial-Ethik im Luthertum, EvTh 8, 1948/49, 46ff.
Wünsch, Georg, Die Bergpredigt bei Luther. Eine Studie zum Verhältnis von Christentum und Welt, Tübingen 1920
Wünsch, Georg, Gottes-Erfahrung und sittliche Tat bei Luther, Gotha 1924
Luther in Thüringen (Eine Sammlung von Aufsätzen verschiedener Verfasser zum angegebenen Thema), Berlin 1952

Der 6. Abschnitt des 5. Kapitels ist bereits in etwas veränderter Gestalt in der Zeitschrift „Kerygma und Dogma", Göttingen 1957, Heft 1, abgedruckt worden.

ANHANG (1986)

Zwei-Reiche-Lehre und Königsherrschaft Christi

Von Bernhard Lohse

I.

Die Diskussion um Luthers Zwei-Reiche-Lehre und seine politische Ethik dauert nun schon viele Jahrzehnte an. Es scheint, daß zuerst Karl Barth von der „Lehre von den zwei Reichen" als einer besonderen „lutherischen Lösung" gesprochen hat.[1] Der Begriff hat sich freilich ziemlich schnell durchgesetzt, obwohl wesentliche Phasen dieser Entwicklung noch dunkel sind.[2] War die Diskussion um Luthers politische Ethik schon während des „Dritten Reiches" durch die Haltung bekannter lutherischer Theologen belastet, so hat nach 1945 erst recht eine heftige Kontroverse begonnen, die zwar verschiedene Phasen durchlaufen hat, im Grunde aber bis heute noch nicht an ihr Ende gelangt ist.

Man kann etwa eine *erste Phase* unterscheiden, die bis in die späteren 50er Jahre dauerte und weithin der Aufarbeitung der Probleme des Kirchenkampfes, aber auch der Klärung von Luthers Position diente. Eine *zweite Phase* setzte mit der Veröffentlichung von Johannes Heckels wichtiger Untersuchung „Lex charitatis" 1953 ein und führte zu einer intensiven Debatte über Luthers Rechtsauffassung im Zusammenhang seiner Reiche- und Regimenten-Auffassung; sie hat etwa bis in die frühen 70er Jahre gedauert. Überlappend mit dieser zweiten kann man eine *dritte Phase* unterscheiden, welche etwa Mitte der 50er Jahre begann und die Fragen der „Königsherrschaft Christi" überhaupt sowie besonders bei Luther und im Luthertum erörterte, wobei im Hintergrund nunmehr die Probleme der Wiederbewaffnung und bald auch der Bereitstellung atomarer Waffen standen; diese Diskussionsrunde ist im Grunde noch nicht an ihr Ende gelangt. Überlagert ist freilich diese dritte Phase seit den frühen 70er Jahren durch eine *vierte Phase*, in welcher das Problem der Zwei-Reiche-Lehre vornehmlich auf dem Hintergrund der Probleme der dritten Welt, der Ausbeutung, des Rassismus und der angeblichen oder wirklichen unkritischen Bejahung weltlicher Obrigkeiten durch Lutheraner heiß umstritten war; auch diese Diskussion ist noch nicht beendet. Seit den frühen 80er Jahren mag man eine *fünfte Phase* unterscheiden, in welcher die früheren Probleme eigentlich alle wiederbegegnen, wobei im Hintergrund die Bemühungen der Friedensbewegung stehen.

Obwohl in allen diesen Phasen beachtliche wissenschaftliche Untersuchungen zu Luthers sogenannter Zwei-Reiche-Lehre und zu vielen Einzelfragen vorgelegt wurden, ist die wissenschaftliche Erörterung doch zumindest indirekt stets mit den Hintergrundproblemen, aber auch mit dem Meinungsstreit der verschiedenen kirchenpolitischen Richtungen verbunden gewesen. Eine völlige Trennung zwischen der Fachdebatte und den Tagesfragen ist jedenfalls kaum möglich; zumindest ist das Problembewußtsein durch die verschiedenen aktuellen Fragen nachhaltig beeinflußt worden.

Im folgenden können die hier unterschiedenen Phasen nicht im einzelnen gewürdigt werden. Vielmehr soll in diesem Beitrag versucht werden, an ausgewählten Beispielen die wichtigsten Motive und Argumente der Diskussion zu würdigen, wobei dem Gedanken der Königsherrschaft Christi besondere Aufmerksamkeit gewidmet werden soll.

II.

Die Dissertation von Gottfried Forck – im Herbst 1955 abgeschlossen, im Frühjahr 1956 von der Theologischen Fakultät der Universität Heidelberg angenommen und 1959 veröffentlicht[3] – nimmt insofern einen besonderen Platz in den genannten Phasen der Diskussion ein, als sie recht früh das Thema der Königsherrschaft Christi bei Luther aufgriff und das in einer Weise tat, die auf keine bestimmte Schulrichtung festgelegt werden kann. Forcks Doktorvater, Edmund Schlink, war zeitlebens einer der hervorragenden lutherischen systematischen Theologen; andererseits verdankte Schlink in seiner eigenen theologischen Arbeit Karl Barth Wesentliches. Forcks Arbeit konnte von daher nicht in den Verdacht geraten, die theologische, kirchenpolitische und politische Haltung des radikalen Flügels der Bekennenden Kirche vertreten zu wollen. Gewiß nahm Forck mit dem Begriff der „Königsherrschaft Jesu Christi" ein Stichwort auf, das im deutschen Sprachbereich hauptsächlich von Theologen gebraucht worden war, die dem Kreis um Karl Barth zuzurechnen waren.[4] Andererseits hat Forck sich den von manchen Barthianern vertretenen Gedanken nicht zu eigen gemacht, daß man die Zwei-Reiche-Lehre Luthers gewissermaßen „suspendieren" müsse.[5] Die Wahl des Stichworts von der Königsherrschaft Jesu Christi stellte vielmehr einen selbständigen Ansatz dar, um wesentliche Aspekte von Luthers Zwei-Reiche-Lehre in neuem Licht zu zeigen. Vergleichbar war dieser Ansatz dem zeitlich früheren Versuch verschiedener Theologen, nicht so sehr den Gedanken der zwei Reiche als vielmehr denjenigen der zwei Regimente zu betonen, um deutlich zu machen, daß es keine von Gottes Herrschaft ausgegrenzten Bereiche gibt.[6]

Forcks Abhandlung ist auch insofern Edmund Schlink verpflichtet, als sie ihr Thema nicht in kirchenhistorischer, sondern streng in dogmatischer Weise angeht. Forck hat also nur am Rande den historischen Sitz im Leben für Luthers Vorstellung von der Königsherrschaft Christi behandelt. Statt dessen setzte er ein mit einer Würdigung von Luthers Rezeption der traditionellen Zwei-Naturen-Christologie. Die unlösliche personale Einheit von göttlicher und menschlicher Natur Christi bedinge, daß Christus nach beiden Naturen an der Herrschaft Gottes des Vaters teilhabe. Für die Welt spricht Forck von dem verborgenen Regiment. Eine besondere Herrschaft finde durch das Evangelium in der Kirche statt. Das Verhältnis zwischen beiden Herrschaftsweisen bestimmt Forck dabei so: „Das allmächtige Weltregiment Christi ist ... insofern die Voraussetzung seiner besonderen Herrschaft durch das Evangelium, als das Evangelium schon längst von den gottfeindlichen Mächten dieser Welt zum Verstummen gebracht worden wäre und man die Christen alle umgebracht hätte, wenn Christus nicht ‚Teuffel, Welt, Tod, Leben und alles ynn seiner hand' hätte."[7]

Was nun das Handeln des Christen im Reich Christi wie im Reich der Welt betrifft, so sieht Forck in beiden Fällen die Erfüllung des Doppelgebotes der Liebe als das entscheidende Motiv an. Die Liebe sei im Sinne Luthers das Maß, an dem alle Gebote zu messen seien. Lasse man dies üblicherweise nur für das geistliche Regiment gelten, so müsse doch im Grunde das gleiche auch für das weltliche gesagt werden, sofern auch hier der Dienstgedanke im Mittelpunkt stehe. Auch die bekannte Unterscheidung Luthers zwischen Einzelperson und Amtsperson widerspreche dem nicht. Man müsse nämlich beachten, daß die radikalen Forderungen der Bergpredigt für den Christen im weltlichen Bereich gerade um der eigentlichen Intention der Bergpredigt willen, nämlich im Blick auf die Liebe, aufgehoben werden. „Durch die Unterscheidung von Einzelperson und Amtsperson ... soll also nicht die Geltung der geistlichen Herrschaft Christi für die Amtsführung des Christen bestritten werden, sondern wird nur gesagt, daß der Gehorsam des Christen gegenüber der geistlichen Herrschaft Christi im Amte anders zu verwirklichen ist als in seinem Privatleben. Mit anderen Worten:

Es geht Luther bei dieser Unterscheidung um die *sachgemäße* Verwirklichung des Doppelgebotes der Liebe, eine Verwirklichung also, die allein der Ehre Gottes und dem Nutzen des Nächsten dient ..."[8]

Forck war sich bei Abfassung seiner Arbeit dessen bewußt, daß er „Luthers Theologie unter eine der Luther-Forschung ungewohnte Frage" stellt.[9] Er war aber doch überzeugt, daß er einen bei Luther bislang in der Forschung vernachlässigten Gedanken neu zur Geltung gebracht habe und daß bei Berücksichtigung des Gedankens der Königsherrschaft Jesu Christi der Vorwurf, nach Luther gebe es im weltlichen Bereich eine Eigengesetzlichkeit, nicht erhoben werden könnte. Forck hat die Auseinandersetzung, die um Heckels Buch „Lex charitatis" (1953) einsetzte und die oben als zweite Phase unterschieden wurde, nur noch in ihren ersten Anfängen vor Abschluß seiner Arbeit für die Drucklegung berücksichtigen können. Immerhin hat Forck von seinen Ergebnissen her eindeutig zugunsten von Heckel Stellung genommen und die Kritik, die Althaus gegen Heckel vorbrachte, zurückgewiesen. Insbesondere stimmte Forck Heckel darin zu, „daß ... der Christ nach Luther (scil. nicht) Bürger zweier Reiche sei"[10].

Forcks Buch hat eine relativ große Beachtung gefunden, wobei freilich manche gravierenderen Bedenken geltend gemacht worden sind. Interessant ist dabei, daß Zustimmung im wesentlichen bei der von Karl Barth geprägten Luther-Forschung begegnet, während bei den verschiedenen Richtungen des konfessionellen Luthertums kritische Anfragen überwogen. In seinem ursprünglich 1964 erschienenen Aufsatz „Königsherrschaft Christi und lutherische Zwei-Reiche-Lehre" hat Ernst Wolf Forcks Untersuchung zwar nur kurz erwähnt, aber doch in sachlicher Übereinstimmung mit ihm grundsätzlich geäußert: Da es in der Theologie um das regnum Christi geht, entfaltet sich Theologie als Lehre von den zwei Reichen. „Das bedeutet aber, daß die Zwei-Reiche-Lehre *nur in der Klammer* des Bekenntnisses der Königsherrschaft Christi ihren theologisch legitimen Ort haben kann."[11] Wolf hat dabei besonders die zweite These der Barmer Theologischen Erklärung von 1934 im Blick, die gelautet hatte: „Wie Jesus Christus Gottes Zuspruch der Vergebung aller unserer Sünden ist, so und mit gleichem Ernst ist er auch Gottes kräftiger Anspruch auf unser ganzes Leben; durch ihn widerfährt uns frohe Befreiung aus den gottlosen Bindungen dieser Welt zu freiem, dankbarem Dienst an seinen Geschöpfen." Damit hat Wolf jedenfalls der Grundthese von Forck zugestimmt, auch wenn er zu dessen Darlegungen im einzelnen nicht Stellung genommen hat.

Kritisch geäußert haben sich zu Forcks Buch hauptsächlich Erwin Mülhaupt, Olof Sundby und Franz Lau. Mülhaupt, der lange Zeit leidenschaftlich die sogenannte Bruderschaftstheologie bekämpft hatte, wobei die politischen Probleme der späteren 50er Jahre im Mittelpunkt standen,[12] griff in diesem Zusammenhang die Grundthese Forcks an, um deutlich zu machen, „daß das Problem der vita christiana in beiden Reichen wegen der tiefen strukturellen Verschiedenheit der beiden Reiche auf jeden Fall nicht nur durch die Unterstellung des Gesamtlebens unter den Gesichtspunkt der Herrschaft Christi zu lösen ist"[13]. Während Forck also versucht hatte, seine Untersuchung abseits der tagespolitischen Kontroversen vorzunehmen und zur Diskussion zu stellen, wurde damit sein Ergebnis nun gerade doch in den Meinungskampf der Zeit gezerrt und insofern verkannt.

Sundby, der spätere Erzbischof von Uppsala (seit 1972), hat geäußert, daß das Problem, wie sich die geistliche und die weltliche Herrschaft Christi zueinander verhalten, noch schärfer hätte zugespitzt werden sollen im Blick auf die eschatologische Herrschaft Christi. Durch seinen Ansatz habe Forck die Eschatologie außer acht gelassen. Hätte Forck diesen Gesichtspunkt schon im Aufbau bedacht, dann hätte er stärker zwischen dem Gebot des Schöpfers und Erhalters sowie demjenigen des Erlösers unterscheiden müssen.[14]

Lau schließlich hat die Aktualität von Forcks Fragestellung und Ansatz eingeräumt, aber einige kritische Rückfragen gestellt. Einmal, Luther rede nun eben doch von zwei Reichen; von einer eigentlichen „Lehre" von der Königsherrschaft Christi könne man bei Luther nicht sprechen. Sodann, es sei unzureichend bei Forck zum Ausdruck gekommen, daß für Luther Christus seine Herrschaft in Schwachheit ausübe. Weiter, das Motiv der Liebe für das Handeln in beiden Reichen verdecke die Unterschiede: Im weltlichen Reich müßten Vernunft, Gesetz und das Strafamt leiten, so daß hier paradoxerweise Unbarmherzigkeit letztlich Barmherzigkeit sein könne. Schließlich sei kaum bedacht, daß nach Luther die Menschen im Reich der Welt „unter Befehl stehen", also in Ordnungen und Funktionen eingebunden seien. Anders gesagt: Luthers Unterscheidung von Gesetz und Evangelium sei von Forck zu wenig in Anschlag gebracht worden.[15]

Die weitere Diskussion um die Zwei-Reiche-Lehre hat freilich deutlich werden lassen, daß – ganz abgesehen davon, wie man in einzelnen Fragen urteilen möchte – das Thema der Königsherrschaft Christi schlechterdings nicht außer acht gelassen werden darf. Forck ist also zumindest zuzugestehen, daß er einen Gesichtspunkt in die Erörterung um die Zwei-Reiche-Lehre Luthers eingebracht hat, der auf keinen Fall übersehen werden darf.

III.

Zeitweilig schien es freilich so, als würden andere Aspekte als der von Forck beigebrachte Gesichtspunkt die Diskussion beherrschen. Jedenfalls setzte mit der Veröffentlichung von Johannes Heckels umfangreicher und tiefschürfender Studie „Lex charitatis" (1953) eine Debatte ein, die für längere Zeit das Feld beherrschen sollte.

Als Staats- und Kirchenrechtslehrer wollte Heckel eine „juristische Untersuchung über das Recht in der Theologie Martin Luthers" vorlegen, nicht jedoch unmittelbar in den Streit um die Zwei-Reiche-Lehre eingreifen. Freilich hat diese Ansicht nicht verhindern können, daß ziemlich sämtliche Aspekte der Diskussion um Luthers Zwei-Reiche-Lehre in dieser Debatte neu vorgebracht wurden.

Heckel hat insbesondere die Fragen von Luthers Auffassung über das Naturrecht sowie über das weltliche wie auch über das geistliche Recht untersucht.[16] Dabei hat er stets auch die Verbindung zu den Themen von den beiden Reichen und Regimenten hergestellt und insgesamt eine eindrucksvolle Sicht von Luthers Rechtsauffassung dargelegt. Luthers Auffassung wird hierbei in die Nähe von Augustins Anschauung über die beiden civitates, also die civitas Dei und die civitas terrena, gerückt. Für Luther unterscheidet Heckel zwischen einem weltlichen und einem geistlichen Naturrecht. Entgegen der üblichen Deutung wird bei Heckel der Christ letztlich nur als Bürger des Reiches Christi angesehen, hingegen das Reich der Welt abgewertet. Andererseits erfüllt – wie Heckel Luther deutet – der Christ auch bei der Ausübung eines weltlichen Amtes einen Dienst, den er nicht nur auf Grund des Naturrechtes, sondern auch vom geistlichen Naturrecht her schuldet. Auch wenn der Begriff der Königsherrschaft Christi von Heckel nicht aufgegriffen wird,[17] spielt die mit ihm bezeichnete Sache doch eine wichtige Rolle, wie in der Kritik an Heckel bald genug deutlich werden sollte.

Wohl die wichtigsten Gegenargumente gegen Heckel wurden von Paul Althaus vorgebracht.[18] Althaus, der wegen seiner Haltung während des „Dritten Reiches" manche Kritik erfahren hatte und dessen These von einer „Uroffenbarung" seit langem heftig umstritten war, suchte Luthers Position gegen verschiedene Angriffe von „links" und „rechts" zu verteidigen. Der eigentliche Adressat seiner Kritik waren darum die Vertreter einer christologischen Theorie des Rechtes und des Staates.[19] Hier wäre es freilich eine Frage für sich, ob Karl Barth und seine Freunde tatsächlich den Versuch gemacht haben, die Rechts- und Staatsauffassung von der Christologie herzuleiten; insbesondere Ernst Wolf hat einen solchen Vorwurf immer wieder als Unterstellung zurückgewiesen und auch die Barmer Theologische Erklärung gegen eine derartige Deutung abgegrenzt.[20] Manche Schärfe der sich nun schon über Jahrzehnte erstreckenden Debatte erklärt sich von daher, daß beide Seiten je der anderen bestimmte Konsequenzen unterstellen, welche diese erklärtermaßen nicht zieht oder zumindest nicht ziehen will. Infolgedessen ist es hier teilweise wiederholt zu einem Schattenboxen gekommen.

Was nun Althaus betrifft, so hat er in seinem wichtigen Aufsatz „Luthers Lehre von den beiden Reichen im Feuer der Kritik" zunächst die beiden Regimente behandelt, um deutlich zu machen, daß auch nach seiner Luther-Deutung der Gedanke der doppelten Regierweise Gottes im Zentrum der Lehre von den zwei Reichen stehen muß. „König und Herr" ist Christus freilich nur im Reich Gottes mit der rechten Hand, das darum auch Reich Christi heißt. Hier regiert er durch das in Wort und Sakrament dargebotene Evangelium. In Gottes Reich mit der linken Hand geht es um die Erhaltung und Ordnung des zeitlichen Lebens. Hier herrscht das Recht, verbunden mit Macht; dies ist etwas anderes als Liebe. Im Reich der Welt gehe es nicht um Vergebung, sondern um Vergeltung – bis hin zur Todesstrafe.[21] Mit Heckel stimmt Althaus insofern überein, als auch er sagt: „Die Christen leben im Reiche Christi. Für sich bedürfen sie des Rechtes und Staates in dieser seiner Funktion nicht, weil sie bereit sind, Unrecht zu leiden. Aber weil der Staat meinem Nächsten zur Erhaltung seines Lebens und Gutes nutz und not ist, ordne ich mich dem ‚weltlich Regiment' willig ein und unter, also aus der Liebe zum Nächsten."[22]

Soweit könnte man meinen, daß der Unterschied zwischen den beiden Leitmotiven – Zwei-Reiche-Lehre und Königsherrschaft Christi – nicht gar zu groß sei. Aber Althaus konstatiert hier selbst eine Gegnerschaft und sagt pointiert: „Die Normen, die im Weltreiche gelten, werden uns nach Luther nicht durch Christus gegeben, sie sind vorgegeben, als eine lex naturae, ein – wenn auch oft verschüttetes oder entstelltes – Wissen aller Menschen und Völker um das Gesetz Gottes. Also eine Offenbarung vor und außer Christus!"[23]

Im übrigen ist gegen Heckel geltend gemacht worden, er stütze sich vorwiegend auf Äußerungen des jungen Luther bis in die Zeit kurz nach 1520. So komme er zu seiner Abwertung des Reiches der Welt im augustinischen Sinne. Beim älteren Luther fänden sich hingegen öfter positive Äußerungen über das weltliche Regiment.[24]

Ferner hat auch Franz Lau Heckels Untersuchung kritisiert. Nach Lau hat Heckel einmal den Begriff „göttliches Naturgesetz", der dann weithin mit der lex Christi gleichgesetzt werde, zu weit ausgedehnt und damit Luthers Gesetzesauffassung im Sinne der Dialektik von Gesetz und Evangelium überfrachtet. Sodann hat Heckel nach Lau die Bedeutung der Vernunft sowie die Härte des von Gott gesetzten Naturrechtes unterschätzt. Schließlich habe Heckel das Problem des weltlichen Rechtes in der Kirche nicht wirklich gesehen: Die Kirche sei – so Lau gegen Heckel – auf Recht und Vernunft angewiesen. Die wahrhaft Gläubigen ließen sich nicht organisieren. Laus Kritik gipfelt in dem Vorwurf, Heckel stehe Rudolf Sohm gar nicht so fern, der seinerzeit einen Gegensatz zwischen Geist und Recht konstruiert und die Kirche deshalb im Gegensatz zu weltlichen Organisationen gesehen habe.[25]

Lau hat freilich, anders als Althaus, das gewisse Recht der Theologie von der Königsherrschaft Christi anerkannt, wie aus seinem Aufsatz von 1960 deutlich wird.[26]

Einen gewissen Abschluß der Diskussionsrunde, die durch Heckels Buch „Lex charitatis" eingeleitet worden war, bedeutete die kleine, aber gehaltvolle Darstellung von

Heinrich Bornkamm „Luthers Lehre von den zwei Reichen im Zusammenhang seiner Theologie".[27] In abgewogener Weise und ohne zu den Kontroversfragen im einzelnen Stellung zu nehmen, hat Bornkamm hier den historischen Anlaß hervorgehoben, der Luther im Jahre 1522 zur Ausarbeitung seiner für die Zwei-Reiche-Lehre zentralen Schrift „Von weltlicher Obrigkeit. Wie weit man ihr Gehorsam schuldig sei" bestimmte. Deutlich wird dabei, was in der Diskussion – seither ist es nicht viel besser geworden – viel zuwenig berücksichtigt wurde, daß die Zwei-Reiche-Lehre keine bloße Theorie war, sondern von Luther in konkreten Auseinandersetzungen und Konflikten immer wieder neu zur Unterscheidung zwischen „geistlich" und „weltlich" entworfen worden ist. Bornkamm zeigt weiter, daß Luther sowohl von zwei Reichen als auch von zwei Regimenten redet, ohne daß man Zwei-Reiche-Lehre und Zwei-Regimenten-Lehre gegeneinander ausspielen dürfe. Beide Distinktionen haben eine etwas unterschiedliche Bedeutung und ergänzen sich gegenseitig: Die Regimente bringen den Gedanken der Herrschaft Gottes zum Ausdruck, die Reiche weisen auf die unterschiedlichen Ordnungen und Bereiche hin, in denen der Christ lebt. Eine Wiedergabe von Luthers Anschauung muß darum immer auch diese beiden Begriffspaare berücksichtigen.

Bornkamm machte auch auf die zweifellos vorhandenen Unterschiede zwischen Augustin und Luther aufmerksam. Augustin habe zwar als erster eine Zwei-Reiche-Lehre entworfen und insofern auch auf Luther Einfluß ausgeübt. Gleichwohl habe Augustin vor allem das Motiv des Kampfes zwischen der civitas Dei und der civitas terrena betont. Anders Luther: Er hat die augustinische Konzeption durch den Gedanken des lebendigen Handelns Gottes ergänzt und damit einen entscheidenden Schritt über Augustin hinaus getan. Im übrigen denke Augustin asketischer als Luther. Ferner habe Luther die Probleme der politischen Ethik im Blick auf den Christen mitreflektiert. Freilich habe Luther kein sozialethisches Programm entworfen. Insofern sei die Zwei-Reiche-Lehre weder überholt noch eine zeitlos gültige Ordnung. Vielmehr: „Sie ist die unerläßliche Ortsbestimmung, die der Christ immer wieder für seinen Stand und sein Tun in der Welt vorzunehmen hat. Sie ermöglicht es ihm, dem Gebote Jesu mitten in den vom Ende gezeichneten, aber noch von Gott erhaltenen Ordnungen dieses Daseins zu leben."[28]

IV.

Die bislang heftigste Kontroverse um die Zwei-Reiche-Lehre ist durch Ulrich Duchrows verschiedene Arbeiten ausgelöst worden. Gegenwärtig ist ein Ende dieser Auseinandersetzung, auch wenn sie seit einigen Jahren etwas abgeflaut ist, noch nicht absehbar. Allerdings muß zunächst betont werden, daß Duchrow mit seiner großen Untersuchung „Christenheit und Weltverantwortung" (1970)[29] insofern einen sehr förderlichen Beitrag geliefert hat, als er hier die Traditionsgeschichte und die systematische Struktur der Zwei-Reiche-Lehre untersucht hat.

In dieser umfangreichen Arbeit hat Duchrow das Motiv der Unterscheidung zweier Reiche von den Anfängen in der jüdischen Apokalyptik bei Daniel über Paulus, Augustin, die mittelalterliche Auffassung von zwei Gewalten bis zu Luther untersucht. Am Schluß des Buches findet sich eine verhältnismäßig knappe systematische Folgerung. Was Bornkamm in seiner kleinen Studie von 1958 kurz angedeutet hatte, ist hier also erheblich ausgeweitet worden. Duchrow hat freilich seine Untersuchung fast ausschließlich ideengeschichtlich angelegt; für eine volle Würdigung der Traditionsgeschichte bedürfte es noch sehr viel stärkerer Berücksichtigung der jeweiligen zeitgeschichtlichen Voraussetzungen und Zusammenhänge.

Was nun Luther betrifft, so sagt Duchrow, daß Luthers Redeweise von den beiden

Reichen im Grunde das gleiche meine wie Augustins Begriff der civitates, nur sei bei Luther das ethische Moment stärker gesehen. Trotz der Nähe seiner Deutung zu derjenigen Heckels distanzierte sich Duchrow von dessen Wiedergabe des Naturrechtes. Weiter zieht Duchrow auch das Problem der drei Hierarchien – nämlich Priesterstand, Ehestand, weltliche Obrigkeit – heran. Tatsächlich hat Luther vor allem in späteren Jahren gern von diesen drei Hierarchien oder Ständen gesprochen; insofern muß die Zwei-Reiche-Lehre hier um einen weiteren wichtigen Gesichtspunkt erweitert werden.[30] Von diesen Zusammenhängen her meint Duchrow, daß die Behauptung, Luther habe das mittelalterliche Corpus Christianum überwunden, nur in eingeschränktem Sinne gelte.[31] Hinsichtlich der Deutung Luthers unter dem Gesichtspunkt der Königsherrschaft Christi ist Duchrow ebenfalls reserviert.[32]

Duchrows Untersuchung hat ein umfangreiches Echo gefunden, das hier nicht näher gewürdigt werden kann.[33] Im ganzen ist seine Untersuchung als ein wichtiger Beitrag angesehen worden. Aus der Rückschau nach dem später einsetzenden Streit um Duchrows weitere Veröffentlichungen muß freilich gesagt werden, daß am Schluß des Buches Gedanken begegnen, die von Duchrow bald wesentlich weiter ausgeführt worden sind. Duchrow nahm hier Luther zwar gegen den Vorwurf, er habe die Bergpredigt nur für den privaten Raum gelten lassen, in Schutz; aber die Überlegungen zu Luthers Stellung zur Reichsrechtsreform und besonders zum Verbot der Fehde führten bei Duchrow zu dem Schluß, daß „Theologie und Kirchen mit der Aufgabe konfrontiert werden, das Verhältnis von Bergpredigt und der wieder plastisch gewordenen Vernunft neu zu durchdenken"[34].

Eine neue Qualität erhielt jedoch die schon Jahrzehnte währende Auseinandersetzung um Luthers Zwei-Reiche-Lehre und auch um die Gedanken der Königsherrschaft Christi, seit Duchrow in der Zentrale des Lutherischen Weltbundes in Genf tätig war und dort die Studienabteilung von 1970 bis 1977 leitete. Die Planung der Studienabteilung lag keineswegs in der alleinigen Verantwortung von Duchrow, aber sie ist doch durch ihn mit vorgenommen und vor allem nach außen hin vertreten worden. Die Studienabteilung setzte sich in jenen Jahren u. a. das Ziel, den Gebrauch der Zwei-Reiche-Lehre in lutherischen Kirchen des 20. Jahrhunderts zu untersuchen. Bei der Formulierung dieses Zieles waren verschiedene Motive von Bedeutung. Einmal stand im Hintergrund die kritische Selbstprüfung speziell des deutschen Luthertums auf Grund der Erfahrungen des Kirchenkampfes. Sodann spielte die inzwischen auch im deutschen Sprachbereich gewachsene Bedeutung der Sozialethik als einer eigenen theologischen Disziplin eine Rolle; als Schüler von Heinz-Eduard Tödt in Heidelberg war Duchrow früh auf die hier wartenden Probleme und Aufgaben aufmerksam geworden. Schließlich ließen sich die kritischen Anfragen von Kirche und Theologie in den Ländern der dritten Welt an die Kirchen der ersten Welt nicht mehr überhören. Daß das gewählte Thema wichtig war, stand von vornherein fest. Ebenso deutlich war, daß hier an sich umfangreiche historische, sozial- und wirtschaftsgeschichtliche Arbeiten zu leisten waren, wenn ein hinreichend differenziertes Ergebnis erreicht werden sollte. Schließlich bestand kein Zweifel darüber, daß dies Thema von außerordentlicher Brisanz war: Der Konflikt um den Leiter der Studienabteilung war gewissermaßen vorprogrammiert.[35]

Aus der Arbeit, die damit eingeleitet wurde, sind etliche Publikationen hervorgegangen, von denen einige hier genannt seien. Duchrow selbst hat, zusammen mit anderen, verschiedene Quellentexte herausgegeben, welche die Geschichte der Zwei-Reiche-Lehre von den Anfängen über die Reformationszeit bis in die Gegenwart beleuchten sollen.[36] Dabei folgte er an sich dem Duktus seiner eigenen, früheren Untersuchung „Christenheit und Weltverantwortung", verschärfte aber schon bei der Formulierung der Titel dieser Bücher und dann auch bei der Anlage seiner Auswahlausgaben seine früheren Thesen beträchtlich. Wie Duchrow in verschiedenen Publikationen sagte, ist nicht bei Luther selbst, wohl aber im deutschen Luthertum besonders des 19. und 20. Jahrhunderts aus der Zwei-Reiche-Lehre geradezu eine „Ideologie" geworden: Luthers Auffassung – der Reformator selbst blieb weithin von Kritik verschont – sei „umgedeutet" worden, und so sei es zu einer zwar an Luther anknüpfenden, ihm aber doch fremden Theoriebildung gekommen, die mehr und mehr der Eigenständigkeit und Eigengesetzlichkeit des Reiches der Welt gedient habe. Von daher sei das Luthertum unfähig geworden, dem vom NS-Staat erhobenen totalitären Anspruch in der nötigen Weise entgegenzutreten. Von hier aus erkläre sich aber auch die unkritische Haltung lutherischer Kirchen gegenüber den rassistischen und ausbeuterischen Systemen in manchen Teilen der Welt.[37]

Die Arbeit der Studienabteilung und besonders die von ihr angeregten Veröffentlichungen sind mit scharfer Kritik aufgenommen worden, die speziell aus dem deutschen Luthertum kam. Vor allem wurden folgende Gesichtspunkte vorgebracht.[38] Einmal, die Editionsarbeit der Quellenhefte sei teilweise fehlerhaft und ohne hinreichende Berücksichtigung der jeweiligen Zusammenhänge vorgenommen worden. Die Zwei-Reiche-Lehre eigne sich überhaupt nicht als Deutungsschema der lutherischen Theologie des 19. Jahrhunderts, da weder der Begriff noch auch die Sache als solche damals eine besondere Rolle gespielt habe. Komplizierte politische, sozialhistorische und theologische Prozesse seien hier zu Unrecht einer griffigen Formel subsumiert worden, die eher selbst eine Ideologie darstelle, als daß sie ihrerseits einen Prozeß der Ideologisierung umschreiben könne. Die Frage sei, ob die politische Haltung des zweifellos überwiegend konservativen Luthertums wirklich durch die Zwei-Reiche-Lehre bestimmt sei oder ob hier nicht andere Faktoren maßgebend gewesen seien.

Wie auch immer man hier urteilen mag, so kann zumindest die Absicht, welche die Studienabteilung des Lutherischen Weltbundes hatte, damit nicht als erledigt bezeichnet werden. Vor allem hat Tödt in mancher Weise Duchrow unterstützt. Er verwies darauf, daß er selbst seit Jahrzehnten in ökumenischen Gesprächen und Konferenzen erlebt habe, daß die sogenannte Zwei-Reiche-Lehre „heftige Ablehnung gegen das Luthertum insgesamt" ausgelöst habe.[39] Nicht selten erscheine diese Lehre geradezu als das wichtigste Merkmal der lutherischen Konfession. Nach Tödt ist dieses negative Bild wesentlich durch den Umgang mit der Zwei-Reiche-Lehre in den Jahren nach 1933 herbeigeführt worden. Allerdings habe es bereits im 19. Jahrhundert eine neulutherische Zwei-Reiche-Lehre gegeben, die dort, wo es Luther lediglich um Unterscheidung und Zuordnung gegangen sei, getrennt und den Bereich des Politischen wie des Wirtschaftlichen den Eigengesetzlichkeiten preisgegeben habe. Tödt selbst hält angesichts dieser Lage eine kritische Revision für nötig, „indem man auf Luthers authentische Reiche- und Regimentenlehre zurückgeht, sie für Kritik an der neulutherischen Zweireichelehre fruchtbar macht und die theologisch-ethische Bedeutung dieser Lehre im heutigen Lebenskontext auslegt"[40]. In seiner eigenen Interpretation der Zwei-Reiche-Lehre knüpft Tödt dabei stark an die zweite Barmer These an. Die Planung und Arbeit der Studienabteilung des Lutherischen Weltbundes wurde von Tödt ausdrücklich für notwendig erklärt.[41]

Eine Überwindung der starken Differenzen ist nicht erreicht worden. Immerhin ist es doch zu einer Klärung der Positionen gekommen. Nach Beendigung der von 1970 bis 1977 durchgeführten Arbeiten der Studienabteilung des Lutherischen Weltbundes kam es zu einer gewissen Beruhigung, obwohl nach wie vor wichtige Fragen unbeantwortet sind.

V.

Nicht alle Untersuchungen zu dem Komplex der Zwei-Reiche-Lehre und der Königsherrschaft Christi lassen sich auf die eine oder die andere Hauptrichtung verteilen. Manche Arbeit, die sich an dem Streit nicht beteiligt hat, hat doch eigenes Gewicht und verdient Beachtung.

Christian Walther hat die Frage gestellt: „Hat die Lehre von den zwei Reichen noch einen Sinn?"[42] Angesichts der sich teilweise überlagernden Kontroversen und der immer neu aufbrechenden Fronten ist diese Frage in der Tat berechtigt. In einem kritischen Überblick über manche neuere Literatur macht Walther jedoch deutlich, daß die Zwei-Reiche-Lehre nach wie vor geeignet ist, darauf aufmerksam zu machen, daß der Mensch sein Leben nicht nur in äußeren Handlungsfeldern führt. Ursache mancher Verwirrung in der Diskussion sei die Tatsache, daß seit längerem selbst in dem Verständnis von Kirche das Politische vorherrschend geworden sei. Der Mensch lebe jedoch letztlich im Angesicht Gottes und vor der Ewigkeit. Von da aus kann Walther allerdings dem soziopolitischen Ansatz, wie er sich bei Duchrow und in der Arbeit der Studienabteilung des Lutherischen Weltbundes findet, nicht zugestehen, daß dieser zu einer sinnvollen Neuinterpretation der Zwei-Reiche-Lehre führen könne.

In ganz anderer Weise hat Hans-Ulrich Delius einen eigenen Gesichtspunkt in die Diskussion gebracht. Unter dem bescheidenen Titel „Anmerkungen zu Luthers Zwei-Reiche-Lehre"[43] hat er an die Problematik erinnert, die allein schon mit dem Begriff „Zwei-Reiche-Lehre" gegeben ist. Tatsächlich hat Luther ja eine solche „Lehre" niemals entwickelt, sondern war in konkreten Situationen um die rechte Unterscheidung zwischen geistlichen und weltlichen Aufgaben und Aspekten bemüht. Wichtig ist der Hinweis von Delius, daß man nicht ohne weiteres sagen könne, Luther habe das mittelalterliche Corpus Christianum überwunden; gerade in seiner Schrift „An den christlichen Adel deutscher Nation von des christlichen Standes Besserung" (1520) habe Luther ja von dem Corpus Christianum und seinen Gliedern, besonders aber von den zwei Ständen gesprochen. Schließlich sollte die Bemerkung von Delius Beachtung finden, daß Luther seine Aussagen über die beiden Reiche stets von der Kirche her als seinem Ausgangspunkt getroffen habe. Nicht jedoch sei es ihm um Theoriebildung oder um den Entwurf einer christlichen Sozialethik gegangen. Auch habe Luther nicht Strukturen in Politik und Wirtschaft verändern wollen; vielmehr sei es ihm darum gegangen, die biblische Wahrheit sachgemäß zu bezeugen. „In der Praxis heißt dies im Hinblick auf Luthers Lehre: Christen werden dem Wort Gottes Ehre und der Welt, die von Gott stammt, sachlichen Nutzen erweisen, wenn sie ja sagen zu ihrem in der Liebe tätigen Glauben. Sie können aber durchaus auch ein prophetisches Nein sagen, das allein aus Liebe zum Menschen kommen darf, wenn das Evangelium und das göttliche Gebot beiseite geschoben oder mit Füßen getreten werden."[44]

Gottfried Forck selbst hat in einem Beitrag 1982 noch einmal auf „die Aktualität der Zwei-Reiche-Lehre Luthers" hingewiesen. Dabei erörtert er die neulutherische Engführung der Zwei-Reiche-Lehre und die Probleme, die sich von daher im Kirchenkampf ergeben haben, geht aber auch auf die Fragen ein, die sich von der Theologie der Befreiung her stellen. Er sieht die Bedeutung der Zwei-Reiche-Lehre darin, daß sie keine ein für allemal bindenden Normen aufstellt, sondern dazu befreit, „das jeweils Fällige in Verantwortung vor Gott und für Menschen immer neu vernünftig zu entscheiden"[45].

Der katholische Theologe Peter Manns hat auf dem Wissenschaftlichen Symposion in Worms im Oktober 1983 u. a. die Bedeutung von Luthers Zwei-Reiche-Lehre und Drei-Stände-Lehre für die Gegenwart behandelt.[46] Er sieht diese Bedeutung in einem Vierfachen: Zunächst habe Luther deutlich gemacht, daß man die Welt nicht mit dem

Evangelium oder der Bergpredigt regieren könne. Sodann habe er gezeigt, daß die Obrigkeit im Auftrage Gottes das Schwert zur Bestrafung der Bösen und zur Wahrung der lebensnotwendigen Ordnung führe. Weiter habe Luthers Warnung vor Aufruhr und Umsturz nach wie vor Geltung. Schließlich habe Luther neu daran erinnert, daß die Christen hier auf Erden Pilger und Fremdlinge sind.

VI.

Der Gedanke der Königsherrschaft Christi hat schließlich vor einiger Zeit zum ersten Mal in einem kirchlichen Lehrdokument einen Niederschlag gefunden, nämlich in der Schrift „Kirchengemeinschaft und politische Ethik. Ergebnis eines theologischen Gespräches zum Verhältnis von Zwei-Reiche-Lehre und Lehre von der Königsherrschaft Christi" (1980). Forck hat an der Erarbeitung dieses Textes mitgewirkt.

Es war das zweite Mal, daß eine derartige Lehrgesprächskommission, die von dem Rat der Evangelischen Kirche der Union (Bereich DDR) und der Kirchenleitung der Vereinigten Evangelisch-Lutherischen Kirche in der DDR gebildet worden war, in der DDR tätig wurde. Die erste Kommission hatte sich in den Jahren 1969 bis 1974 mit der Frage „Wie verkündigen wir heute die Rechtfertigung?" beschäftigt und war auch an dem Zustandekommen der Leuenberger Konkordie reformatorischer Kirchen in Europa (1973) beteiligt. Die zweite Kommission hatte daraufhin zu einer Intensivierung der Kirchengemeinschaft im Bereich des Bundes der Evangelischen Kirchen in der DDR führen sollen und deshalb die Thematik von Zwei-Reiche-Lehre und Königsherrschaft Christi erörtert, wobei die spezifische Situation in der DDR zu berücksichtigen war.

Bedeutsam ist die umfangreiche Stellungnahme dieser zweiten Lehrgesprächskommission vor allem deswegen, weil hier sorgfältig differenziert wird zwischen den Grundintentionen sowie den Stärken und Schwächen beider Lehren, weiter aber auch historische Aspekte sowie die Rolle anderer Faktoren bei der Entscheidungsfindung in Fragen der politischen und ethischen Orientierung bedacht werden. Mit Recht wird dabei hervorgehoben, daß beide Lehren „Modelle der Interpretation des Neuen Testaments für die aktuelle Auseinandersetzung um den rechten Gehorsam des Christen" sind.[47] Ebenfalls wird mit Recht betont, daß beide Lehren – gegen ihre Intention – dazu benutzt worden sind, „bestehende politische Verhältnisse zu rechtfertigen"[48]. Mit dieser Feststellung wird besonders die Zwei-Reiche-Lehre gegen manche vorschnelle Kritik und Verdächtigung zu Recht in Schutz genommen.

Die unterschiedliche Akzentsetzung beider Lehren wird dahin bestimmt, daß die Zwei-Reiche-Lehre beim Gefallensein der von Gott geschaffenen Welt ansetzt, die Erlösungsbedürftigkeit des Menschen betont, zugleich aber auch die Schöpfung und mit ihr die Vernunft für die Beziehungen der Menschen untereinander eigenständig thematisiert. Die Lehre von der Königsherrschaft Christi hingegen sei stärker „an einer eindeutig koordinierenden Zuordnung von Schöpfung und Heil interessiert". Sie begreife „grundsätzlich das Heil der Welt als Ziel von Schöpfung und Erhaltung" und erschließe „demgemäß die Schöpfungslehre von der Christologie her"[49]. Insofern könnten beide Lehren sich gegenseitig ergänzen, aber auch korrigieren.

Das abschließende Wort in der langen Auseinandersetzung um Zwei-Reiche-Lehre und Königsherrschaft Christi ist gewiß noch nicht gesprochen. Man könnte es auch wohl kaum wünschen, daß bei den schwierigen Fragen, um die es hier geht, eine Ruhe einkehren sollte, die eigentlich nur Verdacht erregen könnte. Soviel ist freilich deutlich geworden, daß die beiden Schlagworte „Zwei-Reiche-Lehre" und „Königsherrschaft Christi" nicht in einem einander ausschließenden Sinne verstanden werden dürfen. Auch wenn man der Meinung ist, daß bei Luther selbst das Motiv der Königsherrschaft Christi keine zentrale Bedeutung hat, so bleibt doch auf jeden Fall die Frage, ob nicht bei der Übertragung von Luthers Auffassung von den beiden Reichen und Regimenten in die ganz andere politische und geistige Situation des 20. Jahrhunderts der Begriff der Königsherrschaft Christi notwendigerweise eingeführt werden müßte, um Fehldeutungen Luthers zu vermeiden. Es ist das Verdienst von Forcks Untersuchung gewesen, diese Frage nachdrücklich gestellt und in die Diskussion eingebracht zu haben.

1 K. Barth in seiner Besprechung des Buches von P. Althaus, Religiöser Sozialismus. Grundfragen der christlichen Sozialethik, Gütersloh 1921, in: Das Neue Werk 4 (1922), 461–472, wieder abgedruckt in: Anfänge der dialektischen Theologie, T. 1 (Theologische Bücherei 17), hg. v. J. Moltmann, München 1962, 152–165, hier 156.

2 Auf den bislang kaum untersuchten Anteil, den E. Hirsch für die Durchsetzung und Auffassung des Begriffs der „zwei Reiche" gehabt haben dürfte, hat M. Honecker hingewiesen: Zur gegenwärtigen Interpretation der Zweireichelehre, ZKG 89 (1978), 150–162, hier 160. Zur Durchsetzung der Formel von der Zwei-Reiche-Lehre s. im übrigen K. Nowak, Zweireichelehre: Anmerkungen zum Entstehungsprozeß einer umstrittenen Begriffsprägung und kontroversen Lehre, ZThK 78 (1981), 105–127.

3 G. Forck, Die Königsherrschaft Jesu Christi bei Luther (Theologische Arbeiten XII), Berlin o. J. (1959); eine knappe Zusammenfassung seiner Gedanken hatte Forck schon in einem Aufsatz vorgelegt, dem Abschnitt 6 des 5. Kapitels seiner Dissertation zugrunde liegt: Die Königsherrschaft Christi und das Handeln des Christen in den weltlichen Ordnungen nach Luther, KuD 3 (1957), 23–52.

4 Auf der ersten Internationalen Missionskonferenz in Edingburgh 1910 lautete die Losung: „Christus krönen zum König der Erde". Wichtig waren später vor allem folgende Untersuchungen: O. Cullmann, Königsherrschaft Christi und Kirche im Neuen Testament, München 1941, [3]1950; W. Schmauch und E. Wolf, Königsherrschaft Christi. Der Christ im Staate (ThE NF 64), München 1958; ferner auch A. de Quervain, Ethik II, 1. Halbband: Kirche, Volk und Staat, Zollikon-Zürich 1945.

5 Von einem „vorläufigen Suspendieren" der Zwei-Reiche-Lehre ist in dem Kurzbericht bei Schmauch und Wolf, a. a. O., 62, im Anschluß an deren Referate die Rede.

6 Hierzu s. vor allem E. Kinder, Geistliches und weltliches Regiment Gottes nach Luther, Weimar 1940; G. Törnvall, Geistliches und weltliches Regiment bei Luther (schwed. 1940), München 1947.

7 Forck, 1959, 84 (2. Aufl. 66).

8 Forck, a. a. O., 131f. (99).

9 Forck, a. a. O., 11 (13).

10 Forck, a. a. O., 6 (7).

11 E. Wolf, Peregrinatio, Bd. 2, München 1965, 207–229, hier 229 (in Anknüpfung an G. Ebeling).

12 E. Mülhaupt, 95 Thesen, hauptsächlich zur Bruderschaftstheologie, Deutsches Pfarrerblatt 61 (1961), 33–38. Kritisch dazu E. Wolf, Preisgabe der theologischen Existenz?, Deutsches Pfarrerblatt 61 (1961), 241–246.

13 E. Mülhaupt, Herrschaft Christi bei Luther, Neue ZSTh 1 (1959), 165–184, hier 184. In Anm. 84 bejaht Mülhaupt freilich die Grundtendenz von Forcks Arbeit.

14 O. Sundby, ThLZ 87 (1962), 53–55.

15 F. Lau, Luther-Jahrbuch 29 (1962), 121–124. Wichtig ist auch Laus Aufsatz: Die Königsherrschaft Jesu Christi und die lutherische Zweireichelehre, KuD 6 (1960), 306–326. Hier hat Lau betont, daß der Gedanke der Königsherrschaft Christi nach den bitteren Erfahrungen des 20. Jahrhunderts geradezu eine Faszination ausübe (308), wohingegen der Gedanke zweier Reiche von vornherein abstoßend wirke (309). S. 321 hat Lau sich hier noch einmal mit Forcks Arbeit auseinandergesetzt.

16 J. Heckel, Lex charitatis. Eine juristische Untersuchung über das Recht in der Theologie Martin Luthers, München 1953, [2]Köln/Darmstadt 1973; ders., Im Irrgarten der Zwei-Reiche-Lehre (ThE NF 55), München 1957.

17 Im Register des Buches „Lex charitatis" findet sich das Stichwort „Königsherrschaft Christi" nicht.

18 P. Althaus, ThLZ 81 (1956), 129–136; ders., Luthers Lehre von den beiden Reichen im Feuer der Kritik, Luther-Jahrbuch 24 (1957), 40–68.

[19] So Althaus, a. a. O. (Luther-Jahrbuch), 41.
[20] E. Wolf, Barmen. Kirche zwischen Versuchung und Gnade (Beiträge zur EvTh 27), München 1957, [3]1984; s. auch den Band: W.-D. Hauschild, G. Kretschmar und C. Nicolaisen (Hgg.), Die lutherischen Kirchen und die Bekenntnissynode von Barmen. Referate des Internationalen Symposions auf der Reisensburg 1984, Göttingen 1984.
[21] Althaus, a. a. O., 43.
[22] Althaus, a. a. O., 44.
[23] Althaus, a. a. O., 48.
[24] Althaus, ThLZ 81 (1956), 135. Deutlicher äußert sich hierzu F. Beißer, Zur Deutung von Luthers Zwei-Reiche-Lehre, KuD 16 (1970), 229–241, bes. 237f.
[25] F. Lau, Leges charitatis. Drei Fragen an Johannes Heckel, KuD 2 (1956), 76–89.
[26] Vgl. o. Anm. 15.
[27] H. Bornkamm, Luthers Lehre von den zwei Reichen im Zusammenhang seiner Theologie, Gütersloh 1958, [3]1969.
[28] H. Bornkamm, a. a. O., 29.
[29] U. Duchrow, Christenheit und Weltverantwortung. Traditionsgeschichte und systematische Struktur der Zweireichelehre, Stuttgart 1970, [2]1983.
[30] Hierzu s. vor allem W. Maurer, Luthers Lehre von den drei Hierarchien und ihr mittelalterlicher Hintergrund (Sitzungsberichte der Bayerischen Akademie der Wissenschaften, Phil.-hist. Kl. NF 4), München 1970; R. Schwarz, Luthers Lehre von den drei Ständen und die drei Dimensionen der Ethik, Luther-Jahrbuch 45 (1978), 15–34.
[31] U. Duchrow, a. a. O., 554.
[32] U. Duchrow, a. a. O., 552f., bes. Anm. 436.
[33] Hingewiesen sei wenigstens auf die Rezension von H.-G. Fritzsche, ThLZ 96 (1971), 935 bis 938.
[34] U. Duchrow, a. a. O., 590.
[35] U. Duchrow hat verschiedentlich hierüber selbst berichtet; s. etwa: Im Dialog mit der Basis, Lutherische Monatshefte 10 (1971), 283–288; Vorwort und Einführung zu: Zwei Reiche und Regimente. Ideologie oder evangelische Orientierung? Internationale Fall- und Hintergrundstudien zur Theologie und Praxis lutherischer Kirchen im 20. Jahrhundert, hg. v. U. Duchrow, Gütersloh 1977, 7–32.
[36] Die Vorstellung von Zwei Reichen und Regimenten bis Luther (Texte zur Kirchen- und Theologiegeschichte 17), hg. v. U. Duchrow und H. Hoffmann, Gütersloh 1972; Umdeutungen der Zweireichelehre Luthers im 19. Jahrhundert (Texte zur Kirchen- und Theologiegeschichte 21), hg. v. U. Duchrow, W. Huber und L. Reith, Gütersloh 1975; Die Ambivalenz der Zweireichelehre in lutherischen Kirchen des 20. Jahrhunderts (Texte zur Kirchen- und Theologiegeschichte 22), hg. v. U. Duchrow, Gütersloh 1976.
[37] Hierzu U. Duchrow, Zweireichelehre als Ideologie. Folgenreiche Umdeutungen Luthers im 19. Jahrhundert, Lutherische Monatshefte 14 (1975), 296–300.
[38] Folgende Literatur aus dieser Kontroverse sei genannt: T. Rendtorff, Dokumentation als Kirchenpolitik?, ZEE 20 (1976), 64–70 (zu der Edition von Duchrow u. a., Umdeutungen); dagegen U. Duchrow und W. Huber, Kirchenpolitik durch Polemik? Antikritik zu Trutz Rendtorffs Kritik an einer Textsammlung zur Zwei-Reiche-Lehre, ZEE 20 (1976), 144 bis 153; M. Honecker, a. a. O. (s. o. Anm. 2). Umfangreiche Beiträge finden sich in den beiden Bänden: Zur Sache. Kirchliche Aspekte heute, H. 19 und 20: Gottes Wirken in seiner Welt. Zur Diskussion um die Zweireichelehre, hg. v. N. Hasselmann, Hamburg 1980. Die hier abgedruckten Referate wurden auf einer Konsultation gehalten, die der Ökumenische Studienausschuß der VELKD und der DNK (BRD) im September 1977 in Pullach abhielt. Das Eigentümliche war damals, daß über Jahre hinweg dieser Ökumenische Studienausschuß an sich der gegebene Partner der Genfer Studienabteilung war, daß aber die Ansichten über die Zielsetzung und die Methodik der Genfer Arbeit weit auseinandergingen.
[39] H.-E. Tödt, Zur Sache 20 (s. Anm. 38), 53.
[40] H.-E. Tödt, a. a. O., 58.
[41] H.-E. Tödt, a. a. O., 58.
[42] Chr. Walther, Hat die Lehre von den zwei Reichen noch einen Sinn?, Luther 49 (1978), 15–24.
[43] H.-U. Delius, Anmerkungen zu Luthers Zwei-Reiche-Lehre (Martin-Luther-Kolloquium anläßlich des 500. Geburtstages 1983), Wissenschaftliche Zeitschrift der E.-M.-Arndt-Universität Greifswald, Gesellschafts- und sprachwiss. Reihe 32 (1983), H. 1/2, 12–18.
[44] H.-U. Delius, a. a. O., 17b.
[45] G. Forck, Die Aktualität der Zwei-Reiche-Lehre, in: Theologische Versuche, hg. v. J. Rogge und G. Schille, Sonderband: Themen Luthers als Fragen der Kirche heute, Berlin 1982, 63–75, hier 73.

[46] P. Manns, Luthers Zwei-Reiche- und Drei-Stände-Lehre, in: Luther und die politische Welt. Wissenschaftliches Symposion in Worms vom 27.–29. 10. 1983, hg. v. E. Iserloh und G. Müller (Historische Forschungen im Auftrag der Historischen Kommission der Akademie der Wissenschaften und der Literatur Mainz IX), Wiesbaden/Stuttgart 1984, 3–26.

[47] Kirchengemeinschaft und politische Ethik. Ergebnis eines theologischen Gespräches zum Verhältnis von Zwei-Reiche-Lehre und Lehre von der Königsherrschaft Christi, hg. v. J. Rogge und H. Zeddies, Berlin 1980, 30.

[48] A. a. O., 30.

[49] A. a. O., 34.